Basis-Ratgeber für alle Excel-Versionen inkl. Excel 2013

Dieses Buch liefert Ihnen Vorlagen, Formeln und Makros für einen erfolgreichen Einsatz von Excel in Ihrem Unternehmen. Überall, wo Sie im Buch dieses Zeichen sehen, finden Sie ergänzende Arbeitshilfen auf der CD oder Onlineversion.

Über 250 Vorlagen für den erfolgreichen Excel-Einsatz in Ihrem Unternehmen

- **Excel 2013 – Neuerungen, Features und Nützliches**
  (z. B. Schnellanalyse, Sparklines, vereinfachte Diagrammfunktionen, Vorlagen)

- **Kaufmännisch rechnen**
  (z. B. Prozentrechnen, wichtigsten Funktionen, Fehler analysieren, Investitionsrechnung)

- **Daten auswerten und sicher verwalten**
  (z. B. mit Spezialfilter, Teilergebnisse, SUMMEWENNS, Pivot-Tabellen und Pivot-Charts)

- **Perfekt präsentieren**
  (z. B. dynamische Diagramme mit BEREICH.VERSCHIEBEN, Top-Diagramme mit Excel 2013)

- **Teamwork in Microsoft Office**
  (z. B. Excel-Tabelle mit Word-Bericht verknüpfen, PowerPoint mit Excel-Diagramm verknüpfen)

- **Projekte planen und steuern**
  (z. B. Terminplanung, Ressourcenplanung, Projektkostenplanung, Projektcontrolling)

- **Prozesse automatisieren mit VBA**
  (z. B. Makros aufzeichnen, Makros mit Schaltfläche verbinden, Verzweigungen programmieren)

- **Szenario-Manager für Was-Wäre-Wenn-Probleme**
  (z. B. Modellaufbau, Einflüsse und Szenarien definieren, Prognose von Umsatzentwicklung)

- **Unternehmensführung**
  (z. B. Businessplan, Einnahmen-Überschuss-Rechnung, Unternehmensbewertung, Tops und Flops)

- **Finanzen & Controlling**
  (z. B. Liquiditätsplanung, Finanzierung, BWA-Analyse, Preiskalkulation, Budgetierung)

- **Marketing & Vertrieb**
  (z. B. Marketingplaner, Schwellenpreise, ABC-Analyse, CRM mit Excel, Erlös-Controlling)

- **Personalwesen**
  (z. B. Urlaubsplaner, Arbeitszeiterfassung, Mindestlohn, Bewerbungsmanagement)

> **Bibliographische Information Der Deutschen Bibliothek**
> Die Deutsche Bibliothek verzeichnet diese Publikation in der
> Deutschen Nationalbibliographie, detaillierte bibliographische Daten
> sind im Internet über http://dnd.ddb.de abrufbar.

Excel im Unternehmen
ISBN: 978-3-648-03135-3
Best.-Nr. 01598-0007

© 2002-2015, Haufe-Lexware GmbH & Co. KG – Ein Unternehmen der Haufe Gruppe

ANSCHRIFT
Haufe-Lexware GmbH & Co. KG
Munzinger Straße 9, 79111 Freiburg
Telefon: 0761 898-0, Fax: 0761 898-3990
E-Mail: online@lexware.de
Internet: http://www.lexware.de

Kommanditgesellschaft, Sitz Freiburg
Registergericht Freiburg, HRA 4408
Komplementäre: Haufe-Lexware Verwaltungs GmbH,
Sitz Freiburg, Registergericht Freiburg, HRB 5557; Martin Laqua

Geschäftsführung: Isabel Blank, Markus Dränert, Jörg Frey, Birte Hackenjos;
Randolf Jessl, Markus Reithwiesner, Joachim Rotzinger, Dr. Carsten Thies
Beiratsvorsitzende: Andrea Haufe

UST-IdNr. DE 812398835

REDAKTION
Dipl.-Physiker Volker Jung (V.i.S.d.P.), Sabine Wißler (Redaktionsassistenz)
Haufe-Lexware GmbH & Co. KG
Munzinger Straße 9, 79111 Freiburg
E-Mail: excel@lexware.de
Internet: http://www.lexware.de/excel

Alle Angaben/Daten nach bestem Wissen, jedoch ohne Gewähr für Vollständigkeit und Richtigkeit. Dieses Loseblattwerk, die Ergänzungslieferungen sowie alle darin enthaltenen einzelnen Beiträge und Abbildungen sind urheberrechtlich geschützt. Jede Verwertung, die nicht ausdrücklich vom Urheberrechtsschutz zugelassen ist, bedarf der vorherigen Zustimmung des Verlages. Das gilt insbesondere für Vervielfältigungen, Bearbeitungen, Übersetzungen, Mikroverfilmungen, Auswertungen durch Datenbanken und für die Einspeicherung und Verarbeitung in elektronische Systeme.

Herstellung: AZ Druck und Datentechnik, 87437 Kempten

Excel im Unternehmen

Zeit und Kosten sparen
mit professionellen Excel-Lösungen

Haufe Gruppe
Freiburg · München

Inhaltsverzeichnis

Vorwort 5

Service 6

Autorenverzeichnis 8

Musterlösungen von A bis Z 10

Funktionen von A bis Z 12

I. Excel 2013 – Das bietet die neueste Version 15

II. Kaufmännisch rechnen 49

III. Daten auswerten und sicher verwalten 135

IV. Perfekt präsentieren 185

V. Teamwork in Microsoft Office 213

VI. Projekte planen und steuern 231

VII. Prozesse automatisieren mit VBA 255

VIII. Szenario-Manager 281

IX. Unternehmensführung 293

X. Finanzen & Controlling 299

XI. Marketing & Vertrieb 303

XII. Personalwesen 307

> Der Mensch hat dreierlei Wege, klug zu handeln:
> erstens durch Nachdenken, das ist der edelste;
> zweitens durch Nachahmen, das ist der leichteste;
> drittens durch Erfahrung, das ist der bitterste.
>
> KONFUZIUS
> Chinesischer Philosoph
> 551–479 v. Chr.

Excel ist bei vielen betrieblichen Problemstellungen das Werkzeug der ersten Wahl. Gerade in kleinen und mittelständischen Unternehmen werden Probleme wie Preiskalkulation, Arbeitszeiterfassung oder Liquiditätsplanung bevorzugt mit Excel gelöst.

Häufig stecken die Probleme dabei jedoch im Detail, sodass sich die Erstellung einer Excel-Lösung extrem in die Länge ziehen kann und aus Minuten leicht „bittere" Stunden oder gar Tage werden. Dabei sind es oft nur Kleinigkeiten oder passende Mustervorlagen, die den Umgang mit Excel im betrieblichen Alltag schnell erleichtern.

Dieses Buch verfolgt daher den zweiten Weg des Zitats und wird Ihnen durch „Nachahmen" das Arbeiten mit Excel leichter machen. Dafür sorgen die vielen Mustervorlagen und Beispieldateien, die wir für Sie auf der CD zu diesem Buch zusammengestellt haben.

Über ABC-Analyse, Budgetkontrolle, Projektkalkulation bis hin zu Unternehmensplanung und Zuschlagskalkulation finden Sie hier für jeden betrieblichen Bereich Mustervorlagen mit begleitenden Fachinformationen, die Sie schnell einsetzen und Ihren eigenen Bedürfnissen anpassen können.

Darüber hinaus geben wir Ihnen wertvolle Tipps, Formeln & Funktionen sowie Praxisbeispiele, wie Sie mit Excel fehlerfrei kaufmännische Berechnungen durchführen sowie Geschäftsdaten auswerten und professionelle Präsentationen erstellen.

Ich wünsche Ihnen mit dieser Fülle an Ideen und Lösungen zum „Nachahmen" eine erfolgreiche und qualitativ hochwertige Arbeit mit Excel in Ihrem Unternehmen.

Volker Jung
Chefredakteur

CD mit allen Musterlösungen und Funktionen

Alle Musterlösungen finden Sie auf der CD in der gleichnamigen Rubrik unter **Excel-Lösungen**. Darüber hinaus haben wir für Sie die wichtigsten betrieblichen Funktionen im Reiter **Formeln & Funktionen** zusammengestellt (s. Abb. 1).

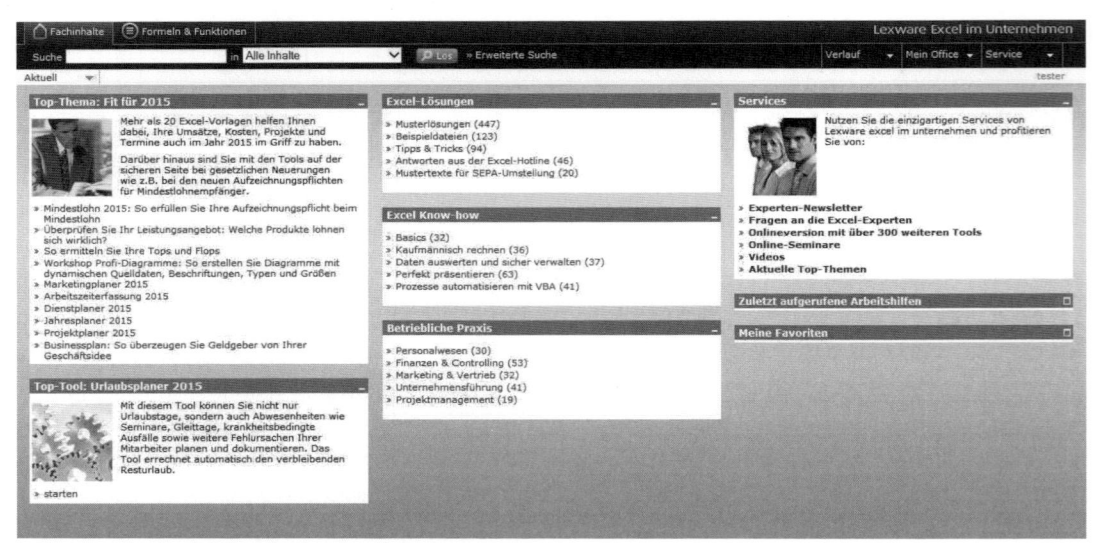

Abb. 1: Startseite der CD von Excel im Unternehmen

Suche

Mit der **Suche** links oben können Sie nach allen Inhalten im **Volltext** suchen. Einfach Ihren gesuchten Begriff oder den **Haufe-Index** eingeben und mit **Enter** bestätigen. In der erscheinenden Übersicht können Sie bequem in allen Fundstellen recherchieren.

Onlineversion

In der Onlineversion von Excel im Unternehmen haben Sie Zugriff auf über 300 weitere Premium-Tools. Einfach auf der CD unter **Services** den Link **Onlineversion mit über 300 weiteren Tools** anklicken oder anmelden unter **www.lexware.de/excel** und unter **Mein Konto** die Onlineversion von „Lexware Excel im Unternehmen" starten.

Newsletter

Der Newsletter Excel im Unternehmen bietet Ihnen regelmäßig Neuigkeiten sowie wertvolle Tipps und fertige Musterlösungen rund um Excel. Im Vordergrund stehen dabei Excel-Lösungen zu betrieblichen Problemstellungen. Diesen Newsletter können Sie entweder direkt unter **www.lexware.de/excel** oder auf der CD unter der Rubrik **Experten-Newsletter** freischalten.

Experten-Newsletter

Werden Sie zum Excel-Profi mit den aktuellen Tipps und Tools unserer Excel- und Wirtschaftsexperten Bernd Held und Hartmut Erb.

Bernd Held ist gelernter Informatiker und arbeitete jahrelang im Controlling und in der Anwendungsentwicklung, bevor er sich selbstständig gemacht hat. Er schreibt Computerartikel und verfasst Computerbücher, führt Software-Schulungen durch und programmiert im Auftrag von Kunden. Sein Spezialgebiet ist das komplette Office-Paket. Acht Jahre lang war Herr Held als MVP (Most Valuable Professional) von der Firma Microsoft für den Bereich Microsoft Excel ausgezeichnet.

Hartmut Erb ist Dipl. Betriebswirt (FH) und arbeitet seit über 20 Jahren im Controlling. Durch seine Tätigkeit als Leiter Controlling von mehreren mittelständischen Unternehmen kennt er den Alltag eines Controllers sehr genau. Seine Erfahrungen gibt er in zahlreichen Veröffentlichungen und Seminaren weiter. Darüber hinaus ist er seit über zehn Jahren als selbstständiger Unternehmensberater tätig. Seine Schwerpunkte liegen bei der Einführung von Controlling-Lösungen bis hin zu OLAP-Datenbanken und Data Warehousing.

Der **Experten-Newsletter** von »excel im unternehmen« bietet Ihnen regelmäßig wertvolle Tipps und fertige Musterlösungen rund um Excel. Die Experten Bernd Held und Hartmut Erb beantworten darin aktuelle Kundenanfragen zu betrieblichen Excel-Problemen. So sind Sie immer bestens und praxisnah informiert!

Sie können diesen Newsletter entweder direkt unter **www.lexware.de/excel** oder über die Startseite Ihrer CD freischalten.

Lassen Sie sich diesen Service, der in Ihrem Abo enthalten ist, nicht entgehen!

Sofort-Hilfe durch Experten-Hotline

Wer kennt das nicht? Oft stecken die Probleme im Detail, sodass sich die Erstellung einer Excel-Lösung extrem in die Länge ziehen kann und aus Minuten leicht „bittere" Stunden oder gar Tage werden.

Falls Sie einmal nicht weiterkommen sollten, bieten Ihnen unsere Experten Bernd Held und Hartmut Erb als Unterstützung für Ihre tägliche Arbeit mit Excel eine Experten-Hotline an. Dieser Service ist **für Abonnenten inklusive**.

Anfragen an unsere Experten schicken Sie bitte per E-Mail an **excel@lexware.de**.

Autorenverzeichnis

Reinhard Bleiber ist Diplom-Kaufmann und trägt seit Jahren in der Geschäftsleitung mittelständischer Produktionsunternehmen die kaufmännische Gesamtverantwortung. Der Schwerpunkt seiner Tätigkeit liegt im Controlling und in der Informationsverarbeitung. Nebenberuflich ist er als Fachautor und Dozent für alle betriebswirtschaftlichen Bereiche tätig.

Hartmut Erb ist Diplom-Betriebswirt (FH) und arbeitet seit über 18 Jahren im Controlling. Durch seine Tätigkeit als Leiter Controlling von mehreren mittelständischen Unternehmen kennt er den Alltag eines Controllers sehr genau. Seine Erfahrungen gibt er in zahlreichen Veröffentlichungen und Seminaren weiter. Darüber hinaus ist er seit über zehn Jahren als selbstständiger Unternehmensberater tätig. Seine Schwerpunkte liegen bei der Einführung von Controlling-Lösungen bis hin zu OLAP-Datenbanken und Data Warehousing.

Jörgen Erichsen ist Diplom-Betriebswirt mit Schwerpunkt Controlling und Datenverarbeitung. Langjährige Tätigkeiten als Controller, Leiter Finanzen und Projektmanager in der Forschung und Entwicklung in mehreren Industrieunternehmen, u. a. Johnson & Johnson, Siemens-Nixdorf und Deutsche Telekom. Gründer und Partner der International Knowledge Management Research GmbH. Er ist langjähriger Autor für die Haufe Gruppe. Als Dozent an der Berufsakademie Mosbach lehrt er u. a. Standortpolitik und Kosten- und Leistungsrechnung.

Bernd Held ist gelernter Informatiker und arbeitete jahrelang im Controlling und in der Anwendungsentwicklung, bevor er sich Anfang 2002 selbstständig gemacht hat. Er schreibt Computerartikel und verfasst Computerbücher, führt Software-Schulungen durch und programmiert im Auftrag von Kunden. Sein Spezialgebiet ist das komplette Office-Paket und Visual Basic for Application (VBA). Acht Jahre lang war Herr Held als MVP (Most Valuable Professional) von der Firma Microsoft für den Bereich Microsoft Excel ausgezeichnet.

Michael Kiermeier ist Wirtschaftsinformatiker und seit über 20 Jahren freiberuflich als Unternehmensberater tätig. Neben insgesamt 16 Fachbüchern zu unterschiedlichen Themenbereichen liefert er seit dieser Zeit regelmäßig Beiträge zu zahlreichen Werken der Haufe Gruppe. Sein Tätigkeitsschwerpunkt liegt derzeit in der Durchführung von Betriebsberatungen und Seminaren, schwerpunktmäßig zu Themen der Betriebsorganisation und Betriebswirtschaft.

Susanne Kowalski verfügt über eine langjährige Berufserfahrung im Controlling. Ihre Fachkompetenz gibt sie jetzt seit über zehn Jahren als Dozentin und Autorin weiter. Sie verfügt über Schulungserfahrungen im Rahmen der Erwachsenenbildung und aus Firmenseminaren. Als freie Autorin hat sie verschiedene Computer-Fachbücher sowie Artikel zu Themen der Datenverarbeitung und dem Rechnungswesen geschrieben. Darüber hinaus hat sie zahlreiche Musterlösungen und Software-Anwendungen entwickelt.

Reinhold Scheck ist Berater für den effizienten Einsatz von Standardsoftware, Entwickler von Lehr- und Lernkonzepten, Dozent für Spezialistenseminare sowie Autor mehrerer Fachbucher bzw. E-Learning-Modulen zu Microsoft Excel, Microsoft Word und Microsoft Project. In seine jetzigen freiberuflichen Tätigkeiten bringt er mehr als 30 Jahre Leitungserfahrung aus den Bereichen Pädagogik, Medizin, Softwareentwicklung und Softwareanwendung ein.

Ignatz Schels ist Technik-Informatiker und selbstständig als Referent, VBA-Programmierer und Consultant für Office-Automatisierung mit Schwerpunkt Excel und Access tätig. Als Autor hat er zahlreiche Fachbucher und Fachartikel veröffentlicht, seit über 25 Jahren schreibt er für Haufe-Computerwerke. Seine Spezialität sind Tabellenmodelle im Themenbereich Controlling/Finanzen mit Excel-Funktionen, VBA-Lösungen und Datenimport aus externen Datenquellen.

Musterlösungen von A bis Z (Auszug)

Alle im Buch vorgestellten Vorlagen finden Sie zusammen mit vielen weiteren auf der CD oder Onlineversion von Excel im Unternehmen unter der Rubrik **Musterlösungen**. Geben Sie hierzu einfach den Haufe-Index (HI) in die Suchmaske ein.

Musterlösung	Haufe-Index
ABC-Analyse	913153
Abschreibungsrechner	933407
Angebots- und Auftragsverwaltung	1493745
Angebotsvergleich	1918155
Ansparpläne	933410
Arbeitszeitplanung und –erfassung	856464
Auftragskalkulation	3605438
Auftragskontrolle	931762
Benchmarking: Lerne von den Besten	1064268
Break-Even: So ermitteln Sie die laufende Rentabilität	1825729
Budgetkontrolle	875074
Budgetplanung mit monatlichen Soll-Ist-Vergleich	2116178
Businessplan	2258974
BWA-Kennzahlen	2036166
Cash Flow	1335202
Darlehensrechner	1240909
Deckungsbeitragsrechnung	2684936
Diagramme, dynamische	7446127
Dienstplaner	875089
Einnahmen-Überschuss-Rechnung	1026987
Factoring	1796154
Finanzierungsalternativen	2969832
Forderungsverwaltung	1485539
Frühwarnsystem	2159157
Geschäftsdaten schützen	1332531
Innovationsmanagement	1918161
Investitionsrechnung, statisch und dynamisch	3492168
Kalender	2540476
Kennzahlen	1335202
Konkurrenzanalyse	1742023
Kundenumfrage	2627344

Musterlösung	Haufe-Index
Leasing	2257501
Liquiditätsplaner mit Plan-Ist-Vergleich	2069199
Marketingplaner	1453001
Mindestlohn: Aufzeichnungspflichten, Mindestlohnberechnung	7446139
Offene-Posten-Liste	1691830
Personalkostenplanung	2193347
Personalplanung und -auswahl	2684772
Preiskalkulation	1335224
Produktbewertung	1413285
Projektkalkulation	664751
Projektmanagement	7446133
Projektplaner (Gantt-Diagramm)	2684947
Rabattsysteme	1219960
Reisekostenrechner	5505061
Skonto berechnen	2684793
Stärken-Schwächen-Analyse	2158435
Stundenverrechnungssatz	1033855
Szenario-Manager	7446153
Tilgungsplan	1332572
Tops und Flops ermitteln	2017813
Umsatzauswertung	1335211
Unternehmens-Cockpit	1509847
Unternehmensbewertung	1622369
Unternehmensfinanzierung	2335283
Unternehmensplanung	1823915
Unternehmensstrategie	2826287
Urlaubsplaner	875088
Verkaufsanalyse	2627654
Verkaufskennzahlen	935168
Vertriebscontrolling	1747088
Vokabeltrainer	1622400
Vorschlagswesen	1480762
Werbemaßnahmenplanung / Mediaplan	931827
Werbemittelanalyse	1331738
Zuschlagskalkulation	2689404

Funktionen von A bis Z

Auf der CD finden Sie die wichtigsten betrieblichen Funktionen anhand von Praxisbeispielen anschaulich erklärt. Geben Sie hierzu im Feld **Suche** einfach den Haufe-Index (HI) ein.

A

ABRUNDEN	1511809
ABS	1511800
ADRESSE	1511867
ANZAHL	1511894
ANZAHL2	1511894
ANZAHLLEEREZELLEN	1511894
ARBEITSTAG	1511717
ARBEITSTAG.INTL (ab 2010)	2689623
AREAEMPTY	1511928
AUFRUNDEN	1511811
AUSZAHLUNG	1511698

B

BEREICH,VERSCHIEBEN	1511869
BW	1511665

C

CHARTONR	1511927
CODE	1511786
COUNTCOL	1511920
COUNTDAYS	1511926

D

DATEDIF	1511733
DATUM	1511726
DATWERT	1511735
DBANZAHL	1511712
DBANZAHL2	1511712
DBAUSZUG	1511710
DBMAX	1511708
DBMIN	1511706
DBMITTELWERT	1511714
DBSUMME	1511703
DIA	1511686

E

EDATUM	1511737
ERSETZEN	1511772

F

FALSCH	1511840
FEHLER,TYP	1511849
FEST	1511776
FINDEN	1511774

G

GANZZAHL	1511813
GDA	1511690
GERADE	1511815
GLÄTTEN	1511765
GROSS	1511761

H

HÄUFIGKEIT	1511902
HEUTE	1511739
HYPERLINK	1511881

I

IDENTISCH	1511778
IKV	1511692
INDEX	1511865
INFO	1511843
ISTLEER	1511845
ISTFEHL	1511845
ISTFEHLER	1511845
ISTLOG	1511845
ISTNV	1511845
ISTKTEXT	1511845
ISTZAHL	1511845
ISTBEZUG	1511845
ISTTEXT	1511845
ISTGERADE	1511845
ISTUNGERADE	1511845

J

JAHR	1511728
JETZT	1511741

K

KÜRZEN	1511817
KALENDERWOCHE	1511732
KAPZ	1511672
KGRÖSSTE	1511896
KKLEINSTE	1511898
KUMKAPITAL	1511678
KUMZINSZ	1511676

L

LÄNGE	1511780
LASTCELLC	1511921
LASTCELLR	1511922
LIA	1511688
LINKS	1511754

M

MAX	1511886
MIN	1511888
MINUTE	1511745
MONAT	1511730
MONATSENDE	1511721
MTRANS	1511883

N

NBW	1511667
NETTOARBEITSTAGE	1511719
NETTOARBEITSTAGE.INTL	2689623
NICHT	1511838

O

OBERGRENZE	1511807
ODER	1511833

P

PIVOTDATENZUORDNEN	1511877

R

RANG	1511904
READFILTER	1511924
READFORMAT	1511923
RECHTS	1511756
REMOVECHAR	1511925
RENDITE	1511696
REST	1511819
RMZ	1511680
RUNDEN	1511802

S

SÄUBERN	1511782
SCHÄTZER	1511906
SEKUNDE	1511745
SPALTE	1511871
STABW	1511871
STUNDE	1511745
SUCHEN	1511758
SUMCOL	1511918
SUMME	1511791
SUMMENPRODUKT	1511796
SUMMEWENN	1511793
SUMMEWENNS (ab 2007)	2688476
SVERWEIS	1511859

T

TAG	1511747
TAGE360	1511749
TEIL	1511759
TEILERGEBNIS	1511798
TEXT	1511767

U

UND	1511835
UNGERADE	1511815

V

VERGLEICH	1511863
VERKETTEN	1511784
VERWEIS	1511857
VORZEICHEN	1511822
VRUNDEN	1511805

W

WAHL	1511879
WAHR	1511840
WECHSELN	1511763
WENN	1511829
WERT	1511788
WIEDERHOLEN	1511769
WOCHENTAG	1511723
WVERWEIS	1511861

X

XINTZINSFUSS	1511694

Z

ZÄHLENWENN	1511890
ZÄHLENWENNS (ab 2007)	2688478
ZEICHEN	1511771
ZEILE	1511873
ZEILEN	1511873
ZEIT	1511743
ZEITWERT	1511751
ZELLE	1511853
ZINS	1511682
ZINSSATZ	1511700
ZINSZ	1511674
ZUFALLSBEREICH	1511824
ZUFALLSZAHL	1511826
ZW	1511668
ZW2	1511670
ZZR	1511684

I. Excel 2013 – Das bietet die neueste Version

**Neuerungen können Wunder wirken.
Sie sind die Würze der Liebe und des Lebens überhaupt.**

ALICE FLEMING

Immer mehr, vor allem kleine Unternehmen, steigen nach und nach auf Excel 2013 um. Viele Unternehmen entscheiden sich nach einem Aussparen von Excel 2010 jetzt für die Vorteile der neuesten Excel-Version.

Damit Sie diese wirklich auch alle ausnutzen können, haben wir den Basis-Ratgeber Excel im Unternehmen komplett überarbeitet und aktualisiert. Im folgenden Kapitel erhalten Sie einen ersten Überblick über die gesamte Funktionalität von Excel 2013.

Das komplette Kapitel finden Sie auch auf der CD unter dem **Haufe-Index 7445806**. Geben Sie dazu einfach den Index in die Suchmaske ein.

Inhalt	
1 So arbeiten Sie mit Excel 2013 und Excel 2010	16
2 Die neuen Benutzeroberflächen	18
3 Die Multifunktionsleiste	20
4 Der Menüpunkt **Datei**	24
5 Die Excel-Optionen	26
6 Technische Daten und Fakten	30
7 Das ist neu	32
8 Fertige Vorlagen in Excel 2013	39
9 Fazit	46
10 Zusammenfassung	46

Weitere Inhalte auf der CD	
Neuigkeiten in Excel 2010	HI 2684886
Neues in Excel 2007	HI 1622376
Office 365	HI 2731492

Excel 2013: Darum lohnt sich der Umstieg

Man glaubt es kaum – es geht noch besser: Excel ist noch leistungsfähiger geworden! Dennoch: So drastisch wie einst der Umstieg auf 2007 ist der Umstieg von Excel 2007 auf Excel 2010 bzw. von Excel 2010 auf 2013 nicht.

Trotzdem können die Versionen 2010 und 2013 mit einigen interessanten Neuerungen aufwarten. Praktisch für den Datenzugriff von unterwegs: Dokumente können auf der Online-Festplatte **SkyDrive** abgelegt und von dort geöffnet werden.

In erster Linie wurden aber vorhandene Features verbessert. So wurde zum Beispiel die Anzahl möglicher Verschachtelungsebenen auf 64 erhöht. Die Anzahl der verfügbaren Zeilen wurde auf über eine Million gesetzt, die der Spalten liegt inzwischen bei 16.384. Ein eindeutiges Plus für alle, die mit sehr komplexen Berechnungen bzw. Tabellenmodellen arbeiten. Als weitere Highlights erwarten Sie unter anderem neue Diagrammfeatures, Live- und Blitzvorschau sowie Sofortanalysen.

1 So arbeiten Sie mit Excel 2013 und Excel 2010

Wenn man die Bildschirmoberfläche von Excel 2010 bzw. 2013 mit denen der Versionen Excel 2003 und älter vergleicht, so fallen gravierende Unterschiede auf. Die „alten" Symbolleisten haben weitestgehend ausgedient. Die Entwickler der neueren Excel-Versionen setzten bereits seit der Version Excel 2007 auf die sogenannte Multifunktionsleiste, die auch als Menüband bezeichnet wird. Der Office-Button, der Usern der Version Excel 2007 bekannt ist, wurde allerdings gegen den Menüpunkt **Datei** ausgetauscht.

> **HINWEIS**
>
> **Der Menüpunkt Datei**
>
> Der Menüpunkt **Datei** ist es auch, über den Sie die Möglichkeit haben, die unterschiedlichsten Einstellungen an Excel durchzuführen. Über **Datei** → **Optionen** erreichen Sie u. a. alle Funktionen, die früher unter **Datei** → **Extras** zu finden waren. Dazu später noch mehr.

Auch was die Dateiformate anbelangt, hat sich einiges getan:

- **.xlsx** ersetzt **.xls,**
- **.xltx** löst **.xlt** ab,
- **.xlxm** speichert VBA-Code und ältere Makros,
- **.xlam** ersetzt **.xla,**
- **.xlsb** wird gegen **.xlb** ausgetauscht.

Nichts geändert hat sich an folgenden Dateiformaten:

- Textformat
- Datenbankformate
- HTML
- XML

Das ändert sich durch die Dateiformate:

Wenn Sie ein „altes" Dateiformat in den neueren Versionen öffnen wollen, ist das in der Regel problemlos möglich. Anders herum können Sie die neuen Formate (z. B. **.xlsx**) nicht ohne Weiteres in Excel 2003 oder älter öffnen.

Damit Anwender neuerer Versionen dennoch Arbeitsmappen an User der älteren Versionen weitergeben können, besteht die Möglichkeit, weiterhin im Altformat zu speichern. Das erledigt man unter **Datei → Speichern unter**. Dort entscheiden Sie sich z. B. für den Dateityp **Excel 97 – 2003 Arbeitsmappe**.

Eine andere Möglichkeit ist der Einsatz eines sogenannten Compatibility Packs. Damit können User der älteren Excel-Versionen 2000 bis 2003 Arbeitsmappen jüngerer Versionen bearbeiten und speichern.

Das Compatibility Pack gibt es kostenlos im Webangebot von Microsoft. Es unterstützt nicht nur Excel-Formate:

- DOCX
- DOCM
- PPTX
- PPTM
- POTX
- POTM
- PPSX
- PPSM
- XLSB
- XLSX
- XLSM
- XLTX
- XLTM
- XLAM

HINWEIS

Funktionsverluste

Wenn Sie in Excel 2010 bzw. Excel 2013 Features verwenden, die es in den Altversionen noch nicht gab, kommt es zu Funktionsverlusten. Beispiel: Sie haben mit mehr als 7 Verschachtelungsebenen gearbeitet. Diese Möglichkeit ist neu und kann in den Altversionen nicht umgesetzt werden. Excel macht Sie beim Speichern auf diesen Umstand aufmerksam (s. Abb. 1). Wird die sogenannte Kompatibilitätsprüfung angezeigt, werden durch einen Klick auf die Schaltfläche **Weiter** die Fehler analysiert (s. Abb. 2).

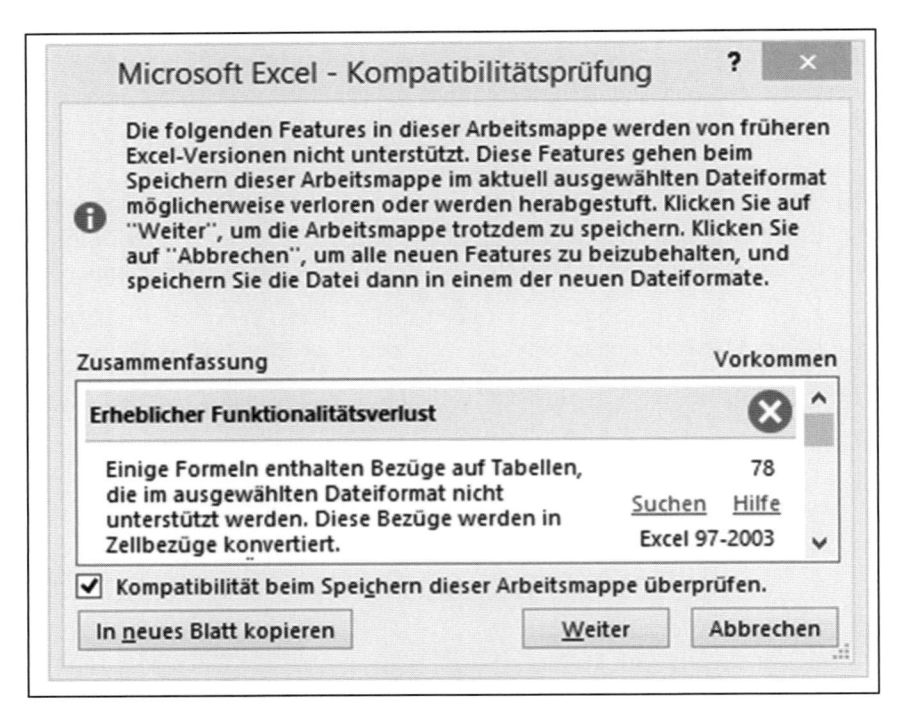

Abb. 1: Die Kompatibilitätsprüfung macht standardmäßig auf Funktionsverluste aufmerksam

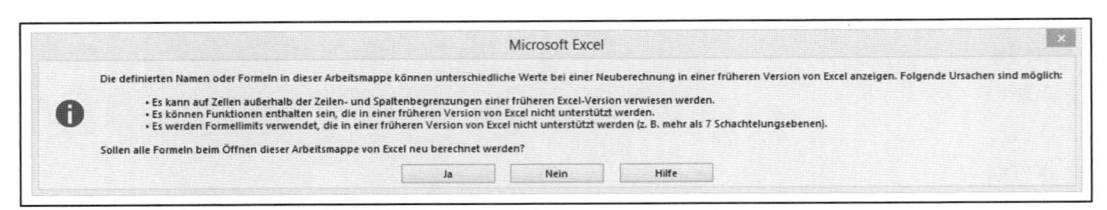

Abb. 2: Beispiel für eine mögliche Fehleranalyse

2 Die neuen Benutzeroberflächen

Abbildung 3 zeigt die Benutzeroberfläche von Excel 2013, Abbildung 4 zeigt die Oberfläche von Excel 2010. Der Vergleich zeigt, die Elemente, mit denen Sie Excel bedienen, haben sich optisch verändert. Sie sind insgesamt flacher und verstärkt in Weiß und hellen Grautönen gehalten. Excel 2013 wurde optisch an die Version Windows 8 angepasst. Die einzelnen Elemente, wie beispielsweise die Zeilen und Spaltenbeschriftung, sind nicht mehr so stark voneinander abgegrenzt. Insgesamt wirken die Übergänge weicher und moderner.

Bis auf wenige Ausnahmen sind die Positionen von den Entwicklern nicht verändert worden. Sie müssen sich also nur an das neue Design und nicht an eine neue Anordnung der Funktionen gewöhnen.

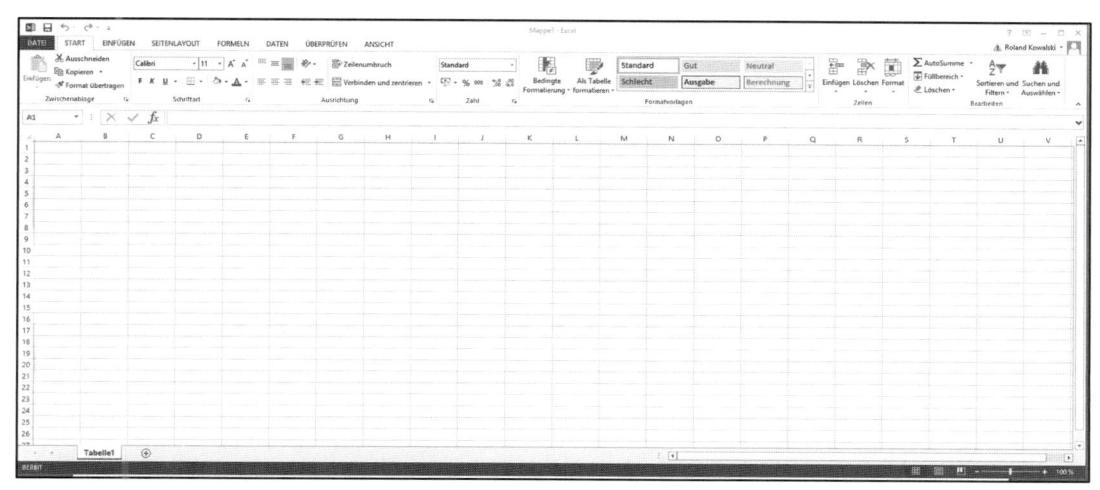

Abb. 3: So sieht Excel 2013 nach dem ersten Start aus

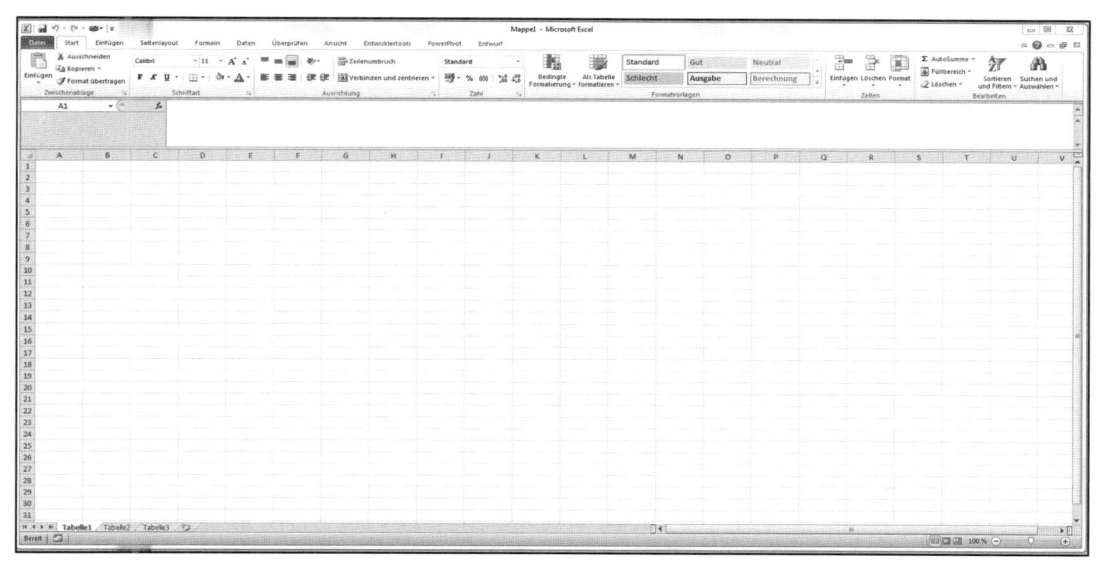

Abb. 4: Zum Vergleich hier die Oberfläche von Excel 2010

2.1 Symbolleiste für den Schnellzugriff

Ganz oben befindet sich die Symbolleiste für den Schnellzugriff. Sie enthält Symbole für häufig verwendete Befehle, wie Speichern, Rückgängig machen bzw. Wiederherstellen von Eingaben (s. Abb. 5). Excel sieht zum Rückgängigmachen bis zu 100 Ebenen vor.

Abb. 5: Die Symbolleiste für den Schnellzugriff in Excel 2013

> **HINWEIS**
>
> **Individuelle Anpassung**
>
> Die Symbolleiste für den Schnellzugriff können Sie an Ihren individuellen Bedarf anpassen. Dazu klicken Sie auf den kleinen Pfeil am Ende der Leiste. Es erscheint ein Menü mit Befehlen. Für die abgehakten Befehle befinden sich bereits Schaltflächen auf der Symbolleiste für den Schnellzugriff. Wenn Sie die Symbolleiste um einen oder mehrere Befehle erweitern möchten, klicken Sie einfach den gewünschten Eintrag an. Umgekehrt entfernen Sie einen Befehl, indem Sie das Häkchen im Menü, ebenfalls per Mausklick, entfernen.

3 Die Multifunktionsleiste

Unterhalb der Leiste für den Schnellzugriff befindet sich eine Leiste mit verschiedenen Registern. Standardmäßig stehen folgende Register zur Verfügung:

- **Start** (s. Abb. 6)

Abb. 6: Menüband Start von Excel 2013

- **Einfügen** (s. Abb. 7 und Abb. 8)

Abb. 7: Menüband Einfügen in Excel 2013

Abb. 8: Menüband Einfügen in Excel 2010

- **Seitenlayout**
- **Formen**
- **Daten**
- **Daten überprüfen**
- **Ansicht**

Auch diese Auswahl kann bei Bedarf individuell ergänzt werden. Außerdem werden in Abhängigkeit von der jeweiligen Arbeitssituation (s. Abb. 9 und 10) zusätzliche Register eingeblendet.

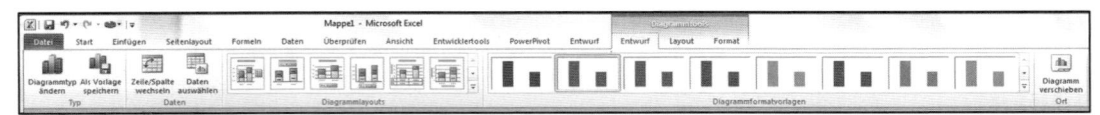

Abb. 9: Menüband Diagrammtools in Excel 2010

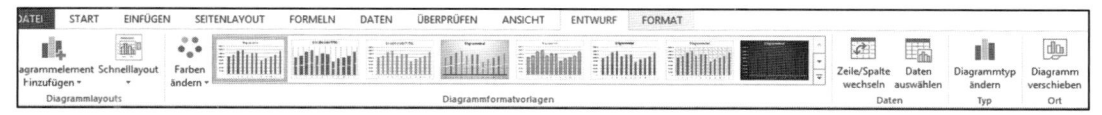

Abb. 10: Menüband Diagrammtools in Excel 2013

Symbolschaltflächen

Um die einzelnen Befehle auszuführen bzw. aufzurufen, arbeiten Excel 2013 und 2010 weiterhin mit Symbolschaltflächen. Allerdings sind diese nicht mehr so klar abgegrenzt wie in Excel 2003 und älter.

Eine Besonderheit sind Schaltflächen bzw. Gruppen, die mit einem kleinen nach unten zeigenden Pfeil ausgestattet sind. Durch einen Klick auf den Pfeil öffnet man das zugehörige Dialogfenster, z. B. den Dialog **Zellen formatieren** (s. Abb. 11).

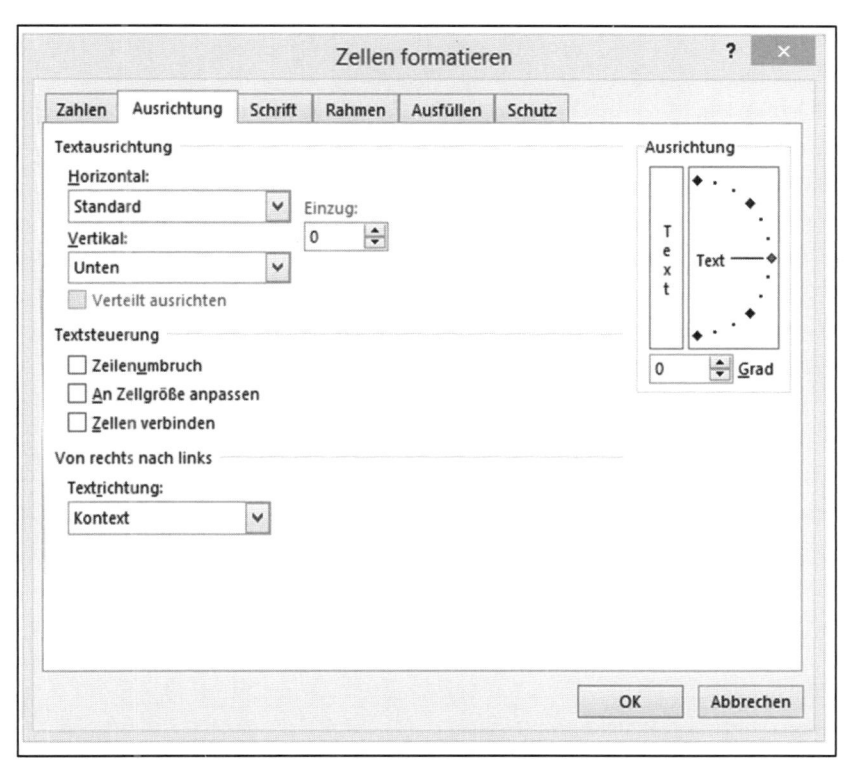

Abb. 11: Das Dialogfeld Zellen formatieren

3.1 Bearbeitungsleiste

Die Bearbeitungsleiste besteht – wie auch in den Altversionen – aus folgenden Elementen (s. Abb. 12):

- Namensfeld
- Eingabezeile
- Schaltfläche **Funktion einfügen**

Abb. 12: Die Bearbeitungszeile in Excel 2013

PRAXIS – TIPP

Bearbeitungsleiste verbreitern

Bei Bedarf besteht die Möglichkeit, die Bearbeitungsleiste zu verbreitern. Der Vorteil: Lange Texte und sehr komplexe Formeln sind dann vollständig sichtbar. Am bequemsten erledigt man das, indem man diese mit gedrückter linker Maustaste einfach nach unten zieht. Auch ein Klick auf den kleinen Doppelpfeil am Ende der Bearbeitungsleiste bewirkt, dass Sie die Bearbeitungsleiste vergrößern bzw. wieder verkleinern. Der Vorteil der Maus-Alternative: Hier können Sie mit der Maus die Maße selber bestimmen.

3.2 Arbeitsbereich

Am Arbeitsbereich und an der Aufteilung in Zellen hat sich in Excel 2010 und 2013 nichts geändert. Die Entwickler setzen nach wie vor auf das Gitter bzw. die Zellen (s. Abb. 14). Dort können die Anwender das volle Potenzial der Tabellenkalkulation nutzen. Die Zellen können nach wie vor Zahlen, Texte oder Formeln enthalten. Auch hier ist alles beim Alten.

Allerdings stehen insgesamt mehr Zellen zur Verfügung als in den Altversionen. Hier die wichtigsten Daten und Fakten auf einen Blick:

- Spaltenanzahl: 16.384
- Zeilenanzahl: 1.048.576 (s. Abb. 13)

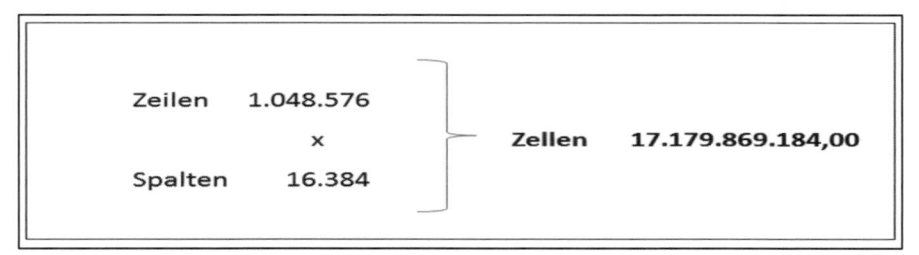

Abb. 13: Excel stellte einen enormen Umfang an Zellen zur Verfügung

- Spaltenbreite: 255 Zeichen
- Zeilenhöhe: 409 Punkt
- Maximale Zeichenanzahl pro Zelle: 32.767
- Mögliche Seitenumbrüche: 1.026 horizontal und vertikal
- Zellformate/Zellformatvorlagen: 64.000
- Füllformate: 256
- Linienstärken und Linienarten: 256
- Schriftarttypen: 1.024 globale Schriftarten verfügbar (512 pro Arbeitsmappe)
- Aufeinander folgende Zellen, die ausgewählt werden können: 2.147.483.648

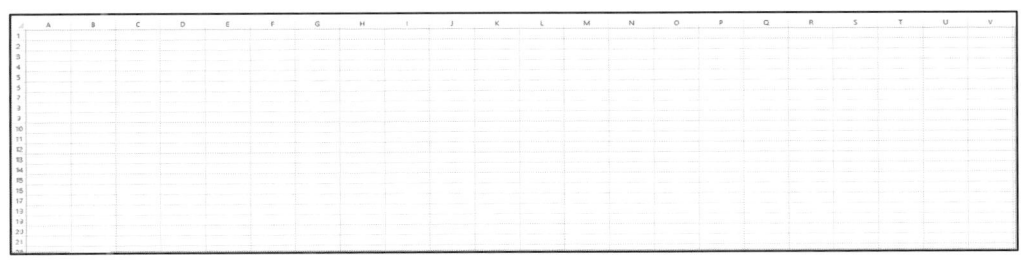

Abb. 14: Nach wie vor gleicht der Arbeitsbereich kariertem Rechenpapier

3.3 Statusleiste

Die Statusleiste wurde gründlich überarbeitet (s. Abb. 15). Sie können hier mehr Informationen anzeigen als in den Vorgängerversionen. Allerdings müssen Sie hierzu selber Hand anlegen:

- Durch einen Klick mit der rechten Maustaste auf die Statusleiste öffnen Sie deren Kontextmenü. Die abgehakten Informationen werden in der Statusleiste angezeigt.
- Informationen, die Sie nicht benötigen, können Sie einfach wegklicken.
- Durch das Aktivieren eines Häkchens erreichen Sie, dass Informationen gezeigt werden.

Abb. 15: Die Statusleiste von Excel 2013

Um Zwischenergebnisse für Summe, Mittelwert usw. anzuzeigen, gehen Sie z. B. wie folgt vor:

Zwischenergebnisse anzeigen

1 Angenommen, Sie möchten Zwischenwerte für Summe, Mittelwert, Maximum und Minimum anzeigen. Dazu markieren Sie in der Tabelle die Werte, von denen Sie die Zwischenergebnisse in der Statusleiste zeigen wollen. Standardmäßig werden Mittelwert, Anzahl und Summe der markierten Zellen angezeigt.

2 Klicken Sie mit der rechten Maustaste auf die Statusleiste und aktivieren Sie die Einträge **Maximum** und **Minimum**.

3 Markieren Sie im Arbeitsblatt den Bereich, für den Sie die Informationen einblenden möchten. In der Statusleiste werden umgehend die exakten Ergebnisse angezeigt (s. Abb. 16). Die Anzeige ändert sich entsprechend der Markierung im Tabellenblatt.

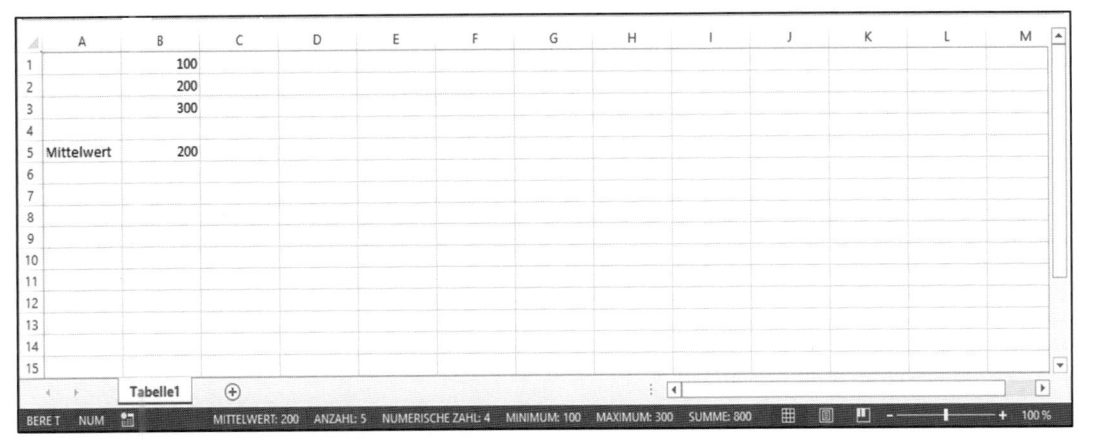

Abb. 16: In der Statusleiste sehen Sie mehrere Auswertungen für einen einzelnen Zellbereich

> **HINWEIS**
>
> **Die Funktion ANZAHL**
>
> Die Funktion **ANZAHL** zeigt in der Statusleiste alle Zellen, die einen Inhalt haben. Wenn Sie also die Ergebniszeile und Beschriftungen mitmarkieren, erscheinen auch diese unter **ANZAHL**.

3.4 Blattregister

Das Blattregister wurde in Excel 2013 abgespeckt. Während in Excel 2010 standardmäßig bereits 3 Tabellen vorgesehen sind, gibt es in Excel 2013 nur noch **Tabelle 1**. Weitere Tabellen erzeugen Sie durch einen Klick auf das **Pluszeichen** (s. Abb. 17).

Abb. 17: Blattregister von Excel 2013

4 Der Menüpunkt Datei

Der Menüpunkt **Datei** regelt unter **Optionen** alle sogenannten Backstagefunktionen, also alle Einstellungen und Aufgaben, die Sie früher über **Datei → Extras** erreicht haben (s. Abb. 18).

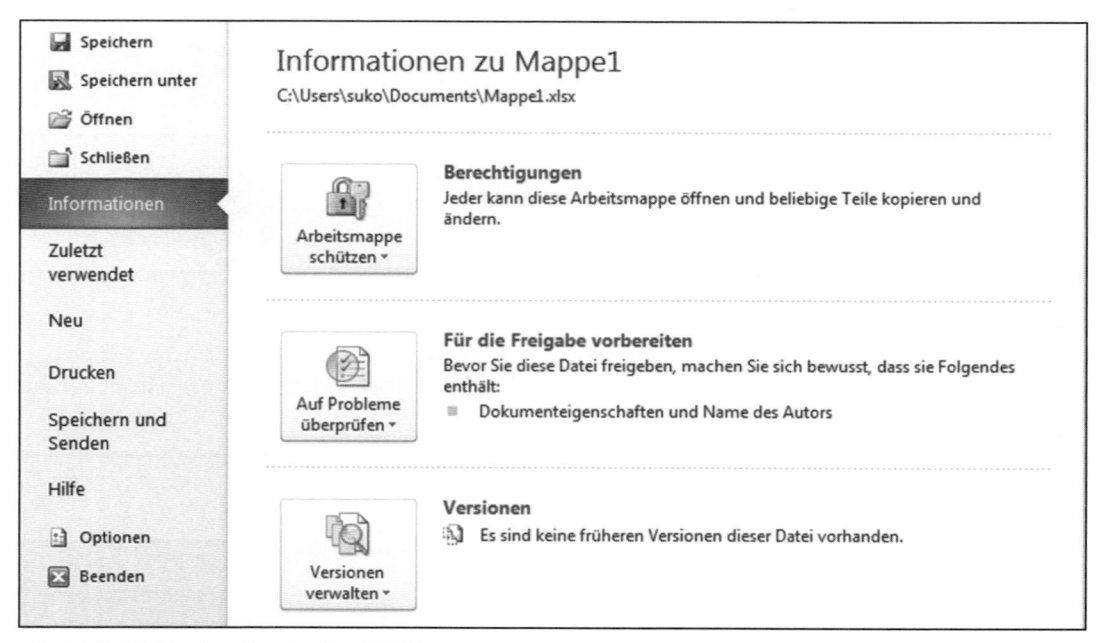

Abb. 18: Datei-Menüpunkt unter Excel 2010

Zusätzlich erhalten Sie in Excel 2010 folgende Funktionen:

- **Speichern** und **Speichern unter**
- **Öffnen** und **Schließen**
- **Informationen**

- Zuletzt verwendete Dateien
- Neu
- Drucken
- Speichern und senden
- Hilfe
- Beenden

In Excel 2013 wurde der Menüpunkt noch einmal grundlegend überarbeitet. Hinzugekommen sind jetzt zusätzlich zu den bereits in Excel 2010 vorhandenen Funktionen folgende:

- Freigeben
- Exportieren
- Konto (s. Abb. 19)

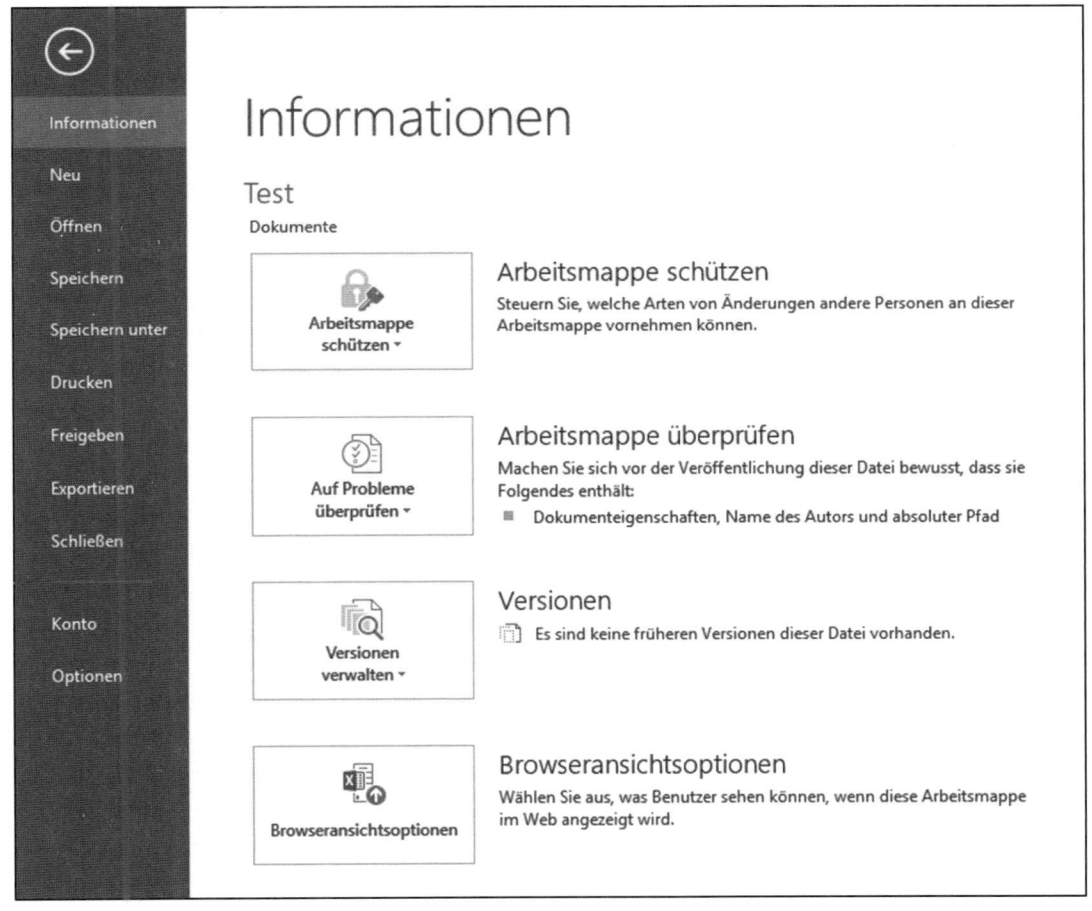

Abb. 19: Datei-Menüpunkt unter Excel 2013

5 Die Excel-Optionen

Wichtige Einstellungen führen Sie unter **Datei → Optionen** durch. Die Optionen sind in folgende Kategorien untergliedert (s. Abb. 20):

- **Formeln**
- **Dokumentprüfung**
- **Speichern**
- **Sprache**
- **Erweitert**
- **Menüband anpassen**
- **Symbolleiste für den Schnellzugriff**
- **AddIns**
- **Trust Center**

Die Bedeutung der einzelnen Rubriken entnehmen Sie bitte Tabelle 1.

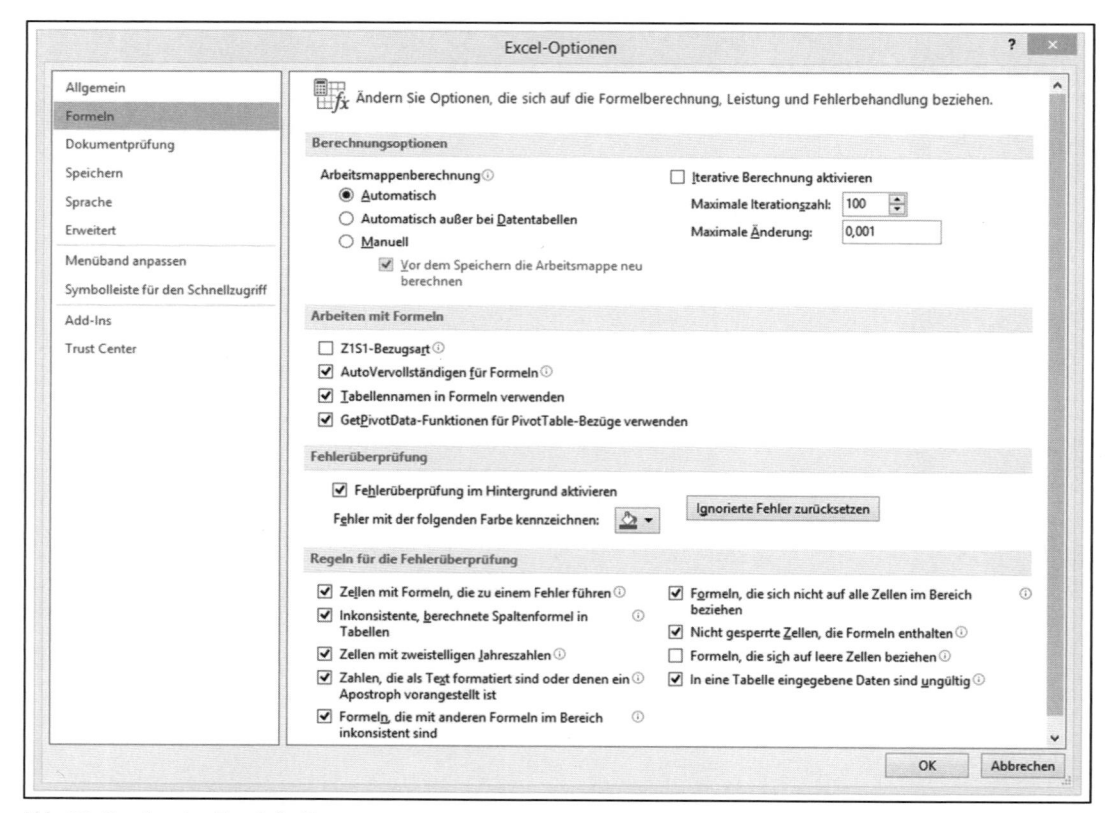

Abb. 20: Das Fenster Excel-Optionen

Rubrik	Erläuterung
Formeln	Hier geht es um Berechnungsoptionen (s. Abb. 21), die Arbeit mit Formeln und den Umgang mit Fehlern. Im Rahmen der Berechnungsoptionen werden z. B. Einstellungen im Zusammenhang mit Iterationen durchgeführt. Hier die Gruppen des Menüs **Formeln** im Überblick: • **Berechnungsoptionen** • **Arbeiten mit Formeln** • **Fehlerüberprüfung** • **Regeln für die Fehlerüberprüfung** Abb. 21: Excel-Optionen → Registerkarte Formeln
Dokumentprüfung	In dieser Rubrik geht es um die Themen AutoKorrektur-Optionen und Rechtschreibkorrektur.
Speichern	Wie der Name schon andeutet, geht es hier um Datensicherungen (Speichern) und das AutoWiederherstellen von Arbeitsmappen. Weitere Einstellungsoptionen in dieser Rubrik sind: • Offline-Bearbeitungsoptionen • Beibehaltung grafische Darstellungen der Arbeitsmappe
Sprache	Unter **Sprache** wird die Bearbeitungssprache festgelegt. Darüber hinaus erfolgen hier die Auswahl der Anzeige- und Hilfssprache sowie die Auswahl der Quick-Info-Sprache.
Erweitert	Die meisten Einstellungsoptionen gibt es im Menüpunkt **Erweitert**: • Bearbeitungsoptionen (s. Abb. 22)

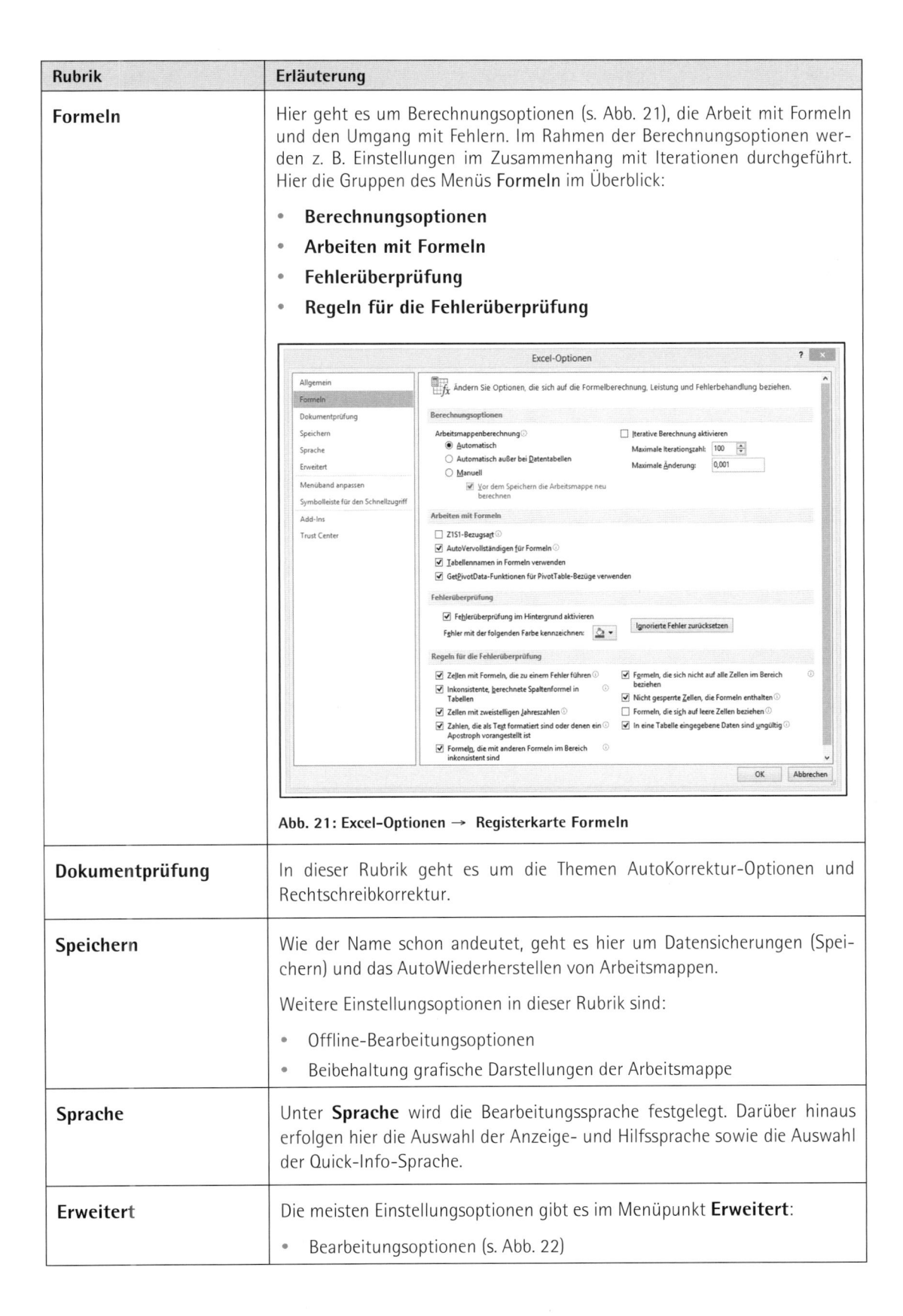

Rubrik	Erläuterung
	![Excel-Optionen Dialog]
	Abb. 22: Die Gruppe Bearbeitungsoptionen
	• Ausschneiden, Kopieren und Einfügen
	• Bildgröße und Qualität
	• Drucken
	• Diagramm
	• Anzeige
	• Optionen für diese Arbeitsmappe anzeigen (z. B. Anzeige von Bildlaufleisten oder Blattregister)
	• Optionen für dieses Arbeitsblatt anzeigen (z. B. das Einblenden von Spalten- oder Zeilenüberschriften sowie das Unterdrücken von Nullwerten)
	• Formeln
	• Beim Berechnen dieser Arbeitsmappe (z. B. wird hier die Verknüpfung zu anderen Dateien geregelt)
	• **Allgemein:** Hier stehen unterschiedlichste Funktionen und Einstellungsmöglichkeiten zur Verfügung (s. Abb. 23).
	• Im Bereich **Daten** (nur Excel 2013) legen Sie u. a. fest, wie mit dem Rückgängigmachen großer Datenmengen umzugehen ist.
	• Lotus-Kompatibilität
	• Lotus-Kompatibilität-Einstellungen

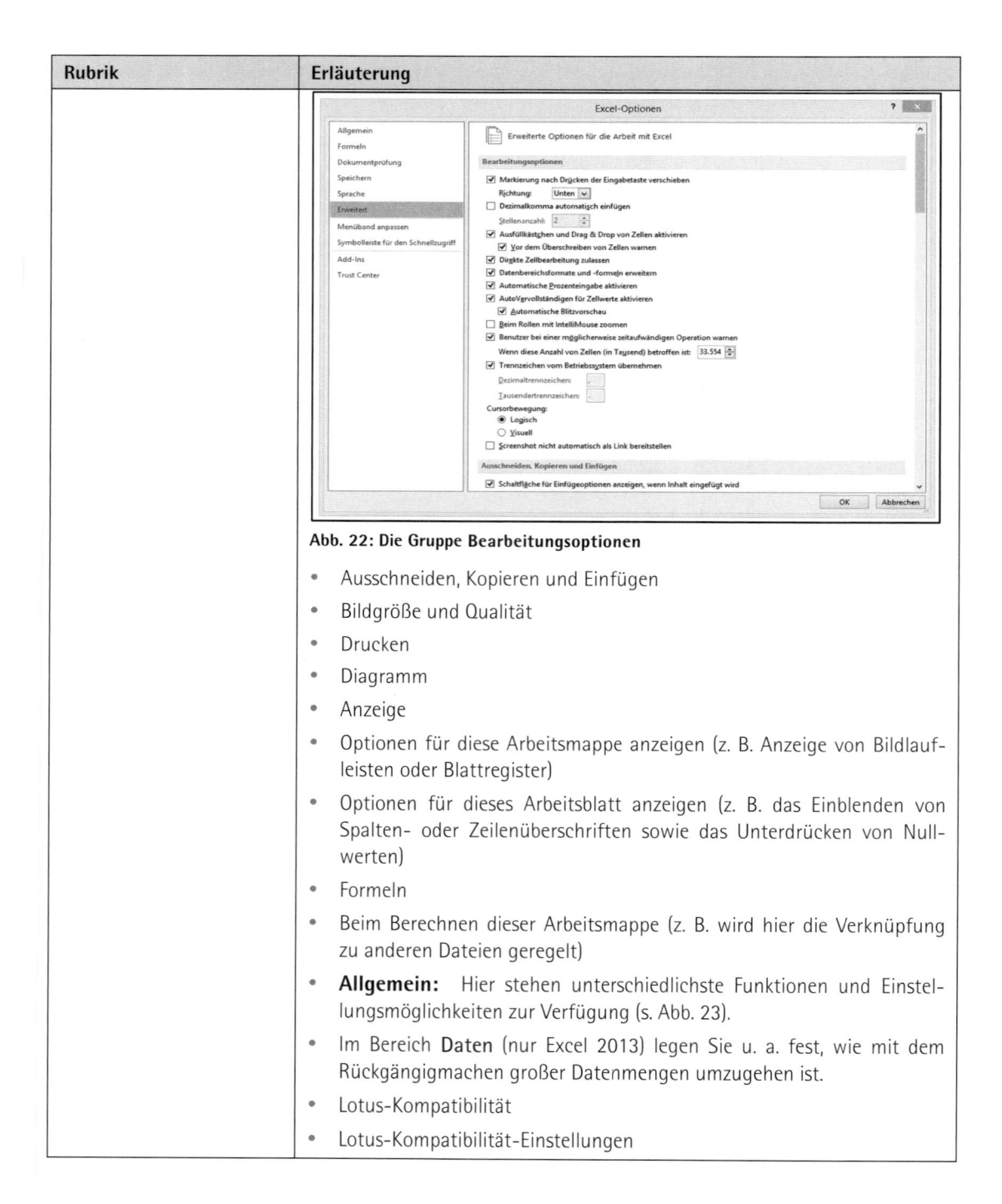

Rubrik	Erläuterung
	Abb. 23: Excel-Optionen → Erweitert → Allgemein
Menüband anpassen	Hier geht es um Erweiterungen, Umgruppieren und Reduzieren von Menübändern (s. Abb. 24) und Registerkarten. Abb. 24: Excel-Optionen → Menüband anpassen
Symbolleiste für den Schnellzugriff	Wenn Sie die Symbolleiste für den Schnellzugriff an Ihren individuellen Bedarf anpassen möchten, finden Sie hier die entsprechenden Einstellungsmöglichkeiten.

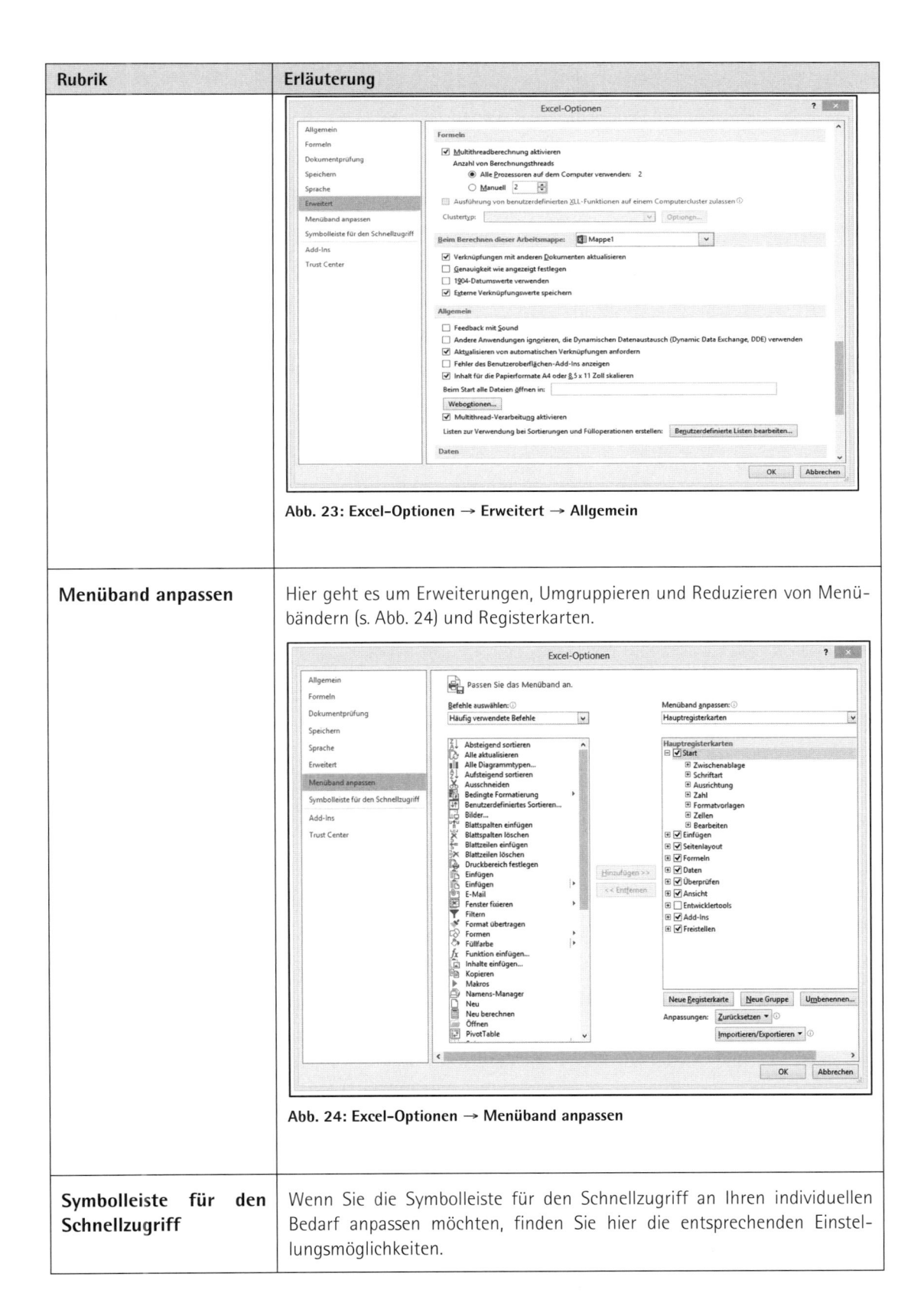

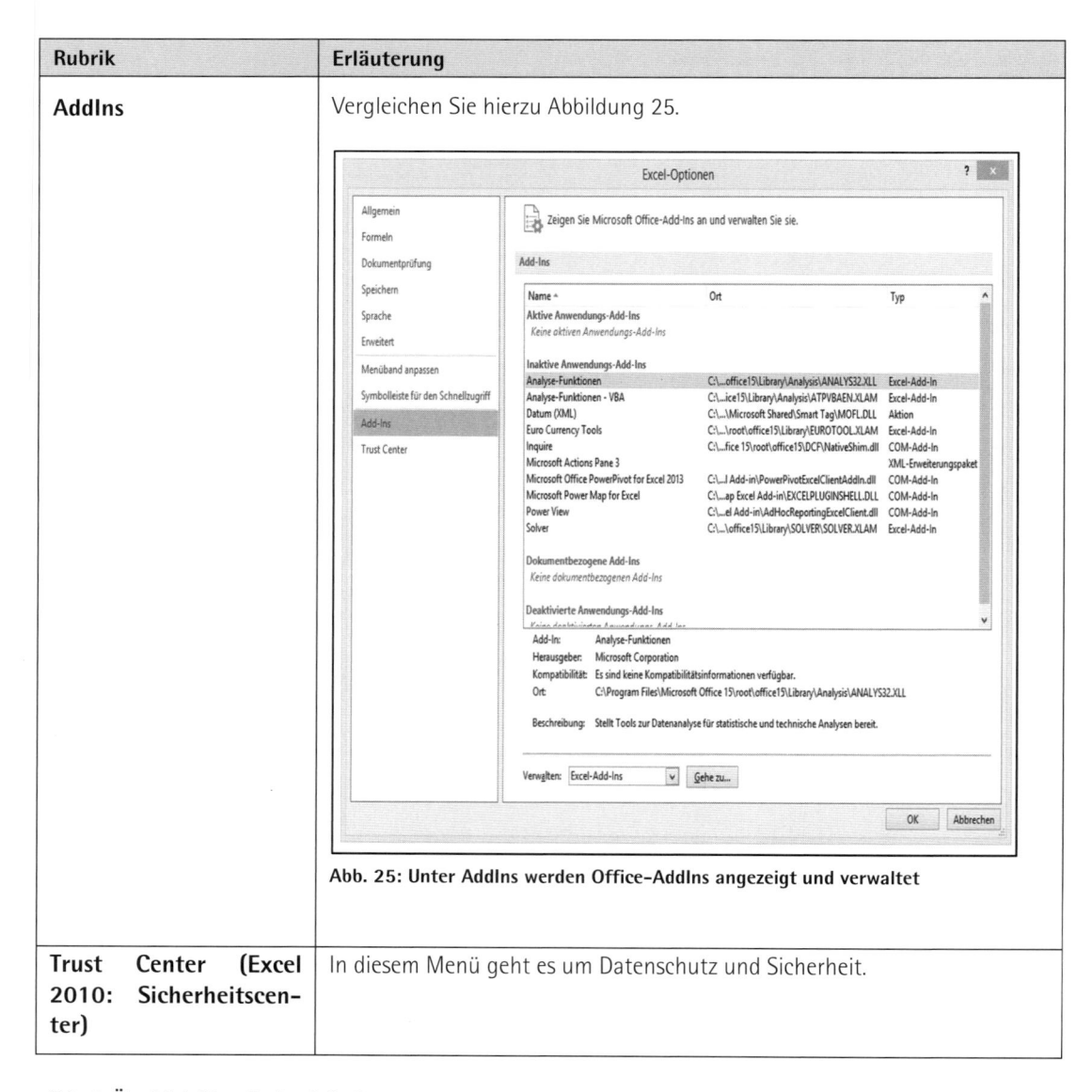

Rubrik	Erläuterung
AddIns	Vergleichen Sie hierzu Abbildung 25.
	Abb. 25: Unter AddIns werden Office-AddIns angezeigt und verwaltet
Trust Center (Excel 2010: Sicherheitscenter)	In diesem Menü geht es um Datenschutz und Sicherheit.

Tab. 1: Überblick über die Excel-Optionen

6 Technische Daten und Fakten

Nachfolgend wichtige Fakten, Spezifikationen und Beschränkungen für Berechnungen im Überblick:

Feature	Maximum
Genauigkeit von Zahlen	15 Stellen
Kleinstmögliche negative Zahl	-2,2251E-308
Kleinstmögliche positive Zahl	2,2251E-308
Größtmögliche positive Zahl	9,99999999999999E+307

Größtmögliche negative Zahl	-9,99999999999999E+307
Größtmögliche positive Zahl in einer Formel	1,7976931348623158e+308
Größtmögliche negative Zahl in einer Formel	-1,7976931348623158e+308
Länge der Formelinhalte	8.192 Zeichen
Iterationen	32.767
Ausgewählte Bereiche	2.048
Argumente in einer Funktion	255
Verschachtelte Ebenen von Funktionen	64
Benutzerdefinierte Funktionskategorien	255
Anzahl der verfügbaren Tabellenfunktionen	341
Größe des Operanden-Stapels	1.024
Abhängigkeiten zwischen Arbeitsblättern	64.000 Arbeitsblätter, die Bezüge auf andere Arbeitsblätter enthalten können
Abhängigkeit von einer einzelnen Zelle	4 Milliarden Formeln, die von einer einzelnen Zelle anhängig sein können
Länge des Inhalts von verknüpften Zellen aus geschlossenen Arbeitsmappen	32.767
Das früheste, für eine Berechnung zulässiges Datum	01.01.1900 (01.01.1904 bei Verwendung des 1904-Datumssystems)
Das späteste, für eine Berechnung zulässiges Datum	31. Dezember 9999
Maximale Uhrzeit, die eingegeben werden kann	9999:59:59
Namen in einer Arbeitsmappe	Gegebenenfalls Beschränkung durch Ihren zur Verfügung stehenden Arbeitsspeicher.
Fenster in einer Arbeitsmappe	Gegebenenfalls Beschränkung durch Ihren zur Verfügung stehenden Arbeitsspeicher.
Bereiche in einem Fenster	4
Verknüpfte Arbeitsblätter	Bei den verknüpften Arbeitsblättern gibt es möglicherweise eine Beschränkung durch den verfügbaren Arbeitsspeicher
Szenarien	In einem Zusammenfassungsbericht werden maximal die ersten 251 Szenarien angezeigt. Gegebenenfalls gibt es eine weitere Beschränkung durch den verfügbaren Arbeitsspeicher
Veränderbare Zellen in einem Szenario	32
Anpassbare Zellen in Solver	200
Benutzerdefinierte Funktionen	Gegebenenfalls Beschränkung durch verfügbaren Arbeitsspeicher
Vergrößerungs- bzw. Verkleinerungsbereich	10 Prozent bis 400 Prozent
Berichte	Gegebenenfalls Beschränkung durch verfügbaren Arbeitsspeicher

Sortierbezüge	Bei einer einzelnen Sortierung sind 64 Vorgänge möglich. Beim Einsatz von sequenziellen Sortierungen sind die Möglichkeiten unbegrenzt.
Felder in einem Datenformular	32
Arbeitsmappenparameter	255 Parameter pro Arbeitsmappe
In Filter-Dropdownlisten angezeigte Elemente	10.000

Tab. 2: Technische Daten und Fakten, Quelle: www.microsoft.com

7 Das ist neu

Stellvertretend für die Neuerungen in Excel 2013 stellen wir Ihnen an dieser Stelle die schnelle Datenauswertung, Sparklines, die vereinfachen Diagrammfunktionen und SkyDrive vor.

7.1 Besonders schnelle Datenauswertung

Wer als Anwender nur geringe Erfahrung im Umgang mit Formeln oder Analyse-Tools hat, findet in den Funktionen **Schnellanalyse** und **Blitzvorschau** gute Unterstützung. Sobald Sie einen Datenbereich markieren, erscheint das Symbol für die Schnellanalyse, die folgende Möglichkeiten bietet:

- Formatierung
- Diagramme
- Ergebnisse
- Tabellen
- Sparklines

Insbesondere durch die Kombination von Schnellanalyse und Blitzvorschau können Sie Daten im Handumdrehen gliedern und auswerten.

> **PRAXIS - TIPP**
>
> **Aufruf mit Tastenkombination Strg + Q**
>
> Die Schnellanalyse können Sie auch mithilfe der Tastenkombination **Strg + Q** aktivieren.

In dem folgenden Beispiel verkaufte ein Unternehmen im vergangenen Jahr 3 Produkte. Deren Umsätze wurden in einer Excel Tabelle erfasst. Wenn man den Datenbestand markiert, erscheint umgehend die Schaltfläche für die Schnellanalysefunktion. Ein Klick auf diese Schaltfläche ermöglicht auf die Schnelle folgende Bearbeitungsfunktionen (s. Abb. 26):

- Formatierung
- Diagramme
- Ergebnisse
- Tabellen
- Sparklines

Umsätze

	Januar	Februar	März	April	Mai	Juni	Juli	August	September	Oktober	November	Dezember
Produkt A	100.008	110.000	132.000	138.600	110.001	120.000	119.000	77.441	92.929	100.003	110.003	132.004
Produkt B	200.020	180.018	162.016	145.815	131.233	118.110	106.299	95.669	86.102	77.492	69.743	62.768
Produkt C	300.043	330.000	330.047	363.000	363.052	399.300	399.357	439.230	439.293	483.153	350.457	250.300

FORMATIERUNG DIAGRAMME ERGEBNISSE TABELLEN SPARKLINES

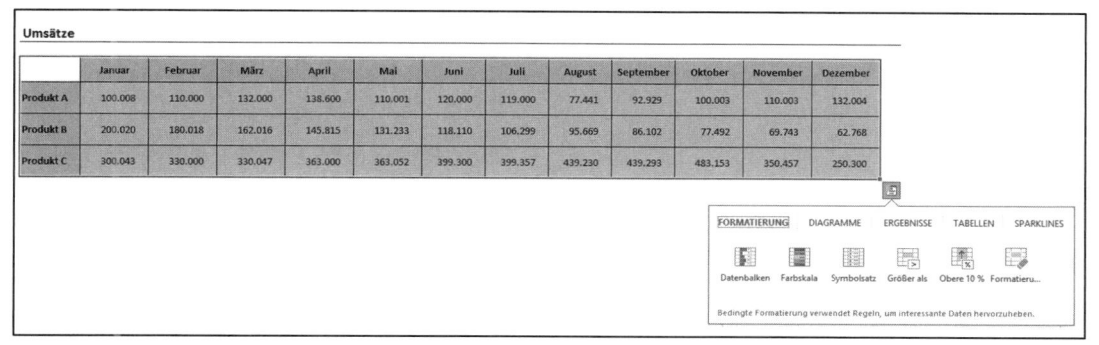

Datenbalken Farbskala Symbolsatz Größer als Obere 10 % Formatieru...

Bedingte Formatierung verwendet Regeln, um interessante Daten hervorzuheben.

Abb. 26: Symbolschaltfläche für die Schnellanalyse mit den zur Verfügung stehenden Funktionen

Durch einen Klick auf die Schaltfläche **Symbolsatz** werden niedrige, mittlere und hohe Werte durch Pfeile gekennzeichnet (s. Abb. 27).

Umsätze

	Januar	Februar	März	April	Mai	Juni	Juli	August	September	Oktober	November	Dezember
Produkt A	⬇ 100.008	⬇ 110.000	⬇ 132.000	⬇ 138.600	⬇ 110.001	⬇ 120.000	⬇ 119.000	⬇ 77.441	⬇ 92.929	⬇ 100.003	⬇ 110.003	⬇ 132.004
Produkt B	⬇ 200.020	⬇ 180.018	⬇ 162.016	⬇ 145.815	⬇ 131.233	⬇ 118.110	⬇ 106.299	⬇ 95.669	⬇ 86.102	⬇ 77.492	⬇ 69.743	⬇ 62.768
Produkt C	➡ 300.043	➡ 330.000	➡ 330.047	⬆ 363.000	⬆ 363.052	⬆ 399.300	⬆ 399.357	⬆ 439.230	⬆ 439.293	⬆ 483.153	⬆ 350.457	➡ 250.300

Abb. 27: Symbolsatz: Über die Schnellanalyse erstellt

> **HINWEIS**
>
> **Nutzen Sie die Live-Vorschau**
>
> Die Schnellanalyse liefert stets eine Live-Vorschau. Auf diese Weise können Sie das Ergebnis sehen, bevor Sie sich endgültig für die angedachte Variante entscheiden.

Auch die höchsten 10 % Ihrer höchsten Werte können Sie mit der Schnellanalyse rasch anzeigen (s. Abb. 28).

Umsätze

	Januar	Februar	März	April	Mai	Juni	Juli	August	September	Oktober	November	Dezember
Produkt A	100.008	110.000	132.000	138.600	110.001	120.000	119.000	77.441	92.929	100.003	110.003	132.004
Produkt B	200.020	180.018	162.016	145.815	131.233	118.110	106.299	95.669	86.102	77.492	69.743	62.768
Produkt C	300.043	330.000	330.047	363.000	363.052	399.300	399.357	**439.230**	**439.293**	**483.153**	350.457	250.300

Abb. 28: Die Kennzeichnung erfolgt per Mausklick; die Werte erkennt Excel eigenständig

Unter **Ergebnisse** finden sich in der Schnellanalyse u. a. einige Statistikfunktionen sowie die Funktion **Summe**. Wenn Sie den Durchschnitt berechnen wollen (s. Abb. 29), müssen Sie nicht mehr erledigen als die Zellen zu markieren, von denen Sie den Mittelwert sehen möchten. Anschließend wird in der freien Zelle neben der Zeile das Ergebnis gezeigt.

Umsätze												
	Januar	Februar	März	April	Mai	Juni	Juli	August	September	Oktober	November	Dezember
Produkt A	100.008	110.000	132.000	138.600	110.001	120.000	119.000	77.441	92.929	100.003	110.003	132.004
Produkt B	200.020	180.018	162.016	145.815	131.233	118.110	106.299	95.669	86.102	77.492	69.743	62.768
Produkt C	300.043	330.000	330.047	363.000	363.052	399.300	399.357	439.230	439.293	483		

Abb. 29: Unter Ergebnisse sind per Mausklick verschiedene Berechnungen möglich

7.2 Sparklines

Mithilfe von Sparklines können Sie Daten veranschaulichen bzw. Datentrends darstellen. Im Grunde handelt es sich bei Sparklines um kleine Diagramme, die in einer einzelnen Zelle des Arbeitsblatts gezeigt werden. Damit können Sie auf Werte aufmerksam machen, die z. B. steigen bzw. fallen.

Beispiel:

Zur Darstellung der Umsatzentwicklung der folgenden 3 Produkte (s. Abb. 30) sollen Sparklines eingesetzt werden.

Umsätze												
	Januar	Februar	März	April	Mai	Juni	Juli	August	September	Oktober	November	Dezember
Produkt A	100.008	110.000	132.000	138.600	110.001	120.000	119.000	77.441	92.929	100.003	110.003	132.004
Produkt B	200.020	180.018	162.016	145.815	131.233	118.110	106.299	95.669	86.102	77.492	69.743	62.768
Produkt C	300.043	330.000	330.047	363.000	363.052	399.300	399.357	439.230	439.293	483.153	350.457	250.300

Abb. 30: Für die grafische Darstellung der Entwicklung der Produktumsätze sollen Sparklines erstellt werden

Sparklines einsetzen

1 Setzen Sie die Eingabemarkierung in die Zelle, in der Sie ein Sparkline zeigen wollen. Klicken Sie nacheinander auf **Einfügen** → **Säule** (s. Abb. 31).

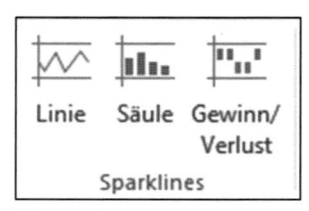

Abb. 31: Auszug aus dem Register

Sie erreichen das Dialogfeld **Sparklines erstellen** (Abb. 32). Dort geben Sie im Feld **Datenbereich** den Zellbereich an, dessen Datenverlauf Sie anzeigen möchten.

Abb. 32: Das Fenster Sparklines erstellen

2 Bestätigen Sie Ihre Eingabe durch einen Klick auf die Schaltfläche **OK**. Das Tolle an dieser Funktion ist, dass Sie die Sparklines ganz einfach kopieren können (s. Abb. 33).

Umsätze													
	Januar	Februar	März	April	Mai	Juni	Juli	August	September	Oktober	November	Dezember	Entwicklung
Produkt A	100.008	110.000	132.000	138.600	110.001	120.000	119.000	77.441	92.929	100.003	110.003	132.004	
Produkt B	200.020	180.018	162.016	145.815	131.233	118.110	106.299	95.669	86.102	77.492	69.743	62.768	
Produkt C	300.043	330.000	330.047	363.000	363.052	399.300	399.357	439.230	439.293	483.153	350.457	250.300	

Abb. 33: Am Ende jeder Zeile befindet sich ein kleines Säulendiagramm

Achten Sie in diesem Zusammenhang auf das veränderte Menüband. Hier wird die Registerkarte **Sparklinetools** angezeigt (s. Abb. 34). Mit den Befehlen bzw. Schaltflächen der Registerkarte **Entwurf** können Sie die Sparkline ganz bequem anpassen.

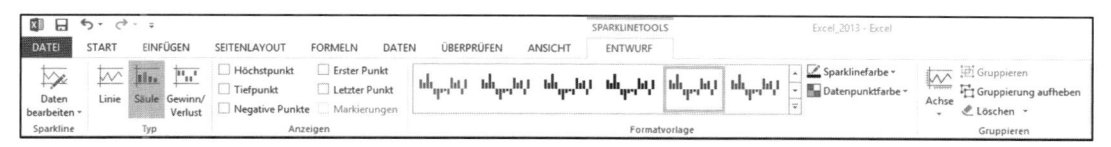

Abb. 34: Sparklinetools im Menüband

> **HINWEIS**
>
> **Sparkline als Zellhintergrund**
>
> Eine Sparkline wird in eine Zelle eingebettet. Das bedeutet: Sie können zusätzlich in der Zelle Zahlen oder Text eingeben. Die Sparkline erscheint dann im Hintergrund der Zelle (s. Abb. 35).

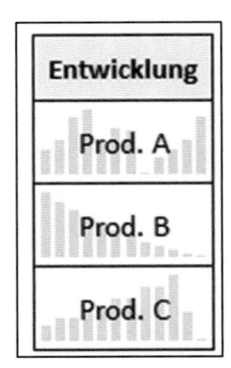

Abb. 35: Sparklines im Zellhintergrund

7.3 Vereinfachte Diagrammfunktion

Excel hat die Diagrammfunktionen für Sie als Anwender weiter vereinfacht. Neben dem erstellten Diagramm stehen die wichtigsten Funktionen zur Verfügung, um das Diagramm gegebenenfalls anzupassen (s. Abb. 36):

- Über das Pluszeichen können Sie Diagrammelemente einfügen.
- Durch einen Klick auf die Schaltfläche mit dem Pinsel stehen Formatvorlagen zur Verfügung.
- Über den Filter können Werte ein- und ausgeblendet werden.

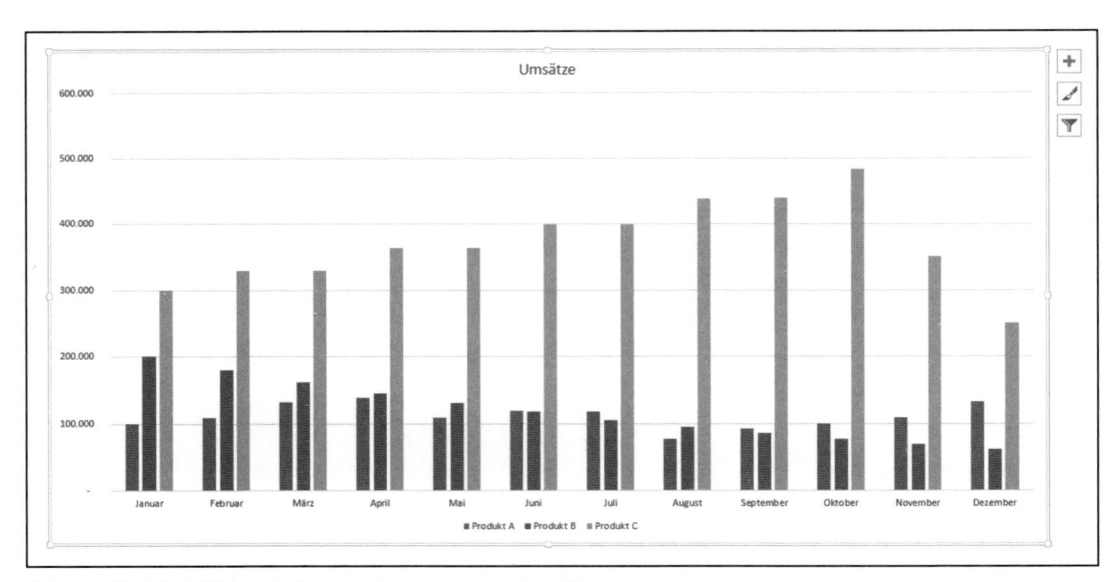

Abb. 36: Die Schaltflächen befinden sich rechts neben dem Diagramm

Ein Assistent für empfohlene Diagramme schlägt bei Bedarf für markierte Daten passende Auswertungen vor. Dazu benutzen Sie die Schaltfläche **Empfohlene Diagramme**, die Sie im Register **Einfügen** finden (s. Abb. 37).

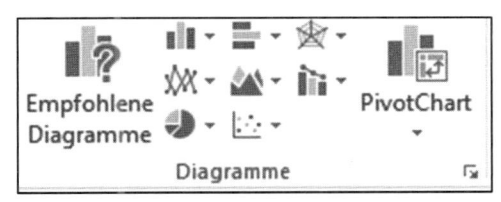

Abb. 37: Die Gruppe Diagramme im Register Einfügen

Nach einem Klick auf **Empfohlene Diagramme** erreichen Sie das Fenster **Diagramm einfügen**. Dort sehen Sie eine Live-Vorschau Ihrer Daten. Wenn Ihnen die Darstellung nicht gefällt, wählen Sie einen anderen Diagrammtyp. Auch für diesen erhalten Sie eine Live-Vorschau (s. Abb. 38).

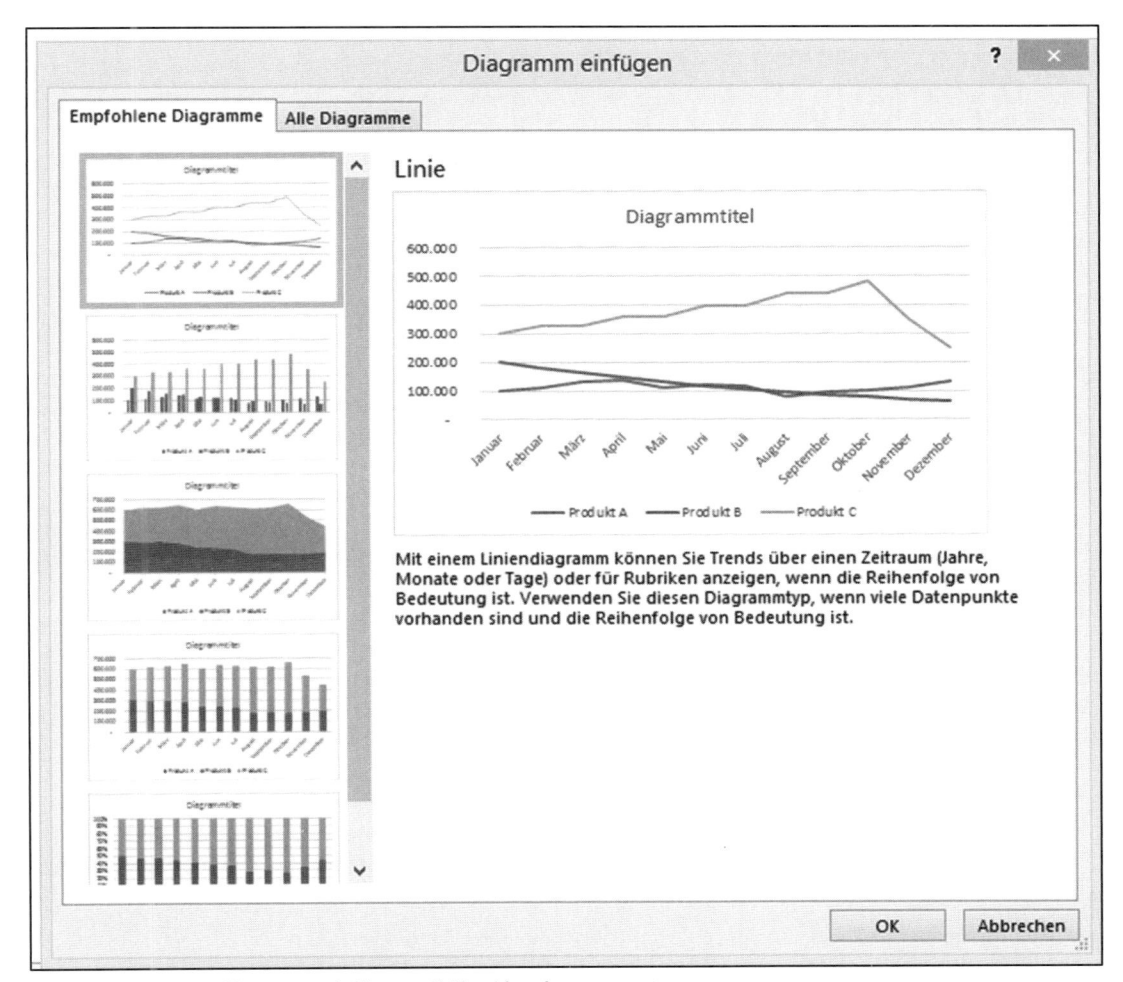

Abb. 38: Das Fenster Diagramm einfügen mit Live-Vorschau

7.4 SkyDrive

In Excel 2013 besteht die Möglichkeit, Dateien auf der Festplatte **SkyDrive** bzw. **OneDrive** abzulegen und darauf zuzugreifen. Kostenlos stehen hierfür standardmäßig bis zu 7 GByte Speicher zur Verfügung. In diesem Zusammenhang können Sie u. a. Arbeitsmappen für andere Personen, beispielsweise Mitarbeiter oder Kollegen, freigeben.

Eine interessante Sache auch für all diejenigen unter Ihnen, die viel unterwegs sind. Zum Öffnen der unter SkyDrive gespeicherten Arbeitsmappen benötigen Sie nicht einmal die Tabellenkalkulation Excel. Durch einen Doppelklick auf die entsprechende Datei lädt automatisch die zugehörige Office-Web-App. Allerdings können Sie diese lediglich für einfache Aufgaben einsetzen.

> **HINWEIS**
>
> **OneDrive**
>
> SkyDrive wurde zwischenzeitlich in OneDrive (s. Abb. 39) umbenannt (Quelle: www.microsoft.com).

Von SkyDrive zu OneDrive

SkyDrive heißt jetzt OneDrive. Verlässliche Funktionen und all Ihre Dateien finden Sie an gewohnter Stelle.

Bei OneDrive anmelden

Abb. 39: SkyDrive hat einen neuen Namen

7.5 Weitere Neuerungen

Nachfolgend weitere Neuerungen im Überblick:

- Erweitertes Kopieren und Einfügen
- Neuer Formeleditor zur Anzeige mathematischer Formeln
- Überarbeiteter Solver
- Neue und verbesserte Bildbearbeitungsfunktion
- Datenschnittfunktion für PivotTable
- Reduzieren von Tipparbeit durch Blitzvorschau: Während Sie Daten erfassen, sucht Excel eigenständig nach Mustern und schlägt Ihnen gegebenenfalls Vervollständigungen vor.
- PivotPower ist in der Version Office 2013 Professional Plus Version integriert.
- PowerView ermöglicht die interaktive Suche, das Visualisieren und Präsentieren von Daten.
- Livevorschau z. B. für Formatierungen und Diagramme
- Assistenten für empfohlene Diagramme und Pivot-Tabellen zur Gruppierung markierter Daten schlagen passende Auswertungen vor.

7.6 Excel und Touchscreen

Excel können Sie auch via Touchscreen-Monitor bedienen. Sobald Sie in den Modus **Fingereingabe** gehen, vergrößert die Tabellenkalkulation automatisch alle Bedienelemente.

> **HINWEIS**
>
> **Nutzen Sie auf Reisen die Tablet-Version**
>
> Sie sind viel unterwegs und möchten Excel auf dem Tablet nutzen? Möglich ist das mit **Office RT**, einer spezielle Version von Office 2013. Allerdings ist diese Alternative nur auf entsprechenden Windows-8-Tablets zu haben. Dort ist Office RT nämlich vorinstalliert. Die Tablet-Version ist auf Touchscreens abgestimmt.

8 Fertige Vorlagen in Excel 2013

Für private und geschäftliche Belange stellt Excel 2013 optisch ansprechende Vorlagen zur Verfügung, angefangen bei Budgets über Kalender bis hin zu Lagerbestandslisten (s. Abb. 40). Hier die Rubriken im Überblick:

- Budgets
- Rechnungen
- Bilanzen
- Kalender
- Planer
- Ausgabe
- Listen

> **HINWEIS**
>
> **Vorlagen aus dem Internet**
>
> Teilweise zeigt Ihnen Ihr Tabellenkalkulationsprogramm Vorlagen nur als Vorschau. Wenn Sie diese Vorlage einsetzen möchten, müssen Sie diese gegebenenfalls aus dem Internet downloaden.

Die Vorlagen sind zum Teil mit Vorsicht zu genießen. Sie passen nicht immer für die individuelle Situation des Anwenders und müssen dann u. U. angepasst werden.

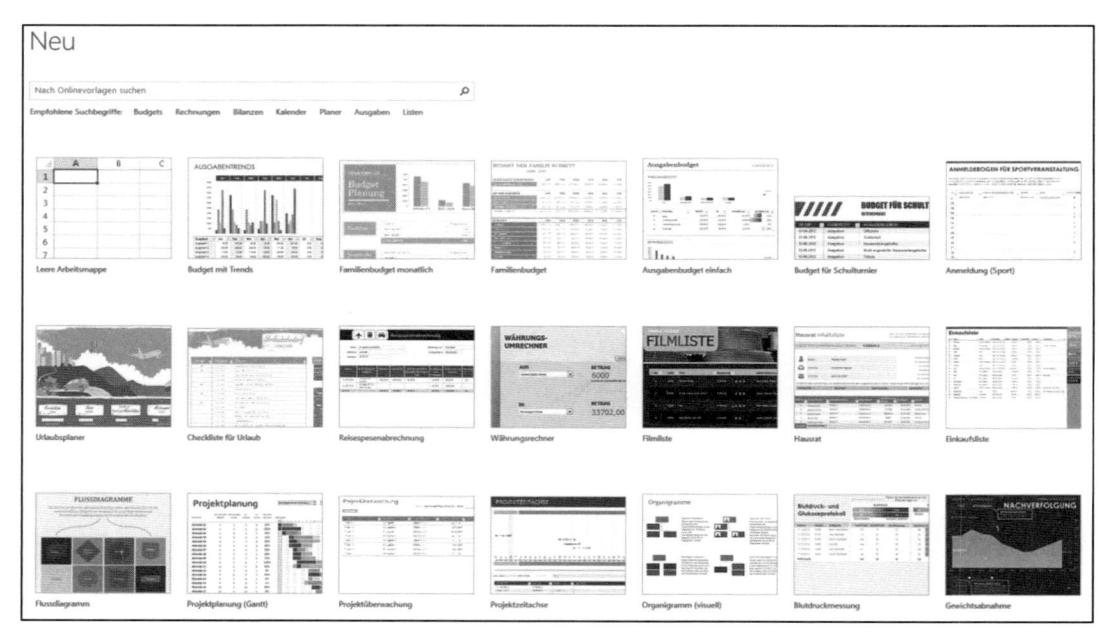

Abb. 40: Vorschau auf verschiedene Vorlagen

8.1 Flussdiagramme

Wer häufig Flussdiagramme erstellt, hat diese mithilfe der Vorlagen aus Excel 2013 häufig schnell erstellt (s. Abb. 41). Durch einen Klick auf die entsprechende Schaltfläche der Vorlage wird das gewünschte Symbol umgehend im Arbeitsblatt generiert.

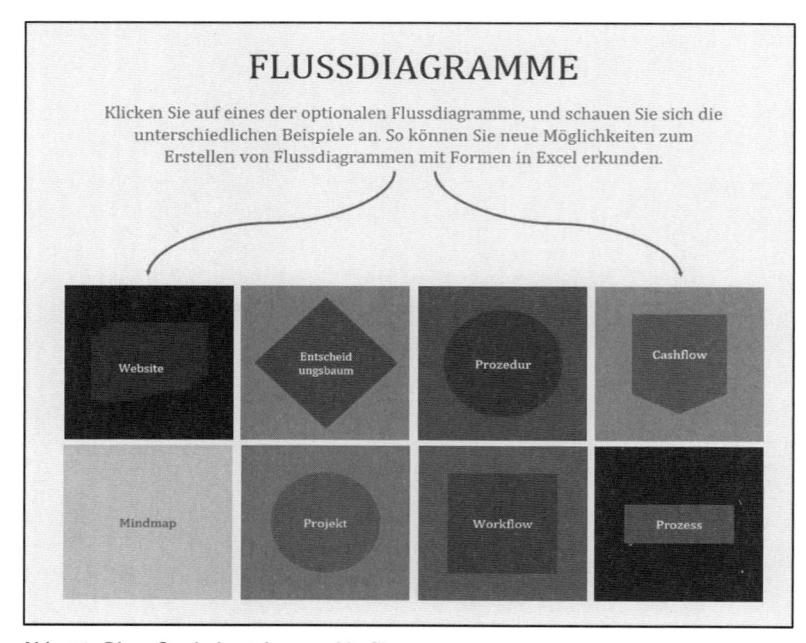

Abb. 41: Diese Symbole stehen zur Verfügung

Durch einen Klick auf die Schaltfläche **Prozedur** gelangen Sie in die gleichnamige Tabelle, in der eine Beispielprozedur enthalten ist. Allerdings passt die Vorlage nicht auf alle Situationen und muss dann angepasst werden (s. Abb. 42 und 43).

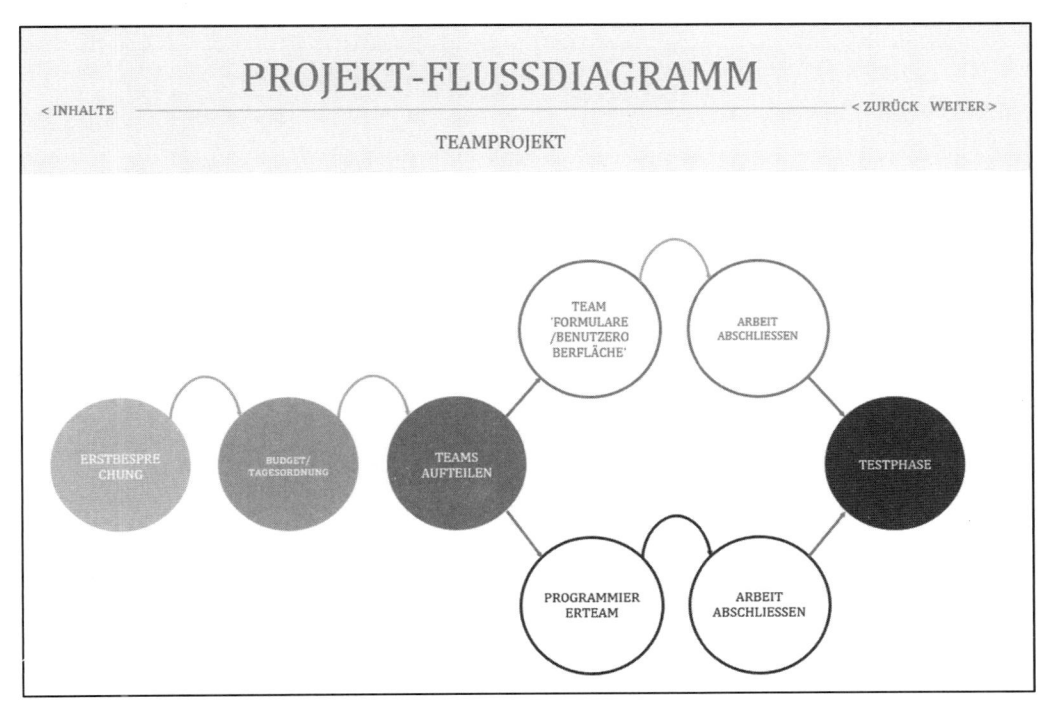

Abb. 42: Beispiel für ein Teamprojekt: Wer Glück hat, kann das Flussdiagramm eins zu eins übernehmen

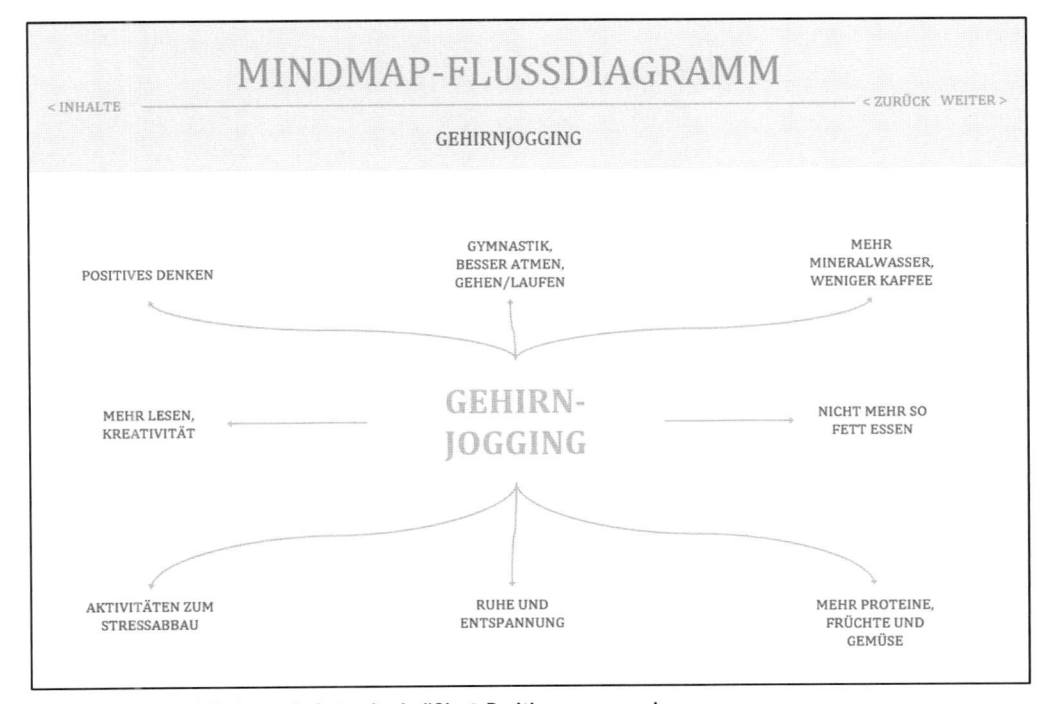

Abb. 43: In dieser Mindmap sind standardmäßig 8 Positionen vorgesehen

Projektüberwachung und Planung

Auch für die Projektarbeit stehen Vorlagen zur Verfügung. Die Projektüberwachung (s. Abb. 44) hat Filter vorgesehen.

Abb. 44: Beispiel für eine Projektüberwachung

Interessant ist auch die Möglichkeit, Aktivitäten in Form eines Gantt-Diagramms anzulegen (s. Abb. 45). Da das Einrichten eines Gantt-Diagramms sehr zeitintensiv ist, stellt diese Vorlage eine wirkliche Arbeitsersparnis für den Anwender dar. Insgesamt sind diese Vorlagen flexibler einsetzbar als die zuvor vorgestellten Flussdiagramme.

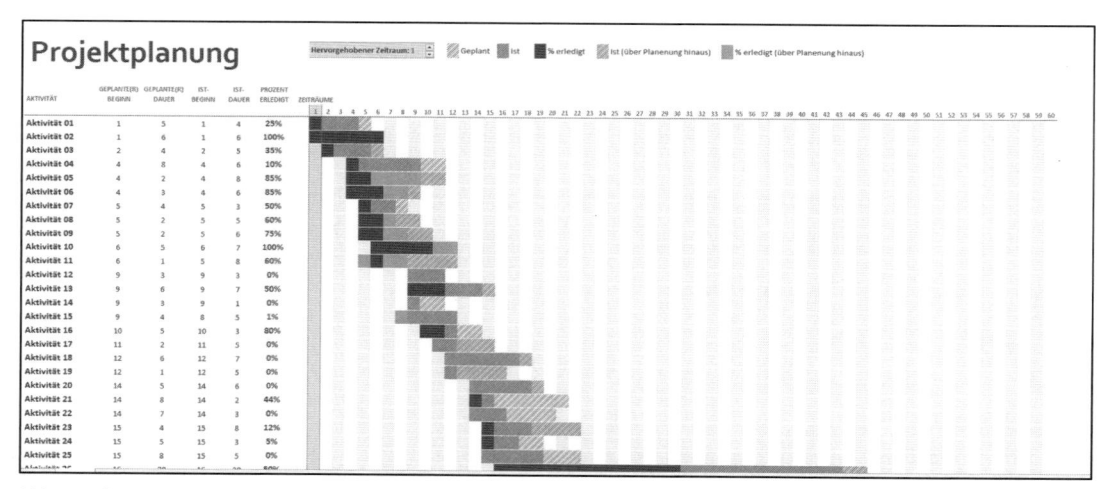

Abb. 45: Schöne Vorlage in Form eines Gantt-Diagramms

Rechnung

Vorsicht ist wiederum in der Rubrik **Rechnung** geboten. In der Voreinstellung befinden sich nicht unbedingt die in Deutschland üblichen Mehrwertsteuersätze und alle in Deutschland geforderten Angaben. In Abbildung 46 wurde der Mehrwertsteuersatz von uns korrigiert.

Durch **LOGO**
ersetzen

VERKÄUFER	KÄUFER
Contoso, Ltd.	Fachbereich Grafikdesign
Bahnstraße 567	Hauptstraße 2345
23456 Chemnitz	12345 Gütersloh
(888) 555-0104	(509) 555-0192
(888) 555-0105	(509) 555-0193

VERTRIEBSMITARBEITER	BESTELLNUMMER	DATUM	PAKETE	GELIEFERT
Elisabeth Krenthaller	123	01.01.2015	1	USPS

BEDINGUNGEN	FOB/INCOTERM	BESCHREIBUNG
Keine	Frachtfrei	Bestimmungsort

MENGE	BESCHREIBUNG	EINZELPREIS	BETRAG
1	Ries Papier	15,00 €	15,00 €
5	Schreibtisch, Bodenmontage	275,00 €	1.375,00 €

Zwischensumme	1.390,00 €
Steuersatz	19%
Steuern	264,10 €
Sonstige	0,00 €
Gesamtsumme	**1.654,10 €**

Abb. 46: Hier wurde der Mehrwertsteuersatz manuell angepasst

Trends und Ausgabenentwicklung

Nette Vorlagen finden Sie in der Rubrik **Ausgaben**. Hier haben Sie auch die Möglichkeit, Trends zu zeigen (s. Abb. 47).

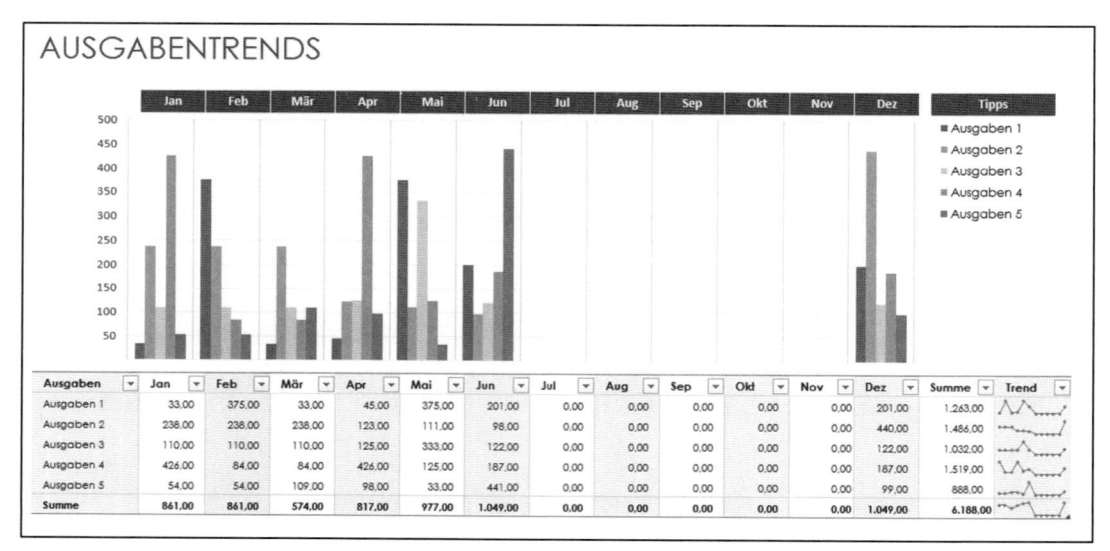

Abb. 47: Trends in Tabellen und Diagrammform

Währungsumrechner

Der Währungsumrechner, bietet die Möglichkeit, Kurse zu aktualisieren. Test haben allerdings Abweichungen zu anderen Währungsrechnern ergeben. Wer eine exakte Aussage benötigt, sollte die Rechnung überprüfen. Wer lediglich eine Größenordnung benötigt, für den ist dieser Währungsumrechner eine schöne Alternative (s. Abb. 48).

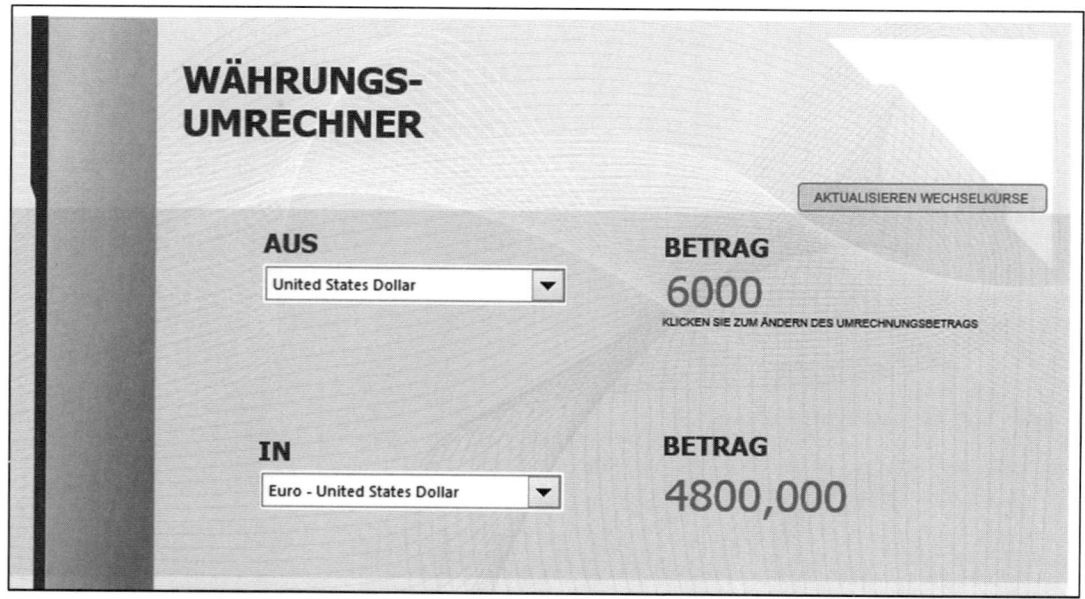

Abb. 48: Umrechnungsbeispiel von Dollar zu Euro

Reisespesenabrechnung

Wenn Sie die Reisespesenabrechnung einsetzen möchten (s. Abb. 49), sollten Sie diese um Felder zur Eingabe von Uhrzeiten ergänzen. Denn diese sind für eine exakte Berechnung von Abwesenheitszeiten notwendig.

Alternative: Setzen Sie das Excel-Tool **Reisekostenabrechnung** zur Abrechnung Ihrer beruflich veranlassten Reisen ein. Sie finden diese auf Ihrem Produkt unter dem Haufe-Index **5829779**.

Abb. 49: Die Reisespesenabrechnung ist optisch ansprechend, jedoch mit Lücke

Lagerbestandsliste

Eine weitere interessante Vorlage ist die Lagerbestandsliste. Sie enthält wichtige Lagerinformationen wie Kürzel, Beschreibung und Lagerort. Filter sind hier bereits im Vorfeld eingestellt (s. Abb. 50).

Abb. 50: Für alle, die keine hohen Ansprüche an eine Lagerverwaltung haben, dürfte diese Vorlage ausreichen

> **HINWEIS**
>
> **Die Excel Muster-Vorlagen nutzen**
>
> Auf Ihrem Produkt **Lexware Excel im Unternehmen** finden Sie zu fast allen betrieblichen Problemstellungen geprüfte Excel-Vorlagen – aus der Praxis für die Praxis. Geben Sie hierzu einfach den Namen der gewünschten Mustervorlage in das Suchfeld ein.

9 Fazit

In erster Linie haben die Excel-Entwickler vorhandene Features verbessert. Im Grunde gibt es nur wenig neue Funktionen. Wer nur einfache Formeln und wenige Daten verarbeiten muss, für den lohnt sich der Umstieg nicht wirklich. Gehören Sie zu den Anwendern, die sehr komplexe Anwendungen einsetzen, lohnt sich die Anschaffung von Excel 2013 in jedem Fall. Eine pauschale Empfehlung „Excel 2013 ja oder nein" können wir Ihnen an dieser Stelle also nicht geben.

PRAXIS - TIPP

Kostenloser Test von Office 2013

Wenn Sie noch nicht Besitzer von Excel bzw. Office 2013 sind und einen Umstieg erwägen, bietet Microsoft für die Version Office Professional Plus 2013 die Möglichkeit, Office und damit auch Excel 60 Tage lang kostenlos zu testen. Sie installieren das rund 800 MByte große Paket und können uneingeschränkt damit arbeiten. Nach Ablauf der 60-tägigen Testzeit werden die Programme automatisch deaktiviert. Wenn Sie von Office 2013 überzeugt sind, können Sie anschließend eine Lizenz erwerben.

10 Zusammenfassung

Die Versionen Excel 2010 und 2013 bieten interessante Neuerungen wie z. B.:

- Blitzvorschau
- Schnellanalyse
- Sparklines
- Vereinfache Diagrammfunktionen
- SkyDrive
- Erweitertes Kopieren und Einfügen
- Neuer Formeleditor zur Anzeige mathematischer Formeln
- Überarbeiteter Solver
- Neue und verbesserte Bildbearbeitungsfunktion
- Datenschnittfunktion für PivotTable
- Reduzieren von Tipparbeit durch Blitzvorschau: Während Sie Daten erfassen, sucht Excel eigenständig nach Mustern und schlägt Ihnen gegebenenfalls Vervollständigungen vor.
- PivotPower ist in der Version Office 2013 Professional Plus Version integriert.
- PowerView ermöglicht die interaktive Suche, das Visualisieren und Präsentieren von Daten.
- Livevorschau z. B. für Formatierungen und Diagramme
- Assistenten für empfohlene Diagramme und Pivot-Tabellen zur Gruppierung markierter Daten schlagen passende Auswertungen vor.

Die „alten" Symbolleisten haben weitestgehend ausgedient. Die Entwickler der neueren Excel-Versionen haben eine sogenannte Multifunktionsleiste, die auch als Menüband bezeichnet wird, entwickelt.

Excel 2013 wurde optisch an die Version Windows 8 angepasst.

Insgesamt stellen Excel 2010 und 2013 mehr Zellen zur Verfügung als die Altversionen:

- Spaltenanzahl: 16.384
- Zeilenanzahl: 1.048.576

Die Statusleiste wurde überarbeitet. Sie können hier mehr Informationen anzeigen als in den Vorgängerversionen.

Wichtige Einstellungen an Excel führen Sie unter **Datei → Optionen** durch. Die Optionen sind in folgende Kategorien untergliedert:

- **Formeln**
- **Dokumentprüfung**
- **Speichern**
- **Sprache**
- **Erweitert**
- **Menüband anpassen**
- Symbolleiste für den Schnellzugriff
- **AddIns**
- **Trust Center** (Excel 2010: **Sicherheitscenter**)

Für private und geschäftliche Belange stellt Excel 2013 optisch ansprechende Vorlagen zur Verfügung. Einige müssen angepasst werden, andere gibt es nur als Vorschau und müssen gegebenenfalls aus dem Internet heruntergeladen werden.

Gehören Sie zu den Anwendern, die sehr komplexen Anwendungen einsetzen, lohnt sich die Anschaffung von Excel 2013 in jedem Fall.

II. Kaufmännisch rechnen

> Stellst Du einen Mann an die Spitze, mag er sein, was er will,
> Jurist oder Techniker; bewährt er sich, so ist er ein Kaufmann.
>
> WALTHER RATHENAU
> Deutscher Industrieller

Von A wie Abschreibung bis Z wie Zuschlagskalkulation – kaufmännisches Rechnen ist unverzichtbar für den Erfolg eines Unternehmens. Excel ist dabei in vielen Fällen das Werkzeug der ersten Wahl. In diesem Kapitel stellen wir Ihnen daher mit praktischen Tipps & Tools vor, wie Excel Sie bei Ihren kaufmännischen Kalkulationen schnell und wirkungsvoll unterstützen kann.

Die Beiträge hierzu finden Sie zusammen mit begleitenden Beispieldateien auch auf Ihrer CD oder Onlineversion unter den Haufe-Indices **7446085**, **7446086**, **7446087** und **7446088**.

Mit einfachen Formeln zu komplexen Lösungen 50
1 Einfaches Handling, einfache Formeln 50
2 Absolute und relative Zellbezüge 55
3 Praxis: Prozentrechnen als Basis zahlreicher Berechnungen 58
4 Praxisbeispiele 64
5 Zusammenfassung 72

Die wichtigsten Funktionen im Überblick 75
1 Bedeutung und Einsatz von Funktionen 75
2 Die Funktionskategorien 79
3 Verschachtelte Formeln und Funktionen 96
4 Formeln und Texte 103
5 Exkurs: Namen statt Zellbezüge 107
6 Zusammenfassung 110

Fehler vermeiden und analysieren 111
1 Fehlermeldungen in Excel 111
2 Die häufigsten Fehler mit Excel-Funktionen analysieren 114
3 Zusammenfassung 118

Zinsrechnung und Investitionsrechnung 119
1 Grundlagen der Zinsrechnung 119
2 Zinzeszinsrechnung 124
3 Tilgung, Annuitäten und Laufzeiten von Krediten und Darlehn berechnen 126
4 Tilgungsplan erstellen 127
5 Investitionsrechnung 129
6 Zusammenfassung 134

Kaufmännisch rechnen: Mit einfachen Formeln zu komplexen Lösungen

Eine Tabellenkalkulation ist vergleichbar mit einem elektronischen Rechenblatt. Entsprechend arbeiten Sie mit einem Tabellenkalkulationsprogramm wie Excel immer dann, wenn es um die Arbeit mit Zahlen und jegliche Art der Berechnung geht.

Damit Sie korrekte Rechenergebnisse und stets den Überblick über Ihre Kalkulationsmodelle erhalten, liefert Ihnen dieser Beitrag Informationen und Grundlagenwissen rund um die Arbeit mit einfachen Formeln.

Alle Rechenbeispiele dieses Beitrags finden Sie in den Musterdateien **Grundlagen_1.xlsx** und **Praxislösungen_1.xlsx** unter dem Haufe-Index **7446143**.

Inhalt

1 Einfaches Handling, einfache Formeln 50
2 Absolute und relative Zellbezüge 55
3 Praxis: Prozentrechnen als Basis zahlreicher kaufmännischer Berechnungen 58
4 Praxisbeispiele 64
5 Zusammenfassung 72

1 Einfaches Handling, einfache Formeln

Eine Formel ist die Grundlage für jegliche Art der Berechnung, egal ob Sie lediglich Zahlen addieren oder den Mehrwertsteueranteil aus einem Bruttobetrag ermitteln wollen. Sie bilden die Basis sowohl für überschaubare als auch komplexe Tabellenmodelle.

1.1 So rechnen Sie mit Zellbezügen und Zahlenwerten

Die Formel ist die Anweisung, bestimmte Rechenschritte in einer Zelle durchzuführen, und beginnt in der Regel mit einem Gleichheitszeichen (s. Abb. 1 und **Grundlagen_1.xlsx**, Tabelle **Eingangsbeispiel**).

| B7 | ▼ | : | × | ✓ | fx | =+B2+B3+B4+B5+B6 |

	A	B	C	D	E
1	**Monat**	**Umsatz**			
2	Januar	105.000,00 €			
3	Februar	107.000,00 €			
4	März	115.000,00 €			
5	April	120.000,00 €			
6	Mai	117.000,00 €			
7	**Gesamt**	**564.000,00 €**			
8					

Abb. 1: Grundrechenart in Excel: Hier werden Zellinhalte addiert

Rechnen mit Zellbezügen

Im Zusammenhang mit der Formel

=B2+B3+B4+B5+B6

wird die Summe aller Zahlen gebildet, die sich in den genannten Zellen befindet. Dabei wird mit Zellbezügen gearbeitet. Die Angabe **B2** bildet den Bezug zur Zelle **B2**, **B3** den Bezug zur Zelle **B3** usw. Die einzelnen Zellbezüge werden durch einen arithmetischen Operator, in diesem Fall ein Pluszeichen, miteinander verknüpft.

Rechnen mit Zahlenwerten

Anstatt mit Zellbezügen, haben Sie auch die Möglichkeit, direkt mit Zahlenwerten zu arbeiten und diese mit den Operatoren zu verknüpfen. Eine solche Berechnung kann beispielsweise wie folgt aussehen:

=10+4+7+10+3

Rechnen mit Zellbezügen und Zahlenwerten

Sie haben auch die Möglichkeit, Zellbezüge und Zahlenwerte innerhalb einer Formel zu kombinieren. In Abbildung 2 wird der Bruttowert einer Leistung aus der Zelle **B9** durch den Faktor 1,19 dividiert. Auf diese Weise ergibt sich der zugehörige Nettowert ohne Mehrwertsteueranteil.

	A	B	C	D
8				
9	Bruttopreis	238,00 €		
10				
11	Nettopreis	200,00 €		
12				

Abb. 2: Der Nettowert wird mithilfe eines Zellbezugs und der Division durch die Zahl 1,19 gebildet

1.2 Rechnen mit verschiedenen Operatoren

Auch das Rechnen mit unterschiedlichen Operatoren innerhalb einer Formel ist möglich. Um zum Beispiel innerhalb einer Formel den Saldo aus vorhandenen und bereits verbrauchten Urlaubstagen zu bilden, verwenden Sie mehrere Operatoren, hier sowohl Plus- als auch Minuszeichen (s. Abb. 3 sowie **Grundlagen_1.xlsx**, Tabelle **Saldo**).

Kaufmännisch rechnen

	A	B	C	D	E
		Tage			
1					
2	Urlaub aus Vorjahr	7			
3	Urlaub aktuelles Jahr	30			
4					
5	Verbrauchter Urlaub				
6	Januar	5			
7	Februar	2			
8	März				
9	April	4			
10	Mai				
11	Juni				
12	Juli				
13	August	15			
14	September				
15	Oktober				
16	November				
17	Dezember	3			
18					
19	Saldo	8			
20					

Zelle B19: `=+B2+B3-B6-B7-B9-B13-B17`

Abb. 3: Eine einfache Berechnung mithilfe unterschiedlicher arithmetischer Operatoren

Operatoren

Operatoren definieren den Rechenweg, der mit den Elementen einer Formel durchgeführt werden soll. Excel unterscheidet folgende Arten von Operatoren:

- **Arithmetische Operatoren** wie Plus- oder Minuszeichen führen elementare mathematische Operationen durch, z. B. eine Addition oder eine Subtraktion.
- **Vergleichsoperatoren** vergleichen 2 Werte und liefern den Wahrheitswert WAHR oder FALSCH (s. Abb. 4 sowie **Grundlagen_1.xlsx**, Tabelle **Vergleich**).

Rechnen mit Formeln

B8	▼	:	✗ ✓ ƒx	=B4>B3	
	A	B	C	D	E
1	Umsatz				
2					
3	Januar	200.100,00 €			
4	Februar	198.000,00 €			
5					
6	Ist der Februar-Umsatz höher als der Januar-Umsatz?				
7					
8	Antwort	FALSCH			
9					

Abb. 4: Wahr oder falsch: Hier wird verglichen, ob Meier mehr Urlaubstage als Schult genommen hat

- **Textoperatoren** verknüpfen mehrere Texte oder Werte und Texte zu einem einzigen Text (s. Abb. 5 sowie **Grundlagen_1.xlsx**, Tabelle **Verknüpfung**).

C3	▼	:	✗ ✓ ƒx	=A3&B3
	A	B	C	D
1	Anton	Mustermann	Anton Mustermann	
2				
3		45	Jahre	45 Jahre	
4				

Abb. 5: Das kaufmännische UND verknüpft Zellangaben miteinander

PRAXIS - TIPP

Leerzeichen eingeben

Damit zwischen Zahl und Text ein Leerzeichen erscheint, tippen Sie vor dem Text ein Leerzeichen ein.

- **Bezugsoperatoren** stellen eine Verbindung zu anderen Zellen her. Bezüge können eine Zelle oder Gruppen von Zellen in einem Tabellenblatt bezeichnen. In der Praxis dient der Doppelpunkt als Bezugsoperator für einen Bereich (s. Abb. 6 sowie **Grundlagen_1.xlsx**, Tabelle **Bezugsoperatoren**).

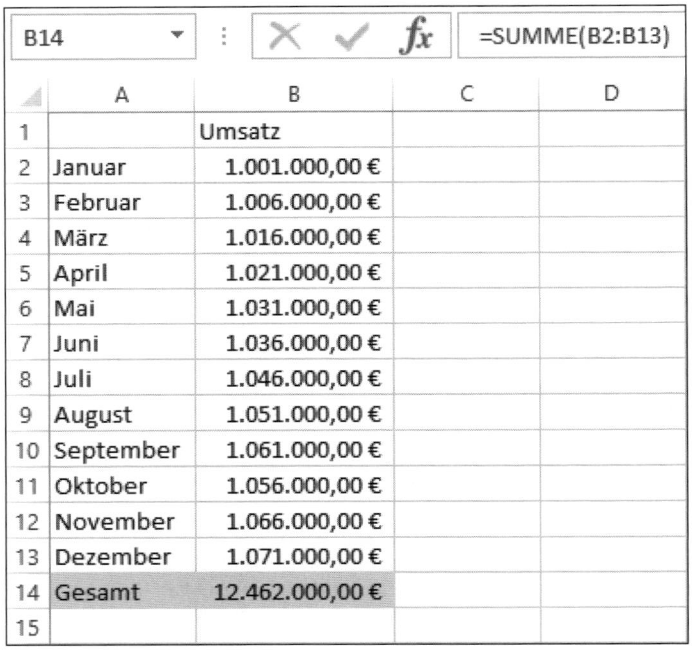

Kaufmännisch rechnen

	A	B	C	D
1		Umsatz		
2	Januar	1.001.000,00 €		
3	Februar	1.006.000,00 €		
4	März	1.016.000,00 €		
5	April	1.021.000,00 €		
6	Mai	1.031.000,00 €		
7	Juni	1.036.000,00 €		
8	Juli	1.046.000,00 €		
9	August	1.051.000,00 €		
10	September	1.061.000,00 €		
11	Oktober	1.056.000,00 €		
12	November	1.066.000,00 €		
13	Dezember	1.071.000,00 €		
14	Gesamt	12.462.000,00 €		
15				

Zelle B14: =SUMME(B2:B13)

Abb. 6: Hier wird die Summe für einen Zellbereich gebildet

Eine Übersicht über die wichtigsten Operatoren enthält Tabelle 1.

Operator	Kategorie	Bedeutung
-	Arithmetischer Operator	Negatives Vorzeichen
%	Arithmetischer Operator	Prozent
^	Arithmetischer Operator	Potenz
*	Arithmetischer Operator	Multiplikation
/	Arithmetischer Operator	Division
+	Arithmetischer Operator	Addition
-	Arithmetischer Operator	Subtraktion
=	Vergleichsoperator	Gleich
>	Vergleichsoperator	Größer als
<	Vergleichsoperator	Kleiner als
>=	Vergleichsoperator	Größer oder gleich
<=	Vergleichsoperator	Kleiner oder gleich
<>	Vergleichsoperator	Ungleich
& (Kaufmännisches Und)	Textoperator	Textverknüpfung (verbindet 2 Textwerte zu einem zusammenhängenden Text)
: (Doppelpunkt)	Bezugsoperator	Bezug eines Zellbereichs
; (Semikolon)	Bezugsoperator	Vereinigung
(Leerzeichen)	Bezugsoperator	Schnittmenge

Tab. 1: Die wichtigsten Operatoren in Excel

1.3 Bedeutung von Klammern

Ein weiterer bedeutender Bestandteil von zahlreichen Excel-Formeln sind Klammern. Wichtig bei deren Einsatz ist, dass diese korrekt gesetzt werden. Fehler bei der Klammersetzung führen zu falschen Ergebnissen oder Fehlermeldungen. Excel geht wie in der Mathematik nach der **Punkt-vor-Strich-Regel** vor:

- Multiplikationen und Divisionen werden demnach vor Additionen oder Subtraktionen ausgeführt. Das bedeutet, über die Berechnungsreihenfolge entscheiden die Prioritäten der einzelnen Operatoren.
- Die Reihenfolge der Punkt-vor-Strich-Regel kann man mithilfe von Klammern verändern, da diese eine höhere Priorität besitzen als alle Operatoren.

Der Einsatz von Klammern wird zum Beispiel benötigt, wenn Sie wie in Abbildung 7 den durchschnittlichen Umsatz ermitteln möchten und durch die Anzahl der Monate dividieren möchten. Das Beispiel finden Sie in der Arbeitsmappe **Grundlagen_1.xlsx** in der Tabelle **Klammern**.

B8			fx	=(B2+B3+B4+B5+B6+B7)/6		
	A	B	C	D	E	
1		Umsatz				
2	Januar	1.001.000,00 €				
3	Februar	1.006.000,00 €				
4	März	1.016.000,00 €				
5	April	1.021.000,00 €				
6	Mai	1.031.000,00 €				
7	Juni	1.036.000,00 €				
8	Durchschnitt	1.018.500,00 €				
9						

Abb. 7: Berechnung unter Einsatz von Klammern

> **HINWEIS**
>
> **Komplexe Berechnungen**
>
> Bei einer Kombination von Zellbezügen, Zahlenwerten, verschiedenen Operatoren und dem Einsatz von Klammern sind komplexe Berechnungen möglich. Dazu erfahren Sie mehr im folgenden Kapitel.

2 Absolute und relative Zellbezüge

Excel macht die Arbeit für seine Anwender besonders dadurch komfortabel, dass Sie Formeln, die Sie häufiger benötigen, vervielfältigen, also kopieren können.

2.1 Relative Zellbezüge

Wenn Sie wie in Abbildung 8 in **H4** die Formel

=B4+C4+D4+E4+F4+G4

gebildet haben, müssen Sie diese nicht in den nachfolgenden Spalten erneut eintippen. Sie kopieren diese lediglich in die Zeilen 5 bis 9. Das funktioniert wie folgt:

Formeln nach unten kopieren

1 Aktivieren Sie die Zelle **H4**. Bewegen Sie den Mauszeiger in die rechte untere Ecke, bis er die Form eines kleinen schwarzen Kreuzes erhält. Ziehen Sie anschließend die Markierung mit gedrückter linker Maustaste nach unten bis zur Zelle **H9**.

2 Lassen Sie die Maustaste erst los, wenn der Bereich **H5** bis **H9** komplett umrandet ist. Auf diese Weise kopieren Sie die Formel in die markierten Felder. Excel passt dabei die zu addierenden Zellen automatisch an die entsprechenden Zellbereiche an.

Möglich ist dies, da Excel standardmäßig mit sogenannten relativen Zellbezügen arbeitet. Relative Zellbezüge sind im Gegensatz zu absoluten Zellbezügen von der Position der Formelzelle abhängig.

H4	▼ : ✕ ✓ ƒx	=+B4+C4+D4+E4+F4+G4					
	A	B	C	D	E	F	G	H
1	Umsatz 1. Halbjahr							
2								
3	**Produktgruppe**	Januar	Februar	März	April	Mai	Juni	Gesamt
4	Produktgruppe 1	105.000,00 €	106.000,00 €	108.000,00 €	109.000,00 €	111.000,00 €	98.000,00 €	637.000,00 €
5	Produktgruppe 2	98.000,00 €	99.000,00 €	101.000,00 €	118.000,00 €	9.500,00 €	105.000,00 €	
6	Produktgruppe 3	205.000,00 €	206.000,00 €	208.000,00 €	209.000,00 €	211.000,00 €	212.000,00 €	
7	Produktgruppe 4	50.000,00 €	51.000,00 €	56.000,00 €	54.000,00 €	56.000,00 €	57.000,00 €	
8	Produktgruppe 5	87.000,00 €	88.000,00 €	90.000,00 €	91.000,00 €	93.000,00 €	94.000,00 €	
9	Produktgruppe 6	115.000,00 €	116.000,00 €	118.000,00 €	119.000,00 €	121.000,00 €	122.000,00 €	
10	Gesamt							
11								

Abb. 8: Hier ist das Kopieren von Formeln sinnvoll

Das Beispiel finden Sie in der Arbeitsmappe **Grundlagen_1.xlsx** in der Tabelle **Kopieren.**

2.2 Absolute Zellbezüge

Allerdings ist das Anpassen der Formel an die Zellposition nicht immer erwünscht. Ist das der Fall, müssen Sie mit absoluten Zellbezügen arbeiten. Die Unterschiede zwischen absoluten und relativen Zellbezügen zeigen sich beim Kopieren und Verschieben von Formeln in andere Zellen. Beim Verschieben oder Kopieren einer Formel mit einem absoluten Bezug wird die Formel exakt so wiedergegeben, wie sie in der Ausgangsformel steht. Zum besseren Verständnis vergleichen Sie hierzu Abbildung 9.

In **C2** wird der Umsatzanteil des Monats Januar, der sich in **B2** befindet, am Gesamtumsatz aus **B14** mit der Formel **=B2/$B$14** ermittelt. Hier wird mit einem relativen Bezug nämlich **B2** und einem absoluten Bezug - **$B$14** - gearbeitet. Absolute Bezüge erkennen Sie an dem Dollarzeichen.

Beim Kopieren der Formel aus **C2** wird diese in **C3** wie folgt geändert:

=B3/$B$14

Das heißt, die Zahl, die dividiert wird - der Umsatz eines jeden einzelnen Monats – wird in Anhängigkeit von der Zellposition angepasst. Da immer durch den Gesamtumsatz dividiert werden muss, darf sich der Zellbezug auf **B14** nicht ändern. **B14** wird deshalb absolut gesetzt:

$B$14

PRAXIS - TIPP

Hilfreiche Funktionstaste F4

Wenn Sie die Koordinaten eines Zellbezugs absolut setzen wollen, können Sie das über die Tastatur oder mit der Funktionstaste **F4** erreichen. Führen Sie in der Bearbeitungsleiste genau auf der Zellbezeichnung einen Doppelklick aus, um diese zu markieren.

Drücken Sie die Taste **F4**. Dadurch werden die Koordinaten sowohl für die Spalten als auch Zeichenbezeichnung absolut gesetzt. Wenn Sie die Taste **F4** erneut drücken, erhalten Sie einen sogenannten gemischten Zellbezug.

Im vorangegangenen Beispiel würde das Kopieren auch korrekt funktionieren, wenn man einen gemischten Zellbezug, nämlich **B$14** verwenden würde, da sich der Bezug auf die Spalte **B** nicht ändert. Der Bezug auf die Zeile wäre in diesem Fall absolut.

C13		fx	=B13/$B$14

	A	B	C	D
1		Umsatz		
2	Januar	1.001.000,00 €	8,03%	
3	Februar	1.006.000,00 €	8,07%	
4	März	1.016.000,00 €	8,15%	
5	April	1.021.000,00 €	8,19%	
6	Mai	1.031.000,00 €	8,27%	
7	Juni	1.036.000,00 €	8,31%	
8	Juli	1.046.000,00 €	8,39%	
9	August	1.051.000,00 €	8,43%	
10	September	1.061.000,00 €	8,51%	
11	Oktober	1.056.000,00 €	8,47%	
12	November	1.066.000,00 €	8,55%	
13	Dezember	1.071.000,00 €	8,59%	
14	Gesamt	12.462.000,00 €		
15				

Abb. 9: Excel unterscheidet absolute, relative und gemischte Zellbezüge

Das Beispiel finden Sie in der Arbeitsmappe **Grundlagen_1.xlsx** in der Tabelle **Absolute Zellbezüge**.

3 Praxis: Prozentrechnen als Basis zahlreicher kaufmännischer Berechnungen

Die Prozentrechnung ist im kaufmännischen Bereich eine der häufigsten angewandten Rechenarten. Egal, ob Sie aus Bruttopreisen Nettowerte ermitteln wollen, Kennzahlen bilden, Kalkulationszuschläge, Skonti, Boni oder Rabatte berechnen wollen.

Anders ausgedrückt: Kenntnisse im Zusammenhang mit der Prozentrechnung sind im kaufmännischen Bereich für viele Berechnungen von großer Bedeutung. Mit dem bislang vorgestellten Rüstzeug rund um die Formeln können Sie in Excel uneingeschränkt die Prozentrechnung einsetzen, angefangen bei der Ermittlung der Basics bis hin zu umfangreicheren Kalkulationsschemata.

3.1 Basics: Grundwert, Prozentwert und Prozentsatz

In der Prozentrechnung werden folgende 3 Größen unterschieden:

- Grundwert: Der Wert, der mit der Vergleichszahl 100 verglichen wird. Er entspricht immer 100 % (z. B. 1.190 EUR).
- Prozentwert: Der Wert, der aus dem Grundwert mithilfe des Prozentsatzes berechnet wird (z. B. 190 EUR).
- Prozentsatz: Die Zahl, die das Verhältnis zur Vergleichszahl 100 angibt (z. B. 19 %).

Egal, ob Sie den Prozentwert, Prozentsatz oder den Grundwert ermitteln möchten, es müssen 2 der 3 Größen bekannt sein, um die dritte Größe berechnen zu können.

> **HINWEIS**
>
> **Promillerechnung**
>
> Wenn man anstelle von 100 die Vergleichszahl 1.000 nimmt, spricht man von Promillerechnung.

Mit den richtigen Excel-Formeln lassen sich Grundwert, Prozentwert und Prozentsatz auf einfache Art und Weise ermitteln. Das trifft auch auf die Prozentrechnung vom vermehrten und verminderten Grundwert zu. Dieses Wissen können Sie dann jederzeit auf komplexere Rechenmodelle übertragen.

3.2 Berechnung des Prozentwertes

Zunächst ein Beispiel zur Ermittlung des Prozentwertes.

Beispiel:

Zur Ermittlung des Prozentwertes müssen der Prozentsatz und der Grundwert gegeben sein. Beispiel: Von einem Rechnungsbetrag über 2.700 EUR werden 7 % Nachlass gewährt. Wie viel EUR beträgt der Nachlass?

Die allgemeine Lösungsformel lautet:

Prozentwert = Grundwert x Prozentsatz

In Excel gehen Sie zur Berechnung des Prozentwertes folgendermaßen vor:

Tragen Sie zunächst die bekannten Größen in ein leeres Tabellenarbeitsblatt ein (s. Abb. 10 sowie Arbeitsmappe **Grundlagen_1.xlsx,** Tabelle **Prozentrechnen_1**).

Rechnen mit Formeln

So berechnen Sie den Prozentwert

1 Bevor Sie die Ziffer 7 in Zelle **B3** eintragen, klicken Sie das Prozentzeichen im Menüband **Start**. Ansonsten würden Sie 700 % erhalten. Die Excel-Formel in Zelle **B5** lautet:

=B1*B3

2 Um die Formel zu erfassen, klicken Sie in die gewünschte Zelle. Leiten Sie die Formel mit einem Gleichheitszeichen ein. Klicken Sie die Zelle **B1** an und geben Sie anschließend ein Multiplikationszeichen ein. Multipliziert wird mit der Zelle **B3**, die den Prozentsatz enthält. Klicken Sie diese Zelle ebenfalls an. Bestätigen Sie Ihre Eingabe, indem Sie die **Enter**-Taste drücken.

	A	B	C	D
1	Rechnungsbetrag	2.700,00 €	(Grundwert)	
2				
3	Prozentsatz	7%		
4				
5	Nachlass	189,00 €	(Prozentwert)	
6				

Abb. 10: Prozentwert: Grundwert x Prozentsatz

HINWEIS

Prozentwert

Auf die Multiplikation mit 100 bzw. Division durch 100 kann in Excel verzichtet werden, wenn Sie mit Zellen arbeiten, die als Prozent-Wert ausgezeichnet sind.

3.3 Berechnung des Prozentsatzes

Zur Berechnung des Prozentsatzes - häufig auch Prozentzahl genannt - müssen Grundwert und Prozentwert bekannt sein (s. Abb. 11 sowie Arbeitsmappe **Grundlagen_1.xlsx**, Tabelle **Prozentrechnen_1**).

Beispiel:

Wie viel Prozent beträgt der Rabatt, wenn der Preisnachlass für eine Ware 540 EUR und der Warenwert 6.000 EUR ausmacht?

Die allgemeine Lösungsformel lautet:

Prozentsatz = Prozentwert : 1% des Grundwerts

Kaufmännisch rechnen

	A	B	C	D
			fx =B10/B8	
8	Warenwert	6.000,00 €	(Grundwert)	
9				
10	Rabatt	540,00 €	(Prozentwert)	
11				
12	Prozentsatz	9%		
13				

Abb. 11: Division als Lösungsansatz zur Ermittlung des Prozentsatzes

3.4 Berechnung des Grundwertes

Zur Berechnung des Grundwertes müssen Prozentsatz und Prozentwert bekannt sein (s. Abb. 12 sowie **Arbeitsmappe Grundlagen_1.xlsx**, Tabelle **Prozentrechnen_1**).

Beispiel:

Wie hoch ist der Nettopreis einer Ware, wenn 19 % Mehrwertsteuer 0,23 EUR entsprechen?

Die allgemeine Lösungsformel lautet:

Grundwert = Prozentwert x 100 : Prozentsatz

	A	B	C	D
			fx =B15/B17	
15	Mehrwertsteuer	0,23 €	(Prozentwert)	
16				
17	Prozentsatz	19%		
18				
19	Nettopreis	1,21 €	(Grundwert)	
20				

Abb. 12: Grundwert: Division des Prozentsatzes durch den Prozentwert

3.5 Prozentrechnung vom vermehrten und verminderten Grundwert

Vom vermehrten bzw. verminderten Grundwert spricht man immer dann, wenn die gegebenen Größen größer bzw. kleiner als 100 % sind. Gesucht wird dann im Allgemeinen der reine Grundwert.

Auf Hundert: Prozentrechnung vom vermehrten Wert

Beim vermehrten Grundwert ist der vorgegebene Wert größer als 100 %.

Beispiel:

Der Verkaufspreis einer Ware beträgt nach einer Preiserhöhung um 30 % nun 399 EUR. Wie hoch waren Ursprungspreis und Preiserhöhung?

Vermehrter Wert = Grundwert + Prozentwert

Die Preiserhöhung bezieht sich auf den alten Wert, der dem Grundwert, also 100 %, entspricht. Folglich entspricht der neue Verkaufspreis 130 % (vermehrter Wert).

Geben Sie zunächst die Daten in Ihr Tabellenarbeitsblatt ein. Ermitteln Sie den Ursprungspreis, indem Sie den neuen Preis durch 130 % dividieren. Vergleichen Sie dazu Abbildung 13 sowie Arbeitsmappe **Grundlagen_1.xlsx**, Tabelle **Prozentrechnen_2**.

Die Formel lautet:

=B1/(100%+B3)

	A	B	C	D	E
1	Preis nach Preiserhöhung	399,00 €	=>	130%	(Vermehrter Grundwert)
2					
3	Prozentuale Preiserhöhung	30%			
4					
5	Ursprungspreis	306,92 €	=>	100%	(Grundwert)
6					
7	Preiserhöhung	92,08 €	=>	30%	(Prozentwert)
8					

Abb. 13: Rechenbeispiel zum vermehrten Grundwert

Die Preiserhöhung ergibt sich aus der Differenz von neuem und altem Preis (399,00 EUR – 309,92 EUR = 92,08 EUR).

Im Hundert: Prozentrechnung vom verminderten Wert

Beim vermehrten Grundwert ist der vorgegebene Wert kleiner als 100 %.

Beispiel:

Beim Verkauf einer veralteten Ware zum Preis von 79,00 EUR hat der Händler einen Nachlass von 20 % gewährt. Wie ist der Nachlass in EUR und wie lautet der ursprüngliche Preis?

Verminderter Wert = Grundwert - Prozentwert

Der Nachlass bezieht sich auf den ursprünglichen Preis (= 100 %). Daraus folgt, dass durch den Nachlass von 20 % der verminderte Verkaufspreis 80 % entspricht (s. Abb. 14 sowie Arbeitsmappe **Grundlagen_1.xlsx**, Tabelle **Prozentrechnen_3**).

	B5		f_x	=B1/(100%-B3)		
	A	B	C	D	E	F
1	Reduzierter Preis	79,00 €	=>	80%	(Verminderter Grundwert)	
2						
3	Prozentualer Preisnachlass	20%				
4						
5	Ursprungspreis	98,75 €	=>	100%	(Grundwert)	
6						
7	Preisnachlass	19,75 €	=>		(Prozentwert)	
8						

Abb. 14: Rechenbeispiel zum verminderten Grundwert

3.6 Praktische Anwendung: Zuschlagskalkulation

Praktische Anwendung findet die Prozentrechnung u. a. in der Zuschlagskalkulation (s. Abb. 15 sowie Arbeitsmappe **Grundlagen_1.xlsx**, Tabelle **Zuschlagskalkulation**).

Zuschlagskalkulation				
	Zuschlagssatz	Betrag	Anteil	
Fertigungsmaterial		100,00 EUR	20,91%	
Materialgemeinkosten	25,00%	25,00 EUR	5,23%	
Materialkosten		125,00 EUR	26,14%	
Fertigungslöhne		40,00 EUR	8,36%	
Fertigungsgemeinkosten	30,00%	12,00 EUR	2,51%	
Sondereinzelkosten der Fertigung		10,00 EUR	2,09%	
Fertigungskosten		62,00 EUR	12,97%	
Herstellkosten		187,00 EUR	39,10%	
Verwaltungsgemeinkosten	35,00%	65,45 EUR	13,69%	
Vertriebsgemeinkosten	5,00%	9,35 EUR	1,96%	
Sondereinzelkosten des Vertriebs		10,00 EUR	2,09%	
Selbstkosten		271,80 EUR	56,84%	
Gewinn	10,00%	27,18 EUR	5,68%	
Barverkaufspreis		298,98 EUR	62,52%	
Kundenskonto	2,00%	6,43 EUR	1,34%	Verminderter Grundwert
Vertreterprovision	5,00%	16,07 EUR	3,36%	Verminderter Grundwert
Zielverkaufspreis		321,48 EUR	67,23%	
Kundenrabatt	20,00%	80,37 EUR	16,81%	Verminderter Grundwert
Listenverkaufspreis		401,85 EUR	84,03%	
MwSt	19,00%	76,35 EUR	15,97%	
Bruttoverkaufspreis		478,21 EUR	100,00%	

Abb. 15: Kalkulationsschema; hier wird die Prozentrechnung an verschiedenen Stellen eingesetzt

Das Kalkulationsschema umsetzen

Wenn Sie mit dem Kalkulationsschema arbeiten wollen, sind folgende Eingaben erforderlich:

- Fertigungsmaterialkosten als absoluter Betrag
- Prozentualer Materialgemeinkostenzuschlag
- Fertigungslöhne als absoluter Betrag
- Fertigungsgemeinkosten als Prozentwert
- Sondereinzelkosten der Fertigung als absoluter Betrag
- Verwaltungsgemeinkosten als prozentualer Wert
- Vertriebsgemeinkosten als prozentualer Wert
- Ggf. Sondereinzelkosten des Vertriebs als absoluter Wert
- Gewinnzuschlag als Prozentwert
- Kundenskonto, Vertreterprovision und Kundenrabatt jeweils als Prozentwert

Kundenskonto: im Hundert

Falls Sie einem Kunden Skonto bei vorzeitiger Zahlung gewähren, geben Sie den entsprechenden Prozentwert ein. Der Skontobetrag ergibt sich dann in **D18** wie folgt:

=C18*$D$17/(100%-C18-C19)

Die allgemeine Formel lautet:

Kundenskonto in Prozent * Barverkaufspreis / (100% - Kundenskonto in Prozent - Vertreter-pro-vision in Prozent)

In diesem Zusammenhang liegt ein verminderter Grundwert vor: Kundenskonto wird dem Kunden vom Zielverkaufspreis aus gewährt. Aus diesem Grund muss Skonto im Hundert vom Barverkaufspreis errechnet werden. Da sich der Barverkaufspreis außerdem um die Vertreterprovision reduziert, muss die prozentuale Vertreterprovision ebenfalls subtrahiert werden.

Vertreterprovision: verminderter Grundwert

Häufig ist von Seiten des Unternehmens auch Vertreterprovision zu entrichten. Den zugehörigen Prozentwert tragen Sie in **C19** ein. Auch hierbei muss ein verminderter Grundwert berücksichtigt werden. Entsprechend lautet die Formel in **D19**:

=C19*$D$17/(100%-C19-C18)

Die allgemeine Formel lautet:

Vertreterprovision in Prozent * Barverkaufspreis / (100% - Kundenskonto in Prozent - Vertreterprovision in Prozent)

Kundenrabatt: Verminderter Grundwert

Schließlich muss unter Umständen noch ein Kundenrabatt berücksichtigt werden. Diesen Wert gibt man ebenfalls als Prozentwert in **C21** ein. Der zugehörige Betrag wird in **D21** wie folgt errechnet:

=C21*D20/(100%-C21)

Die allgemeine Formel lautet:

Kundenrabatt in Prozent * Zielverkaufspreis / (100% - Kundenrabatt in Prozent)

In diesem Zusammenhang arbeiten Sie wiederum mit einem verminderten Grundwert (s. Abb. 15).

3.7 Anteile der Einzelpositionen

Zur Ermittlung der Anteile der einzelnen Positionen, die sich im Kalkulationsschema ergeben, setzen Sie wiederum die Prozentrechnung ein. Der Barverkaufspreis entspricht 100 %. Die Anteile der einzelnen Positionen am Barverkaufspreis können der Spalte **Anteile** entnommen werden.

Der Anteil des Fertigungsmaterials ergibt sich durch Division der Fertigungsmaterialkosten durch den Bruttoverkaufspreis. Die Formel lautet in **E4**:

D4/$D$24

In dieser Form kann die Formel in die nachfolgenden Zeilen kopiert werden.

> **HINWEIS**
>
> **Fehler vermeiden**
>
> Um Fehler zu vermeiden, wurde die Formel in der Musterlösung in eine WENN-Funktion eingebettet. Die WENN-Funktion wird im folgenden Kapitel detailliert erörtert.

4 Praxisbeispiele

Nachfolgend einige Praxisbeispiele, in denen Sie mit einfachen Formen interessante Ergebnisse erzielen und aussagekräftige Berechnungen durchführen lassen, die Unternehmen im Arbeitsalltag immer wieder benötigen.

4.1 Kostenträgerrechnung

Kostenträger sind die betrieblichen Leistungseinheiten eines Unternehmens, die die verursachten Kosten tragen müssen. Im Zusammenhang mit der Kostenträgerrechnung unterscheidet man Kostenträgerstückrechnung und Kostenträgerzeitrechnung. Ein häufig angewandtes Kalkulationsverfahren im Zusammenhang mit der Kostenträgerstückrechnung ist die Divisionskalkulation. Hierbei unterscheidet man die einstufige und mehrstufige Divisionskalkulation.

Einstufige Divisionskalkulation durchführen

Die einstufige Divisionskalkulation wollen wir Ihnen anhand des folgenden Beispiels zeigen:

Beispiel:

Ein Möbelhersteller produzierte im vergangenen Monat 50.000 Stühle. Die Gesamtkosten lagen bei 1.275.000 EUR. Zu berechnen sind die Kosten je Stück mithilfe der einstufigen Divisionskalkulation.

Lösung:

Die allgemeine Formel zu Ermittlung der Selbstkosten je Stück im Zusammenhang mit der Einstufigen Divisionskalkulation lautet:

Selbstkosten je Stück = Gesamtkosten / Menge

In einer Excel-Tabelle erhalten Sie das Ergebnis durch eine einfache Division (s. Abb. 16 sowie **Arbeitsmappe Praxislösungen_1.xlsx**, Tabelle **Einst. Divisionskalkulation**):

=B3/B4

	A	B	C
1	**Einstufige Divisionskalkulation**		
2			
3	Gesamtkosten	1.275.000,00 €	
4	Menge	50.000	
5			
6	**Selbstkosten je Stück**	25,50 €	
7			

Abb. 16: Lösung des Beispiels

PRAXIS - TIPP

Währungsformat

Das Währungsformat erhalten Sie durch einen Klick auf die Schaltfläche **Buchhaltungszahlenformat** im Menüband **Start**. Wenn Sie die Ergebniszelle direkt im Währungsformat formatieren, erhalten Sie automatisch die korrekt gerundeten Nachkommastellen.

Zweistufige Divisionskalkulation durchführen

Auch die zweistufige Divisionskalkulation lässt sich anhand eines einfachen Beispiels erklären.

Beispiel:

Ein Werkzeugmacher hat im vergangenen Monat 2.000 Stück eines Werkzeugs produziert. Die Herstellkosten lagen bei 475.000 EUR. Die Verwaltungs- und Vertriebskosten betrugen zusammen 58.500 EUR. Abgesetzt wurde eine Menge von 1.850 Stück. Zu berechnen sind mithilfe der mehrstufigen Divisionskalkulation die Kosten je Stück.

Die allgemeine Formel zu Ermittlung der Selbstkosten je Stück im Zusammenhang mit der zweistufigen Divisionskalkulation lautet:

Selbstkosten je Stück = Herstellkosten / produzierte Menge + Verwaltungs- und Vertriebsgemeinkosten / abgesetzte Menge

Zur Lösung dieser Aufgabe gehen Sie wie folgt vor:

Erfassen Sie zunächst die 4 Werte zur Berechnung der Selbstkosten in einer Excel-Tabelle. Übersicht, insbesondere in komplexeren Tabellenmodellen, verschaffen Sie sich, wenn Sie die Zahlen wie folgt strukturieren:

- Kosten
- Mengen

Die Selbstkosten je Stück ergeben sich in Abbildung 17 in der Zelle **B10** mithilfe der Formel

=B4/B7+B5/B8.

Da Excel nach der Regel Punktrechnung geht vor Strichrechnung arbeitet, können Sie hier auf das Setzen von Klammern verzichten.

	A	B	C
1	Zweistufige Divisionskalkulation		
2			
3			
4	Herstellkosten	475.000,00 €	
5	Verwaltungs- und Vertriebs-GK	58.500,00 €	
6			
7	Produzierte Menge	2000	
8	Abgesetzte Menge	1850	
9			
10	Selbstkosten je Stück	269,12 €	
11			

Abb. 17: Einige Rechenschritte mehr erfordert die zweistufige Divisionskalkulation

Die Lösung finden Sie in der Arbeitsmappe **Praxislösungen_1.xlsx** in der Tabelle **Zweist. Divisionskalkulation**.

HINWEIS

Kalkulationsverfahren

In der betrieblichen Praxis wird neben der ein- und zweistufigen Divisionskalkulation häufig auch die mehrstufige Divisionskalkulation eingesetzt. Neben den verschiedenen Varianten der Divisionskalkulation werden auch folgende Kalkulationsverfahren häufig angewandt: Äquivalenzziffernkalkulation und Zuschlagskalkulation.

4.2 Kennzahlen zur Kapazität

Mithilfe einfacher Formeln lassen sich auch die Kapazitätsauslastung von Unternehmen sowie die Auswirkung der Kapazitätsauslastung auf Stückkosten berechnen.

Kapazitätsauslastung ermitteln

Beispiel:

Die Produktionsmenge eines Industrieunternehmens betrug im letzten Monat täglich 2.000 Stück. Im aktuellen Monat werden jeden Tag jeweils 2.100 Stück gefertigt.

Die Verantwortlichen wollen wissen, wie die Steigerung der Kapazitätsauslastung ist, wenn die potenzielle Kapazität des Unternehmens bei täglich 2.500 Stück liegt.

Rechnen mit Formeln

Die Kapazitätsauslastung wird wie folgt ermittelt:

Kapazitätsauslastung = Tatsächliche Ausbringungsmenge / mögliche Ausbringungsmenge x 100

Kapazitätsauslastung berechnen

1 Erfassen Sie die Daten in einer Excel-Tabelle wie in Abbildung 18. Klicken Sie nacheinander in der Zelle, in der das Ergebnis erscheinen soll, und im Menüband **Start** auf die Schaltfläche mit dem Prozentzeichen.

2 Geben Sie in **B9** die Formel **=B5/B7** ein und kopieren Sie diese in die Nachbarzelle. Die Kapazitätssteigerung ergibt sich in **C11** über die Formel **=C9-B9**.

	Kapazitätsauslastung		
1			
2			
3		Vormonat	Aktueller Monat
4			
5	Tatsächliche Ausbringungsmenge	2.000	2.100
6			
7	Potentielle Ausbringungsmenge	2.500	2.500
8			
9	Kapazitätsauslastung	80%	84%
10			
11	Kapzitätssteigerung		4%

Abb. 18: Die Beispieldaten mit Ergebnis im Überblick

Die zugehörigen Formeln im Tabellenarbeitsblatt zeigt Abbildung 19.

		Vormonat	Aktueller Monat
3			
4			
5	Tatsächliche Ausbringungsmenge	2000	2100
6			
7	Potentielle Ausbringungsmenge	2500	2500
8			
9	Kapazitätsauslastung	=B5/B7	=C5/C7
10			
11	Kapzitätssteigerung		=C9-B9

Abb. 19: Die Formelansicht

Kaufmännisch rechnen

Die Lösung finden Sie ebenfalls in der Datei **Praxislösungen_1.xlsx** in der Tabelle **Kapazitätsauslastung**.

Exkurs: Formelansicht

Wenn Sie in Excel-Formeln anstelle der Ergebnisse anzeigen wollen, gehen Sie wie folgt vor:

Formeln anzeigen

1 Wählen Sie **Datei → Optionen → Erweitert**.

2 Aktivieren Sie im Bereich **Optionen für dieses Arbeitsblatt anzeigen** das Kontrollkästchen **Anstelle der berechneten Werte Formeln in Zellen anzeigen** (s. Abb. 20).

3 Bestätigen Sie die Einstellung durch einen Klick auf die Schaltfläche **OK**. Um später wieder die Ergebnisse anzuzeigen, gehen Sie entsprechend vor und entfernen das Häkchen unter Formeln.

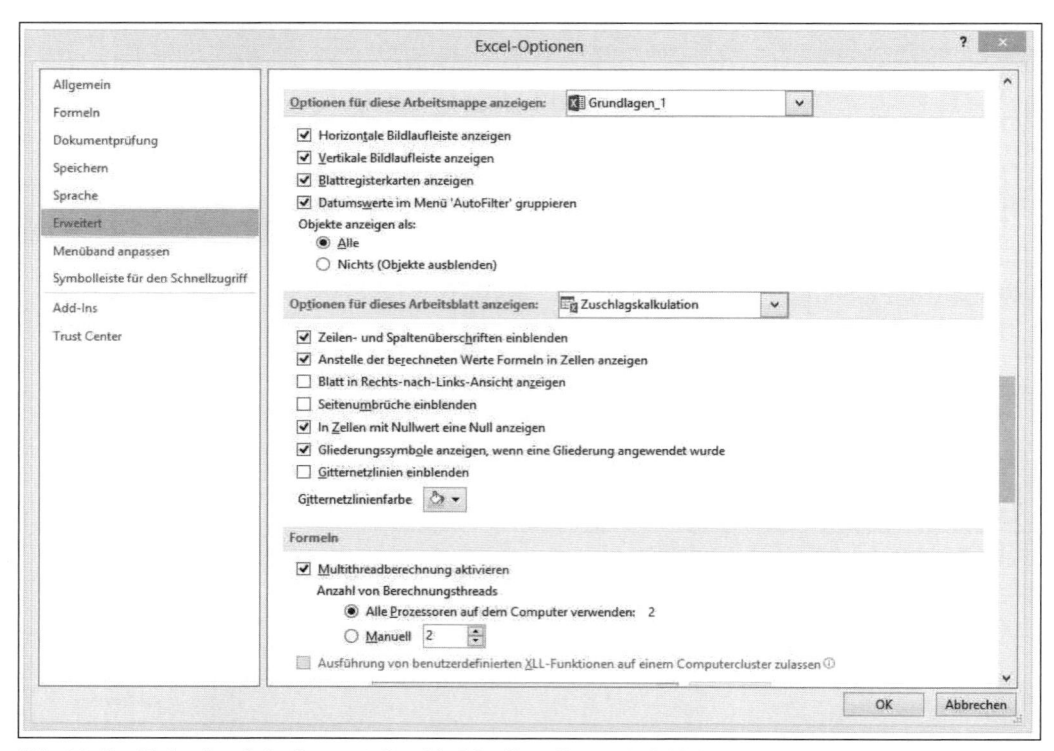

Abb. 20: Der Dialog Excel-Optionen stellt zahlreiche Einstellungsmöglichkeiten zur Verfügung

Auswirkung der Kapazitätsauslastung auf Stückkosten

Auch die Berechnung der Auswirkung der Kapazitätsauslastung auf die Stückkosten wollen wir Ihnen anhand eines Beispiels demonstrieren.

Beispiel:

Bei den Kosten werden fixe und variable Bestandteile unterschieden. Die fixen Kosten fallen unabhängig von der erbrachten Leistung an.

Rechnen mit Formeln

Wie entwickeln sich die Stückkosten pro Mengeneinheit bei den Ausbringungsmengen 2.000, 2.100 und 2.500, wenn die variablen Kosten bei 5,20 EUR pro Stück und die fixen Kosten bei monatlich 10.000 EUR liegen?

Die Stückkosten werden wie folgt ermittelt:

Stückkosten = Fixe Kosten / Menge + variable Stückkosten

Stückkosten berechnen

1 Erfassen Sie das Datenmaterial in einem Excel-Tabellenarbeitsblatt.

2 In **B9** arbeiten Sie mit der Formel **=B5/B3+B7**. Kopieren Sie die Formel in die beiden Nachbarzellen (s. Abb. 21 sowie **Praxislösungen_1.xlsx**, Tabelle **Stückkosten**).

	A	B	C	D
1	**Stückkosten**			
2				
3	Ausbringungsmenge	2.000	2.100	2.500
4				
5	fixe Kosten	4.000,00 €	4.000,00 €	4.000,00 €
6				
7	variable Kosten	5,20 €	5,20 €	5,20 €
8				
9	**Sückkosten**	**7,20 €**	**7,10 €**	**6,80 €**

Abb. 21: Die Lösung präsentiert unterschiedliche Stückkosten

HINWEIS

Verhalten von Stückkosten

Die Stückkosten sinken mit zunehmender Ausbringungsmenge, da die fixen Stückkosten umso niedriger sind, je mehr die Produktionsmenge steigt.

4.3 Kennzahlen zur Vermögensstruktur aufbereiten

Um zu aussagekräftigen Angaben über die wirtschaftliche Situation eines Unternehmens zu gelangen, werden aus Bilanz und Gewinn- und Verlustrechnung verschiedene Kennziffern gewonnen. Dazu gehören u. a. Kennzahlen zur Vermögensstruktur wie

- Vermögenskonstitution
- Anlagenintensität
- Umlaufintensität

Aber auch Kennzahlen zur Kapitalstruktur wie:

- Eigenkapitalquote
- Verschuldungsgrad
- Anspannungsgrad

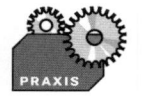

Beispiel

Ein Maschinenbauunternehmen weist zum Jahresabschluss folgende Zahlen in der Bilanz aus:

- Anlagevermögen 1.600.000 EUR
- Umlaufvermögen 1.650.000 EUR
- Eigenkapital 1.550.000 EUR
- Fremdkapital 1.700.000 EUR

Die Kennzahlen zur Vermögensstruktur werden wie folgt gebildet:

Vermögenskonstitution = Anlagevermögen / Umlaufvermögen x 100

Anlagenintensität = Anlagevermögen / Gesamtvermögen x 100

Umlaufintensität = Umlaufvermögen / Gesamtvermögen x 100

Bilden der Kennzahlen in Excel

1 Erfassen Sie das Datenmaterial in einer Excel-Tabelle gemäß Abbildung 22.

	A	B	C
1	**Bilanzkennzahlen**		
2			
3	**Kennzahlen zur Vermögensstruktur**		
4			
5	Anlagevermögen	1.600.000,00 €	
6	Umlaufvermögen	1.650.000,00 €	
7			
8	**Vermögenskonstitution**	97%	
9	**Anlagenintensität**	49%	
10	**Umlaufintensität**	51%	
11			

Abb. 22: Die Vermögenskonstitution ergibt sich durch eine einfache Division

2 Markieren Sie den Bereich **B8** bis **B10** und klicken Sie im Menüband **Start** auf die Schaltfläche Prozentformat.

3 Arbeiten Sie jetzt mit folgenden Formeln:

B8: =B5/B6

B9: =B5/(B5+B6)

B10: =B6/(B5+B6)

4 Da Sie die den Bereich **B8:B10** im Prozentformat formatiert haben, können Sie sich die Multiplikation mit der Zahl 100 sparen. Sie erhalten für die aktuellen Beispielzahlen eine Vermögenskonstitution von 97 %. Die Anlagenintensität liegt bei 49 %, die Umlaufintensität bei 51 % (vgl. auch **Praxislösungen_1.xlsx**, Tabelle **Bilanzkennzahlen**).

> **HINWEIS**
>
> **Aussagefähigkeit**
>
> Die Anlagenintensität zeigt den Vermögensaufbau. Die Aussagefähigkeit dieser Kennzahl ist begrenzt, da die Bilanz auf der einen Seite nur bilanzierungsfähige Vermögensteile enthält und dadurch immaterielle Vermögenswerte nicht einschließt und auf der anderen Seite Vermögensgegenstände nicht mit ihren tatsächlichen Werten angesetzt werden.

Die Kennzahlen zur Kapitalstruktur werden wie folgt gebildet:

Eigenkapitalquote = Eigenkapital / Gesamtkapital x 100

Verschuldungsgrad = Fremdkapital / Eigenkapital x 100

Anspannungsgrad = Fremdkapital / Gesamtkapital x 100

Erfassen Sie auch Eigen- und Fremdkapital in der Excel-Tabelle. Arbeiten Sie für das aktuelle Beispiel mit den nachfolgend aufgeführten Formeln:

B17: =B14/(B14+B15)

B18: =B15/B14

B19: =B15/(B14+B15)

Die Eigenkapitalquote beträgt 48 %. Der Verschuldungsgrad liegt bei 110 %, der Anspannungsgrad bei 52 % (s. Abb. 23).

	A	B	C
1	**Bilanzkennzahlen**		
2			
3	**Kennzahlen zur Vermögensstruktur**		
4			
5	Anlagevermögen	1.600.000,00 €	
6	Umlaufvermögen	1.650.000,00 €	
7			
8	**Vermögenskonstitution**	97%	
9	**Anlagenintensität**	49%	
10	**Umlaufintensität**	51%	
11			
12	**Kennzahlen zur Kapitalstruktur**		
13			
14	Eigenkapital	1.550.000,00 €	
15	Fremdkapital	1.700.000,00 €	
16			
17	**Eigenkapitalquote**	48%	
18	**Verschuldungsgrad**	110%	
19	**Anspannungsgrad**	52%	
20			

Abb. 23: Hier alle Kennzahlen aus dem Beispiel im Überblick

Kaufmännisch rechnen

> **PRAXIS - TIPP**
>
> **Interpretation**
>
> Je höher ein Unternehmen mit Eigenkapital ausgestattet ist, desto weniger krisenanfällig und umso kreditwürdiger ist es. Ein hoher Fremdkapitalanteil bedeutet in der Regel eine hohe Zinsbelastung.

5 Zusammenfassung

Eine Formel ist eine Anweisung, eine bestimmte Berechnung durchzuführen. Sie wird in der Regel mit einem Gleichheitszeichen eingeleitet und zeigt das Ergebnis in einer Zelle an. Eine Formel und kann sich aus

- Zellbezügen
- Werten
- Operatoren
- Namen
- Bereichen
- Funktionen
- Klammern

zusammensetzen. Häufig werden Kombinationen dieser Elemente verwendet.

Absolute und relative Zellbezüge

Beim Kopieren und Verschieben von Formeln ergeben sich Unterschiede beim Einsatz von relativen und absoluten Zellbezügen. Absolute Bezüge erkennt man an einem Dollarzeichen. Sie geben die Zellenangabe exakt so wieder wie in der Ausgangsformel. Relative Bezüge passen sich an die Position der Formelzelle an. Außerdem gibt es gemischte Zellbezüge.

Klammern

Mit dem Einsatz von Klammern können Sie wie in der Mathematik die Reihenfolge der Punkt-vor-Strich-Regel verändern.

Formeln der Prozentrechnung

Prozentwert = Grundwert x Prozentsatz

Prozentsatz = Prozentwert : 1 % des Grundwerts

Grundwert = Prozentwert x 100 : Prozentsatz

Vermehrter Wert = Grundwert + Prozentwert

Verminderter Wert = Grundwert − Prozentwert

Rechnen mit Formeln

Formeln für weitere kaufmännische Berechnungen

Selbstkosten je Stück = Gesamtkosten / Menge

Selbstkosten je Stück = Herstellkosten / produzierte Menge + Verwaltungs- und Vertriebsgemeinkosten / abgesetzte Menge

Kapazitätsauslastung = Tatsächliche Ausbringungsmenge / mögliche Ausbringungsmenge x 100

Stückkosten = Fixe Kosten / Menge + variable Stückkosten

Vermögenskonstitution = Anlagevermögen / Umlaufvermögen x 100

Anlagenintensität = Anlagevermögen / Gesamtvermögen x 100

Umlaufintensität = Umlaufvermögen / Gesamtvermögen x 100

Eigenkapitalquote = Eigenkapital / Gesamtkapital x 100

Verschuldungsgrad = Fremdkapital / Eigenkapital x 100

Anspannungsgrad = Fremdkapital / Gesamtkapital x 100

Kaufmännisch rechnen

Kaufmännisches Rechnen: Die wichtigsten Funktionen im Überblick

Die Formel als Grundlage für kaufmännisches Rechnen haben Sie bereits im vorangegangenen Kapitel kennengelernt.

Dieses Wissen soll nun um integrierte Excel-Funktionen ergänzt werden. Dabei handelt es sich quasi um vordefinierte Formeln für unterschiedliche Belange, angefangen bei der Berechnung der Abschreibung, über die Auswertung von Datenbeständen bis hin zur Verarbeitung von Datums- und Zeitwerten.

Durch ihre zahlreichen Facetten und Möglichkeiten sind integrierte Excel-Funktionen ein bedeutender Bestandteil von Microsoft Excel.

Inhalt	
1 Bedeutung und Einsatz von Funktionen	75
2 Die Funktionskategorien	79
3 Verschachtelte Formeln und Funktionen	96
4 Formeln und Texte	103
5 Exkurs: Namen statt Zellbezüge	107
6 Zusammenfassung	110

Alle Rechenbeispiele zu diesem Beitrag finden Sie in unserer Musterdatei **Grundlagen_2.xlsx** unter dem Haufe-Index **7446144**.

1 Bedeutung und Einsatz von Funktionen

Eine Funktion ist eine Rechenvorschrift und ein wichtiger Bestandteil einer Tabellenkalkulation. Mit den integrierten Excel-Funktionen lassen sich Standardberechnungen wie zum Beispiel das Ermitteln von Zinsen, Renten, technischen Daten oder Wurzeln durchführen. Der Funktionsassistent unterstützt Sie bei dieser Aufgabe.

1.1 Die Funktion Summe()

Auch die Addition umfangreicher Zahlenkolonnen lässt sich mithilfe einer Excel-Funktion durchführen. Anstatt, wie bei den bislang vorgestellten Additionsverfahren, jede Zelle einzeln aufzuführen, wird die Addition über ganze Zellbereiche durchgeführt.

Da diese Funktion besonders häufig benötigt wird, stellt Excel hierfür eine eigene Schaltfläche zur Verfügung. Sie finden die Schaltfläche im oberen linken Bereich im Menüband **Formeln** (s. Abb. 1).

Abb. 1: Die Schaltfläche AutoSumme

Sie enthält neben dem Summenzeichen noch den Zusatz **AutoSumme** und einen nach unten zeigenden Pfeil, dessen Funktion später noch erläutert wird.

So arbeiten Sie mit der Schaltfläche AutoSumme

1 Klicken Sie zunächst in die Zelle in der das Ergebnis erscheinen soll und anschließend auf das Summen-Symbol mit dem Namen **AutoSumme**. Wenn Sie die Schaltfläche **AutoSumme** verwenden, sucht Excel automatisch ab der aktiven Zelle den nächsten zusammenhängenden Bereich von Zahlen und schlägt diesen für die Addition vor.

2 Excel umrandet für das Zahlenbeispiel die Zellen **B2** bis **B13** mit einem gestrichelten Laufrahmen und schlägt in **B14** die Formel **=Summe(B2:B13)** vor. Sie sehen die Formel in der Bearbeitungsleiste.

3 Akzeptieren Sie den Vorschlag, indem Sie die **Enter**-Taste drücken (s. Abb. 2 und **Grundlagen_2.xlsx**, Tabelle **Autosumme**).

WENN ▼	:	✗ ✓ ƒx	=SUMME(B2:B13)
	A	B	C	D
1		Umsatz		
2	Januar	1.001.000,00 €		
3	Februar	1.006.000,00 €		
4	März	1.016.000,00 €		
5	April	1.021.000,00 €		
6	Mai	1.031.000,00 €		
7	Juni	1.036.000,00 €		
8	Juli	1.046.000,00 €		
9	August	1.051.000,00 €		
10	September	1.061.000,00 €		
11	Oktober	1.056.000,00 €		
12	November	1.066.000,00 €		
13	Dezember	1.071.000,00 €		
14	Gesamt	=SUMME(B2:B13)		
15				

Abb. 2: Zellbezug in Verbindung mit der Funktion Summe()

HINWEIS

Die Schaltfläche AutoSumme

Unter der Schaltfläche **AutoSumme** befindet sich ein kleiner Pfeil. Wenn Sie diesen Pfeil anklicken, erhalten Sie weitere Auto-Funktionen. Wenn Sie sich z. B. für **Max** entscheiden, nennt Excel Ihnen – bezogen auf das vorangegangene Beispiel – die höchste Zahl, die sich im Bereich **B2:B14** befindet.

1.2 Eine Funktion eingeben

Es gibt verschiedene Möglichkeiten, Funktionen einzugeben. Nicht ganz so einfach, aber dennoch recht unkompliziert arbeiten Sie mit dem Funktionsassistenten oder tippen die Funktion direkt ein:

- Funktionscode eintippen: Sie geben den Funktionsnamen sowie die Argumente manuell ein. Hierbei ist erforderlich, dass Sie die genaue Syntax, sprich Zeichenfolge, der Funktion kennen. Um z. B. die Wurzel der Zahl 36 zu ermitteln, benötigen Sie die Syntax **=WURZEL(36)**.
- Funktionsassistenten einsetzen: Den Funktionsassistenten erreichen Sie auf unterschiedliche Art und Weise. Schnell und einfach ist es, ihn über die Schaltfläche **Funktion einfügen** im Menüband **Formeln** aufzurufen.

Um die Wurzel der Zahl 36 mithilfe des Funktionsassistenten zu ermitteln, gehen Sie wie folgt vor:

Funktionsassistenten einsetzen

1 Markieren Sie zunächst die Zelle, in der Sie das Ergebnis zeigen möchten. Klicken Sie das Register **Formeln**. In Abhängigkeit von der vorangegangenen Arbeitssituation verändert sich möglicherweise der Arbeitsplatz.

2 Klicken Sie links auf die Schaltfläche **Funktion einfügen**. Sie erreichen das gleichnamige Dialogfeld. Dort entscheiden Sie sich unter **Kategorie auswählen** für den Eintrag **Math. & Trigonom**.

3 Klicken Sie in der Liste **Funktion auswählen** auf den Eintrag **Wurzel** und verlassen Sie das Fenster durch einen Klick auf die Schaltfläche **OK** (s. Abb. 3).

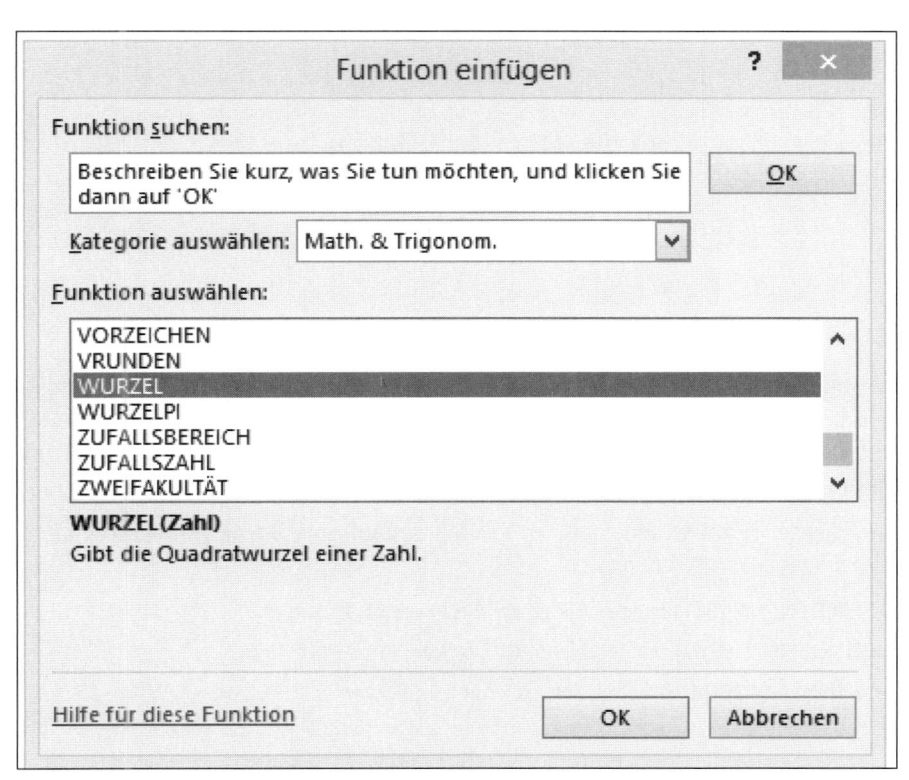

Abb. 3: Das Dialogfeld Funktion einfügen

4 Sie gelangen in den zweiten Schritt des Funktionsassistenten, den Dialog **Funktionsargumente** (s. Abb. 4). Dort geben Sie die geforderten Argumente ein. Im Fall einer Wurzelberechnung wird nur ein Argument benötigt. Das ist die Zahl, aus der die Wurzel gezogen werden soll. Anstelle der Zahl können Sie auch einen Zellbezug eingeben. Das Formelergebnis können Sie bereits im unteren Teil des Fensters ablesen.

5 Verlassen Sie das Dialogfeld durch einen Klick auf **OK**. Das Ergebnis wird in der Ergebniszelle angezeigt.

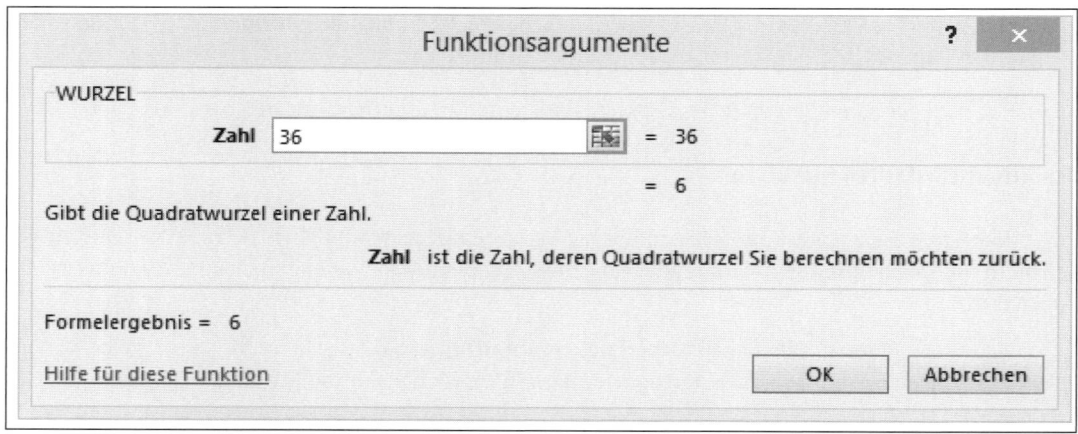

Abb. 4: Der Funktionsassistent der Funktion WURZEL

HINWEIS

Einsatzbereich der Funktion WURZEL()

Vielleicht werden Sie sich fragen, warum die Funktion WURZEL für kaufmännische Berechnungen interessant sein könnte? Die Antwort: Diese Funktion ermöglicht es, optimale Bestellmengen zu berechnen. Dazu später mehr.

Die Funktion RUNDEN()

Die Arbeit mit der Funktion WURZEL() erfordert nur ein Argument. Anders verhält es sich bei der Funktion RUNDEN(). Sie wird in der Praxis häufig eingesetzt, um Werte kaufmännisch zu runden. Das bedeutet: RUNDEN() rundet eine Zahl auf eine bestimmte Anzahl Stellen. Die Funktion gehört zur Funktionskategorie **Mathem. & Trigonm.** und arbeitet mit den Argumenten **Zahl** und **Anzahl** (s. Abb. 5):

Unter **Zahl** geben Sie an, welche Zahl gerundet werden soll. Mit **Anzahl** legen Sie die Anzahl der zu rundenden Stellen fest. Nachfolgend einige Beispiele:

- Mit der Syntax **=RUNDEN(11,93;1)** runden Sie einen Wert von 11,93 auf 11,9.
- Mit der Syntax **=RUNDEN(11,93;0)** runden Sie einen Wert von 11,93 auf 12,00.
- Mit der Syntax **=RUNDEN(128943;-3)** runden Sie einen Wert von 128.943 auf 129.000, also auf glatte Tausender.

Selbstverständlich können Sie bei den Argumenten, wie in jeder anderen Funktion, auch Zellbezüge angeben.

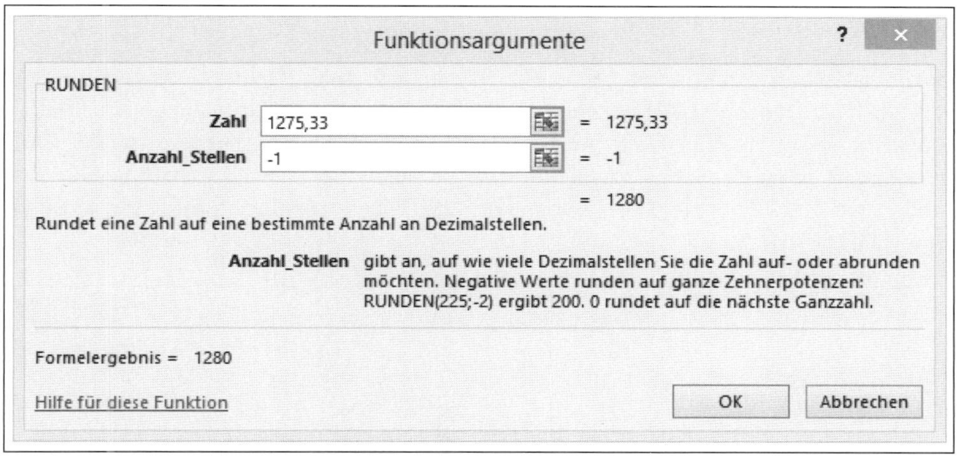

Hilfreiche Excel-Funktionen

Abb. 5: Funktionsargumente von Runden()

Die Funktion RUNDEN() rundet die Werte kaufmännisch. Das heißt, Werte ab 5 werden aufgerundet, Werte unter 5 werden abgerundet. Ist **Anzahl** gleich Null, wird die Zahl auf die nächste ganze Zahl gerundet. Für den Fall, dass die Anzahl kleiner als Null ist, wird der links des Dezimalzeichens stehende Teil der Zahl gerundet.

PRAXIS - TIPP

Weitere Funktionen

Ähnlich wie die Funktion RUNDEN() können Sie auch die Funktionen ABRUNDEN(), AUFRUNDEN(), GANZZAHL(), VRUNDEN() und KÜRZEN() einsetzen.

2 Die Funktionskategorien

Damit Sie sich innerhalb der zahlreichen Funktionen zurechtfinden, werden diese in Excel sogenannten Funktionskategorien zugeordnet. Man unterscheidet folgende Funktionskategorien:

- Finanzmathematik
- Datum und Zeit
- Mathematik & Trigonometrie
- Statistik
- Matrix
- Datenbank
- Text
- Logik
- Information
- Technisch (Excel 2007: Konstruktion)
- Cube
- Kompatibilität (ab Excel 2010)
- Web (ab 2013)
- Zuletzt Verwendete

2.1 Finanzmathematische Funktionen

Die **finanzmathematischen Funktionen** behandeln Themen wie beispielsweise Abschreibung oder Zinsrechnung. Mithilfe der Funktion **LIA()** wird die lineare Abschreibung von Wirtschaftsgütern ermittelt (s. Abb. 6). Dabei wird der Anschaffungswert (**Ansch_Wert**) um den Restwert einer Investition vermindert. Die Differenz wird durch die Nutzungsdauer in Jahren dividiert. Bei einem Anschaffungswert von 20.000 EUR und einem Restwert von 5.000 EUR ergibt sich bei 5-jähriger Nutzungsdauer ein Abschreibungsbetrag von 3.000 EUR.

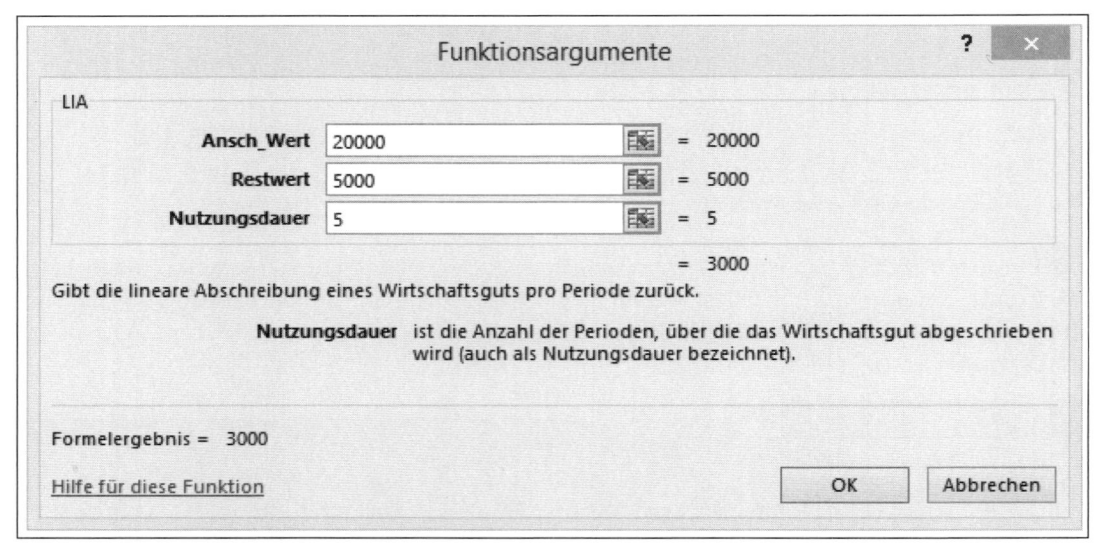

Abb. 6: Hier wird mit einer finanzmathematischen Funktion gearbeitet

Wichtige finanzmathematische Funktionen für die tägliche Arbeit sind:

Funktion	Syntax	Erläuterung
BW()	BW(Zins;Zzr;Rmz;Zw;F)	Liefert den Barwert einer Investition
DIA()	DIA(Ansch_Wert;Restwert; Nutzungsdauer;Zr)	Liefert die arithmetisch-degressive Abschreibung eines Wirtschaftsgutes für eine bestimmte Periode
DISAGIO()	DISAGIO(Abrechnung;Fälligkeit; Kurs;Rückzahlung;Basis)	Liefert den prozentualen Abzinsungssatz eines Wertpapieres
EFFEKTIV()	EFFEKTIV(Nominalzins; Perioden)	Liefert die jährliche Effektivverzinsung, ausgehend von einer Nominalverzinsung sowie der jeweiligen Anzahl der Zinszahlungen pro Jahr
IKV()	IKV(Werte;Schätzwert)	Ermittelt den internen Zinsfuß einer Investition ohne Finanzierungskosten oder Reinvestitionsgewinne. Der interne Zinsfuß ist der Zinssatz, der für eine Investition erreicht wird.
KUMKAPITAL()	KUMKAPITAL(Zins;Zzr;Bw; Zeitraum_Anfang; Zeitraum_Ende; F)	Berechnet die aufgelaufene Tilgung eines Darlehens zwischen 2 Perioden.

Funktion	Syntax	Erläuterung
KUMZINSZ()	KUMZINSZ(Zins;Zzr;Bw; Zeitraum_Anfang; Zeitraum_Ende;F)	Gibt die gesamten Zinsen, die sich während der Laufzeit eines Darlehns summieren, an
LIA()	LIA(Ansch_Wert;Restwert; Nutzungsdauer)	Liefert die lineare Abschreibung eines Wirtschaftsgutes für eine Abschreibungsperiode
NBW()	NBW(Zins;Wert1;Wert2; …)	Liefert den Nettobarwert einer Investition auf Basis eines Abzinsungsfaktors für eine Reihe periodischer Zahlungen
RMZ()	RMZ(Zins;Zzr;Bw;Zw;F)	Gibt an, welcher Betrag gespart werden muss, um zu einem bestimmten Zeitpunkt ein gewünschtes Kapital zu haben, und wird im Rahmen von Rentenberechnungen eingesetzt. Außerdem ermittelt es die Annuität eines Darlehns.
ZINS()	ZINS(Zzr;Rmz;Bw;Zw;F; Schätzwert)	Ermittelt den Zinssatz eines Darlehns
ZINSZ()	ZINSZ(Zins;Zr;Zzr;Bw;Zw;F)	Liefert die Höhe der Zinsen für eine Periode, z. B. für einen bestimmten Monat oder ein bestimmtes Quartal
ZW()	ZW(Zins;Zzr;Rmz;Bw;F)	Ermittelt das Endkapital bei regelmäßigen, gleich hohen Zahlungen mithilfe der Zinseszinsrechnung
ZW2()	ZW2(Kapital;Zinsen)	Ermittelt das Endkapital bei unterschiedlich hohen Zinsen
ZZR()	ZZR(Zins;Rmz;Bw;Zw;F)	Gibt an, wie lange Sie sparen müssen, um zu einem bestimmten Zeitpunkt ein gewünschtes Kapital zu haben, und ermittelt, wie lange ein Kapital als Rente reicht.

Tab. 1: Finanzmathematische Funktionen im Überblick

2.2 Datums- und Zeitfunktionen

Im Zusammenhang mit den **Datums- und Zeitfunktionen** geht es um die Berechnung von Zeitwerten. Mit der Funktion HEUTE() erhalten Sie das aktuelle Tagesdatum. Bei dieser Funktion wird kein Argument benötigt. Ähnlich arbeitet die Funktion JETZT(). Sie gibt neben dem aktuellen Datum auch die aktuelle Zeit an (s. Abb. 7).

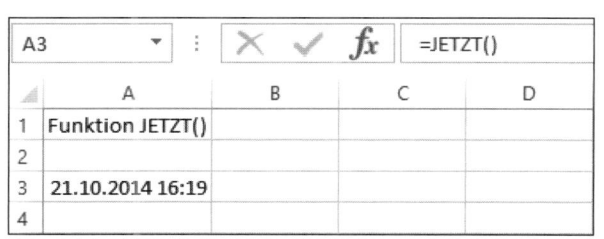

A3		f_x	=JETZT()	
	A	B	C	D
1	Funktion JETZT()			
2				
3	21.10.2014 16:19			
4				

Abb. 7: Hier wurde der aktuelle Zeitwert mit Jetzt() eingefügt

> **HINWEIS**
>
> **Funktion ohne Argumente**
>
> JETZT() und HEUTE gehören zu den wenigen Funktionen, die keine Angaben, sprich Argumente, verlangen.

Hier wichtige Datums- und Zeitfunktionen im Überblick:

Funktion	Syntax	Erläuterung
ARBEITSTAG()	ARBEITSTAG(Ausgangsdatum;Tage;Freie_Tage)	Gibt einen End- bzw. Fertigstellungstermin unter Berücksichtigung von Feiertagen an
DATUM()	DATUM(Jahr;Monat;Tag)	Errechnet einen Datumswert
DATWERT()	DATWERT(Datumstext)	Wandelt ein als Text vorliegendes Datum in eine Zahl um
EDATUM	EDATUM(Ausgangsdatum;Monate)	Ermittelt den Endtermin von Projekten
HEUTE()	HEUTE()	Liefert das aktuelle Tagesdatum
JAHR()	JAHR(Zahl)	Ermittelt die Jahresangabe aus einem Datumswert
JETZT()	JETZT()	Liefert das aktuelle Tagesdatum zuzüglich der aktuellen Zeit
KALENDERWOCHE()	KALENDERWOCHE(Datum;Rückgabe)	Llefert die Kalenderwochen eines angegebenen Datums.
MINUTE()	MINUTE(Zahl)	Liefert die Minutenzahl einer Zeitangabe
MONAT()	MONAT(Zahl)	Ermittelt den Monat aus einem Datumswert
MONATSENDE()	MONATSENDE(Ausgangsdatum;Monate)	Liefert das Monatsende eines angefangenen Monats
NETTOARBEITSTAGE()	NETTOARBEITSTAGE(Ausgangsdatum;Enddatum;Freie_Tage)	Ermittelt unter Berücksichtigung der Feiertage die Anzahl der Arbeitstage für einen definierten Zeitraum
SEKUNDE()	SEKUNDE(Zahl)	Liefert die Sekundenzahl einer Zeitangabe
STUNDE()	STUNDE(Zahl)	Liefert die Stundenzahl einer Zeitangabe
TAG()	TAG(Zahl)	Ermittelt den Tag aus einem Datumswert
TAGE360()	TAGE360(Ausgangsdatum;Enddatum;Methode)	Ermittelt den Anteil der Zinstage im Jahr
WOCHENTAG()	WOCHENTAG(Zahl;Typ)	Liefert den Wochentag eines Datums als Ziffer

Funktion	Syntax	Erläuterung
ZEIT()	ZEIT(Stunde;Minute;Sekunde)	Macht aus Stunden, Minuten und Sekundenangaben eine Zeitangabe
ZEITWERT()	ZEITWERT(Zahl)	Verwandelt eine als Text vorliegende Zeitangabe in eine Zahl

Tab. 2: Datums- und Zeitfunktionen im Überblick

2.3 Mathematische und trigonometrische Funktionen

Mathematische und trigonometrische Funktionen beschäftigen sich sowohl mit den Grundrechenarten wie Subtraktion, Addition, Multiplikation, Division als auch mit Potenzen (s. Abb. 8), Logarithmen oder Rundungen, die Sie bereits kennengelernt haben.

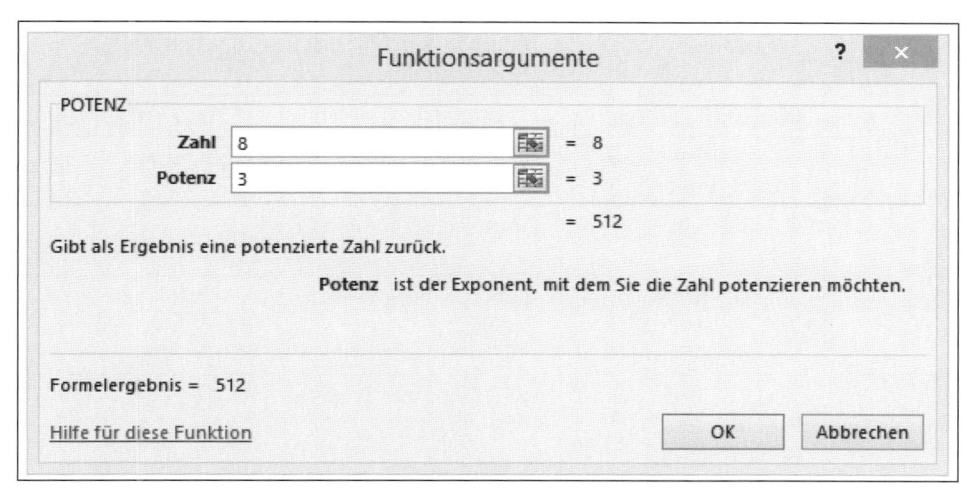

Abb. 8: Die Funktion POTENZ() gehört zu den mathematischen und trigonometrischen Funktionen

Folgende **Mathematische und trigonomische Funktionen** sind für Berechnungen wichtig:

Funktion	Syntax	Erläuterung
ABRUNDEN()	ABRUNDEN(Zahl; Anzahl_Stellen)	Rundet eine Zahl auf die gewünschte Anzahl Stellen ab
ABS()	ABS(Zahl)	Liefert den absoluten Wert einer Zahl, das heißt, den Wert der Zahl ohne Vorzeichen
AUFRUNDEN()	AUFRUNDEN(Zahl; Anzahl_Stellen)	Rundet eine Zahl auf die gewünschte Anzahl Stellen auf
GANZZAHL()	GANZZAHL(Zahl)	Rundet eine Zahl auf die nächst kleinere ganze Zahl ab
GERADE()	Gerade(Zahl)	Rundet eine Zahl auf die nächst kleinere ganze Zahl ab
GGT()	GGT(Zahl1;Zahl2;...)	Liefert den größten gemeinsamen Teiler (GGT) von bis zu 29 Zahlen
KGV()	KGV(Zahl1;Zahl2;...)	Liefert das kleinste gemeinsame Vielfache (KGV) von bis zu 29 Zahlen

Funktion	Syntax	Erläuterung
OBERGRENZE()	OBERGRENZE(Zahl; Schritt)	Rundet eine Zahl auf das kleinste Vielfache von SCHRITT auf
POTENZ()	POTENZ(Zahl; Potenz)	Potenziert eine Zahl
POTENZREIHE()	POTENZREIHE(x;n;m; Koeffizienten)	Bildet die Summe von Potenzen zur Berechnung von Potenzreihen
PRODUKT()	PRODUKT(Zahl1; Zahl2;...)	Führt eine Multiplikation durch
QUADRATESUMME()	QUADRATESUMME(Zahl1;Zahl2; ..	Bildet die Summe quadrierter Argumente
QUOTIENT()	QUOTIENT(Zähler; Nenner)	Dividiert Zahlen und löscht den Rest in Form der Nachkommastelle
REST()	REST(Zahl;Divisor)	Liefert als Ergebnis den Rest, der sich aus einer Division ergibt
RÖMISCH()	RÖMISCH(Zahl;Typ)	Wandelt eine arabische in eine römische Zahl um
RUNDEN()	RUNDEN(Zahl; Anzahl_Stellen)	Rundet eine Zahl auf die gewünschte Anzahl Stellen
SUMME()	SUMME(Zahl1; Zahl2;...)	Führt eine Addition durch
SUMMEWENN()	SUMMEWENN(Bereich; Kriterien; Summe_Bereich)	Addiert Zahlen, die bestimmten Suchkriterien entsprechen.
TEILERGEBNIS()	TEILERGEBNIS(Funktion; Bezug1; Bezug2; ...)	Liefert ein Teilergebnis in einer Liste oder Datenbank
UNGERADE()	UNGERADE(Zahl)	Rundet eine Zahl auf die nächste ungerade ganze Zahl auf
UNTERGRENZE()	UNTERGRENZE(Zahl; Schritt)	Rundet eine Zahl in der von Ihnen zu definierenden Schrittgröße ab
VORZEICHEN()	VORZEICHEN(Zahl)	Liefert das Vorzeichen einer Zahl
VRUNDEN()	VRUNDEN(Zahl; Vielfaches)	Bildet eine auf das gewünschte Vielfache gerundete Zahl
WURZEL()	WURZEL(Zahl)	Zieht die Quadratwurzel einer Zahl

Tab. 3: Mathematische und trigonometrische Funktionen

Praxisbeispiel: Glatte Preise mit GANZZAHL(), GERADE() und UNGERADE()

Unter Funktionen wie SUMME(), POTENZ()oder RUNDEN() etc. kann man sich in der Regel vorstellen, welchem Zweck diese Rechenvorschriften dienen sollen. Schwieriger ist dies bei Funktionen wie GANZZAHL(), GERADE() und UNGERADE(). Aber auch diese Funktionen haben im Zusammenhang mit dem kaufmännischen Rechnen durchaus ihre Daseinsberechtigung. Im Rahmen von Preiskalkulationen ergeben sich in der Praxis, insbesondere bei Produkten mit niedrigen Preisen, zahlreiche Nachkommastellen. Mithilfe der Funktionen GANZZAHL(), GERADE() und UNGERADE() erhalten Sie „glatte Preise".

Hilfreiche Excel-Funktionen

Beispiel:

Der Zielverkaufspreis einer Ware liegt bei 3,39 EUR. Da den Kunden im Durchschnitt 8 % Rabatt gewährt werden, muss dieser Wert noch in die Kalkulation des Listenverkaufspreises einbezogen werden (vgl. Abb. 9). Dadurch ergeben sich zahlreiche Nachkommastellen bei der Ermittlung des Listenverkaufspreises.

C2		:	× ✓ fx	=B2*C1	
	A		B	C	D
1	Preis			3,39 €	
2	Rabatt		8%	0,27 €	
3					
4	Listenverkaufspreis			3,66 €	
5					

Abb. 9: Der Listenverkaufspreis soll „begradigt" werden

Mithilfe der Funktion GERADE() soll ein glatter Listenverkaufspreis ermittelt werden.

Gerade Preise ermitteln

1 Positionieren Sie den Cursor in der Zelle **C4,** in der der Listenverkaufspreis ermittelt wird. Wählen Sie **Formeln → Funktion einfügen**.

2 Markieren Sie im Listenfeld **Kategorie auswählen** den Eintrag **Math. & Trigon.** und unter **Funktion auswählen** die Funktion **Gerade**. Die Funktion arbeitet mit dem Argument **Zahl**.

3 Geben Sie unter **Zahl** die Formel zur Ermittlung des Listenverkaufspreises, also **C2+C3**, ein. Das Ergebnis (hier: **4**) können Sie direkt im Dialogfeld ablesen (s. Abb. 11). Die vollständige Formel lautet

=GERADE(C2+C3)

Die Funktion UNGERADE() rundet das Ergebnis auf den nächst größeren ungeraden Wert, also **5**. Die Formel lautet:

=UNGERADE(C4)

Die Funktion GANZZAHL() rundet das Ergebnis auf die nächste kleinere, ganze Zahl, also **3** (s. Abb. 10 und 11 sowie **Grundlagen_2.xlsx,** Tabelle **Gerade**). Die Formel lautet: =GANZZAHL(C2+C3)

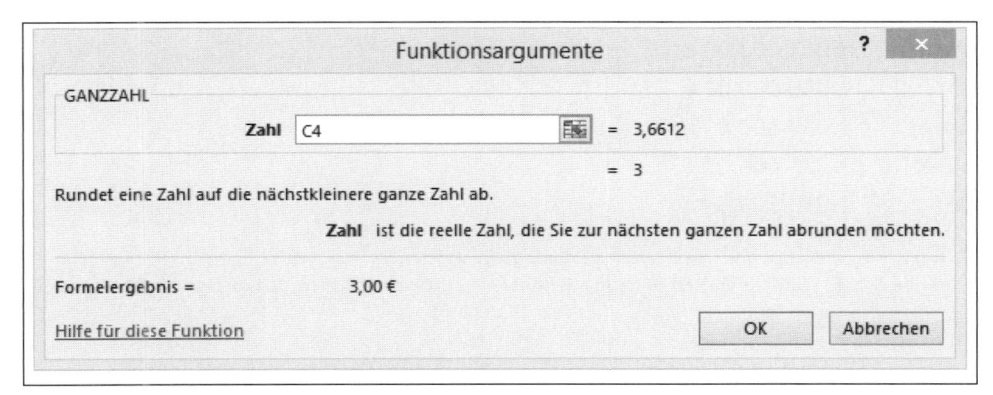

Abb. 10: Das Fenster Funktionsargumente von GANZZAHL

Kaufmännisch rechnen

	A	B	C	D
			=GERADE(C4)	
1	Preis		3,39 €	
2	Rabatt	8%	0,27 €	
3				
4	Listenverkaufspreis		3,66 €	
5				
6	Gerader Preis		4,00 €	
7	Ungrader Preis		5,00 €	
8	Ganzzahl		3,00 €	
9				

Abb. 11: Die Ergebnisse auf einen Blick

2.4 Statistische Funktionen

Statistische Funktionen bieten eine Vielzahl von Auswertungen, sowohl für professionelle als auch recht einfache Anwendungen, wie zum Beispiel das Ermitteln des Mittelwertes (s. Abb. 12).

	A	B	C	D	E
		=MITTELWERT(B2:B13)			
1		Umsatz			
2	Januar	1.001.000,00 €			
3	Februar	1.006.000,00 €			
4	März	1.016.000,00 €			
5	April	1.021.000,00 €			
6	Mai	1.031.000,00 €			
7	Juni	1.036.000,00 €			
8	Juli	1.046.000,00 €			
9	August	1.051.000,00 €			
10	September	1.061.000,00 €			
11	Oktober	1.056.000,00 €			
12	November	1.066.000,00 €			
13	Dezember	1.071.000,00 €			
14	Gesamt	1.038.500,00 €			
15					

Abb. 12: Die Funktion MITTELWERT() ermittelt in diesem Beispiel die durchschnittlichen Urlaubstage im Jahresverlauf

Nachfolgend wichtige Statistikfunktionen für die Arbeit im kaufmännischen Bereich im Überblick:

Hilfreiche Excel-Funktionen

Funktion	Syntax	Erläuterung
ANZAHL()	ANZAHL(Wert1;Wert2;...)	Zählt alle Zahlen eines definierten Bereichs
ANZAHL2()	ANZAHL2(Wert1;Wert2;...)	Zählt alle nicht leeren Zellen eines definierten Bereichs
ANZAHLLEERZELLEN()	ANZAHLLEERZELLEN(Bereich)	Zählt die leeren Zellen in einem Zellbereich
GEOMITTEL()	GEOMITTEL(Zahl1;Zahl2;...)	Liefert das geometrische Mittel einer Menge positiver Zahlen. Berechnet z. B. eine mittlere Wachstumsrate, wenn für einen Zinseszins variable Zinssätze gegeben sind.
GESTUTZTMITTEL()	GESTUTZTMITTEL(Matrix;Prozent)	Wenn Sie Durchschnittszahlen errechnen, verfälschen Ausreißerzahlen häufig das Bild. Diese Funktion ignoriert Zahlen, die aus dem Rahmen fallen.
HARMITTEL()	HARMITTEL(Zahl1;Zahl2;...)	Ermittelt das harmonische Mittel einer Datenmenge
HÄUFIGKEIT()	HÄUFIGKEIT(Daten;Klassen)	Liefert eine Häufigkeitsverteilung für eine einspaltige Matrix
KKGRÖSSTE()	KGRÖSSTE(Matrix;k)	Liefert den größten Wert eines Zellbereichs
KKLEINSTE()	KKLEINSTE(Matrix;k)	Liefert den kleinsten Wert eines Zellbereichs
MAX()	MAX(Zahl1;Zahl2;...)	Sucht die größte Zahl eines Bereichs
MAXA()	MAXA(Wert1;Wert2;...)	Sucht den größten Wert eines Bereichs
MEDIAN()	MEDIAN(Zahl1;Zahl2;...)	Ermittelt die Zahl, die in der Mitte einer Zahlenreihe liegt. Das heißt, die eine Hälfte der Zahlen hat Werte, die kleiner sind als der Median, und die andere Hälfte hat Werte, die größer sind als der Median.
MIN()	MIN(Zahl1;Zahl2;...)	Sucht die kleinste Zahl eines Bereichs
MINA()	MINA(Wert1;Wert2;...)	Sucht den kleinsten Wert eines Bereichs
MITTELABW()	MITTELABW(Zahl1;Zahl2;...)	Ermittelt die durchschnittliche absolute Abweichung einer Reihe von Merkmalsausprägungen und ihrem Mittelwert.
MITTELWERT()	MITTELWERT(Zahl1;Zahl2; ...)	Bildet den Durchschnitt der Werte eines Bereichs
MITTELWERTA()	MITTELWERTA(Wert1;Wert2;...)	Ermittelt das arithmetische Mittel
MODALWERT()	MODALWERT(Zahl1;Zahl2;...)	Liefert den häufigsten Wert einer Zahlenmenge
QUANTIL()	QUANTIL(Matrix;Alpha)	Liefert das Alpha-Quantil einer Gruppe von Daten und legt einen Akzeptanzschwellenwert fest.
Quartile	QUARTILE(Matrix;Quartil)	Liefert die Quartile einer Datengruppe. Die Datengruppe wird dabei gedanklich in 4 Bereiche geteilt.

Funktion	Syntax	Erläuterung
RANG()	RANG(Zahl;Bezug; Reihenfolge)	Liefert den Rang, den eine Zahl innerhalb einer Liste von Zahlen einnimmt.
RGP()	RGP(Y_Werte;X_Werte; Konstante;Stats)	Berechnet die Statistik für eine Linie unter Verwendung der Methode der kleinsten Quadrate
RKP()	RKP(Y_Werte;X_Werte; Konstante;Stats)	Berechnet eine Exponentialkurve
SCHÄTZER()	SCHÄTZER(x;Y_Werte;X_Werte)	Ermittelt den Schätzwert für einen linearen Trend
TREND()	TREND(Y_Werte; X_Werte; Neue_X_Werte; Konstante)	Ermittelt Trendwerte, die sich aus einem linearen Trend ergeben.
ZÄHLENWENN()	ZÄHLENWENN(Bereich; Kriterien)	Zählt Zellinhalte, wenn diese dem Suchkriterium entsprechen.

Tab. 4: Statistikfunktionen im Überblick

2.5 Datenbankfunktionen

Excel verfügt über spezielle **Datenbankfunktionen**, die man auf Datenbanken und listenförmige Tabellen anwenden kann. Wichtige Datenbankfunktionen nachfolgend im Überblick:

Funktion	Syntax	Erläuterung
DBANZAHL()	DBANZAHL(Datenbank, Feld,Kriterien)	Zählt die Anzahl der Zellen einer Spalte in einer Datenbank, die einem bestimmten Kriterium entsprechen.
DBANZAHL2()	DBANZAHL2(Datenbank, Feld,Kriterien)	Zählt die Anzahl der nicht leeren Zellen einer Spalte in einer Datenbank, die einem bestimmten Kriterium entsprechen.
DBAUSZUG()	DBAUSZUG(Datenbank, Feld,Kriterien)	Sucht einen Datenbankeintrag, der einem bestimmten Kriterium entspricht.
DBMAX()	DBMAX(Datenbank, Feld,Kriterien)	Liefert den Höchstwert von Datenbankwerten, die einem bestimmten Kriterium entsprechen.
DBMIN()	DBMIN(Datenbank, Feld,Kriterien)	Liefert den niedrigsten Wert von Datenbankwerten, die einem bestimmten Kriterium entsprechen.
DBMITTELWERT()	DBMITTELWERT(Datenbank,Feld,Kriterien)	Bildet den Mittelwert von Datenbankwerten, die einem bestimmten Kriterium entsprechen.
DBSUMME()	DBSUMME(Datenbank, Feld,Kriterien)	Addiert Datenbankwerte, die einem bestimmten Kriterium entsprechen.

Tab. 5: Datenbankfunktionen im Überblick

Hilfreiche Excel-Funktionen

Praxisbeispiel: Gehälter einer bestimmten Abteilung mit DBSUMME() ausrechnen

Mithilfe der Funktion DBSUMME() können Sie eine Summe gezielt nach ganz bestimmten Suchkriterien bilden (s. Abb. 13).

Beispiel:

In einer Mitarbeiterliste werden verschiedene Mitarbeiterdaten geführt. Dazu gehören auch die Abteilungen und Gehälter. Die Gehälter einer bestimmten Abteilung können Sie mithilfe der Funktion DBSUMME() ermitteln.

Um zu berechnen, wie hoch die Summe der Gehälter der EDV-Abteilung ist, gehen Sie wie folgt vor:

Gehaltslisten auswerten

1 Wenn das Datenmaterial bereits vorliegt, fügen Sie oberhalb der Datenliste 3 bis 4 Leerzeilen ein. Dazu klicken Sie doppelt in den Zeilenkopf der Zeile 1 und drücken für jede Zeile einmal die Tastenkombination **Strg + +**.

2 Kopieren Sie die Überschriftenzeile und fügen Sie diese in die erste der neu eingefügten Zeilen ein. Tragen Sie unter **Abteilung** den Begriff „EDV" ein. Das ist der Suchbegriff, nach dem die Summe gebildet werden soll.

3 Tragen Sie in **G1** den Text „Gehälter EDV" ein und setzen Sie die Eingabemarkierung in die Zelle **H1**. Wählen Sie **Formeln → Funktion einfügen**.

4 Markieren Sie im Listenfeld **Kategorie auswählen** den Eintrag **Datenbank** und unter **Funktion auswählen** die Funktion **DBSUMME**. Durch einen Klick auf die Schaltfläche **OK** gelangen Sie in das Dialogfeld **Funktionsargumente**.

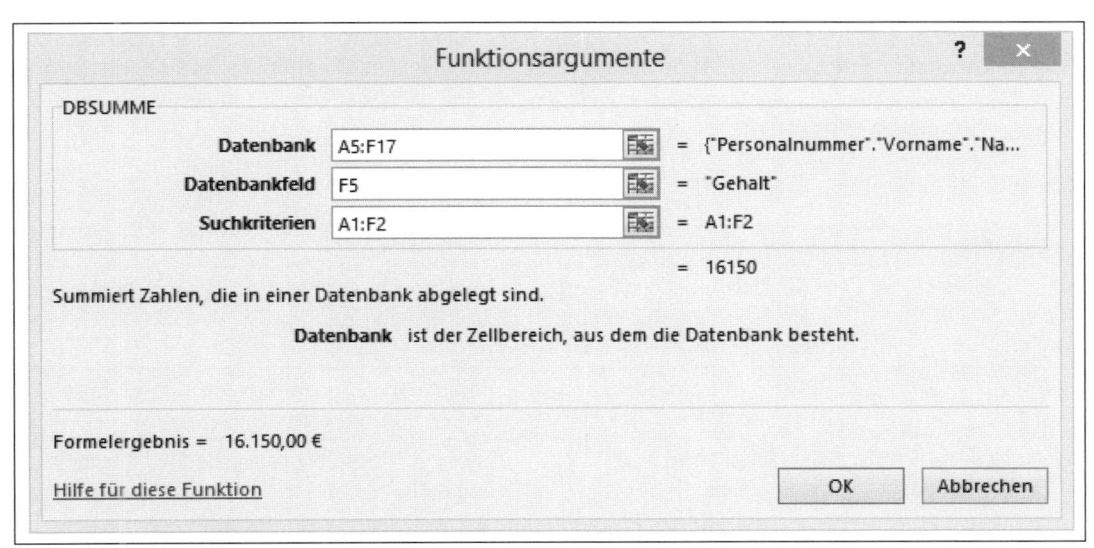

Abb. 13: DBSUMME() verlangt 3 Argumente

5 Geben Sie für das aktuelle Beispiel im Feld **Datenbank** den Bereich **A5:F17** ein. Gesucht wird nach dem Datenbankfeld **F5**. Die Suchkriterien finden Sie im Bereich **A1:F2**. Die vollständige Formel in **H1** lautet: **=DBSUMME(A5:F17;F5;A1:F2)** (s. Abb. 14 sowie **Grundlagen_2.xlsx**, Tabelle **DBSUMME**).

Kaufmännisch rechnen

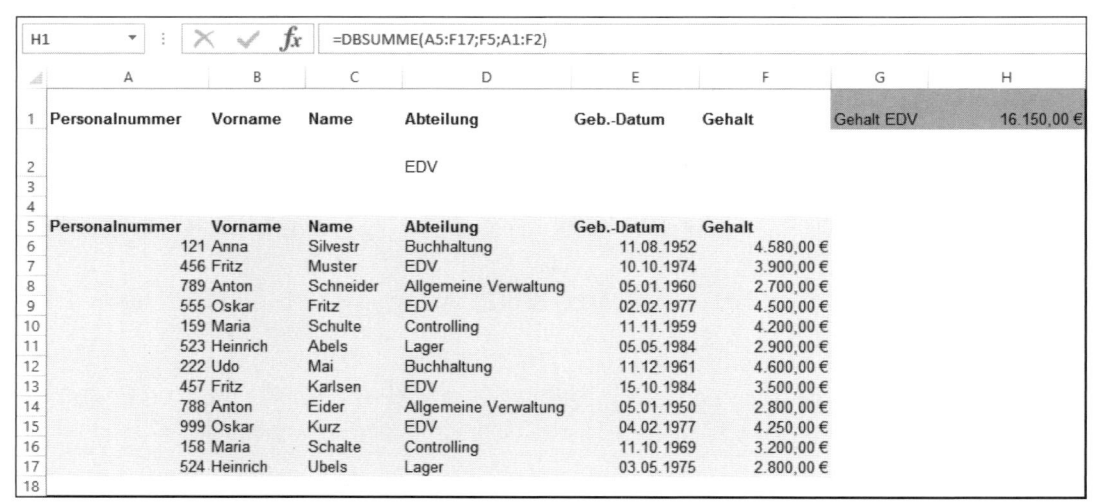

	A	B	C	D	E	F	G	H
H1				=DBSUMME(A5:F17;F5;A1:F2)				
1	Personalnummer	Vorname	Name	Abteilung	Geb.-Datum	Gehalt	Gehalt EDV	16.150,00 €
2				EDV				
3								
4								
5	Personalnummer	Vorname	Name	Abteilung	Geb.-Datum	Gehalt		
6	121	Anna	Silvestr	Buchhaltung	11.08.1952	4.580,00 €		
7	456	Fritz	Muster	EDV	10.10.1974	3.900,00 €		
8	789	Anton	Schneider	Allgemeine Verwaltung	05.01.1960	2.700,00 €		
9	555	Oskar	Fritz	EDV	02.02.1977	4.500,00 €		
10	159	Maria	Schulte	Controlling	11.11.1959	4.200,00 €		
11	523	Heinrich	Abels	Lager	05.05.1984	2.900,00 €		
12	222	Udo	Mai	Buchhaltung	11.12.1961	4.600,00 €		
13	457	Fritz	Karlsen	EDV	15.10.1984	3.500,00 €		
14	788	Anton	Eider	Allgemeine Verwaltung	05.01.1950	2.800,00 €		
15	999	Oskar	Kurz	EDV	04.02.1977	4.250,00 €		
16	158	Maria	Schalte	Controlling	11.10.1969	3.200,00 €		
17	524	Heinrich	Ubels	Lager	03.05.1975	2.800,00 €		
18								

Abb. 14: Datenliste und Ergebnis der Auswertung einer Lohntabelle mit der Datenbankfunktion DBSUMME

HINWEIS

SUMMEWENN()

Ein entsprechendes Ergebnis erhalten Sie mithilfe der Funktion SUMMEWENN().

2.6 Textfunktionen

Textfunktionen arbeiten, wie der Name bereits andeutet, mit Texten. Damit haben Sie die Möglichkeit, Textelemente zu suchen, zu ersetzen oder zu verknüpfen. Eine wichtige Funktion in diesem Zusammenhang ist die Funktion VERKETTEN().

Nützliche Textfunktionen für kaufmännische Arbeiten sind:

Funktion	Syntax	Erläuterung
ERSETZEN()	ERSETZEN(Alter_Text;Erstes_Zeichen;Anzahl_Zeichen;Neuer_Text)	Tauscht eine Zeichenfolge gegen eine andere Zeichenfolge aus
FEST()	FEST(Zahl;Dezimalstellen;Keine_Punkte)	Rundet eine Zahl auf die gewünschte Anzahl Stellen und formatiert diese als Text
FINDEN()	FINDEN(Suchtext;Text;Erstes_Zeichen)	Sucht die Position eines gesuchten Zeichens innerhalb eines Textes
GLÄTTEN()	GLÄTTEN(Text)	Löscht Leerzeichen in Text, wenn die Leerzeichen nicht als einzelnes Leerzeichen zwischen Texten stehen.
IDENTISCH()	IDENTISCH(Text1;Text2)	Prüft, ob die Zellinhalte zweier Zellen identisch sind
KLEIN()	KLEIN(Text)	Wandelt Text in kleine Buchstaben um
LÄNGE()	LÄNGE(Text)	Liefert die Anzahl Zeichen eines Textes

Hilfreiche Excel-Funktionen

Funktion	Syntax	Erläuterung
LINKS()	LINKS(Text;Anzahl_Zeichen)	Liefert auf der Grundlage der Anzahl von Zeichen, die Sie angeben, das erste bzw. die ersten Zeichen in einer Textzeichenfolge.
RECHTS()	RECHTS(Text; Anzahl_Zeichen)	Liefert auf der Grundlage der Anzahl von Zeichen, die Sie angeben, das letzte bzw. die letzten Zeichen in einer Textzeichenfolge.
SÄUBERN()	SÄUBERN(Text)	Löscht alle nicht druckbaren Zeichen aus einem Text. Die Funktion wird in erster Linie beim Import von Daten benötigt.
SUCHEN()	SUCHEN(Suchtext;Text; Erstes_Zeichen)	Sucht die Position eines gesuchten Zeichens innerhalb eines Textes
T()	T(Wert)	Wandelt die Argumente in Text um
TEXT()	TEXT(Wert;Textformat)	Verwandelt eine Zahl oder einen Zeitwert in ein Textformat.
VERKETTEN()	VERKETTEN (Text1;Text2; …)	Verknüpft Zellinhalte miteinander
WECHSELN()	WECHSELN(Text;Alter_Text;Neuer_Text; Ntes_Auftreten)	Tauscht Zeichenfolgen aus
WERT()	WERT(Text)	Wandelt einen Text in einen Zahlenwert um.
WIEDERHOLEN()	WIEDERHOLEN(Text; Multiplikator)	Wiederholt Zeichen in der gewünschten Anzahl. Die Anzahl der Zeichen geben Sie Excel mit Hilfe des Multiplikators bekannt.

Tab. 4: Überblick über die Textfunktionen

Die Funktionen VERKETTEN() und TEXT() werden im Verlaufe dieses Kapitels noch vorgestellt.

2.7 Logische Funktionen

Logische Funktionen operieren mit Wahrheitswerten und vergleichen 2 Werte. Sie liefern von 2 möglichen Werten den Wahrheitswert WAHR oder FALSCH. Nachfolgend 3 logische Funktionen, die in Excel immer wieder benötigt werden:

Funktion	Syntax	Erläuterung
ODER()	ODER(Wahrheitswert1; Wahrheitswert2;…)	Liefert den Wahrheitswert WAHR, wenn eines der Argumente WAHR ist. Sind alle Argumente FALSCH, erhalten Sie als Ergebnis den Wahrheitswert FALSCH.
UND()	UND(Wahrheitswert1; Wahrheitswert2; …)	Liefert WAHR, wenn alle Argumente WAHR sind. Sind die Aussagen eines oder mehrerer Argumente FALSCH, liefert die Funktion den Wert FALSCH.
WENN()	WENN(Prüfung;Dann_Wert; Sonst_Wert)	Prüft, ob eine Bedingung zutrifft, also WAHR oder FALSCH ist, und macht das Ergebnis vom Resultat abhängig.

Tab. 7: Logische Funktionen

Insbesondere die Funktion WENN() wird sowohl in den Praxisbeispielen als auch in den Musterlösungen dieses Buches häufig eingesetzt.

2.8 Informationsfunktionen

Im Rahmen der **Informationsfunktionen** werden 2 Gruppen unterschieden. Eine Gruppe bilden die sogenannten IST-Funktionen. Sie liefern einen Wahrheitswert: WAHR oder FALSCH. Die übrigen Informationen beginnen nicht mit IST. Sie liefern und bearbeiten Informationen zu Ihrer Excel-Arbeitsumgebung.

> **HINWEIS**
>
> **IST-Funktionen**
>
> Einige IST-Funktionen können auch zur Fehleranalyse herangezogen werden. Welche Funktionen das sind und wie Sie diese einsetzen, wird detailliert im nächsten Kapitel beschrieben.

2.9 Weitere Funktionskategorien

Mithilfe der **Matrixfunktionen** lassen sich Matrizen sowie Zellbereiche berechnen. Matrixformeln verkürzen die Eingabezeit für immer wiederkehrende Formeln. Im Rahmen der **technischen Funktionen** geht es u. a. um das Umrechnen von Maßeinheiten oder das Rechnen mit Fakultäten.

Hilfreiche Matrixfunktionen in der kaufmännischen Praxis sind:

Funktion	Syntax	Erläuterung
ADRESSE()	ADRESSE(Zeile;Spalte;Abs;A1;Tabellenname)	Erzeugt u. a. einen Bezug auf eine Tabellenzelle
BEREICH.VERSCHIEBEN()	BEREICH.VERSCHIEBEN(Bezug;Zeilen;Spalten;Höhe;Breite	Liefert einen Bezug, der gegenüber dem angegebenen Bezug versetzt ist. Bei dem zurückgegebenen Bezug kann es sich um eine einzelne Zelle oder einen Zellbereich handeln.
BEREICHE()	BEREICHE(Bezug)	Liefert die Anzahl der innerhalb eines Bezuges aufgeführten Bereiche
PIVOTDATENZUORDNEN()	PIVOTDATENZUORDNEN(Datenfeld;PivotTable;Feld1;Element1;Feld2;Element2;...)	Liefert Daten aus einem PivotTable-Bericht. Sie können PIVOTDATENZUORDNEN() unter der Voraussetzung, dass die Datenzusammenfassung im Bericht sichtbar ist, einsetzen, um Datenzusammenfassungen aus einem PivotTable-Bericht abzurufen.
SPALTE()	SPALTE(Bezug)	Liefert die Spaltennummer eines Bezugs
SPALTEN()	SPALTEN(Bezug)	Liefert die Anzahl der Spalten einer Matrix oder eines Bezugs
SVERWEIS()	SVERWEIS(Suchkriterium;Matrix; Spaltenindex; Bereich_Verweis)	Sucht die unter Suchkriterien angegebene Information aus einem angegebenen Tabellenbereich

VERGLEICH()	VERGLEICH(Suchkriterium; Suchmatrix; Vergleichstyp)	Sucht Werte innerhalb eines Bezugs oder einer Matrix
WVERWEIS()	WVERWEIS(Suchkriterium;Matrix; Zeilenindex; Bereich_Verweis)	Sucht in der obersten Zeile einer Tabelle bzw. Matrix nach Werten
ZEILE()	ZEILE(Bezug)	Liefert die Zeilennummer eines Bezugs
ZEILEN()	ZEILEN(Bezug)	Liefert die Anzahl der Zeilen eines Bezugs

Tab. 8: Hilfreiche Matrixfunktionen, Überblick

Praxisbeispiel: Artikelinformationen mithilfe von SVERWEIS() ermitteln

Mithilfe der Funktion SVERWEIS() sollen über eine Artikelnummer Artikelinformationen in eine Tabelle geholt werden. Die Daten können sich sowohl in derselben Arbeitsmappe als auch in einer externen Arbeitsmappe befinden.

Beispiel:

In einer Datenliste werden Artikeldaten geführt (s. Abb. 15). Über die zugehörige Artikelnummer holen Sie die gewünschten Informationen in eine andere Tabelle, z. B. in ein Rechnungsformular.

	A	B	C	D
1	Artikel-Nr.	Bezeichnung	Preis	MwSt-Satz
2	1	Druckerpatrone	17,50 €	19%
3	2	Kugelschreiber	1,95 €	19%
4	3	Lineal	2,45 €	19%

Abb. 15: Auszug aus einer kleinen Artikelliste

So holen Sie Daten über SVERWEIS() aus der eigenen Arbeitsmappe:

1 Legen Sie zunächst ein Eingabefeld für die Artikelnummer an (**Art.-Nr.**). Auf diese Information wird später als Suchkriterium zurückgegriffen.

2 Setzen Sie die Eingabemarkierung in die Zelle, in der der Name des Artikels erscheinen soll. Wählen Sie **Formeln → Funktion einfügen**.

3 Markieren Sie im Listenfeld **Kategorie auswählen** den Eintrag **Matrix** und unter **Funktion auswählen** die Funktion SVERWEIS(). Durch einen Klick auf die Schaltfläche **OK** gelangen Sie in das Dialogfeld **Funktionsargumente**.

4 Die Funktion SVEWREIS() arbeitet mit den Argumenten **Suchkriterium**, **Matrix**, **Spaltenindex** und **Bereich_Verweis**. Das **Suchkriterium** entspricht der Artikelnummer. **Matrix** ist der Bereich mit den Artikeldaten aus der Tabelle **Testdaten**. Geben Sie hier den Code **Testdaten!A1:D4** ein. Wichtig in diesem Zusammenhang ist, dass Sie hinter die Tabellenbezeichnung ein Ausrufezeichen setzen.

5 Der gesuchte Name befindet sich in Spalte **B**. Das ist die zweite Spalte der Matrix. Geben Sie entsprechend unter **Spaltenindex** die Ziffer 2 ein. Damit das **Suchkriterium** genau mit der Artikelnummer übereinstimmt, erfassen Sie unter **Bereich_Verweis** den Wahrheitswert FALSCH (s. Abb. 16 sowie Datei **Grundlagen_2.xlsx**, Tabelle **Testdaten** und **SVERWEIS()**).

Abb. 16: Stammt die Matrix aus einem anderen Tabellenarbeitsblatt, ist das Ausrufezeichen wichtig

6 Die vollständige Formel zur Ermittlung der Bezeichnung sehen Sie in Abbildung 17.

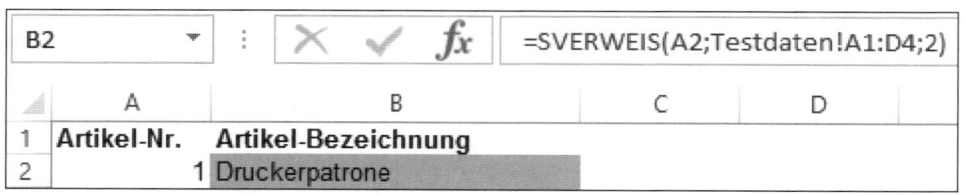

Abb. 17: Die Formel in der Bearbeitungszeile

Cube und Web

Neu seit der Version Excel 2007 ist die Kategorie **Cube** (s. Abb. 18). Dabei handelt es sich um eine Möglichkeit, auf Excel-Daten zuzugreifen, die sich auf einem Datenbankserver befinden und dort in mehrdimensionalen Datenstrukturen zusammengefasst sind. Die Datenstrukturen können ganz unterschiedlicher Natur sein; es kann sich beispielsweise um räumliche, personelle, sachliche oder zeitliche Informationen handeln.

Damit können die unterschiedlichsten Fragen beantwortet werden, etwa: „Welche Altersgruppe unserer Kunden bevorzugt welche Produkte im Sommer?" oder „Welche Artikel waren in welchem Verkaufsgebiet in der vergangenen Saison rückläufig?"

Der Einsatz von Cube ist vergleichbar mit den Pivot-Funktionen, die im weiteren Verlauf dieses Buchs noch vorgestellt werden.

Hilfreiche Excel-Funktionen

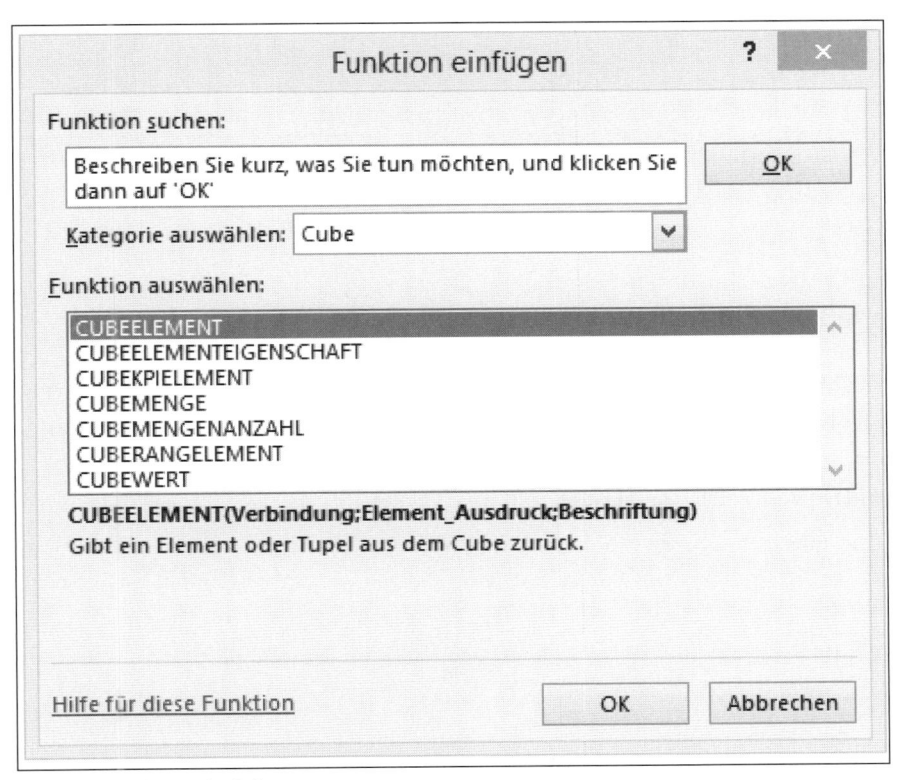

Abb. 18: Die Kategorie Cube

Die Funktionskategorie **Web** ist neu in Excel 2013 und stellt Funktionen für Online-Aktivitäten zur Verfügung.

2.10 Der Aufbau einer Funktion

Unbedingt zu beachten bei der Arbeit mit Funktionen ist, dass Sie sich genau an die Vorgaben hinsichtlich des Aufbaus und der Schreibweise einer Funktion halten. Alle Funktionen enthalten die in der folgenden Tabelle aufgelisteten Komponenten.

Komponente	Bedeutung
Funktionsname	Anhand der Bezeichnung erkennt Excel, welche Funktion verwendet werden soll. Funktionsnamen sind z. B. SUMME oder PRODUKT.
Argumente	Werte, mit denen eine Funktion Berechnungen durchführt. Man unterscheidet Argumente, die zwingend erforderlich sind, und welche, die nicht unbedingt notwendig sind.
Syntax	Die Zeichenreihenfolge einer Funktion heißt Syntax. Sie entspricht der genauen Schreibweise einschließlich der Argumente. Wenn Sie mit dem Funktionsassistenten arbeiten, müssen Sie sich nicht um die Syntax kümmern.
Gleichheitszeichen	Wie eine Formel wird auch eine Funktion mit einem Gleichheitszeichen eingeleitet. Wenn Sie mit dem Funktionsassistenten arbeiten, müssen Sie sich um die Gleichheitszeichen nicht kümmern.

Komponente	Bedeutung
Klammern	Die Klammern schließen die Argumente der Funktion ein. Vor und hinter einer Klammer sind keine Leerzeichen erlaubt.
Semikolon	Semikola trennen die einzelnen Argumente. Sie werden nur für Funktionen benötigt, in denen es mindestens 2 Argumente gibt.

Tab. 9: Komponenten einer Funktion

3 Verschachtelte Formeln und Funktionen

Excel bietet die Möglichkeit, Funktionsaufrufe miteinander zu verschachteln. Das bedeutet, dass man beim Aufruf einer Funktion als Argument eine andere Funktion angibt.

Beispiel 1: Verschachteln von WENN, ISTFEHLER und MITTELWERT

Abbildung 19 zeigt eine Tabelle, aus deren Daten der Mittelwert gebildet werden soll. Für den Fall, dass die Tabelle keine Werte enthält, soll der Hinweis "Es sind keine Zahlen in der Tabelle vorhanden!" erscheinen.

Um das gewünschte Ergebnis zu erreichen, werden 3 Funktionen miteinander verknüpft:

- WENN (aus der Kategorie **Logik**)
- ISTFEHLER (aus den Informationsfunktionen)
- MITTELWERT (aus dem Bereich **Statistik**)

Die verwendete Formel lautet:

=WENN(ISTFEHLER(MITTELWERT(B2:B6));"Es sind keine Zahlen in der Tabelle vorhanden!";MITTELWERT(B2:B6))

	A	B	C	D	E	F	G	H	I	J	K	L
1		Umsatz										
2	Januar	1.001.000,00 €										
3	Februar	1.006.000,00 €										
4	März	1.016.000,00 €										
5	April	1.021.000,00 €										
6	Mai	1.031.000,00 €										
7	Mittelwert	1.015.000,00 €										
8												

Abb. 19: Verschachtelte Formeln können auch Texte enthalten

Die WENN-Funktion prüft in diesem Fall, ob eine Fehlerquelle vorliegt. Das Ergebnis kann bekanntlich WAHR oder FALSCH sein:

Der **Dann-Wert** ist das Ergebnis der Funktion, wenn die Wahrheitsprüfung WAHR ergibt, also ein Fehler existiert. Für WAHR steht in diesem Fall quasi stellvertretend der Text: „Es sind keine Zahlen in der Tabelle vorhanden."

Sonst-Wert ist das Resultat der Funktion, wenn die Wahrheitsprüfung FALSCH ergibt - in diesem Fall keine Fehlerquelle vorhanden ist und der zu errechnende Wert zu übergeben ist - hier **MITTELWERT(B2:B6)**.

Die Argumente der WENN-Funktion zum besseren Verständnis noch einmal in der Übersicht:

- Prüfung: ISTFEHLER (Das Argument von ISTFEHLER wiederum wird durch **MITTELWERT (B2:B6)** gebildet.)
- Dann-Wert: Es erscheint der Text: „Es sind keine Zahlen in der Tabelle vorhanden!"
- Sonst-Wert: MITTELWERT(B2:B6)

Das Praxisbeispiel finden Sie in der Arbeitsmappe **Grundlagen_2.xlsx** in der Tabelle **Verschachtelte Funktionen_B1**.

Beispiel 2: Datum prüfen

Die folgende verschachtelte Formel soll prüfen, in welches Quartal ein Datum fällt:

=WENN(MONAT(A1)<4;"Der Monat fällt in das 1. Quartal des Jahres 2015!";WENN(MONAT(A1)<7;"Der Monat fällt in das 2. Quartal des Jahres 2015!";WENN(MONAT(A1)<10;"Der Monat fällt in das 3. Quartal des Jahres 2015!";"Der Monat fällt in das 4. Quartal des Jahres 2015")))

Es wurden an dieser Stelle 2 Funktionen jeweils dreimal miteinander verknüpft:

- **WENN** (aus der Kategorie **Logik**)
- **Monat** (aus der Kategorie **Datum und Zeit**)

Die WENN-Funktion prüft in diesem Fall, in welches Quartal der Monat eines angegebenen Datumswertes fällt. Zunächst wird geprüft, ob der Monat in das erste Quartal fällt. Der **Dann-Wert** ist das Ergebnis der Funktion, wenn die Wahrheitsprüfung WAHR ergibt, der Monat also zum ersten Vierteljahr gehört. Für WAHR steht in diesem Fall quasi stellvertretend der Text: „Der Monat fällt in das 1. Quartal des Jahres 2015!"

Sonst-Wert ist das Resultat der Funktion, wenn die Wahrheitsprüfung FALSCH ergibt - in diesem Fall wird geprüft, ob der Monat in das zweite Quartal fällt. Anschließend wird nach dem dritten Quartal gefragt. Für das vierte Quartal ist keine Abfrage mehr notwendig, da das vierte Quartal dem **Sonst-Wert** der dritten WENN-Abfrage entspricht (s. Abb. 20 und 21).

Abb. 20: Hier wurden die Funktionen Monat() und Wenn() mehrfach miteinander verschachtelt

Kaufmännisch rechnen

```
                    Funktionsargumente              ?  ×
  WENN
       Prüfung   MONAT(A1)<4                  = FALSCH
       Dann_Wert "Der Monat fällt in das 1. Quart = "Der Monat fällt in das 1. Quartal d...
       Sonst_Wert WENN(MONAT(A1)<7;"Der Mon     = "Der Monat fällt in das 3. Quartal d...

                                              = "Der Monat fällt in das 3. Quartal d...
  Gibt eine Wahrheitsprüfung an, die durchgeführt werden soll.

                    Prüfung  ist ein beliebiger Wert oder Ausdruck, der WAHR oder FALSCH sein
                             kann.

  Formelergebnis =  Der Monat fällt in das 3. Quartal des Jahres 2015!
  Hilfe für diese Funktion                           OK       Abbrechen
```

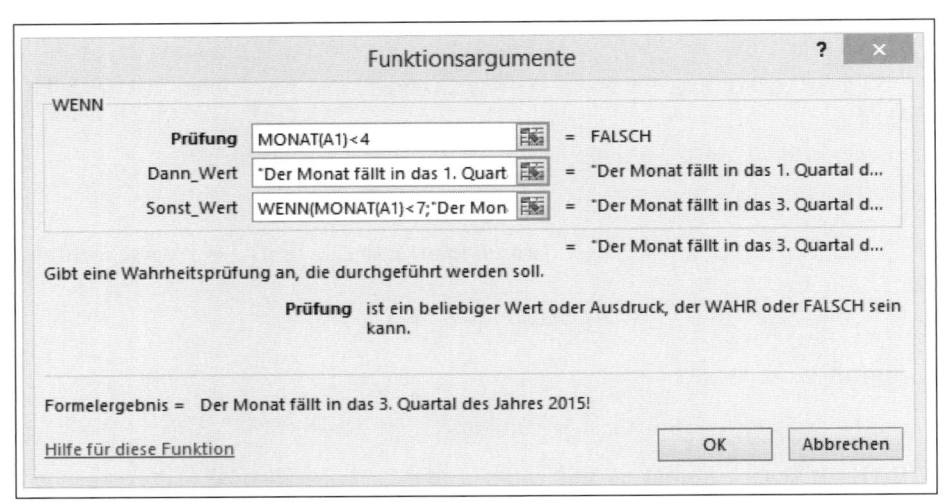

Abb. 21: Der Funktionsassistent von WENN()

Das Praxisbeispiel hierzu finden Sie in der Arbeitsmappe **Grundlagen_2.xlsx** in der Tabelle **Quartalsabfrage**.

Beispiel 3: Optimale Bestellmenge

Bestellungen sollten in einer möglichst wirtschaftlichen Menge, in der sogenannten optimalen Bestellmenge geordert werden (s. Abb. 22). Dazu rechnet man in der Betriebswirtschaft mit der Andlerschen Formel, die folgende Einflussgrößen berücksichtigt:

- Jahresbedarf
- bestellfixe Kosten
- Einstandspreis
- Zinskosten
- Lagerkostensatz

Die Formel lautet: $\sqrt{(2 \times \text{Jahresbedarf} \times \text{bestellfixe Kosten}/(\text{Einstandspreis} \times \text{Zins-} + \text{Lagerkostensatz}))}$

Beispiel:

Der Jahresbedarf eines Materials liegt bei 100.000 Stück. Die bestellfixen Kosten betragen 200 EUR, der Einstandspreis 23,70 EUR, der Zins liegt bei 4,5 % und der Lagerkostensatz bei 10 %.

So berechnen Sie die optimale Bestellmenge

1 Erfassen Sie das Datenmaterial und positionieren Sie den Cursor in der Ergebniszelle. Wählen Sie **Formeln → Funktion einfügen**.

2 Markieren Sie im Listenfeld **Kategorie auswählen** den Eintrag **Math. & Trigon.** und unter **Funktion auswählen** die Funktion **Wurzel**. Die Funktion arbeitet mit dem Argument **Zahl**.

3 Geben Sie unter **Zahl** den Ausdruck **2*B1*B2/(B3*B4)** zur Ermittlung der optimalen Bestellmenge ein. Den Wert für die optimale Bestellmenge können Sie direkt im Dialogfeld ablesen.

Hilfreiche Excel-Funktionen

	A	B	C	D	E
		fx	=WURZEL(2*B1*B2/(B3*B4))		
1	Jahresbedarf	100.000,00			
2	bestellfixe Kosten	200			
3	Einstandspreis	23,7			
4	Zins- und Lagerkostensatz	10%			
5					
6	Optimale Bestellmenge	4108,24015			
7					

Abb. 22: Die optimale Bestellmenge entspricht keiner ganzen Zahl

4 Betten Sie das Ergebnis in die Funktion GANZZAHL() ein (s. Abb. 23). Die vollständige Formel lautet dann **=GANZZAHL(WURZEL(2*B1*B2/(B3*B4)))**.

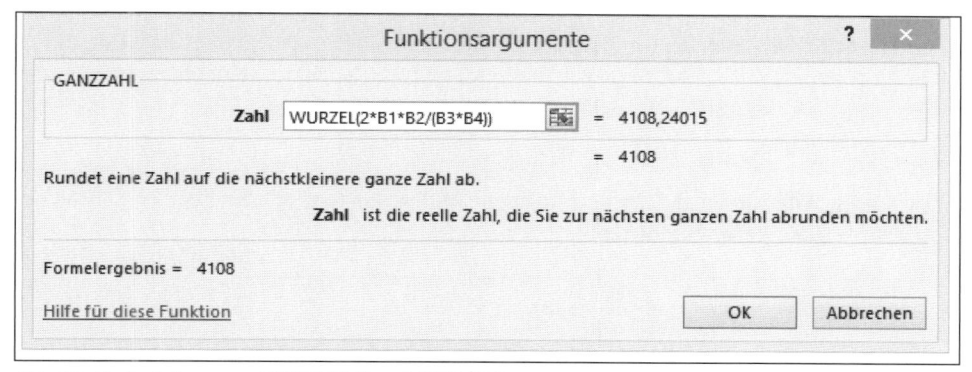

Abb. 23: Verknüpfung von GANZZAHL() und WURZEL()

Auf glatte Hunderter runden

Mithilfe der Funktion RUNDEN() können Sie das Ergebnis auf glatte Hunderter runden. Die Formel lautet dann:

=RUNDEN(WURZEL(2*B1*B2/(B3*B4));-2)

Sie erhalten ein Ergebnis von 4.100. Um das Ergebnis auf glatte Tausender zu runden, arbeiten Sie mit der Formel

=RUNDEN(WURZEL(2*B1*B2/(B3*B4));-3)

Sie erhalten ein Ergebnis von 4.000 (s. Abb. 24 sowie Arbeitsmappe **Grundlagen_2.xlsx**, Tabelle **OptimaleBestellmenge**).

	A	B	C	D	E	F
		fx	=RUNDEN(WURZEL(2*B1*B2/(B3*B4));-3)			
1	Jahresbedarf	100.000,00				
2	bestellfixe Kosten	200				
3	Einstandspreis	23,7				
4	Zins- und Lagerkostensatz	10%				
5						
6	Optimale Bestellmenge	4.000,00				
7						

Abb. 24: Berechnung der optimalen Bestellmenge mit runden auf glatte Tausender

Beispiel 4: Mittlerer Verfalltag mit MONAT(), JAHR() und ZINSTERMTAGNZ() berechnen

Bei der Terminrechnung wird für mehrere an verschiedenen Terminen fällige Rechnungsbeträge ein gemeinsamer Verfalltag ermittelt. An diesem Tag hat weder der Schuldner noch der Gläubiger einen Zinsgewinn bzw. Zinsverlust.

Im Rahmen der Berechnung des mittleren Verfalltags werden 2 Varianten unterschieden:

- Mittlerer Verfalltag bei gleichen Beträgen
- Mittlerer Verfalltag bei ungleichen Beträgen

Mittlerer Verfalltag bei gleichen Beträgen

Zunächst wird der mittlere Verfalltag bei gleichen Beträgen mit MONAT() und JAHR() ermittelt. Der Lösungsweg ergibt sich wie folgt:

Bei gleich großen Beträgen entspricht die mittlere Verfallzeit dem arithmetischen Mittel aus den Laufzeiten der Einzelbeträge. Dazu dividieren Sie die Summe aller Tage durch die Anzahl der Beträge. Der mittlere Verfalltag entspricht dem Stichtag plus der mittleren Verfallzeit. Der Stichtag wiederum entspricht der ersten Fälligkeit.

Beispiel:

Es sollen 12 gleich hohe Raten in einer Summe beglichen werden, ohne dass Schuldner und Gläubiger einen Zinsverlust bzw. Gewinn haben (s. Abb. 25).

D21		fx	=+B6+D20	
	A	B	C	D	E
1	Mittlerer Verfalltag bei gleichen Beträgen				
2					
3	Datum des Kaufs	15.01.2014			
4	Anzahl Raten	12		Tage	
5					
6	Fälligkeit/Stichtag	15.01.2014		0	
7		15.02.2014		30	
8		15.03.2014		60	
9		15.04.2014		90	
10		15.05.2014		120	
11		15.06.2014		150	
12		15.07.2014		180	
13		15.08.2014		210	
14		15.09.2014		240	
15		15.10.2014		270	
16		15.11.2014		300	
17		15.12.2014		330	
18					
19	Summe der Tage			1980	
20	Mittlere Verfallszeit			165	
21	Mittlerer Verfallstag			29.06.2014	
22					

Abb. 25: Beispieldaten für 12 gleich hohe Raten

Der mittlere Verfalltag ergibt sich wie folgt:

1 Bereiten Sie das Tabellengerüst vor und erfassen Sie das Datenmaterial. Positionieren Sie den Cursor für das Beispiel in der Zelle **D6**. Dort soll die erste Anzahl der fälligen Tage ermittelt werden.

2 Der erste Tag der Ratenzahlung gilt als Stichtag! Auf diesen Tag werden die Fälligkeiten der übrigen Raten bezogen. Der Stichtag entspricht null Tage. Die Anzahl der Tage bezogen auf den Stichtag ermitteln Sie mithilfe von MONAT() und JAHR(). Geben Sie dazu folgende Formel ein:

=(MONAT(B6)-MONAT($B$6))*30+(JAHR(B6)-JAHR($B$6))*360

3 Kopieren Sie die Formel in die nachfolgenden Zeilen.

4 Die Summe der Tage ergibt sich in **D19** mit Hilfe der Funktion SUMME(). Die Formel lautet:

=SUMME(D6:D18)

5 Die mittlere Verfallzeit ergibt sich durch Division der Summe der Tage durch die Anzahl der Raten:

=D19/B4

6 Der mittlere Verfalltag wird gebildet, in dem zum Stichtag die mittlere Verfallzeit addiert wird:

=B6+D20

Das Praxisbeispiel finden Sie in der Arbeitsmappe **Grundlagen_2.xlsx** in der Tabelle **Verschachtelte Verfalltag 1**.

Mittlerer Verfallstag bei ungleichen Beträgen

Wenn ein Schuldner Beträge unterschiedlicher Höhe zu verschiedenen Fälligkeitstagen schuldet, kann er die Summe der Einzelbeträge mit Einverständnis des Gläubigers an einem mittleren Verfalltag leisten. Zur Berechnung des mittleren Verfalltags bei ungleichen Beträgen wird mit der Funktion ZINSTERMTAGNZ() gearbeitet.

Beispiel:

Ein Schuldner hat 3 Rechnungen bei einem Gläubiger mit folgenden Fälligkeiten offen:

- Rechnung 1: 6.000 EUR am 15.08.14
- Rechnung 2: 3.000 EUR am 15.10.14
- Rechnung 3: 8.000 EUR am 05.12.14

Es stellt sich hier die Frage, an welchem Tag die 3 Rechnungen in einer Summe beglichen werden können, ohne dass Schuldner und Gläubiger einen Zinsverlust bzw. -gewinn haben. Die Lösung erhalten Sie wie folgt:

Mittlerer Verfallstag bei ungleichen Beträgen berechnen

1 Erfassen Sie das Datenmaterial und positionieren Sie den Cursor in die Zelle, in der das Ergebnis erscheinen soll. Zunächst soll die erste Anzahl Tage ermittelt werden.

2 Wählen Sie **Formeln → Funktion einfügen**. Markieren Sie im Listenfeld **Kategorie auswählen** den Eintrag **Finanzmathematik** und unter **Funktion auswählen** die Funktion **Zinstermtagnz**. Die Funktion arbeitet mit den Argumenten **Abrechnung**, **Fälligkeit**, **Häufigkeit** und **Basis**.

3 Geben Sie für das Beispiel aus Abbildung 26 in Zelle **D6** unter Argument die Zelle **C5** als absoluten Zellbezug **$C$5** an. Unter Fälligkeit tragen Sie **C6** und unter Häufigkeit die Ziffer 1, stellvertretend für einen Zahlungstermin, ein.

4 Die vollständige Formel lautet:

=ZINSTERMTAGNZ($C$5;C6;1)

Kopieren Sie die Formel in die nachfolgende Zelle.

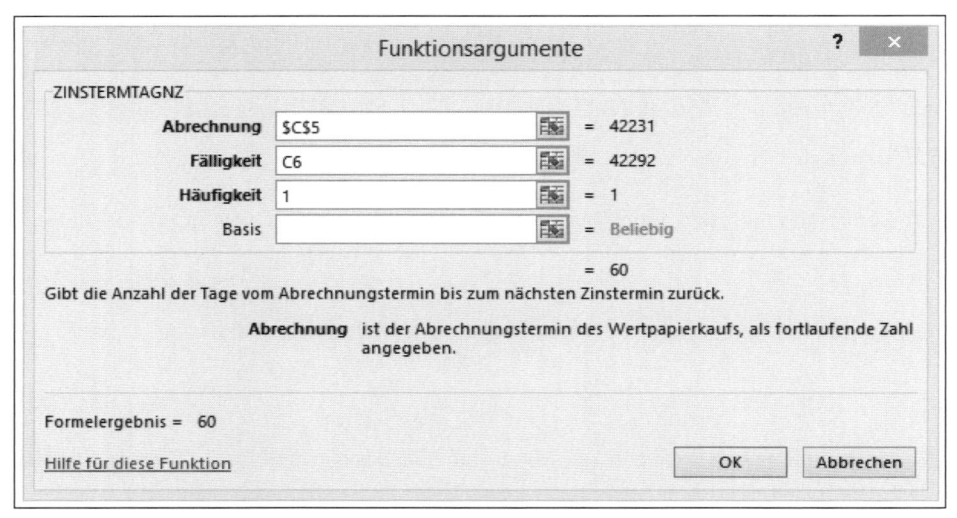

Abb. 26: Das Fenster Funktionsargumente von ZINSTERMTAGNZ()

5 Die mittlere Verfallszeit ergibt sich bei unterschiedlicher Höhe der zu leistenden Zahlungen aus der Division der Summe der Zinszahlen durch 1 % des Kapitals. Dazu müssen Sie zunächst die Zinszahlen ermitteln. Hierzu arbeiten Sie in Zelle **E5** mit **=D5*B5/100**. Das heißt, Sie multiplizieren die Anzahl Tage aus Spalte **D** mit dem Betrag aus Spalte **B** und dividieren das Ergebnis durch 100.

6 Im nächsten Schritt addieren Sie die Gesamtsumme der Beträge und Zinszahlen. Geben Sie die folgenden Formeln ein:

B9 =SUMME(B5:B7)

E9 =SUMME(E5:E7)

7 Die mittlere Verfallszeit ergibt sich durch die Division der Summe der Zinszahlen durch die Summe des Betrags, multipliziert mit der Zahl 100. Betten Sie die Formel in die Funktion AUFRUNDEN() ein. Die Formel lautet:

=AUFRUNDEN(E9/B9*100;0)

8 Um den mittleren Verfallstag zu erhalten, addieren Sie die mittlere Verfallszeit zum ersten Fälligkeitstermin. Dazu arbeiten Sie mit folgender Formel (s. Abb. 27 sowie **Grundlagen_2.xlsx**, Tabelle **Verfalltag 2**):

=C5+B11

Hilfreiche Excel-Funktionen

	A	B	C	D	E	F
1	Mittlerer Verfalltag bei ungleichen Beträgen					
2						
3		Betrag	Fälligkeit	Tage	Zinszahl	
4						
5	Rechnung 1	6.000,00 EUR	15.08.2015		0	
6	Rechnung 2	3.000,00 EUR	15.10.2015	60	1800	
7	Rechnung 3	8.000,00 EUR	05.12.2015	110	8800	
8						
9	Summe	17.000,00 EUR			10600	
10						
11	Mittlere Verfallzeit		63			
12						
13	Mittlerer Verfalltag		17.10.2015			
14						

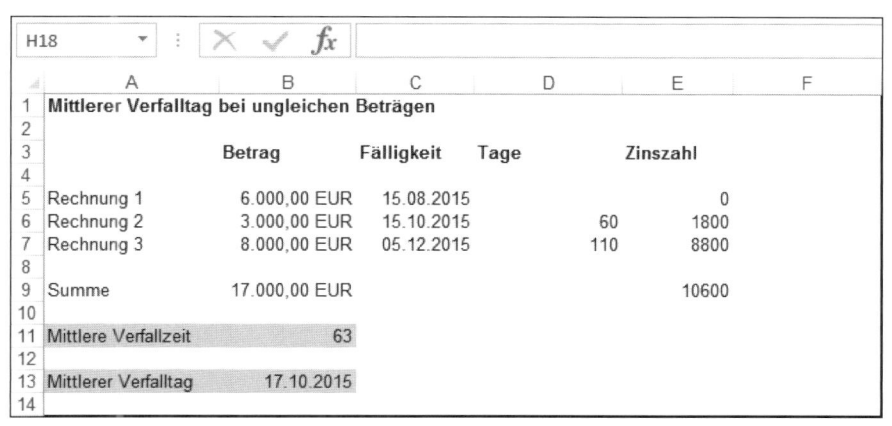

Abb. 27: Der 17.10.2015 wird als mittlerer Verfalltag ausgewiesen

Die Formelansicht zeigt Abbildung 28.

	A	B	C	D	E
3		Betrag	Fälligkeit	Tage	Zinszahl
4					
5	Rechnung 1	6000	42231		=D5*B5/100
6	Rechnung 2	3000	42292	=ZINSTERMTAGNZ($C$5;C6;1)	=D6*B6/100
7	Rechnung 3	8000	42343	=ZINSTERMTAGNZ($C$5;C7;1)	=D7*B7/100
8					
9	Summe	=SUMME(B5:B7)			=SUMME(E5:E7)
10					
11	Mittlere Verfallzeit		=AUFRUNDEN(E9/B9*100;0)		
12					
13	Mittlerer Verfalltag		=+C5+B11		
14					

Abb. 28: Die Formeln zur Berechnung des mittleren Verfalltags bei ungleichen Beträgen

HINWEIS

Das Argument Basis der Funktion ZINSTERMTAGNZ()

Im Zusammenhang mit diesem Beispiel wird keine Angabe für das Argument **Basis** benötigt. Basis kann die Werte 0, 1, 2, 3, 4 und 5 annehmen. Die Kennziffern haben folgende Bedeutung:

- Ziffer 0: oder nicht angegeben USA (NASD) 30/360
- Ziffer 1: Taggenau/taggenau
- Ziffer 2: Taggenau/360
- Ziffer 3: Taggenau/365
- Ziffer 4: Europa 30/360

4 Formeln und Texte

Texte lassen sich bekanntlich mit dem "kaufmännischen Und" verknüpfen. Komfortabler ist der Einsatz der Textfunktion VERKETTEN(). Mit ihrer Hilfe ist es sogar möglich, Zahlungstermine formatgerecht darzustellen.

4.1 Die Funktion VERKETTEN()

Die Funktion VERKETTEN() gehört zur Kategorie der Textfunktionen und verkettet bis zu 255 Textelemente miteinander (s. Abb. 29).

Kaufmännisch rechnen

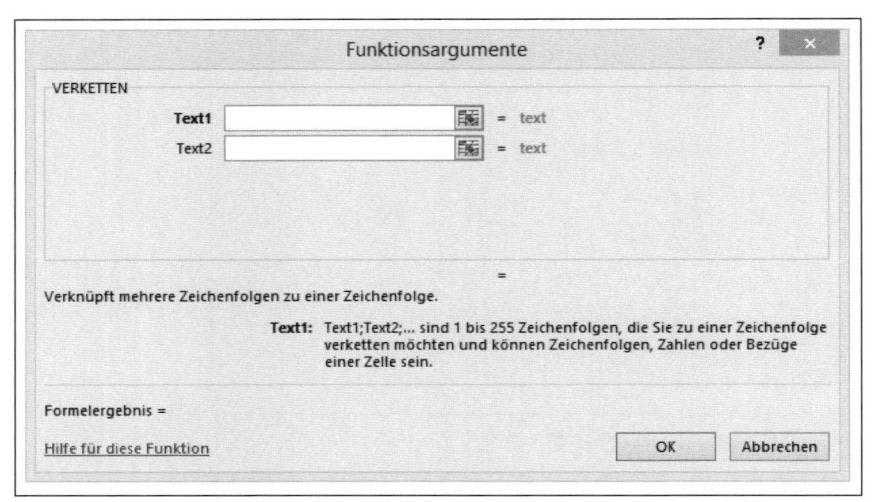

Abb. 29: Das Fenster Funktionsargumente der Funktion VERKETTEN()

Die Syntax der Funktion lautet **VERKETTEN (Text1; Text2; ...)**. Dabei sind **Text1; Text2;** ... Argumente, die einzelne Zeichenfolgen zu einer gesamten Zeichenfolge verbinden. Als Argumente werden Zeichenfolgen (Texte), Zahlen und Bezüge auf einzelne Zellen akzeptiert.

4.2 Praxiseinsatz: Verketten von Adressdaten

Wenn Sie eine Rechnung schreiben, werden oberhalb der Empfängeradresse in der Regel die Absenderdaten wiederholt. Abb. 30 zeigt einen Briefkopf, in dem sich die Absenderdaten in den Zellen **A1** sowie **G3** bis **G4** befinden. Um die Eingabe der Absenderdaten oberhalb der Empfängeradresse zu sparen, werden die Daten aus Spalte **G** und Zelle **A1** verknüpft. Das Ergebnis wird optisch verbessert, indem zusätzlich zwischen den einzelnen Zellinhalten folgende Zeichen eingefügt werden:

- Leerzeichen
- Gedankenstrich
- Leerzeichen

Die Formel lautet somit:

=VERKETTEN(A1;" - ";G2;" - ";G3)

Abb. 30: Die Texte der Zellen A1, G3 und G4 wurden verknüpft

Die Formel schreiben Sie wahlweise direkt in die gewünschte Zelle oder schlagen den bequemeren Weg über den Dialog **Funktionsargumente** (s. Abb. 31 sowie **Grundlagen_2.xlsx**, Tabelle **Briefkopf**) ein.

Abb. 31: Die einzelnen Argumente wurden in den Dialog eingetragen

4.3 Praxisbeispiel: Verketten von Datums- und Zeitwerten mit Text

Eine Verknüpfung von Datum und Text erreichen Sie ebenfalls mit der Funktion VERKETTEN().

Die Funktion HEUTE() wird in der Praxis häufig in Verbindung mit Texten eingesetzt. Immer dann, wenn Sie einen bestimmten Termin angeben wollen, z. B. „Zahlbar innerhalb von 10 Tagen bis zum 25.03.2015".

Jedoch ist das Verketten von Datum und Zeit nicht ohne Weiteres möglich, wie Abbildung 32 zeigt. Excel verwandelt das Datum in eine serielle Zahl. Mit dem Ergebnis können Sie nichts anfangen.

Abb. 32: Das Verbinden von Text und Datum ist nur über Umwege möglich

Vielmehr muss mithilfe der Funktion TEXT() das Datum unter Berücksichtigung eines speziellen Zahlenformats (**TT.MM.JJJJ**) in einen Text umgewandelt werden. Wichtig in diesem Zusammenhang ist, dass Sie den Text in Anführungszeichen setzen (s. Abb. 33).

> **HINWEIS**
>
> **TEXT() und Zahlenformate**
>
> Die Funktion TEXT() wandelt einen numerischer Wert, eine Formel oder einen Bezug auf eine Zelle, die einen numerischen Wert enthält, in einen Text um. Unter **Textformat** müssen Sie ein Zahlenformat angeben. Vielleicht stellen Sie sich die Frage, warum man das nicht im Dialog **Zellen formatieren** auf der Registerkarte **Zahlen** erledigt. Das hat folgenden Grund: Über diese Befehlsfolge wird nur das Format, nicht aber der Wert geändert. Wenn Sie hingegen die Funktion TEXT() verwenden, wird der jeweilige Wert in einen formatierten Text umgewandelt und das Ergebnis als Text berechnet.

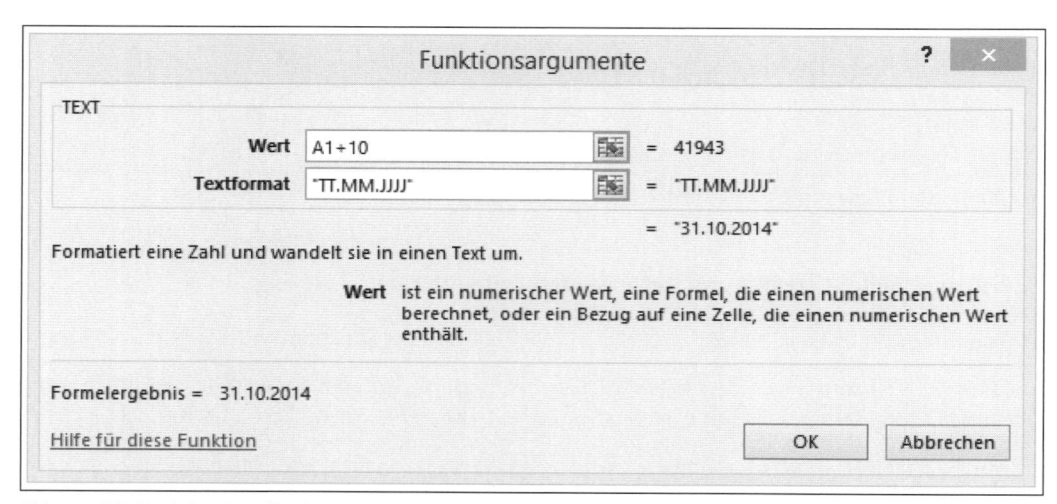

Abb. 33: Die Funktion Text() bringt Datums- und Zeitwerte in das gewünschte Format

Die korrekte Formel muss somit wie folgt lauten:

=VERKETTEN(A3;TEXT(A1+10;"TT.MM.JJJJ"))&"."

Auf diese Weise erhalten Sie das Ergebnis aus Abbildung 34.

Abb. 34: Hier wurden die Funktionen HEUTE() und TEXT() miteinander verbunden

Entsprechend lassen sich auch Uhrzeiten und Texte verknüpfen.

Das Praxisbeispiel finden Sie in der Arbeitsmappe **Grundlagen_2.xlsx** in der Tabelle **Text** und **Datum**.

5 Exkurs: Namen statt Zellbezüge

In Excel haben Sie die Möglichkeit, für bestimmte Zellbereiche oder einzelne Zellen Namen zu vergeben. Auf diese Namen können Sie bei der Arbeit mit Formeln und Funktionen zurückgreifen. Der Einsatz von Namen erleichtert das Verständnis von Formeln und verschafft Ihnen einen besseren Überblick über Ihre Tabellenmodelle. Zum Beispiel ist die Formel **=SUMME(UrlaubErstesQuartal)** aussagekräftiger als die Formel **=SUMME(C10:C30)**.

5.1 Praxisbeispiel: Namen vergeben

In einer Tabelle (s. Abb. 35) befinden sich die Umsatzzahlen eines Jahres für 3 unterschiedliche Artikel. Die Zelle **B2** soll den Namen **Umsatz_Artikel_1_Januar**, **C2** die Bezeichnung **Umsatz__Artikel_2_Januar** und **D2** den Namen **Umsatz_Artikel_3_Januar** erhalten. Um einen Namen zu vergeben, führen Sie folgende Arbeitsschritte durch:

Namen vergeben

1 Markieren Sie den zu benennenden Zellbereich bzw. die Zelle, die Sie benennen wollen, und wählen Sie **Formeln → Namen definieren**.

	A	B	C	D
1		Artikel 1	Artikel 2	Artikel 3
2	Januar	375.375,00 €	500.500,00 €	250.250,00 €
3	Februar	377.250,00 €	503.000,00 €	251.500,00 €
4	März	381.000,00 €	508.000,00 €	254.000,00 €
5	April	382.875,00 €	510.500,00 €	255.250,00 €
6	Mai	386.625,00 €	515.500,00 €	257.750,00 €
7	Juni	388.500,00 €	518.000,00 €	259.000,00 €
8	Juli	392.250,00 €	523.000,00 €	261.500,00 €
9	August	394.125,00 €	525.500,00 €	262.750,00 €
10	September	397.875,00 €	530.500,00 €	265.250,00 €
11	Oktober	396.000,00 €	528.000,00 €	264.000,00 €
12	November	399.750,00 €	533.000,00 €	266.500,00 €
13	Dezember	401.625,00 €	535.500,00 €	267.750,00 €

Abb. 35: Definieren Sie Namen, um mehr Übersicht zu bekommen

2 Geben Sie in der Dialogbox **Neuer Name** (s. Abb. 36 sowie **Grundlagen_2.xlsx**, Tabelle **Namen definieren**) im Feld **Name** den gewünschten Namen ein und klicken Sie auf die Schaltfläche **OK**.

3 Vergeben Sie anschließend die Namen für die Zellen **C2** und **D2**. Wenn Sie anschließend die Januar-Werte der 3 Artikel addieren, verwendet Excel automatisch die zuvor definierten Namen.

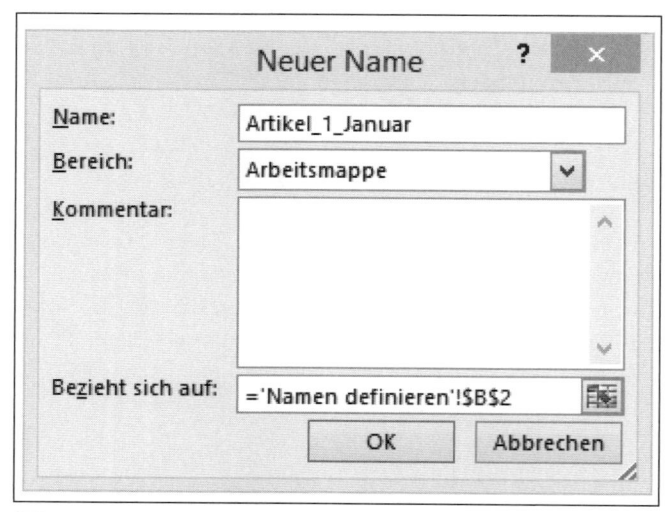

Abb. 36: Der Dialog Neuer Name

Alternativ zu der beschriebenen Vorgehensweise markieren Sie den zu benennenden Zellbereich bzw. die gewünschte Zelle und schreiben den gewünschten Namen direkt in das Namenfeld in der Bearbeitungszeile. Bestätigen Sie die Einstellung mithilfe der **Enter**-Taste. Dieser Tipp gilt für alle Excel-Versionen.

5.2 Richtlinien für die Vergabe von Namen

Für die Vergabe von Namen gelten Richtlinien, die unbedingt zu beachten sind:

- Das erste Zeichen eines Namens muss ein Buchstabe oder ein Unterstrich bzw. ein umgekehrter Schrägstrich sein. Für alle weiteren Zeichen des Namens dürfen Buchstaben, Ziffern, Punkte oder Unterstriche eingesetzt werden.
- Innerhalb eines Bereichsnamens dürfen keine Leerzeichen, Schrägstriche oder Kommata vor-kommen. Das heißt, Namen wie „Umsatz/Vorjahr", „Umsatz Vorjahr" oder „Januar,Februar" sind nicht erlaubt, wohl aber „Umsatz_Vorjahr".
- Namen dürfen nicht mit einem Zellbezug identisch sein. Namen wie zum Beispiel **A$100** oder **A1B1** werden von Excel nicht akzeptiert.
- Die Länge der Namen beträgt maximal 255 Zeichen. An diese Grenze werden Sie allerdings in der Praxis kaum stoßen, wenn Sie aussagekräftige Bezeichnungen wie Umsatz oder Ausgaben wählen.

5.3 Beispiel: Einsatz von Bereichsnamen in einem Tilgungsplan

Sinnvoll ist die Arbeit mit Bereichsnamen insbesondere im Zusammenhang mit komplexen Berechnungen. Abbildung 37 enthält einen Tilgungsplan. Dort werden unter anderem der Zinsanteil, die Tilgung und die Restschuld ermittelt. Gearbeitet wird mit nachfolgend aufgeführten Namen:

- Zelle **B6**: Darlehnsbetrag
- Zelle **B8**: Laufzeit
- Zelle **B10**: Zinssatz
- Zellbereich **D4:D34**: Jahr

Hilfreiche Excel-Funktionen

Auf diese Namen wird sowohl bei der Berechnung des Zinsanteils als auch bei der Tilgung zurückgegriffen. Im Zusammenhang mit der Ermittlung der Tilgung werden folgende Rechenschritte durchgeführt:

Zunächst wird mit einer WENN-Funktion geprüft, ob das aktuelle Jahr in die Laufzeit fällt. Ist dies nicht der Fall, ist keine Tilgung zu berechnen, ansonsten wird die Tilgung mit der Funktion KAPZ() ermittelt. Die Funktion KAPZ() benötigt Angaben zu Zinssatz, Jahr, Laufzeit und Darlehnsbetrag.

Wird mit Namen gearbeitet, lautet die Formel in Zelle **F5**:

=WENN(Jahr>Laufzeit;0;KAPZ(Zinssatz;Jahr;Laufzeit;Darlehnsbetrag))

Ohne Namen wäre die Formel abstrakter und schwerer zu verstehen:

=WENN(D5>$B$8;0;KAPZ($B$10;D5;$B$8;$B$6))

	A	B	C	D	E	F	G
1	Tilgungsplan						
2							
3				Jahr	Zinsanteil	Tilgung	Restschuld
4							100.000,00 EUR
5				1	-3.000,00 EUR	-8.723,05 EUR	91.276,95 EUR
6	Darlehnsbetrag	100.000,00 EUR		2	-2.738,31 EUR	-8.984,74 EUR	82.292,21 EUR
7				3	-2.468,77 EUR	-9.254,28 EUR	73.037,92 EUR
8	Laufzeit in Jahren	10		4	-2.191,14 EUR	-9.531,91 EUR	63.506,01 EUR
9				5	-1.905,18 EUR	-9.817,87 EUR	53.688,14 EUR
10	Zinssatz	3,00%		6	-1.610,64 EUR	-10.112,41 EUR	43.575,73 EUR
11				7	-1.307,27 EUR	-10.415,78 EUR	33.159,95 EUR
12				8	-994,80 EUR	-10.728,25 EUR	22.431,70 EUR
13	Jährliche Rate	11.723,05 EUR		9	-672,95 EUR	-11.050,10 EUR	11.381,60 EUR
14				10	-341,45 EUR	-11.381,60 EUR	0,00 EUR
15				11	0,00 EUR	0,00 EUR	0,00 EUR
16				12	0,00 EUR	0,00 EUR	0,00 EUR
17				13	0,00 EUR	0,00 EUR	0,00 EUR
18				14	0,00 EUR	0,00 EUR	0,00 EUR
19				15	0,00 EUR	0,00 EUR	0,00 EUR
20				16	0,00 EUR	0,00 EUR	0,00 EUR
21				17	0,00 EUR	0,00 EUR	0,00 EUR
22				18	0,00 EUR	0,00 EUR	0,00 EUR
23				19	0,00 EUR	0,00 EUR	0,00 EUR
24				20	0,00 EUR	0,00 EUR	0,00 EUR
25				21	0,00 EUR	0,00 EUR	0,00 EUR
26				22	0,00 EUR	0,00 EUR	0,00 EUR
27				23	0,00 EUR	0,00 EUR	0,00 EUR
28				24	0,00 EUR	0,00 EUR	0,00 EUR
29				25	0,00 EUR	0,00 EUR	0,00 EUR
30				26	0,00 EUR	0,00 EUR	0,00 EUR
31				27	0,00 EUR	0,00 EUR	0,00 EUR
32				28	0,00 EUR	0,00 EUR	0,00 EUR
33				29	0,00 EUR	0,00 EUR	0,00 EUR
34				30	0,00 EUR	0,00 EUR	0,00 EUR

Abb. 37: In diesem Tilgungsplan wurde mit Namen gearbeite, so sind die Formeln jetzt viel verständlicher

> **HINWEIS**
>
> **Zinsrechnung**
>
> Die Hintergründe zum Tilgungsplan werden ausführlich im Kapitel **Zins- und Investitionsrechnung** beschrieben.

6 Zusammenfassung

Sie erreichen den Funktionsassistenten über das Menüband **Formeln** und die Schaltfläche **Funktion einfügen.** Der Funktionsassistent unterstützt Sie mit vordefinierten Rechenschritten bei der Ermittlung und Herleitung von Ergebnissen.

Man unterscheidet folgende **Funktionskategorien**:

- Finanzmathematik
- Datum und Zeit
- Mathematik & Trigonometrie
- Statistik
- Matrix
- Datenbank
- Text
- Logik
- Information
- Technisch (Excel 2007: Konstruktion)
- Cube
- Kompatibilität (ab Excel 2010)
- Web (ab 2013)
- Zuletzt Verwendete

Wichtige Bestandteile einer Funktion sind:

- Funktionsname
- Argumente
- Syntax
- Gleichheitszeichen
- Klammern
- Semikolon

Komplexe Formeln

Formeln und Funktionen können Sie bei Bedarf kombinieren. Auf diese Weise ergeben sich häufig komplexe Formelmodelle.

Arbeiten mit Bereichsnamen

Der Einsatz von Namen erleichtert die Arbeit mit Formeln und die Übersicht über komplexe Berechnungen. Markieren Sie den zu benennenden Zellbereich bzw. die Zelle, die Sie benennen wollen. Weiter geht es über **Formeln → Namen definieren.** Im folgenden Dialog vergeben Sie den gewünschten Namen. Beachten Sie, dass Sie für die Vergabe von Namen bestimmte Richtlinien einhalten müssen.

Kaufmännisch rechnen:
Fehler vermeiden und analysieren

Häufig ärgern sich selbst erfahrene Excel-Anwender über Fehlermeldungen wie Rauten, #Bezug! oder #Name. Nicht nur wenn Formeln komplexer werden, kommt es zu diesen unerwünschten Ergebnissen, oft führen schon Kleinigkeiten zu Unstimmigkeiten und Excel weist mit Nachdruck auf den Mangel hin. Wir zeigen Ihnen potenzielle Fehlerquellen im Zusammenhang mit Formeln sowie deren Ursachen und Lösungen. Dabei lernen Sie unter anderem integrierte Excel-Funktionen kennen, die Sie ganz gezielt bei der Analyse von Fehlern unterstützen.

Inhalt

1 Fehlermeldungen in Excel 111
2 Die häufigsten Fehler mit Excel-Funktionen analysieren 114
3 Zusammenfassung 118

Die Musterdatei zu diesem Beitrag namens **Grundlagen_3.xlsx** finden Sie unter dem Haufe-Index **7446145**.

1 Fehlermeldungen in Excel

Mithilfe spezieller Fehlermeldungen weist Excel die Anwender darauf hin, dass sie etwas falsch gemacht haben. Auch wenn diese Meldungen lästig sind, so sind sie doch ein wichtiges Hilfsmittel, um eine fehlerfreie Lösung zu erhalten.

1.1 Fehlermeldungen, Ursachen und Lösungen

Die nachfolgende Tabelle nennt Ihnen Fehlermeldungen sowie deren Ursache und Lösungen.

Fehler-meldung	Beschreibung	Mögliche Ursachen und Lösungen
#Name?	Die Fehlermeldung **#Name?** deutet darauf hin, dass etwas im Zusammenhang mit einer Bezeichnung bzw. dem Element **Name** nicht korrekt ist.	• Der Name ist ungültig, z. B. weil Sie ihn innerhalb der Formel nicht korrekt geschrieben haben. • Der Name ist nicht vorhanden. Sie haben ihn versehentlich gelöscht oder gar nicht erstellt. • Der Name einer Excel-Funktion wurde falsch geschrieben, beispielsweise „Podukt" statt „Produkt". • Sie haben Text in eine Formel eingegeben, ohne doppelte Anführungszeichen zu verwenden. Excel interpretiert den Text dann als Namen. • Bei der Arbeit mit einem Zellbereich, wie zum Beispiel **A1:C100,** haben Sie vergessen, den Doppelpunkt zu setzen. • Sie haben einen Bezug zu einem anderen Blatt eingerichtet und die Anführungszeichen nicht eingetippt.
#Div/0!	Diese Fehlermeldung beschreibt einen Fehler im Zusammenhang mit	Die Ursache dieser Meldung liegt darin, dass die Division durch Null mathematisch nicht erlaubt ist. Dieser Umstand wird in einer Tabelle häufig nicht bedacht. Es wird durch eine Zelle dividiert, in der sich der Wert Null befindet oder in der der

Fehler-meldung	Beschreibung	Mögliche Ursachen und Lösungen
	einer Division durch Null.	Eintrag fehlt. Angenommen, Sie wollen den Wert der Zelle **A1** durch den Wert von **C10** dividieren, **C10** ist jedoch leer. Das hat dann die Fehlermeldung **#DIV/0!** zur Folge.
		Häufig sind Formeln zwar durchaus korrekt eingegeben, wenn allerdings die erwarteten Eingaben noch nicht erfolgt sind, erhalten Sie vorübergehend den Hinweis, dass eine Division durch Null vorliegt.
		Lösen können Sie solche Fälle mithilfe einer WENN-Funktion. Bezogen auf das vorangegangene Beispiel würde die Eingabe lauten: **=Wenn(C10=0;0;A1/C10)**
#Bezug!	Dieser Fehler zeigt einen ungültigen Zellbezug an.	Wenn Sie Zellen löschen, die sich auf andere Formeln beziehen, erhalten Sie die Fehlermeldung **#Bezug!**.
		Beispiel: Angenommen Sie berechnen in **C12** einen Bezugspreis für eine Ware mithilfe der Formel **=Bezugskosten+Bareinkaufspreis**. Der Name für **C11** lautet Bezugskosten, in **C10** befindet sich der Bareinkaufspreis. Der Name lautet entsprechend Bareinkaufspreis. Irrtümlich löschen Sie die komplette Zeile 11. Sofort erscheint der Fehlerwert **#Bezug!**. Um das Problem zu lösen, müssen Sie entweder die Zellen im Arbeitsblatt wieder herstellen oder die Formel ändern.
#NV	Der Fehlerwert **#NV** tritt auf, wenn ein Wert für eine Funktion oder Formel nicht verfügbar ist.	Häufige Fehlerquellen für **#NV**:
		- In einer der Funktionen WVERWEIS(), VERWEIS(), VERGLEICH() oder SVERWEIS() wurde ein ungültiger Wert für das Argument **Suchkriterium** angegeben.
		- Unsortierte Datenbereiche erweisen sich häufig als Fehlerquelle im Zusammenhang mit den Funktionen SVERWEIS(), WVERWEIS() oder VERGLEICH(). In einem solchen Fall haben Sie 2 Lösungsmöglichkeiten: Sortieren Sie, falls möglich, die Tabelle, aus der Sie die Daten holen wollen. Besser ist allerdings die alternative Vorgehensweise: Tippen Sie bei den Verweis-Funktionen im Argument **Bereich_Verweis** den Wert FALSCH ein. Dadurch weiß die Funktion, dass eine unsortierte Aufstellung Schritt für Schritt durchsucht werden muss. Mit der korrigierten Formel erhalten Sie für den Datenbestand das korrekte Ergebnis.
#Wert!	Den Fehlerwert **#Wert!** erhalten Sie immer dann, wenn für ein Argument oder einen Operanden der falsche Typ verwendet wird.	Wenn Sie in einer Formel anstatt mit einer Zahl mit einem Text arbeiten, erscheint diese Fehlermeldung. Das kommt in der Praxis oft vor, wenn einer Zahl unbeabsichtigt das Textformat zugewiesen wurde. Dann muss der falsche Wert gesucht und korrigiert werden.

Fehler analysieren

Fehler-meldung	Beschreibung	Mögliche Ursachen und Lösungen
#Zahl!	Dieser Fehlerwert tritt am häufigsten auf, wenn eine Formel oder Funktion ungültige numerische Werte enthält.	Oft sind falsche Argumenten der Grund für diesen Fehler. Zahlreiche Excel-Funktionen akzeptieren als Argument ausschließlich numerische Werte, also Zahlen. Wenn Sie anstatt der Zahl „1000" den Eintrag „1000 m" eingeben, kann Excel mit dieser Eingabe nicht arbeiten. Entfernen Sie Buchstaben, Zeichen und Leerstelle. **Tipp:** Wenn Sie einer Zelle unbedingt eine bestimmte Einheit, wie z. B. „m" zuweisen wollen, ist das mithilfe benutzerdefinierter Zahlenformate möglich.
#Null!	Diese Fehlermeldung tritt bei fehlenden Schnittpunkten auf.	Wenn Sie einen Schnittpunkt für 2 Bereiche angeben, für den kein Schnittpunkt existiert, erhalten Sie die Fehlermeldung **#Null**.
#####	Erhalten Sie mehrere aufeinander folgende Rauten (#####), ist das Ergebnis der Zelle i. d. R. zu lang, um innerhalb der Zelle angezeigt zu werden.	Damit das Ergebnis erscheint, führen Sie einen Doppelklick auf der Spaltenbegrenzungslinie aus, um die optimale Spaltenbreite einzustellen. Wenn negative Zeitwerte Grundlage einer Berechnung sind, wählen Sie **Datei → Optionen → Erweitert**. Im Bereich **Formeln** haken Sie unter dem Punkt **Beim Berechnen diese Arbeitsmappe** das Kontrollkästchen **1904 Datumswerte** ab (s. Abb. 1).

Tab. 1: Fehlermeldungen, Ursachen und Lösungen im Überblick

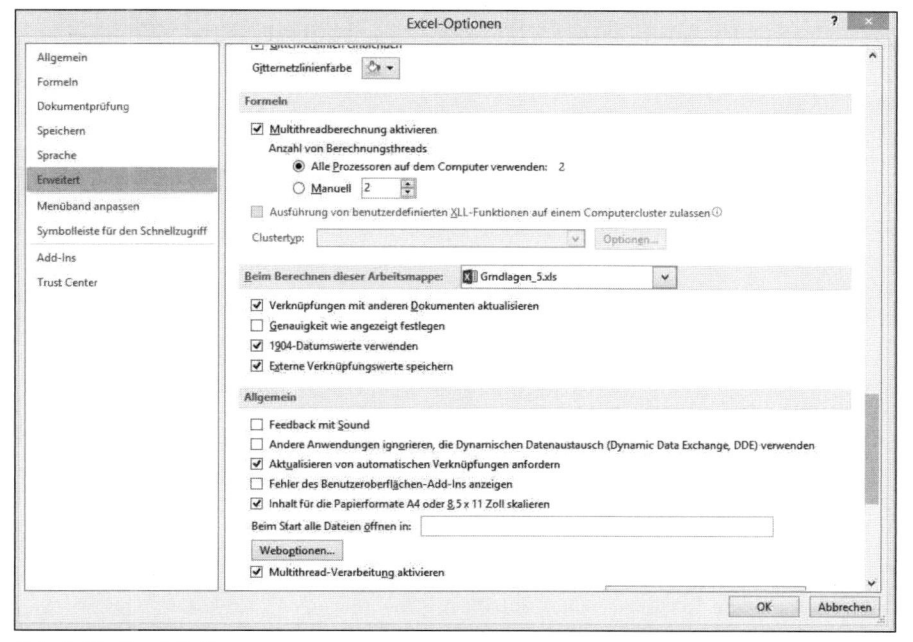

Abb. 1: Die Excel-Optionen

2 Die häufigsten Fehler mit Excel-Funktionen analysieren

Zur Fehleranalyse stehen in Excel u. a. die Informationsfunktionen ISTFEHLER(), ISTFEHL() und FEHLER.TYP() zur Verfügung. Diese Funktionen geben Auskunft darüber, ob ein Fehler vorliegt oder nicht. Mit ihrer Hilfe können Sie darüber hinaus bestimmen, ob Excel weitere Berechnungen durchführen soll oder nicht.

2.1 Die Funktionen ISTFEHLER() und ISTFEHL()

Die Funktion ISTFEHLER() gibt den Wahrheitswert WAHR wieder, sobald ein Fehler auftritt. Die Syntax der Funktion lautet (s. Abb. 2):

ISTFEHLER(Wert)

Wert entspricht dem Element, das geprüft werden soll. Dabei kann es sich um eine leere Zelle, einen Fehlerwert, einen logischen Wert, einen Text, eine Zahl, einen Bezugswert oder einen Namen handeln. Liegt ein Fehler vor, liefert ISTFEHLER() den Wahrheitswert WAHR, ansonsten FALSCH.

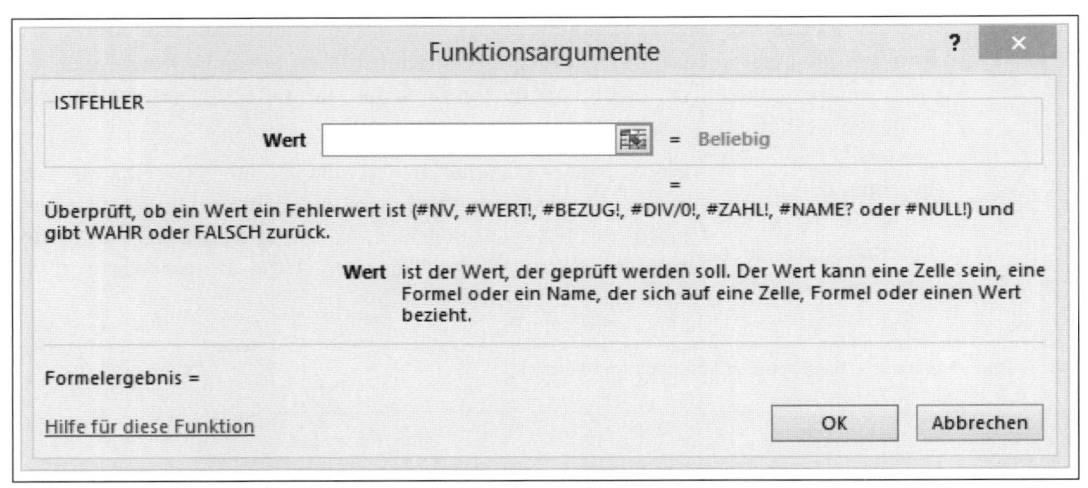

Abb. 2: Der Funktionsassistent von ISTFEHLER()

Die Funktion ISTFEHL() liefert, mit Ausnahme des Fehlers #NV, für alle Fehlertypen den Wert WAHR. Liegt dieser Fehler vor, gibt ISTFEHLER() als Ergebnis FALSCH wieder. Ansonsten unterscheiden sich ISTFEHL() und ISTFEHLER() nicht.

Praxisbeispiel 1: Fehlerwerte mit ISTFEHLER() und WENN() abfangen

Abbildung 3 zeigt Werte, die in Zeile 7 addiert werden sollen. Die Zellinhalte der Spalte **C** ergeben sich aus einer Division (Spalte **A**/Spalte **B**). Dabei weist eine der Zahlen den Fehler **#Div/0!** aus.

Da der Inhalt von **B4** fehlt und durch Null bekanntlich nicht dividiert werden darf, erscheint in **C4** der Fehler **#Div/0!**. Eine Addition der Werte der Spalte **C** ist somit nicht möglich und ergibt ebenfalls den Fehler **#Div/0!**.

Fehler analysieren

	A	B	C	D
	C2	▼ : ✗ ✓ *fx*	=A2/B2	
1	Umsatz	Einzelpreis	Menge	
2	89.034,00 €	5,99 €	14864	
3	78.906,00 €	6,99 €	11288	
4	33.657,00 €		#DIV/0!	
5	55.789,00 €	4,95 €	11271	
6	98.324,00 €	2,99 €	32884	
7	355.710,00 €		#DIV/0!	
8				

Abb. 3: Diese Fehlermeldung können Sie mit Istfehler() abfangen

PRAXIS - TIPP

Korrekturvorschlag

In vielen Fällen weisen auch die kleinen grünen Dreiecke links oben in einer Zelle auf Fehlerquellen hin. Wenn Sie das kleine Symbol anklicken, erhalten Sie einen Hinweis auf den Fehler und häufig darüber hinaus einen Korrekturvorschlag.

Geben Sie in Zelle **C2** folgende Formeln ein und kopieren Sie diese bis einschließlich Zeile 6:

=WENN(ISTFEHLER(A2/B2)=WAHR;0;A2/B2)

Zunächst wird mit Hilfe einer WENN-Funktion überprüft, ob die Division einen Fehlerwert ergibt. Liegt ein Fehler vor, unterbleibt der Eintrag in der entsprechenden Zelle der Spalte **C**.

Liegt kein Fehler vor, wird die Division durchgeführt. Auf diese Weise erreichen Sie, dass die Summenbildung in der Zelle **C7** möglich ist (s. Abb. 4).

	A	B	C	D	E	F	G
	C2	▼ : ✗ ✓ *fx*	=WENN(ISTFEHLER(A2/B2)=WAHR;0;A2/B2)				
1	Umsatz	Einzelpreis	Menge				
2	89.034,00 €	5,99 €	14864				
3	78.906,00 €	6,99 €	11288				
4	33.657,00 €		0				
5	55.789,00 €	4,95 €	11271				
6	98.324,00 €	2,99 €	32884				
7	355.710,00 €		70307				
8							

Abb. 4: Das korrekte Ergebnis

> **HINWEIS**
>
> **Rechenbeispiele**
>
> Die Rechenbeispiele zu diesem Kapitel finden Sie in der Datei **Grundlagen_3.xlsx** in den Tabellen **Fehler_1** und **Fehler_2**.

2.2 Die Funktion FEHLER.TYP()

Die Funktion FEHLER.TYP() prüft, welche Art von Fehler vorliegt. Das Ergebnis erhalten Sie in Form einer Kennziffer. Vergleichen Sie dazu unsere Tabelle. Die Syntax der Funktion lautet:

FEHLER.TYP(Fehlerwert)

Das Argument **Fehlerwert** entspricht dem Wert, dessen Kennnummer Sie finden wollen. Üblicherweise besteht **Fehlerwert** aus einem Bezug auf eine Zelle mit einer Formel, die überprüft werden soll.

Fehlertyp	Meldung
#Null!	1
#DIV/0!	2
#Wert!	3
#Bezug!	4
#Name?	5
#Zahl!	6
#NV	7
#Daten_ABRUFEN (ab der Version Excel 2010)	8
Sonstiges	#NV

Tab. 2: Die Funktion FEHLER.TYP()

2.3 Fehlermeldungen mit Ist-Funktionen korrigieren

Zahlreiche Fehlermeldungen können Sie mithilfe von Informationsfunktionen korrigieren.

Praxisbeispiel 2: FEHLER.TYP() und ISTFEHLER() kombinieren

In Abhängigkeit vom Fehlertyp muss Excel häufig unterschiedlich reagieren. Möglich ist das, wenn Sie die Funktionen ISTFEHLER() und FEHLER.TYP() gemeinsam mit der Funktion WENN() einsetzen.

Beispiel: In einer Excel-Tabelle treten die Fehlertypen **#NV** und **#DIV/0!** auf.

Der Einzelpreis in Spalte **C** ergibt sich, indem die Mengenangabe durch die zugehörige Umsatzzahl dividiert wird (s. Abb. 5). Fehlt die Mengenangabe oder entspricht diese dem Wert Null, erhalten Sie den Fehler **#DIV/0!**. Ist im Vorfeld die Fehlermeldung **#NV** aufgetreten, wird dieser Fehler entsprechend in Spalte **C** gemeldet.

Fehler analysieren

	A	B	C
1	**Umsatz**	**Menge**	**Preis**
2	10.876,00	808,00	13,46
3	5.644,00		#DIV/0!
4	29.912,00	335,00	89,29
5	81.176,00	773,00	105,01
6	6.668,00	228,00	29,25
7	#NV	695,00	#NV
8			

Abb. 5: Excel soll gezielt auf die unterschiedlichen Fehlermeldungen reagieren

Excel soll wie folgt auf die Fehlermeldungen reagieren:

- Lautet der Fehler **#DIV/0!**, soll der Wert Null erscheinen.
- Bei **#NV** soll weiter auf einen Fehler hingewiesen werden.

In Spalte **D** wird mithilfe der Funktion **ISTFEHLER()** analysiert, ob in Spalte **C** ein Fehler vorliegt oder nicht. Verwenden Sie dazu in **D2** die Formel:

=ISTFEHLER(C2)

Da 2 unterschiedliche Fehlertypen vorhanden sind, die diverse Vorgehensweisen nach sich ziehen, muss der Fehlertyp in Spalte **D** analysiert werden. Die entsprechende Formel in **E2** lautet:

=WENN(D2=WAHR;FEHLER.TYP(C2);"")

Abschließend wird in Spalte **F** in Abhängigkeit von dem Ergebnis aus Spalte **E** reagiert. Die Formel in **F2** lautet:

=WENN(E2="";C2;WENN(E2=2;0;WENN(E2=7;"Daten prüfen")))

Liegt in Spalte **E** kein Fehler vor, kann der Preis aus der zugehörigen Zelle der Spalte **C** übernommen werden.

Existiert ein Fehler, reagiert Excel in Abhängigkeit von dessen Typ. Beim Fehlertyp 2 handelt es sich um eine Division durch Null. Da diese nicht erlaubt ist, soll die Null auch in der aktuellen Zelle erscheinen. Kopieren Sie die Formel aus Zeile 2 in die nachfolgenden Zeilen.

Beim Fehlertyp 7 erscheint ein Hinweis, dass das Datenmaterial einer Prüfung zu unterziehen ist (s. Abb. 6).

F7		fx	=WENN(E7="";C7;WENN(E7=2;0;WENN(E7=7;"Daten prüfen")))				
	A	B	C	D	E	F	G
1	**Umsatz**	**Menge**	**Preis**	**ISTFEHLER**	**FEHLERTYP**	**Ergebnis**	
2	10.876,00	808,00	13,46	FALSCH		13,46	
3	5.644,00		#DIV/0!	WAHR	2	0,00	
4	29.912,00	335,00	89,29	FALSCH		89,29	
5	81.176,00	773,00	105,01	FALSCH		105,01	
6	6.668,00	228,00	29,25	FALSCH		29,25	
7	#NV	695,00	#NV	WAHR	7	Daten prüfen	
8							

Abb. 6: Teamwork von Istfehler(), Fehler.Typ() und Wenn()-Funktion

2.4 Weitere nützliche Funktionen im Zusammenhang mit Formelfehlern

Weitere Funktionen, die Ihnen bei der Analyse von Fehlern behilflich sein können, finden Sie in der folgenden Tabelle. Alle in der Tabelle aufgeführten Funktionen stehen im Dialogfeld **Funktion einfügen** in der Kategorie **Information** zur Verfügung.

Funktion	Syntax	Erläuterung
ISTLEER()	ISTLEER(Wert)	Prüft, ob der Inhalt einer Zelle leer ist, und gibt entsprechend den Wahrheitswert WAHR oder FALSCH zurück.
ISTNV()	ISTNV(Wert)	Prüft, ob eine Zelle den Wert #NV hat, und gibt entsprechend WAHR oder FALSCH zurück.
ISTTEXT()	ISTTEXT(Wert)	Prüft, ob der Inhalt einer Zelle ein Element oder ein Text ist. Gibt den Wahrheitswert WAHR an, wenn es sich um einen Text handelt.
ISTKTEXT()	ISTKTEXT(Wert)	Prüft, ob der Inhalt einer Zelle ein Element oder ein Text ist. Gibt den Wahrheitswert WAHR an, wenn es sich nicht um einen Text handelt.
ISTZAHL()	ISTZAHL(Wert)	Prüft, ob der Inhalt einer Zelle eine Zahl ist. Gibt den Wahrheitswert WAHR an, wenn es sich um eine Zahl handelt.
NV()	NV()	Liefert den Fehlerwert #NV.

Tab. 3: Nützliche Funktionen zur Fehleranalyse

HINWEIS

Gemeinsamkeiten

Alle in der Tabelle aufgeführten Funktionen zur Analyse von Fehlern haben bis auf eine Ausnahme – nämlich NV() - nur ein Argument, nämlich **Wert**.

3 Zusammenfassung

Zahlreiche Fehlermeldungen weisen Sie darauf hin, dass in einer Formel etwas nicht stimmt. Um korrekte Ergebnisse zu erhalten, müssen Sie die Fehlermeldungen beachten und die Fehler korrigieren.

Erhalten Sie die Anzeige mehrerer aufeinander folgender Rauten (#####), ist das Ergebnis der Zelle möglicherweise zu lang, um innerhalb der Zelle angezeigt zu werden. In diesem Fall reicht es aus, die Spalte zu verbreitern.

Zur Fehleranalyse stehen in Excel u. a. die Informationsfunktionen **ISTFEHLER()**, **ISTFEHL()** und **FEHLER.TYP()** zur Verfügung. Mit ihrer Hilfe können Sie u. a. bestimmen, ob Excel weitere Berechnungen durchführen soll oder nicht.

Zinsrechnung und Investitionsrechnung

Zins- und Zinseszinsrechnung werden bei nahezu allen Finanzierungsfragen benötigt, u. a. wenn es um die Vergabe von Krediten, beispielsweise für die Anschaffung eines Firmenwagens oder den Neubau eines Bürogebäudes geht. Auch für dynamische Investitionsrechnungen bildet sie eine wichtige Rechenbasis.

Microsoft Excel bietet in diesem Zusammenhang zahlreiche Lösungsmöglichkeiten, angefangen bei manuellen Formeln bis hin zu den integrierten Excel-Funktionen.

Inhalt

1 Grundlagen der Zinsrechnung 119
2 Zinseszinsrechnung 124
3 Tilgung, Annuitäten und Laufzeiten von Krediten und Darlehn berechnen 126
4 Tilgungsplan erstellen 127
5 Investitionsrechnung 129
6 Zusammenfassung 134

Wir zeigen Ihnen, wie Sie alle Fragen rund um die Zins- und Investitionsrechnung optimal mithilfe von Microsoft Excel lösen.

Die Musterdatei **Grundlagen_4.xlsx**, **Tilgungsplaene.xls** und **Investitionsrechnung.xls** finden Sie unter dem Haufe-Index **7446146**.

1 Grundlagen der Zinsrechnung

Zinsrechnung ist nichts anderes als Prozentrechnung unter Berücksichtigung des Zeitfaktors. Bevor komplexere Lösungen vorgestellt werden, geht es hier zunächst um die Grundlagen der Zins- und Zinseszinsrechnung.

1.1 Die Größen

In der Zinsrechnung wird mit den 4 Größen Zinsen, Kapital, Zinsfuß und Zeit gearbeitet. Die Zinsen sind der Preis für das leihweise überlassene Kapital. Das Kapital entspricht der geliehenen bzw. bereitgestellten Geldsumme. Der Zinsfuß gibt an, wie viel Prozent die Kosten für ein Jahr betragen. Die Zeit definiert für welchen Zeitraum die Zinsen zu zahlen sind. Die allgemeine Zinsformel lautet:

Zinsen = Kapital x Zinsfuß x Zeit / 100

1.2 Zinstage und Zeiträume als Basis für die Zinsrechnung

Bei der Berechnung der Zeit gibt es im Zusammenhang mit der Zinsrechnung einige Besonderheiten:

- Für den Faktor **Zeit** ist ein Jahr als Bezugseinheit festgelegt. Monate und Tage werden als Bruchteile des Jahres angegeben, wobei das Jahr mit 360 Tagen und der Monat mit 30 Tagen ausgewiesen wird.
- Der 31. eines Monats wird nicht berechnet. Somit werden beispielsweise die Monate Juli und August mit 30 Tagen abgerechnet.
- Der Februar wird ebenfalls mit 30 Tagen berechnet. Hier gibt es jedoch folgende Ausnahmen: Entspricht der Fälligkeitstag exakt dem 28. bzw. 29. Februar werden 28 bzw. 29 Tage berechnet.
- Der Tag, von dem aus gerechnet wird, zählt nicht mit. Der Tag, bis zu dem gerechnet wird, zählt hingegen mit.

Kaufmännisches Rechnen

Beispiel: Ein Kapital wird vom 13. März bis zum 26. Oktober verliehen. Wie vielen Zinstagen entspricht der Zeitraum?

Berechnen Sie zunächst die kompletten Monate zu je 30 Tagen:

13.03. bis 13.10.   -> 7 Monate

7 x 30 Tage = 210 Tage

Zuschlag in Tagen: 26.10. bis 13.10.   -> 13 Tage

Daraus folgt: 210 Tage + 13 Tage = 223 Tage

Besonders bequem lassen sich Zinstage mithilfe der Excel-Funktion **TAGE360()** ermitteln (s. Abb. 1 sowie Arbeitsmappe **Grundlagen_4.xlsx,** Tabelle **Zinstage**). Dabei handelt es sich um eine spezielle Formel aus der Funktionskategorie **Datum und Zeit**.

So arbeiten Sie mit der Funktion TAGE360()

1 Erfassen Sie zunächst die Daten in einer Excel-Tabelle. Schreiben Sie für das Beispiel den Datumswert 13.03.2015 in **A1**, das Datum 26.10.2015 in **A2**.

2 Setzen Sie die Eingabemarkierung in die Ergebniszelle und aktivieren Sie das Menüband *Formeln*. Klicken Sie dort auf **Funktion einfügen**.

3 Sie gelangen in den ersten Schritt des sogenannten Funktionsassistenten. Dort markieren Sie innerhalb der Funktionskategorien den Eintrag **Datum und Zeit.**

4 Bei den Funktionen entscheiden Sie sich für **TAGE360**. Führen Sie einen Doppelklick auf **TAGE360** aus, um in das zweite Dialogfeld des Assistenten zu gelangen.

5 Im zweiten Schritt des Assistenten tragen Sie die einzelnen Argumente der Funktion *TAGE360*() ein. Das Ausgangsdatum befindet sich im aktuellen Beispiel in der Zelle **A1**. Entsprechend erfassen Sie entsprechend das Fälligkeitsdatum, das sich im Beispiel in Zelle **A2** befindet. Das Argument **Methode** können Sie ignorieren. Es wird für die Berechnung nicht benötigt.

6 Wenn Sie alle Daten eingegeben haben, verlassen Sie das Dialogfeld über **OK**. Sie erhalten das Ergebnis von 223 Tagen.

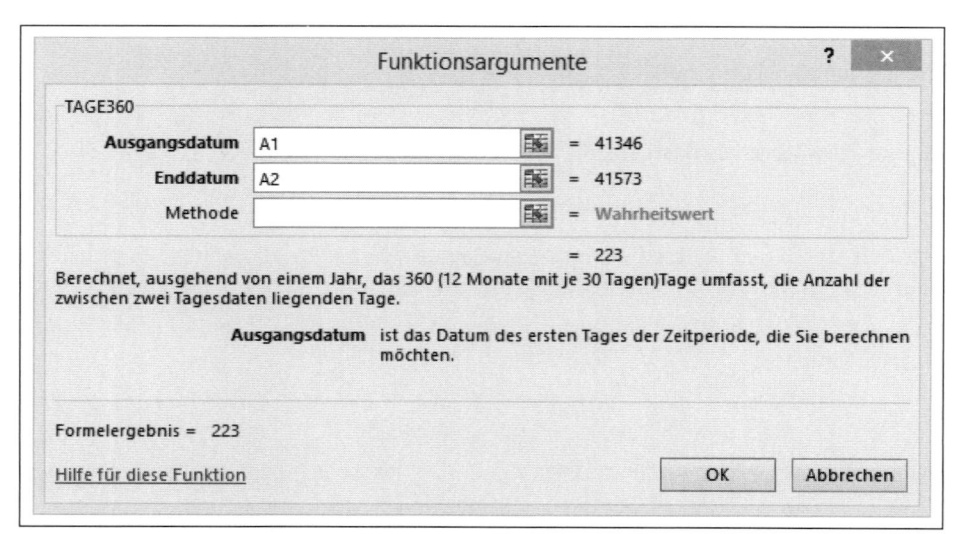

Abb. 1: Die Funktion Tage360 berechnet für Sie die Zinstage

1.3 Berechnen von Zinsen

Je nachdem, ob Sie Tages-, Monats- oder Jahreszinsen ermitteln möchten, müssen Sie unterschiedliche Formeln einsetzen.

Berechnen von Tageszinsen

Die allgemeine Zinsformel zur Ermittlung der Tageszinsen lautet:

Tageszinsen = Kapital x Zinssatz x Tage / 100 * 360

Um diese Formel in Excel anzuwenden, geben Sie zunächst die Daten in ein leeres Tabellenarbeitsblatt ein. Die Lösung in Zelle **B9** lautet (s. Abb. 2):

=B3*B5*B7/360

Auf die Division durch 100 kann an dieser Stelle verzichtet werden, da in **B5** mit einem Prozentwert gearbeitet wird.

B9		f_x	=B3*B5*B7/360	
	A	B	C	D
1	Zinsrechnung			
2	**Tageszinsen**			
3	Kapital	50.000,00 €		
4				
5	Zinssatz	1,75%		
6				
7	Tage	180		
8				
9	Zinsen	437,50 €		
10				

Abb. 2: Hier werden die Tageszinsen ermittelt

Die Formel zur Berechnung von Monatszinsen lautet entsprechend:

Monatszinsen = Kapital x Zinssatz x Monate / 100 * 12

Sie finden das Beispiel in der Arbeitsmappe **Grundlagen_4.xlsx**, Tabelle **Zinsen**. Dort finden Sie darüber hinaus ein Anwendungsbeispiel zu den Monatszinsen.

1.4 Die Funktion ZINSZ()

Zinsen können Sie in Excel außerdem mithilfe der Funktion ZINSZ() ermitteln. Allerdings errechnet diese Funktion die Zinsen immer nur für eine bestimmte Periode, z. B. einen Monat oder einen Tag. Die zuvor vorgestellten manuellen Formeln weisen dagegen die Zinsen für einen kompletten Zeitraum aus.

Kaufmännisches Rechnen

Beispiel:

Wie hoch sind die monatlichen Zinsen für ein Kapital in Höhe von 50.000 EUR, das zu einem Zinssatz von 1,75 % verzinst wird.

So arbeiten Sie mit der Funktion ZINSZ()

1 Setzen Sie die Eingabemarkierung in die gewünschte Zelle und wählen Sie **Formeln → Funktion einfügen**. Im ersten Schritt des Funktionsassistenten markieren Sie innerhalb der **Funktionskategorien** den Eintrag **Finanzmathematik**.

2 Bei den Funktionen entscheiden Sie sich für ZINSZ. Führen Sie einen Doppelklick auf ZINSZ aus, um in das zweite Dialogfeld des Assistenten zu gelangen.

3 Im zweiten Schritt des Assistenten tragen Sie die einzelnen Argumente der Funktion ZINSZ ein (s. Abb. 3). **Zins** steht für den Zinssatz pro Periode. Wenn Sie eine monatliche Zinsermittlung durchführen, müssen Sie an dieser Stelle den Prozentsatz durch 12 dividieren.

4 Unter **Zr** wird die Periode eingetragen, für die Sie den Zinsbetrag berechnen möchten. Wenn Sie also beispielsweise die Höhe der Zinsen für den ersten Monat ermitteln möchten, erfassen Sie die Ziffer 1.

5 **Zzr** berücksichtigt die Laufzeit des Kredits. Für das aktuelle Beispiel geben Sie für eine monatliche Betrachtungsweise die Zahl 12 bzw. den entsprechenden Zellbezug ein.

6 Unter **BW** trägt man den Barwert oder den aktuellen Gesamtwert einer Reihe zukünftiger Zahlungen ein. Wenn Sie heute einen Kredit von 50.000 EUR aufnehmen, entspricht dieser bei voller Auszahlungshöhe dem Barwert.

7 **Zw** ist der zukünftige Wert (Endwert) oder der Kassenbestand, den Sie nach der letzten Zahlung anstreben. Soll der Kredit getilgt sein, können Sie dieses Feld freilassen.

8 Die Angabe von **F** ist nicht zwingend erforderlich. Fehlt die Angabe, geht Excel vom Wert Null aus. Nachdem Sie alle Eingaben getätigt haben, verlassen Sie das Dialogfeld.

9 Sie erhalten das Ergebnis, -72,92 EUR, als negative Zahl. Verlassen Sie das Dialogfeld über *OK*.

Abb. 3: Das Dialogfeld Funktionsargumente von ZINSZ

Zins- und Investitionsrechnung

Bei der Funktion ZINSZ() müssen Sie unbedingt darauf achten, dass Sie zueinander passende Zeiteinheiten verwenden. Das heißt: Wenn Sie Monatszinsen berechnen, dividieren Sie den Zinssatz (Argument *Zins*) durch 12, wenn Sie Tageszinsen berechnen, teilen Sie den Zinssatz durch 360.

Die Argumente der Funktion ZINSZ() werden in den meisten Funktionen rund um die Zinsrechnung verwendet. Eine Erläuterung der einzelnen Argumente finden Sie in Tabelle 1.

Argument	Erläuterung
Zins	Steht für den Zinssatz der Periode. Wenn Sie eine monatliche Zinsermittlung durchführen möchten, müssen Sie den Zins durch 12 dividieren. Bei einer täglichen Betrachtungsweise teilen Sie entsprechend durch 360.
Zr	Periode, für die der Zinsbetrag ermittelt werden soll, z. B. der erste Monat eines Jahres.
Zzr	Laufzeit des Darlehns. Bei einer jährlichen Zinsermittlung trägt man die Laufzeit in Jahren ein. Bei einer monatlichen Zinsrechnung müssen Sie die Jahre mit der Zahl 12 multiplizieren. Bei einer tageweise Zinsermittlung multiplizieren Sie entsprechend die Anzahl der Jahre mit 360.
BW	Gesamtwert der Spareinlage bzw. des Kredits
F	Gibt an, wann Zahlungen fällig sind, und kann den Wert 0 oder 1 annehmen. Fehlt das Argument F, wird es als 0 angenommen. 0 bedeutet, dass die Zahlung am Ende der Periode fällig ist. 1 bedeutet, dass die Zahlung am Anfang der Periode fällig ist.

Tab. 1: Argumente der Funktion ZINSZ()

PRAXIS - TIPP

Die Funktion ABS()

Das Ergebnis der Funktion ZINSZ() wird als negative Zahl ausgegeben. Mithilfe der Funktion ABS() können Sie das verhindern (s. Abb. 4).

B25			*fx*	=ABS(ZINSZ(B23/360;1;360;B21))	
	A	B	C	D	E
19					
20	**Zinsen erster Tag**				
21	Kapital	50.000,00 €			
22					
23	Zinssatz	1,75%			
24					
25	Zinsen	2,43 €			
26					

Abb. 4: Hier gibt ZINSZ() in Kombination mit ABS() die Zinsen für den ersten Tag an

Das Beispiel finden Sie in der Musterlösung **Grundlagen_4.xlsx** in der Tabelle **Zinsen**.

2 Zinseszinsrechnung

Während bei der Zinsrechnung nur das Kapital verzinst wird, werden bei der Zinseszinsrechnung die Zinsen am Ende einer Periode dem Kapital hinzugefügt und in den folgenden Perioden mitverzinst. Dadurch wächst das Endkapital im Zeitablauf überproportional. Die Berechnung des Endwerts des Kapitals heißt Aufzinsung. Die allgemeine Formel zur Ermittlung der Jahreszinsen lautet:

$$K_n = K_o \times (1+q)^n$$

- K steht in der allgemeinen Formel als Abkürzung für Kapital.
- K_n ist das Kapital am Ende der Laufzeit.
- K_o steht für das Kapital zu Beginn der Abrechnung.
- q wird stellvertretend für den Prozentsatz verwendet.

Beispiel: Ermittelt werden soll das Endkapital einschließlich Zinseszinsen, wenn ein Startkapital von 10.000 EUR 10 Jahre lang zu einem Zinssatz von 1,75 % angelegt wird. In Excel haben Sie 2 alternative Lösungsmöglichkeiten zur Ermittlung der Zinsen:

- Einsatz einer manuellen Formel, wobei die Funktion **POTENZ()** eingesetzt wird
- Arbeiten mit der Funktion **ZW()**

Manuelle Formel

Im Rahmen der manuellen Formel setzen Sie die Funktion POTENZ() ein:

=POTENZ(1+Zinsatz;Laufzeit)*Startkapital

Die Funktion POTENZ() arbeitet mit den Argumenten **Zahl** und **Potenz:**

- **Zahl** ist die Zahl, die potenziert werden soll (1+Zinssatz, für das Beispiel also 1,0175).
- **Potenz** entspricht dem Exponenten, hier der Anzahl der Jahre.
- Um das Endkapital zu erhalten, muss das Ergebnis mit dem Startkapital multipliziert werden.

In **B9** lautet die zugehörige Formel (s. Abb. 5):

=POTENZ(1+B7;B5)*B3

	A	B	C	D	E
1	Zinseszinsrechnung				
2					
3	Kapital	10.000,00 €			
4					
5	Laufzeit in Jahren	10			
6					
7	Zinssatz	1,75%			
8					
9	Manuelle Formel	11.894,44 €			
10					
11	Funktion ZW()	11.894,44 €			
12					
13					

Abb. 5: Alternative 1: Manuelle Formel mit der Funktion POTENZ()

Die Funktion ZW()

Die Funktion ZW() (s. Abb. 6) wird zur Ermittlung von Endwerten bei regelmäßig eingehenden Beträgen eingesetzt. Um sie auch bei einer einmaligen Zahlung zu verwenden, lassen Sie das Argument **Rmz** frei.

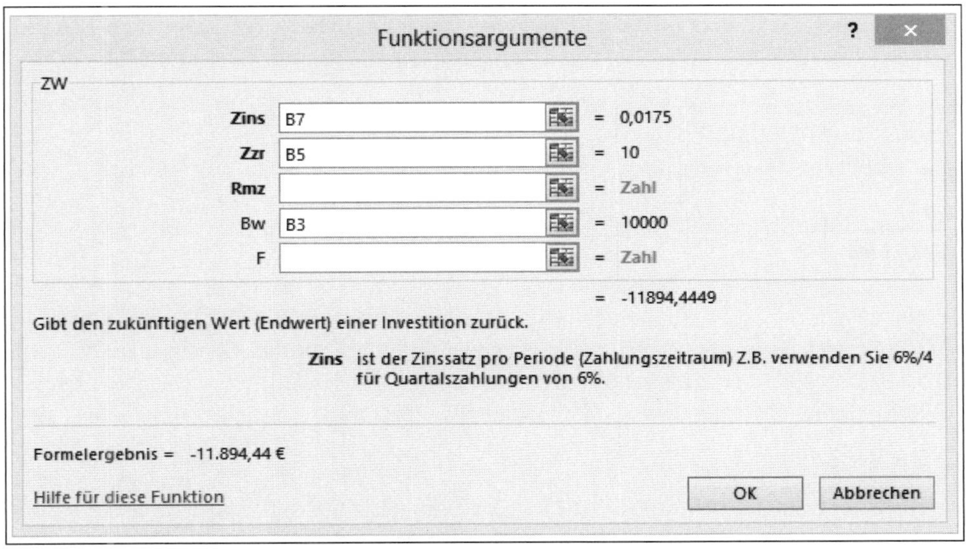

Abb. 6: Der Funktionsassistent von ZW()

Rmz entspricht dem Betrag, der in jeder Periode gezahlt wird. Dieser Betrag bleibt während der gesamten Laufzeit konstant. In der Beispielkonstellation erfolgt keine regelmäßige Zahlung während der Laufzeit. Der Wert von **Rmz** entspricht demnach Null. Lediglich das bereits vorhandene Kapital (**Bw**) wird verzinst (s. Abb. 7).

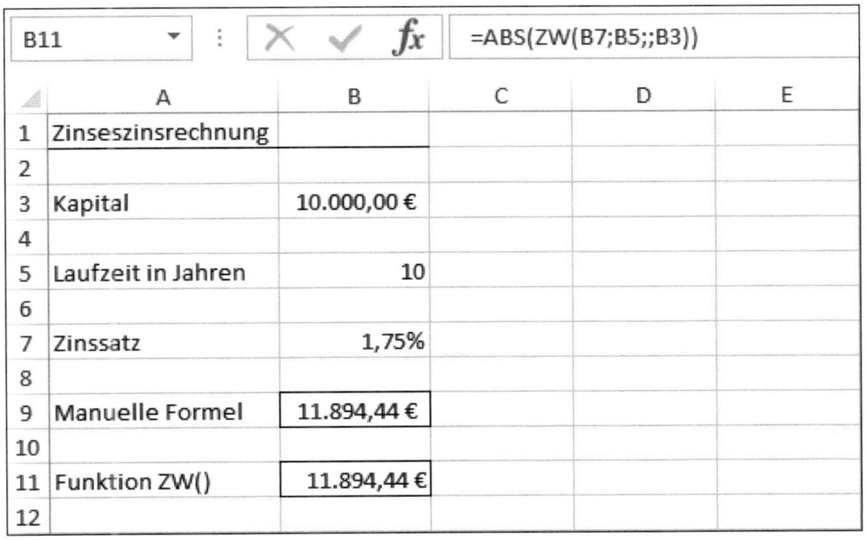

	A	B
1	Zinseszinsrechnung	
2		
3	Kapital	10.000,00 €
4		
5	Laufzeit in Jahren	10
6		
7	Zinssatz	1,75%
8		
9	Manuelle Formel	11.894,44 €
10		
11	Funktion ZW()	11.894,44 €
12		

B11 =ABS(ZW(B7;B5;;B3))

Abb. 7: Die Funktion ZW() in Kombination mit ABS() liefert ein identisches Ergebnis zur manuellen Formel

Das Beispiel finden Sie in der Musterlösung **Grundlagen_4.xlsx** in der Tabelle **Zinseszinsen**.

3 Tilgung, Annuitäten und Laufzeiten von Krediten und Darlehn berechnen

Wichtige Größen im Zusammenhang mit Krediten und Darlehen sind Tilgung, Annuitäten und Laufzeiten. Diese können Sie mithilfe der integrierten Excel-Funktionen berechnen.

Beispiel: Sie haben einen Kredit über 50.000 EUR aufgenommen. Die Laufzeit beträgt 5 Jahre. Das Darlehn wird Ihnen zu einem Zinssatz von 3,25 % überlassen. Abbildung 8 zeigt das Zahlenmaterial.

1	Kredithöhe	50.000,00 €
2	Zinssatz	3,25%
3	Laufzeit	5

Abb. 8: Die Beispieldaten

Der Tilgungsanteil einer Zahlung im Zusammenhang mit einem Kredit bzw. Darlehen wird mithilfe der Funktion KAPZ() ausgerechnet (s. Abb. 9). Bei gleichbleibender Annuität sinken die Zinsen von Periode zu Periode. Der Tilgungsanteil wird entsprechend größer. Die Funktion KAPZ() arbeitet mit denselben Argumenten wie ZINSZ(). Die Syntax der Funktion KAPZ() lautet entsprechend:

KAPZ(Zins;Zr;Zzr;Bw;Zw;F)

Voraussetzungen für den Einsatz von KAPZ() sind wie bei ZINSZ() ebenfalls gleichbleibende Raten und konstante Zinsen.

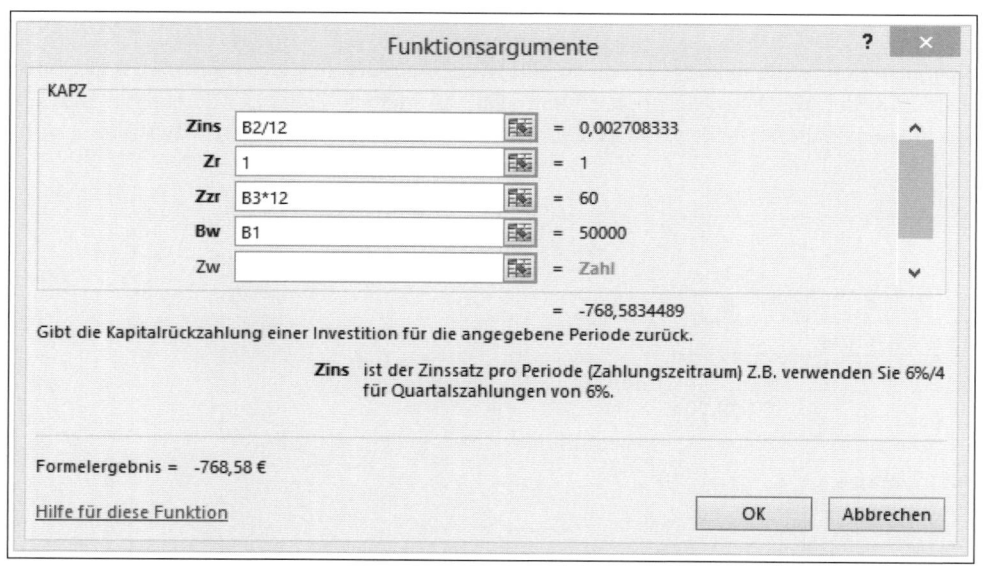

Abb. 9: Der Dialog Funktionsargumente von KAPZ()

Sie sehen, die Tilgung liegt in der ersten Periode bei 768,58 EUR.

Gesamttilgung

Die Summe aller Tilgungsraten muss der Summe des Gesamtkredits entsprechen. Mithilfe der Funktion KUMKAPITAL() ermitteln Sie die Summe aller zu leistenden Tilgungen. Die Syntax der Funktion lautet:

KUMKAPITAL(Zins;Zzr;Bw;Zeitraum_Anfang;Zeitraum_Ende;F)

Außerdem ermittelt KUMKAPITAL(), wie hoch die Tilgung nach einem bestimmten Zeitraum, z. B. Beispiel nach einem Jahr, ist.

So erhalten Sie die Annuität

Die pro Periode zu leistende Rate setzt sich aus Zinsen und Tilgungsanteil zusammen. Mithilfe der Funktion RMZ() ermittelt Excel den Betrag, den Sie pro Periode zahlen müssen (s. Abb. 10). Die Syntax der Funktion lautet:

RMZ(Zins;Zzr;Bw;Zw;F)

Die Argumente entsprechen auch hier denen von ZINSZ() und KAPZ(). Für das vorangegangene Beispiel beläuft sich die Annuität auf 904 EUR.

Abb. 10: RMZ() ermittelt die Annuität

Die Zinsen für die erste Periode belaufen sich für die Beispieldaten auf 135,42 EUR, die Tilgung auf 768,58,46 EUR. Addiert man die beiden Werte, so entspricht das nach Abzug einer Rundungsdifferenz von einem Cent der Annuität von 904 EUR.

Das Beispiel finden Sie in der Musterlösung **Grundlagen_4.xlsx** in der Tabelle **Kredit**.

4 Tilgungsplan erstellen

Wenn Sie einen Kredit bzw. ein Darlehen aufnehmen, stellt sich die Frage, wie sich die Schulden im Zeitablauf entwickeln. Das Beispiel aus Abbildung 11 zeigt, wie sich Tilgung, Zinsen und Restschuld bei einem Darlehn von 50.000 EUR, einer Laufzeit von 6 Jahren und einem Zinssatz von 3,6 % bei konstanten Annuitäten entwickeln. Zur Berechnung sind lediglich folgende Angaben notwendig:

- Darlehensbetrag
- Laufzeit in Jahren
- Zinssatz

Jählicher Tilgungsplan

		Jahr	Zinsanteil	Tilgung	Restschuld
					50.000,00 EUR
Darlehnsbetrag	50.000,00 EUR	1	-1.800,00 EUR	-7.614,26 EUR	42.385,74 EUR
		2	-1.525,89 EUR	-7.888,37 EUR	34.497,38 EUR
Laufzeit in Jahren	6	3	-1.241,91 EUR	-8.172,35 EUR	26.325,03 EUR
		4	-947,70 EUR	-8.466,55 EUR	17.858,47 EUR
Zinssatz	3,60%	5	-642,90 EUR	-8.771,35 EUR	9.087,12 EUR
		6	-327,14 EUR	-9.087,12 EUR	0,00 EUR
		7	0,00 EUR	0,00 EUR	0,00 EUR
Jährliche Rate	9.414,26 EUR	8	0,00 EUR	0,00 EUR	0,00 EUR
		9	0,00 EUR	0,00 EUR	0,00 EUR
		10	0,00 EUR	0,00 EUR	0,00 EUR
		11	0,00 EUR	0,00 EUR	0,00 EUR
		12	0,00 EUR	0,00 EUR	0,00 EUR
		13	0,00 EUR	0,00 EUR	0,00 EUR
		14	0,00 EUR	0,00 EUR	0,00 EUR
		15	0,00 EUR	0,00 EUR	0,00 EUR
		16	0,00 EUR	0,00 EUR	0,00 EUR
		17	0,00 EUR	0,00 EUR	0,00 EUR
		18	0,00 EUR	0,00 EUR	0,00 EUR
		19	0,00 EUR	0,00 EUR	0,00 EUR
		20	0,00 EUR	0,00 EUR	0,00 EUR
		21	0,00 EUR	0,00 EUR	0,00 EUR
		22	0,00 EUR	0,00 EUR	0,00 EUR
		23	0,00 EUR	0,00 EUR	0,00 EUR
		24	0,00 EUR	0,00 EUR	0,00 EUR
		25	0,00 EUR	0,00 EUR	0,00 EUR
		26	0,00 EUR	0,00 EUR	0,00 EUR
		27	0,00 EUR	0,00 EUR	0,00 EUR
		28	0,00 EUR	0,00 EUR	0,00 EUR
		29	0,00 EUR	0,00 EUR	0,00 EUR
		30	0,00 EUR	0,00 EUR	0,00 EUR

Abb. 11: Der jährliche Tilgungsplan

Die Formelansicht zeigt Abbildung 12.

			Jahr	Zinsanteil	Tilgung	Restschuld
						=+B5
5	Darlehnsbetrag	50000	1	=WENN(D4>$B$7;0;ZINSZ($B$9;D4;$B$7;$B$5))	=WENN(D4>$B$7;0;KAPZ($B$9;D4;$B$7;$B$5))	=G3+F4
			2	=WENN(D5>$B$7;0;ZINSZ($B$9;D5;$B$7;$B$5))	=WENN(D5>$B$7;0;KAPZ($B$9;D5;$B$7;$B$5))	=G4+F5
7	Laufzeit in Jahren	6	3	=WENN(D6>$B$7;0;ZINSZ($B$9;D6;$B$7;$B$5))	=WENN(D6>$B$7;0;KAPZ($B$9;D6;$B$7;$B$5))	=G5+F6
			4	=WENN(D7>$B$7;0;ZINSZ($B$9;D7;$B$7;$B$5))	=WENN(D7>$B$7;0;KAPZ($B$9;D7;$B$7;$B$5))	=G6+F7
9	Zinssatz	0,036	5	=WENN(D8>$B$7;0;ZINSZ($B$9;D8;$B$7;$B$5))	=WENN(D8>$B$7;0;KAPZ($B$9;D8;$B$7;$B$5))	=G7+F8
			6	=WENN(D9>$B$7;0;ZINSZ($B$9;D9;$B$7;$B$5))	=WENN(D9>$B$7;0;KAPZ($B$9;D9;$B$7;$B$5))	=G8+F9
			7	=WENN(D10>$B$7;0;ZINSZ($B$9;D10;$B$7;$B$5))	=WENN(D10>$B$7;0;KAPZ($B$9;D10;$B$7;$B$5))	=G9+F10
			8	=WENN(D11>$B$7;0;ZINSZ($B$9;D11;$B$7;$B$5))	=WENN(D11>$B$7;0;KAPZ($B$9;D11;$B$7;$B$5))	=G10+F11
12	Jährliche Rate	=ABS(E4+F4)	9	=WENN(D12>$B$7;0;ZINSZ($B$9;D12;$B$7;$B$5))	=WENN(D12>$B$7;0;KAPZ($B$9;D12;$B$7;$B$5))	=G11+F12
			10	=WENN(D13>$B$7;0;ZINSZ($B$9;D13;$B$7;$B$5))	=WENN(D13>$B$7;0;KAPZ($B$9;D13;$B$7;$B$5))	=G12+F13
			11	=WENN(D14>$B$7;0;ZINSZ($B$9;D14;$B$7;$B$5))	=WENN(D14>$B$7;0;KAPZ($B$9;D14;$B$7;$B$5))	=G13+F14
			12	=WENN(D15>$B$7;0;ZINSZ($B$9;D15;$B$7;$B$5))	=WENN(D15>$B$7;0;KAPZ($B$9;D15;$B$7;$B$5))	=G14+F15
			13	=WENN(D16>$B$7;0;ZINSZ($B$9;D16;$B$7;$B$5))	=WENN(D16>$B$7;0;KAPZ($B$9;D16;$B$7;$B$5))	=G15+F16
			14	=WENN(D17>$B$7;0;ZINSZ($B$9;D17;$B$7;$B$5))	=WENN(D17>$B$7;0;KAPZ($B$9;D17;$B$7;$B$5))	=G16+F17
			15	=WENN(D18>$B$7;0;ZINSZ($B$9;D18;$B$7;$B$5))	=WENN(D18>$B$7;0;KAPZ($B$9;D18;$B$7;$B$5))	=G17+F18
			16	=WENN(D19>$B$7;0;ZINSZ($B$9;D19;$B$7;$B$5))	=WENN(D19>$B$7;0;KAPZ($B$9;D19;$B$7;$B$5))	=G18+F19
			17	=WENN(D20>$B$7;0;ZINSZ($B$9;D20;$B$7;$B$5))	=WENN(D20>$B$7;0;KAPZ($B$9;D20;$B$7;$B$5))	=G19+F20
			18	=WENN(D21>$B$7;0;ZINSZ($B$9;D21;$B$7;$B$5))	=WENN(D21>$B$7;0;KAPZ($B$9;D21;$B$7;$B$5))	=G20+F21
			19	=WENN(D22>$B$7;0;ZINSZ($B$9;D22;$B$7;$B$5))	=WENN(D22>$B$7;0;KAPZ($B$9;D22;$B$7;$B$5))	=G21+F22
			20	=WENN(D23>$B$7;0;ZINSZ($B$9;D23;$B$7;$B$5))	=WENN(D23>$B$7;0;KAPZ($B$9;D23;$B$7;$B$5))	=G22+F23
			21	=WENN(D24>$B$7;0;ZINSZ($B$9;D24;$B$7;$B$5))	=WENN(D24>$B$7;0;KAPZ($B$9;D24;$B$7;$B$5))	=G23+F24
			22	=WENN(D25>$B$7;0;ZINSZ($B$9;D25;$B$7;$B$5))	=WENN(D25>$B$7;0;KAPZ($B$9;D25;$B$7;$B$5))	=G24+F25
			23	=WENN(D26>$B$7;0;ZINSZ($B$9;D26;$B$7;$B$5))	=WENN(D26>$B$7;0;KAPZ($B$9;D26;$B$7;$B$5))	=G25+F26
			24	=WENN(D27>$B$7;0;ZINSZ($B$9;D27;$B$7;$B$5))	=WENN(D27>$B$7;0;KAPZ($B$9;D27;$B$7;$B$5))	=G26+F27
			25	=WENN(D28>$B$7;0;ZINSZ($B$9;D28;$B$7;$B$5))	=WENN(D28>$B$7;0;KAPZ($B$9;D28;$B$7;$B$5))	=G27+F28
			26	=WENN(D29>$B$7;0;ZINSZ($B$9;D29;$B$7;$B$5))	=WENN(D29>$B$7;0;KAPZ($B$9;D29;$B$7;$B$5))	=G28+F29
			27	=WENN(D30>$B$7;0;ZINSZ($B$9;D30;$B$7;$B$5))	=WENN(D30>$B$7;0;KAPZ($B$9;D30;$B$7;$B$5))	=G29+F30
			28	=WENN(D31>$B$7;0;ZINSZ($B$9;D31;$B$7;$B$5))	=WENN(D31>$B$7;0;KAPZ($B$9;D31;$B$7;$B$5))	=G30+F31
			29	=WENN(D32>$B$7;0;ZINSZ($B$9;D32;$B$7;$B$5))	=WENN(D32>$B$7;0;KAPZ($B$9;D32;$B$7;$B$5))	=G31+F32
			30	=WENN(D33>$B$7;0;ZINSZ($B$9;D33;$B$7;$B$5))	=WENN(D33>$B$7;0;KAPZ($B$9;D33;$B$7;$B$5))	=G32+F33

Abb. 12: Die Formelansicht des Tilgungsplans

Tilgungspläne auf Jahres- und Monatsbasis sowie weitere Tilgungspläne finden Sie in der Musterlösung **Tilgungspläne.xls.**

5 Investitionsrechnung

Die Anschaffung neuer Wirtschaftsgüter bindet hohe Kapitalbeträge. Ob sich eine Investition lohnt oder nicht, kann man häufig auf den ersten Blick nicht erkennen. Deshalb empfiehlt es sich, Investitionsvorhaben sorgfältig unter Einsatz geeigneter Rechenverfahren mithilfe der Tabellenkalkulation Microsoft Excel zu analysieren.

Diese Rechenmodelle unterstützen Sie bei der Entscheidungsfindung für oder gegen die Anschaffung eines Wirtschaftsguts. Aus diesem Grund sollten Investitionsvorhaben und die damit verbundenen Folgekosten sorgfältig auf ihre wirtschaftliche Vorteilhaftigkeit hin geprüft werden. Zwar können Zahlenmodelle allein nicht ausschlaggebend für die Entscheidung im Hinblick auf die Anschaffung sein, jedoch helfen sie, das Für und Wider komplexer Maßnahmen abzuwägen.

5.1 Verfahren der Investitionsrechnung

Eine Investitionsrechnung ist ein Verfahren, mit dessen Hilfe die Vorteilhaftigkeit einer Investitionsmaßnahme überprüft werden soll. Dabei werden in Theorie und Praxis unterschiedliche Methoden im Hinblick auf die Rechenmöglichkeiten unterschieden. In erster Linie wird zwischen statischen und dynamischen Verfahren differenziert.

> **HINWEIS**
>
> **Statische Verfahren**
>
> Bei den statischen Investitionsrechnungsmodellen handelt es sich um einfache Vergleichsverfahren, die zeitliche Unterschiede bei Einnahmen und Ausgaben entweder gar nicht oder nicht exakt berücksichtigen. Die Betrachtungen gehen nur über eine Periode. Dabei wird unterstellt, dass dieser Zeitraum für die gesamte Investitionsdauer repräsentativ ist.
>
> Außerdem werden lediglich durchschnittliche Investitionskosten und -erträge pro Periode in der Rechnung berücksichtigt. Da die damit verbundenen Berechnungen im Wesentlichen auf den Grundrechenarten basieren, beschäftigt sich dieses Kapitel ausschließlich mit dynamischen Verfahren.

Im Gegensatz zu den statischen Verfahren berücksichtigen dynamische Modelle den zeitlichen Ablauf der Investitionsvorgänge. Zeitliche Unterschiede bei Einnahmen und Ausgaben fließen ebenso wie Zinseszinseffekte in das Ergebnis der Investitionsrechnung ein. Anstatt mit Durchschnittszahlen wird mit exakten Werten gerechnet. Die Anschaffungsausgaben werden zu Beginn der Investitionsperiode voll in die Betrachtungen einbezogen.

Die bekanntesten dynamischen Verfahren sind:

- Kapitalwertmethode
- Annuitätenmethode
- Interne Zinsatzmethode
- Amortisationsverfahren

Bei der Kapitalwertmethode werden die jährlichen Einnahmeüberschüsse bzw. die Unterdeckungen unter Berücksichtigung des Zeitfaktors ermittelt. Die Annuitätenmethode ist im Prinzip eine Variante der Kapitalwertmethode, bei der der Kapitalwert in gleich große jährliche Zahlungen umgerechnet wird. Auch die interne Zinsfußmethode basiert auf der Kapitalwertmethode. Sie errechnet den Zinsfuß, der sich bei einem Kapitalwert von Null ergibt.

Eine häufige Frage im Zusammenhang mit Investitionen lautet, wann das in einer Investition gebundene Kapital in das Unternehmen zurückfließt, das heißt sich amortisiert. Diese Fragestellung wird mithilfe der Amortisationsrechnung gelöst.

5.2 Bedeutung von Investitionsentscheidungen

Investitionsentscheidungen gehören zu den wichtigsten Entscheidungen, die Unternehmer treffen müssen. In Verbindung mit dynamischen Investitionsrechnungsverfahren werden zeitliche Unterschiede bei Einnahmen und Ausgaben berücksichtigt. Außerdem fließen Zinseszinseffekte in das Ergebnis der Investitionsrechnung ein. Mit anderen Worten: Anstatt mit Durchschnittszahlen wird mit exakten Werten gerechnet. Auf diese Weise erhalten Sie genauere Ergebnisse als mithilfe statischer Modelle. Damit können Sie die finanziellen Konsequenzen einer Investition besser beurteilen.

In der Praxis sieht das wie folgt aus: Sie betrachten die voraussichtlichen Zahlenströme für jedes einzelne Jahr der Nutzungsdauer. Wichtig in diesem Zusammenhang ist außerdem, dass Sie Preissteigerungen im Laufe der Jahre berücksichtigen.

Angenommen Sie planen die Wartungskosten einer Maschine für das erste Jahr in Höhe von 1.000 EUR. Sie gehen von einer jährlichen Preissteigerungsrate von 1,5 % aus. Dann müssen Sie im zweiten Jahr 1.015 EUR für die Wartungskosten ansetzen. Die Wartungskosten für die Folgejahre ergeben sich wie folgt:

3. Jahr: 1.030,23 EUR (1.015 * 1,015)

4. Jahr: 1.045,68 EUR (1.015 * 1,015 * 1,015)

usw.

Wenn Sie eine Investition aus Eigenmitteln tätigen, müssen Sie entgangene Zinserträge berücksichtigen. Angenommen, Sie tätigen eine Investition in Höhe von 100.000 EUR. Ohne die Investition hätten Sie Ihr Geld gewinnbringend angelegt. Diese Zinsen sowie die dafür zur erzielenden Zinseszinsen fehlen Jahr für Jahr auf Ihrem Konto. Deshalb müssen diese Positionen ermittelt und im Rahmen der Investitionsrechnung berücksichtigt werden.

Die Investitionsrechnung arbeitet im Grunde nach folgendem Prinzip: Laufende Ausgaben, Einsparungen und Einnahmen werden saldiert. Aus den Zahlen wird für jedes Jahr der Saldo zwischen Kapitaleinsatz und Kapitalrückfluss gebildet:

Ausgaben

./. Einsparungen

./. Einnahmen

= Kapitalrückfluss

Der Saldo aus Kapitaleinsatz und Kapitalrückfluss zeigt die Differenz zwischen Kapitaleinsatz und Kapitalrückfluss. Im ersten Jahr werden Ausgaben im Zusammenhang mit der Anschaffung und Kapitalrückfluss saldiert.

Kapitalrückfluss 1. Jahr

./. Ausgaben

= Saldo 1. Jahr

Bei einer Anschaffungsausgabe in Höhe von 100.000 EUR und einem Kapitalrückfluss von 30.000 EUR ergibt sich ein Saldo von -70.000 EUR.

Im zweiten Jahr wird der Saldo des ersten Jahres mit dem Kapitalrückfluss aus dem zweiten Jahr saldiert.

Saldo 1. Jahr

+ Kapitalrückfluss 2. Jahr

= Saldo 2. Jahr

5.3 Praxisbeispiel: Dynamische Investitionsrechnung

Den Einsatz einer dynamischen Investitionsrechnung wollen wir uns anhand eines Beispiels genauer ansehen.

Beispiel:

Ein mittelständisches Unternehmen plant die Anschaffung einer neuen Fertigungsmaschine (s. Abb. 13). Mithilfe dieser Rationalisierungsinvestition sollen Arbeitsabläufe automatisiert und dadurch der Einsatz von Arbeitskräften reduziert werden.

Dynamische Investitionsrechnung										
Preissteigerung	1,10%									
Zinssatz	3,00%									
	2015	2016	2017	2018	2019	2020	2021	2022	2023	2024
Anschaffungskosten	260.000,00 EUR									
Abschreibung	26.000,00 EUR	26.000,00 EUR	26.000,00 EUR	26.000,00 EUR	26.000,00 EUR	26.000,00 EUR	26.000,00 EUR	26.000,00 EUR	26.000,00 EUR	26.000,00 EUR
Energiekosten	10.000,00 EUR	10.110,00 EUR	10.221,21 EUR	10.333,64 EUR	10.447,31 EUR	10.562,23 EUR	10.678,42 EUR	10.795,88 EUR	10.914,64 EUR	11.034,70 EUR
Instandhaltung/Wartung	8.000,00 EUR	8.088,00 EUR	8.176,97 EUR	8.266,91 EUR	8.357,85 EUR	8.449,79 EUR	8.542,73 EUR	8.636,70 EUR	8.731,71 EUR	8.827,76 EUR
Mitarbeiterschulung	20.000,00 EUR									
Summe der Ausgaben der Rechnungsperiode	38.000,00 EUR	18.198,00 EUR	18.398,18 EUR	18.600,56 EUR	18.805,16 EUR	19.012,02 EUR	19.221,15 EUR	19.432,59 EUR	19.646,34 EUR	19.862,45 EUR
Entgangene Zinserträge	7.800,00 EUR	8.034,00 EUR	8.275,02 EUR	8.523,27 EUR	8.778,97 EUR	9.042,34 EUR	9.313,61 EUR	9.593,02 EUR	9.880,81 EUR	10.177,23 EUR
Einsparungen	70.000,00 EUR	70.770,00 EUR	71.548,47 EUR	72.335,50 EUR	73.131,19 EUR	73.935,64 EUR	74.748,93 EUR	75.571,17 EUR	76.402,45 EUR	77.242,88 EUR
Kapitalrückfluss	24.200,00 EUR	44.538,00 EUR	44.875,27 EUR	45.211,67 EUR	45.547,06 EUR	45.881,28 EUR	46.214,17 EUR	46.545,57 EUR	46.875,30 EUR	47.203,19 EUR
Saldo Kapitaleinsatz/-rückfluss	-235.800,00 EUR	-191.262,00 EUR	-146.386,73 EUR	-101.175,05 EUR	-55.627,99 EUR	-9.746,71 EUR	36.467,45 EUR	83.013,02 EUR	129.888,32 EUR	177.091,51 EUR
Interner Zins	10,09%									

Abb. 13: Dynamische Investitionsrechnung

5.4 Die Projektdaten

Im Zusammenhang mit dem Investitionsprojekt sind folgende Daten zu berücksichtigen:

- Die Anschaffungskosten für die Maschine belaufen sich auf 260.000 EUR.
- Die Nutzungsdauer der Anlage beträgt 10 Jahre.
- Die jährlichen Energiekosten werden voraussichtlich bei ca. 10.000 EUR liegen.

- Für Instandhaltung und Wartung werden etwa 8.000 EUR anfallen.
- Die Kosten für die Mitarbeiterschulung werden sich einmalig auf 20.000,00 EUR im Jahr der Anschaffung belaufen.
- Für eingespartes Personal wird ein Betrag von 70.000 EUR jährlich angesetzt.
- Die Abschreibung erfolgt linear.
- Für die Anschaffung stehen Eigenmittel zur Verfügung, die zu einem Zinssatz von 3,00 % angelegt werden könnten.
- Man geht von einer jährlichen Preissteigerungsrate von 1,1 % aus.
- Steuerliche Aspekte werden nicht ins Kalkül gezogen.

Die zugehörigen Berechnungsgrundlagen finden Sie in Tabelle 2.

Zelle	Formel	Erläuterung
C7	=B7+1	Fortschreiben der Jahre: Um eine 10-jährige Betrachtung zu erlauben, werden Spalten bis zum Jahr 2024 benötigt. Damit Sie die Datei in den Folgejahren für weitere Investitionsrechnungen einsetzen können, wird mit einer Formel gearbeitet. Diese Formel kann in die nachfolgenden Spalten kopiert werden.
B9	=LIA($B$8;0;10)	Ermitteln der Abschreibung mithilfe der Funktion LIA() aus der Kategorie der finanzmathematischen Funktionen
C10	=B10*(1+$B$3)	Errechnen der Preissteigerung im Bereich Energiekosten. Diese Formel kann in die nachfolgenden Spalten kopiert werden.
C11	=B11*(1+$B$3)	Instandhaltung/Wartung (vgl. **C10**)
B13	=B10+B11+B12	Summe der Ausgaben. Diese Formel kann in die nachfolgenden Spalten kopiert werden.
B14	=B49	Entgangene Zinserträge: Würde der Kapitaleinsatz von 260.000 EUR angelegt, kann mit einer Verzinsung von 3,00 % gerechnet werden. Die Höhe der monatlichen Zinsen wird in einer Nebenrechnung ermittelt. Formeln finden Sie in einer weiteren Tabelle
C16	=B16*(1+$B$3)	Einsparungen (vgl. **C10**).
B17	=B8*(-1)	Nebenrechnung für internen Zins: Die Anschaffungskosten werden als negative Zahl generiert, da zur Ermittlung des internen Zinsfußes das Argument **Werte** mindestens einen positiven und einen negativen Wert enthalten muss.
B18	=B16-B13-B14	Ermitteln des Kapitalrückflusses. (Diese Formel kann in die nachfolgenden Spalten kopiert werden.)
B19	=B18-B8	Saldo Kapitaleinsatz/Kapitalrückfluss. (Diese Formel kann in die nachfolgenden Spalten kopiert werden.)
B21	=IKV(B17:K18)	Ermittlung des internen Zinses, wobei das Argument **Schätzwert** nicht benötigt wird.

Tab. 2: Berechnungsgrundlagen

Hier die Nebenrechnungen zur Berechnung der Zinsen:

Zelle	Formel	Erläuterung
B48	=B5	Übernahme Zinssatz.
A49	=B8	Übernahme zu verzinsender Betrag: Der Wert entspricht den Anschaffungskosten der Investition.
B49	=A49*$B$48	Errechnen der Zinsen für das erste Jahr.
C49	=A49+B49	Addition von Ausgangskapital und Zinsen.
A50	=C49	Übernahme des Werts aus **C49**. Dieser Betrag wird in **B50** verzinst. Aufgrund des Zinseszinseffekts müssen die Zinsen ab dem zweiten Jahr von dem höheren Kapital berechnet werden.

Tab. 3: Nebenrechnungen

Die Beispieldaten finden Sie in der Tabelle **DynamischeRechnung** der Musterlösung **Investitionsrechnung.xls**. Die Musterlösung beinhaltet darüber hinaus Rechenmodelle, die die statischen Verfahren der Investitionsrechnung umsetzen.

Der interne Zinsfuß

Unter dem internen Zins versteht man die Rendite oder die Effektivverzinsung, die eine Investition erbringt. Es wird genau der Zinsfuß ermittelt, der sich bei einem Kapitalwert von null ergibt. Wenn der interne Zinsfuß, das heißt die erwartete Rendite einer Investition, mindestens so groß ist wie die Mindestzinsanforderungen, die ein Investor an ein Investitionsobjekt stellt, so ist die Investition vorteilhaft.

Die Frage nach der Vorteilhaftigkeit einer Investition ist nur dann zu beantworten, wenn die beiden Zinsfüße interner Zins und Mindestverzinsung bekannt sind. Für das aktuelle Beispiel liegt die Mindestverzinsung bei 3,00 %.

Excel stellt zur Ermittlung des internen Zinsfußes die Funktion IKV() zur Verfügung (s. Abb. 14), deren Syntax lautet:

IKV(Werte;Schätzwert)

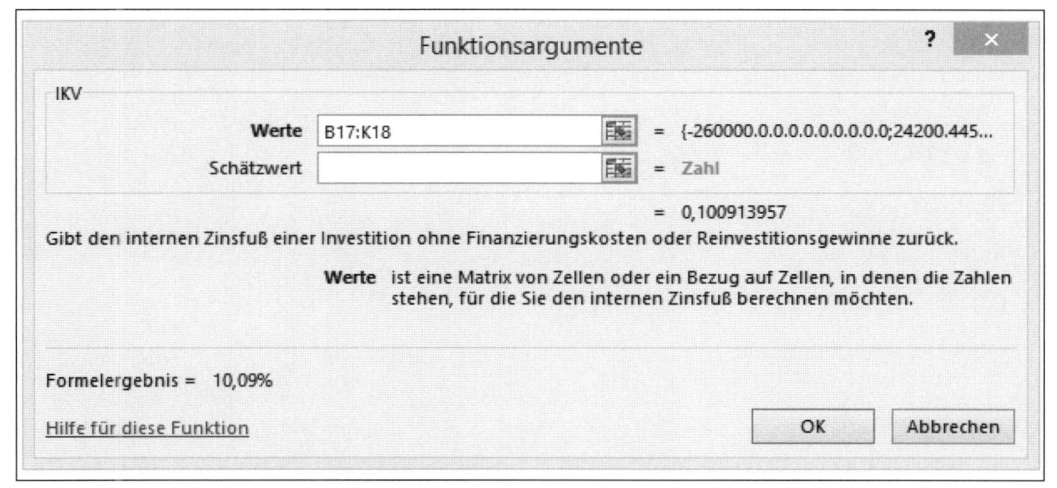

Abb. 14: Der Funktionsassistent der Funktion IKV()

- Das Argument **Werte** entspricht der zu der Investition gehörenden Zahlungsreihe und verlangt mindestens einen positiven und einen negativen Wert. Die Funktion unterstellt, dass die Zahlungen in der Reihenfolge erfolgen, in der sie im Argument **Werte** angegeben sind.
- Das Argument **Schätzwert** ist eine Zahl, von der Sie annehmen, dass sie in der Größenordnung des Ergebnisses liegt. Excel arbeitet mit einem Schätzwert, weil zur Berechnung der Funktion IKV() ein Iterationsverfahren eingesetzt wird. Das Verfahren beginnt mit dem Schätzwert. IKV() wird so lange ausgeführt, bis das Ergebnis eine Genauigkeit von 0,00001 % hat. Sollte kein geeignetes Ergebnis erzielt werden, wird der Fehler #ZAHL! ausgewiesen. Fehlen die Angaben zum Schätzwert geht Excel automatisch von 10 % aus.

Interpretation der Ergebnisse: Im Beispiel erhalten Sie 10,09 %. Der interne Zinsfuß liegt damit deutlich über der geforderten Mindestverzinsung von 3,00 %. Somit ist die Investition vorteilhaft.

6 Zusammenfassung

Die wichtigsten Formeln zur Zinsrechnung im Überblick

- **Zinsen = Kapital x Zinsfuß x Zeit / 100**
- **Tageszinsen = Kapital x Zinssatz x Tage / 100 x 360**
- **Monatszinsen = Kapital x Zinssatz x Monate / 100 x 12**
- **Zinsfuß = Zinsen x 100 x 360 / Kapital x Tage**
- **Zeit (Tag) = Zinsen x 100 x 360 / Kapital x Zinsfuß**
- **Kapital = Zinsen x 100 x 360 / Tage x Zinsfuß**

Wichtige Excel-Funktionen im Zusammenhang mit Krediten sind Folgende:

- Zinsen können Sie in Excel mithilfe der Funktion ZINSZ() ermitteln.
- Die Funktion ZW() wird zur Berechnung von Endwerten bei regelmäßig eingehenden Beträgen eingesetzt.
- Der Tilgungsanteil einer Zahlung im Zusammenhang mit einem Kredit bzw. Darlehen wird mithilfe der Funktion KAPZ() ausgerechnet.
- Mithilfe der Funktion RMZ() ermittelt Excel eine Annuität.

Im Rahmen der Investitionsrechnungen wird zwischen statischen und dynamischen Verfahren unterschieden. Die bekanntesten dynamischen Verfahren sind:

- Kapitalwertmethode
- Annuitätenmethode
- Interne Zinssatzmethode
- Amortisationsrechnung

Unter einem internen Zins versteht man die Rendite oder die Effektivverzinsung, die eine Investition erbringt. Es wird genau der Zinsfuß ermittelt, der sich bei einem Kapitalwert von null ergibt. In Excel arbeitet man zur Berechnung des internen Zinsfußes mit der Funktion IKV().

III. Daten auswerten und sicher verwalten

Manchmal sieht man den Wald vor lauter Bäumen nicht!

CHRISTOPH MARTIN WIELAND
Deutscher Dichter
5.9.1733 – 20.1.1813

In vielen Unternehmen liegen Datenbestände wie Kundendaten oder Lagerzahlen in einem so hohen Maß vor, dass man als Anwender leicht den Überblick verliert. Excel ist hier das Werkzeug der ersten Wahl, um das Wesentliche nicht aus den Augen zu verlieren.

Dafür sorgen Excel-Funktionen wie die **Gliederungsfunktion,** der **Teilergebnis-Assistent** oder die in Excel 2013 weiter ausgebaute **bedingte Formatierung**, mit denen Sie diese Daten auswerten und aufbereiten können.

Dank der komfortablen **Sortierfunktion** bringen Sie die Informationen darüber hinaus genau in die Reihenfolge, in der diese benötigt werden.

Mit **Filterfunktionen** selektieren Sie in einer Umsatzliste gezielt nach bestimmten Kriterien, zum Beispiel Produkten, Mitarbeitern oder Verkaufsgebieten.

Ein wirklich mächtiges Werkzeug stellt Ihnen Excel durch die **Pivot-Tabellen** und **PivotCharts** zur Verfügung, mit dessen Hilfe Sie Informationen nach verschiedenen Kriterien zusammenstellen und gestalten können.

Sie finden dieses Kapitel zusammen mit der begleitenden Beispieldatei auf der CD unter dem Haufe-Indices **7446091** und **7446095**. Geben Sie dazu einfach den Index in die Suchmaske ein.

Analysieren Sie Ihre Daten mit Filter, Teilergebnissen und Funktionen 136
1   Diese Instrumente stehen Ihnen zur Verfügung 136
2   Daten mithilfe der Funktion AutoFilter selektieren 137
3   Mit Teilergebnissen arbeiten 142
4   Gruppieren und Gliedern von Daten... 145
5   SUMMEWENN und ZÄHLENWENN... 148
6   Bedingte Formatierung... 155
7   Praxisbeispiel: ABC-Analyse.. 157
8   Zusammenfassung.. 166
So analysieren Sie Daten mit Pivot-Tabellen und PivotCharts 169
1   Das leisten Pivot-Tabellen und PivotCharts.. 169
2   Praxisbeispiel: Buchhaltungsdaten zu Kostenanalysen verdichten 171
3   Die Funktion PIVOTDATENZUORDNEN()... 180
4   PivotChart... 181
5   Zusammenfassung.. 183

Daten auswerten und sicher verwalten

Daten auswerten und verwalten: Analysieren Sie Ihre Daten mit Filter, Teilergebnissen und Funktionen

Mit den komfortablen Analyse- und Filterwerkzeugen von Excel lassen sich die Informationen aus Datenlisten nahezu nach Belieben verdichten, selektieren, analysieren und bereitstellen.

Lesen Sie hier, wie Sie unter anderem die Funktionen Datenfilter, Teilergebnisse sowie die Gliederung auf eine Datenliste anwenden und ganz gezielt Informationen abfragen.

Die Beispieldaten finden Sie in der Musterlösung **DatenAnalysieren.xlsx**, **ABC_UA.xlsm** und **ABC_GA.xlsm** unter dem Haufe-Index **7446147**.

Inhalt

1 Diese Instrumente stehen Ihnen zur Verfügung 136
2 Daten mithilfe der Funktion AutoFilter selektieren 137
3 Mit Teilergebnissen arbeiten 142
4 Gruppieren und Gliedern von Daten ... 145
5 SUMMEWENN und ZÄHLENWENN 148
6 Bedingte Formatierung 155
7 Praxisbeispiel: ABC-Analyse 157
8 Zusammenfassung 166

1 Diese Instrumente stehen Ihnen zur Verfügung

Bei der Arbeit mit Datenlisten ist es in der Praxis häufig erforderlich, ganz gezielt bestimmte Datensätze einer Datenliste herauszusuchen. Im Rahmen dieses Beitrags lernen Sie folgende Instrumente kennen:

- Schnellanalyse
- Filter und AutoFilter
- Teilergebnis
- Gruppieren
- Funktionen: SUMMEWENN, ZÄHLENWENN, SUMMEWENNS, ZÄHLENWENNS
- Bedingte Formatierung
- PivotTable und PivotChart
- Datenbankfunktionen
- Funktion HÄUFIGKEIT

> **HINWEIS**
>
> **Schnellanalyse**
>
> Die Schnellanalyse, die wir Ihnen bereits vorgestellt haben, unterstützt Sie beim Kennzeichnen auffälliger Informationen besonders unkonventionell. Allerdings ist ihr Einsatz nicht für alle Daten sinnvoll. Wenn Sie die komplette Datenliste aus Abbildung 1 markieren und die Option **Obere 10 %** auswählen, kennzeichnet Word Datumswerte. Die Aussage ist nicht zu gebrauchen.
>
> Um auf die Schnelle die Top Ten der Netto-Beträge zu zeigen, können Sie die Schnellanalyse dann wiederum einsetzen. Dann dürfen Sie allerdings nur die Nettowerte, nicht aber die komplette Datenliste markieren (s. Abb. 1). Hier wird deutlich, mit der Schnellanalyse gerät man schnell an deren Grenze.

Daten mit Filter, Teilergebnissen und Funktionen analysieren

	A	B	C	D	E	F	G	H	I	J
1	Beleg-Nr.	Kostenart	Konto-Nr	Kosten-stelle	Monat	Buchungsdatum	MwSt-Satz	netto	Mwst	brutto
2	1	Material	4200	100	Januar	02.01.13	19%	3.911,00 €	743,09 €	4.654,09 €
3	2	Zinsen	4700	190	Januar	03.01.13	0%	2.548,00 €	0,00 €	2.548,00 €
4	3	Gehälter	4101	100	Januar	04.01.13	0%	250,00 €	0,00 €	250,00 €
5	4	Energien	4201	200	Januar	05.01.13	19%	569,00 €	108,11 €	677,11 €
6	5	Afa	4121	120	Januar	06.01.13		250,00 €	0,00 €	250,00 €
7	6	Zinsen	4700	120	Januar	07.01.13		4.050,00 €	0,00 €	4.050,00 €
8	7	Löhne	4191	190	Januar	08.01.13		2.500,00 €	0,00 €	2.500,00 €
9	8	Gehälter	4101	100	Januar	09.01.13		6.224,00 €	0,00 €	6.224,00 €
10	9	Mieten	4500	100	Januar	10.01.13		9.022,00 €	0,00 €	9.022,00 €
11	10	Afa	4121	130	Februar	01.02.13		250,00 €	0,00 €	250,00 €
12	11	Gehälter	4101	130	Februar	02.02.13		6.224,00 €	0,00 €	6.224,00 €
13	12	Mieten	4500	200	Februar	03.02.13		9.022,00 €	0,00 €	9.022,00 €
14	13	Afa	4121	130	Februar	04.02.13		250,00 €	0,00 €	250,00 €
15	14	Sonstiges	4611	190	Februar	05.02.13	19%	2.345,00 €	445,55 €	2.790,55 €
16	15	Löhne	4191	100	Februar	06.02.13		250,00 €	0,00 €	250,00 €
17	16	Mieten	4500	100	Februar	07.02.13		2.582,00 €	0,00 €	2.582,00 €
18	17	Sozialkosten	4192	100	Februar	08.02.13		250,00 €	0,00 €	250,00 €
19	18	Afa	4121	100	Februar	09.02.13		9.022,00 €	0,00 €	9.022,00 €
20	19	Material	4200	190	Februar	10.02.13	19%	2.489,00 €	472,91 €	2.961,91 €
21	20	Sozialkosten	4192	100	März	12.03.13	0%	2.548,00 €	0,00 €	2.548,00 €
22	21	Energien	4201	200	März	13.03.13	19%	1.545,00 €	293,55 €	1.838,55 €
23	22	Material	4200	100	März	14.03.13	19%	2.214,00 €	420,66 €	2.634,66 €
24	23	Zinsen	4700	190	März	15.03.13		2.548,00 €	0,00 €	2.548,00 €
25	24	Energien	4201	200	März	17.03.13	19%	569,00 €	108,11 €	677,11 €
26	25	Afa	4121	120	März	18.03.13		250,00 €	0,00 €	250,00 €
27	26	Gehälter	4101	100	März	19.03.13		250,00 €	0,00 €	250,00 €
28	27	Zinsen	4700	100	März	19.03.13		1.545,00 €	0,00 €	1.545,00 €
29	28	Löhne	4191	190	März	20.03.13		2.500,00 €	0,00 €	2.500,00 €
30	29	Löhne	4191	120	April	03.04.13		5.145,00 €	0,00 €	5.145,00 €
31	30	Abgaben	4181	180	April	04.04.13		2.548,00 €	0,00 €	2.548,00 €
32	31	Sozialkosten	4192	120	April	05.04.13		3.250,00 €	0,00 €	3.250,00 €
33	32	Instandhaltung	4401	200	April	06.04.13	19%	974,00 €	185,06 €	1.159,06 €
34	33	Material	4200	130	April	07.04.13	19%	250,00 €	47,50 €	297,50 €
35	34	Abgaben	4131	130	April	08.04.13		2.489,00 €	0,00 €	2.489,00 €
36	35	Gehälter	4101	180	April	09.04.13		1.000,00 €	0,00 €	1.000,00 €
37	36	Sozialkosten	4192	100	April	10.04.13		2.548,00 €	0,00 €	2.548,00 €
38	37	Energien	4201	200	April	11.04.13	19%	1.545,00 €	293,55 €	1.838,55 €

Abb. 1: Hier wurden die oberen 10 % gekennzeichnet

Die Testdaten finden Sie in unserer Musterlösung **DatenAnalysieren.xlsx** in der Tabelle **Journaldaten**.

2 Daten mithilfe der Funktion AutoFilter selektieren

Ein recht einfaches Verfahren, um Daten zu filtern, ist der Einsatz des AutoFilters. Ein komplexeres Auswertungsinstrument steht in Form der Spezialfilter zur Verfügung.

AutoFilter

Der AutoFilter zeichnet sich durch besonders simple Handhabung aus und bietet Ihnen die Möglichkeit, mit nur wenigen Arbeitsschritten Daten zu selektieren. Vorstellen möchten wir Ihnen das Werkzeug anhand der Beispieldaten aus Abbildung 1.

Um z. B. aus der Liste eine bestimmte Kostenart oder Kostenstelle herauszufiltern, gehen Sie wie folgt vor:

Daten filtern mit AutoFilter

1 Setzen Sie die Eingabemarkierung in die Datenliste und aktivieren Sie das Register **Daten**. Klicken Sie im Bereich **Sortieren und Filtern** auf die Schaltfläche **Filtern** (s. Abb. 2).

Abb. 2: Die Gruppe Sortieren und Filtern im Menü Daten

2 In der Überschriftenleiste erscheinen sogenannte Pulldown-Pfeile. Diese können Sie verwenden, um Daten zu filtern. Klicken Sie den Pulldown-Pfeil hinter **Kostenstellen** an und anschließend in der sich öffnenden Dropdown-Liste (s. Abb. 3) auf den Eintrag (**Alles auswählen**).

Abb. 3: Auswahlmöglichkeiten eines AutoFilters

Auf diese Weise werden alle Häkchen vor den Kostenstellen entfernt. Jetzt können Sie ganz gezielt eine oder mehrere Kostenstellen auswählen. Wenn Sie sich für die Kostenstelle 100 entscheiden, erhalten Sie das Ergebnis aus Abbildung 4 (s. auch **DatenAnalysieren.xlsx**, Tabelle **Filter**).

Beleg-Nr.	Kostenart	Konto-Nr	Kosten-kategorie	Kosten-stelle	Monat	Buchungsdatum	MwSt-Satz	netto	Mwst	brutto
1	Material	4101	P	100	Januar	02.01.13	19%	3.911,00 €	743,09 €	4.654,09 €
3	Gehälter	4101	P	100	Januar	04.01.13	0%	250,00 €	0,00 €	250,00 €
8	Gehälter	4101	P	100	Januar	09.01.13		6.224,00 €	0,00 €	6.224,00 €
9	Mieten	4101	S	100	Januar	10.01.13		9.022,00 €	0,00 €	9.022,00 €
15	Löhne	4101	P	100	Februar	06.02.13		250,00 €	0,00 €	250,00 €
16	Mieten	4101	P	100	Februar	07.02.13		2.582,00 €	0,00 €	2.582,00 €
17	Sozialkosten	4101	P	100	Februar	08.02.13		250,00 €	0,00 €	250,00 €
18	Afa	4101	P	100	Februar	09.02.13		9.022,00 €	0,00 €	9.022,00 €
20	Sozialkosten	4101	P	100	März	12.03.13	0%	2.548,00 €	0,00 €	2.548,00 €
22	Material	4101	P	100	März	14.03.13	19%	2.214,00 €	420,66 €	2.634,66 €
26	Gehälter	4101	P	100	März	19.03.13		250,00 €	0,00 €	250,00 €
27	Zinsen	4101	P	100	März	19.03.13		1.545,00 €	0,00 €	1.545,00 €
36	Sozialkosten	4101	P	100	April	10.04.13		2.548,00 €	0,00 €	2.548,00 €
38	Afa	4101	P	100	Mai	17.05.13		9.022,00 €	0,00 €	9.022,00 €
45	Abgaben	4101	P	100	Mai	24.05.13		2.489,00 €	0,00 €	2.489,00 €

Abb. 4: Hier wird nur Kostenstelle 100 angezeigt

Daten mit Filter, Teilergebnissen und Funktionen analysieren

Auf dem Bildschirm werden ausschließlich die gewünschten Kostenstellen gezeigt. Die übrigen Daten werden ausgeblendet. Wenn Sie sich die Zeilenköpfe anschauen, werden Sie feststellen, dass hinter **Kostenstelle** jetzt ein kleines Filtersymbol gezeigt wird. Die Zeilenbezeichnungen erscheinen in blauer Farbe. Dadurch signalisiert Excel, dass Sie sich im Auswahlmodus befinden. Um den Filter wieder auszuschalten klicken Sie erneut im Register **Daten** auf die Schaltfläche **Filter**. Alle Pfeile hinter den Spaltenüberschriften verschwinden. Die komplette Liste der Datensätze wird wieder angezeigt.

> **HINWEIS**
>
> **Weitere Selektion**
>
> Sie können die Auswahl weiter eingrenzen. Wenn Sie z. B. alle Kostenarten einer bestimmten Kostenstelle ansehen wollen, wählen Sie die gewünschte Kostenstelle aus der Liste, die zum Feld **Kostenstelle** gehört, aus. Zusätzlich wählen Sie dann unter **Kostenart** die gewünschte Kostenart aus. Anschließend trägt auch die Überschrift Kostenart ein kleines Filtersymbol (s. Abb. 5).

	A	B	C	D	E	F	G	H	I	J	K
1	Beleg-Nr.	Kostenart	Konto-Nr	Kosten-kategorie	Kosten-stelle	Monat	Buchungsdatum	MwSt-Satz	netto	Mwst	brutto
4	3	Gehälter	4101	P	100	Januar	04.01.13	0%	250,00 €	0,00 €	250,00 €
9	8	Gehälter	4101	P	100	Januar	09.01.13		6.224,00 €	0,00 €	6.224,00 €
27	26	Gehälter	4101	P	100	März	19.03.13		250,00 €	0,00 €	250,00 €

Abb. 5: Hier werden nur die Gehälter von Kostenstelle 100 angezeigt

2.1 Sonderauswahlmöglichkeiten

Über den Eintrag **Zahlenfilter**, den Sie ebenfalls über den Auswahlpfeil neben dem Feldnamen erreichen, haben Sie differenziere Selektionsmöglichkeiten im Rahmen der AutoFilter-Funktion. Über ein Menü können Vergleichsoperatoren eingesetzt werden. Auf diese Weise lassen sich z. B. alle Nettobuchungen auswählen, die zwischen 1.000 und 2.000 EUR liegen:

Zahlenfilter einsetzen

1. Wählen Sie aus dem Menü hinter **netto** den Eintrag **Zahlenfilter → Zwischen** (s. Abb. 6).

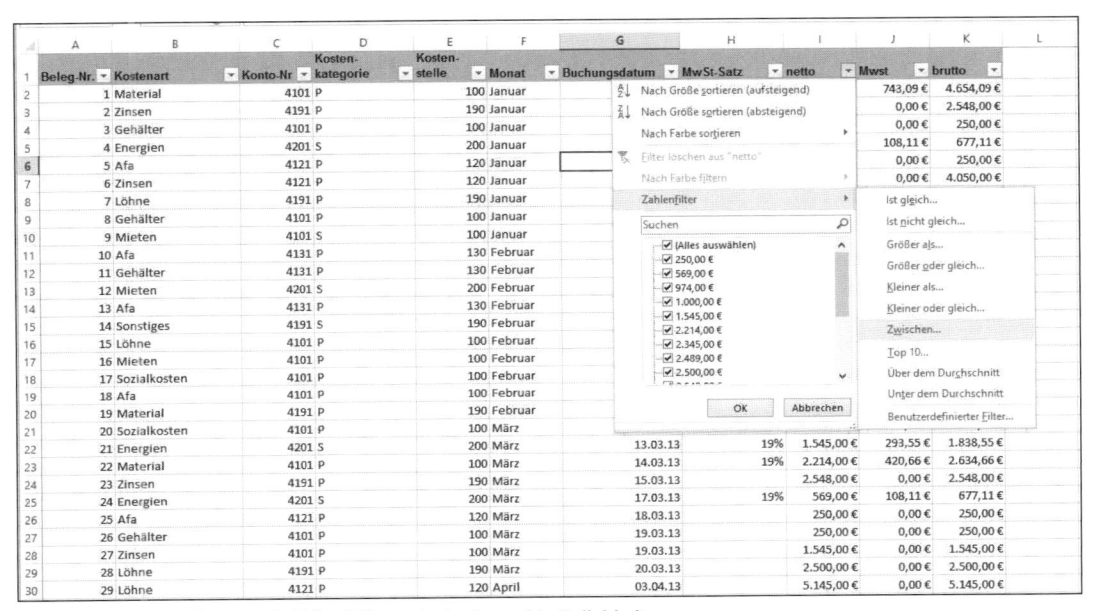

	A	B	C	D	E	F	G	H	I	J	K
1	Beleg-Nr.	Kostenart	Konto-Nr	Kosten-kategorie	Kosten-stelle	Monat	Buchungsdatum	MwSt-Satz	netto	Mwst	brutto
2	1	Material	4101	P	100	Januar				743,09 €	4.654,09 €
3	2	Zinsen	4191	P	190	Januar				0,00 €	2.548,00 €
4	3	Gehälter	4101	P	100	Januar				0,00 €	250,00 €
5	4	Energien	4201	S	200	Januar				108,11 €	677,11 €
6	5	Afa	4121	P	120	Januar				0,00 €	250,00 €
7	6	Zinsen	4121	P	120	Januar				0,00 €	4.050,00 €
8	7	Löhne	4191	P	190	Januar					
9	8	Gehälter	4101	P	100	Januar					
10	9	Mieten	4101	S	100	Januar					
11	10	Afa	4131	P	130	Februar					
12	11	Gehälter	4131	P	130	Februar					
13	12	Mieten	4201	S	200	Februar					
14	13	Afa	4131	P	130	Februar					
15	14	Sonstiges	4191	S	190	Februar					
16	15	Löhne	4101	P	100	Februar					
17	16	Mieten	4101	P	100	Februar					
18	17	Sozialkosten	4101	P	100	Februar					
19	18	Afa	4101	P	100	Februar					
20	19	Material	4191	P	190	Februar					
21	20	Sozialkosten	4101	P	100	März					
22	21	Energien	4201	S	200	März	13.03.13	19%	1.545,00 €	293,55 €	1.838,55 €
23	22	Material	4101	P	100	März	14.03.13	19%	2.214,00 €	420,66 €	2.634,66 €
24	23	Zinsen	4191	P	190	März	15.03.13		2.548,00 €	0,00 €	2.548,00 €
25	24	Energien	4201	S	200	März	17.03.13	19%	569,00 €	108,11 €	677,11 €
26	25	Afa	4121	P	120	März	18.03.13		250,00 €	0,00 €	250,00 €
27	26	Gehälter	4101	P	100	März	19.03.13		250,00 €	0,00 €	250,00 €
28	27	Zinsen	4101	P	100	März	19.03.13		1.545,00 €	0,00 €	1.545,00 €
29	28	Löhne	4191	P	190	März	20.03.13		2.500,00 €	0,00 €	2.500,00 €
30	29	Löhne	4121	P	120	April	03.04.13		5.145,00 €	0,00 €	5.145,00 €

Abb. 6: Der Zahlenfilter ermöglicht differenzierte Auswahlmöglichkeiten

2 Excel ruft das Dialogfeld **Benutzerdefinierter AutoFilter** auf. Übernehmen Sie die Daten aus Abbildung 7.

Abb. 7: Das Fenster Benutzerdefinierter AutoFilter

Der **Zahlenfilter** ermöglicht neben einem benutzerdefinierten Filter zahlreiche Voreinstellungen:

- Ist gleich
- Ist nicht gleich
- Größer als
- Größer oder gleich
- Kleiner als
- Kleiner oder gleich
- Top 10
- Über dem Durchschnitt
- Unter dem Durchschnitt

> **HINWEIS**
>
> **Benutzerdefinierte Filter**
>
> Wenn Sie anstelle des Eintrags **Zahlenfilter** den Eintrag **Benutzerdefinierte Filter** auswählen, können Sie über die Optionen **Und** bzw. **Oder** weiter differenzieren. Das bedeutet, dass Sie bei den benutzerdefinierten Filtern für jedes Feld 2 alternative Kriterien oder 2 gleichzeitig gültige Kriterien verwenden werden können

2.2 So arbeiten Sie mit Spezialfiltern

Der Umgang mit Spezialfiltern ist vom Handling her nicht ganz so einfach wie der Einsatz der AutoFilter, bietet dafür aber komplexere Abfragemöglichkeiten, z. B. mithilfe logischer Verknüpfungen. Darüber hinaus lassen sich Duplikate ausblenden.

Voraussetzung für die Arbeit mit Spezialfiltern ist ein sogenannter Kriterienbereich, der die Bedingungen für den Filter enthält. Dafür benötigen Sie innerhalb der Tabelle mindestens 2 leere Zeilen.

PRAXIS - TIPP

Kriterien oberhalb der Liste setzen

Nach Möglichkeit sollten Sie den Kriterienbereich oberhalb der Liste einsetzen. Wenn Sie nämlich den Kriterienbereich neben der Datenbank anlegen, werden unter Umständen einzelne Kriterien beim Filtern ausgeblendet. Wenn Sie den Kriterienbereich unterhalb der Datensätze positionieren, besteht die Gefahr, dass der Bereich beim Eintragen neuer Datensätze irrtümlich überschrieben wird.

Der Umgang mit dem Spezialfilter soll anhand eines Beispiels demonstriert werden. Aus einer Liste mit geplanten Investitionen sollen alle Datensätze selektiert werden, bei denen die Ausgaben im zweiten Jahr höher sind als im ersten Jahr (s. Musterlösung **DatenAnalysieren.xlsx**, Tabelle **Spezialfilter**).

Spezialfilter einsetzen

1 Fügen Sie oberhalb der Datenliste 3 neue Zeilen ein, um Platz für den Kriterienbereich und einen Abstand zwischen Kriterienbereich und Datenliste zu erhalten.

2 Tragen Sie in Zelle **A1** einen aussagefähigen Begriff, z. B. „Höhere Ausgaben", ein. Geben Sie in **A2** unterhalb der Kriterienbeschriftungen die Kriterien ein, die Sie anwenden möchten. Für das aktuelle Beispiel ist eine Kriterienzeile ausreichend.

3 Arbeiten Sie hier mit der Formel **=E5<F5**. E5 entspricht der ersten Ausgabe der ersten Zelle unterhalb des Feldes Ausgaben 1. Jahr. **F5** repräsentiert die erste Zelle unter dem Feldnamen Ausgaben 2. Jahr. Excel liefert das Ergebnis WAHR, wenn in der ersten Zeile der Liste die Bedingung erfüllt ist, ansonsten erscheint der Wert FALSCH (s. Abb. 8).

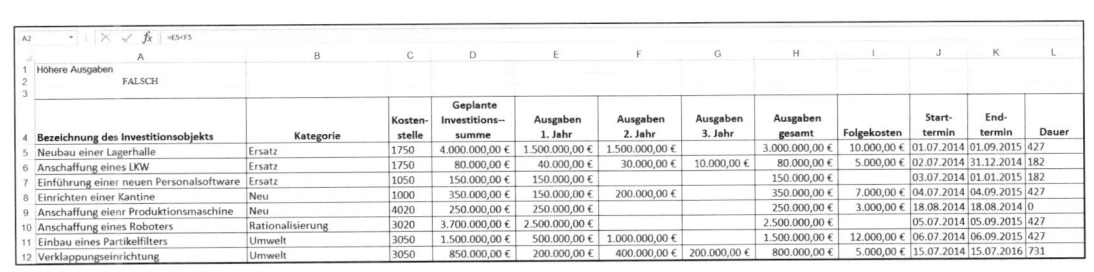

Abb. 8: Setzen Sie die Kriterien oberhalb der Datenliste

4 Setzen Sie die Eingabemarkierung in die Datenliste und wählen Sie **Daten → Erweitert**. Excel öffnet das Dialogfeld **Spezialfilter** (s. Abb. 9).

5 Übernehmen Sie die Standardeinstellung **Liste an gleicher Stelle** filtern. Dadurch werden alle nicht benötigten Datensätze ausgeblendet. Über die Option **An eine andere Stelle kopieren** erreichen Sie, dass das Ergebnis in einen anderen Tabellenbereich kopiert wird.

6 Im Ausgabebereich klicken Sie einfach die obere linke Zelle des Ausgabebereichs an. Die gefilterten Daten können Gegenstand weiterer Abfragen werden.

7 Machen Sie in den Feldern **Listenbereich** und **Kriterienbereich** die notwendigen Angaben. Wenn sich der Zellzeiger innerhalb der Datenliste befindet, wird das Feld **Listenbereich** standardmäßig von Excel ausgefüllt.

Daten auswerten und sicher verwalten

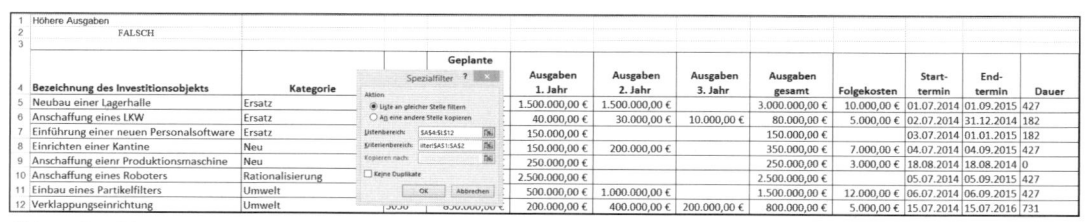

Abb. 9: Der Dialog Spezialfilter mit Arbeitsumgebung

8 Im Kriterienbereich geben Sie für das aktuelle Beispiel die Zellen **A1** bis **A2** an. Verlassen Sie anschließend das Fenster über **OK**. Die entsprechenden Datensätze werden von Excel gefiltert (s. Abb. 10 sowie Musterdatei **DatenAnalysieren.xlsx**, Tabelle **Spezialfilter**).

Abb. 10: Die Ergebnisse des Spezialfilters

Um den Spezialfilter wieder zu entfernen, wählen Sie **Daten → Filter → Alle Anzeigen**.

HINWEIS

Filtermodus

Wenn Sie Daten mithilfe der Funktion **AutoFilter** oder Spezialfilter gefiltert haben, wechselt Excel in den Filter-Modus. Man erkennt das zum einen an den blauen Spaltenköpfen und zum anderen an dem Hinweis **Filter-Modus** in der Statusleiste. Für Sie heißt das: Es wird nicht der komplette Datenbestand, sondern lediglich ein Extrakt der Daten gezeigt.

---

3 Mit Teilergebnissen arbeiten

In der Praxis ist häufig die Auswertung von Tabellen und Datenlisten nach bestimmten Datengruppen gefragt. Hier bietet sich der Einsatz der Funktion **Teilergebnis** an. Bevor Sie diesen Befehl anwenden, muss die Datenliste sortiert werden. Anschließend können Sie diverse statistische Auswertungen wie z. B. das Ermitteln von Mittelwert oder Maximum durchführen.

Voraussetzung für das erfolgreiche Anwenden der Funktion Teilergebnis in einer Datenliste ist, dass mehrere Datensätze mindestens in einer Hinsicht identisch sind. Im Buchungsjournal gehören die verschiedenen Datensätze zu bestimmten Kostenarten, wie beispielsweise Abschreibung oder Gehälter. Die Beispieldaten sollen nach Kostenarten verdichtet werden.

Teilergebnisse nach Kostenarten

1 Sortieren Sie die Datenliste zunächst nach Kostenarten. Dazu setzen Sie die Eingabemarkierung in der Datenliste in eine beliebige Zelle der Spalte **B** unterhalb der Überschrift.

2 Klicken Sie im Menüband **Daten** in der Gruppe **Sortieren und Filtern** auf die Schaltfläche **Aufsteigend**. Dadurch werden die Kostenarten sortiert.

Daten mit Filter, Teilergebnissen und Funktionen analysieren

3 Lassen Sie die Eingabemarkierung innerhalb der Datenliste stehen und wählen Sie **Daten → Teilergebnis**.

4 Im gleichnamigen Dialogfeld entscheiden Sie sich unter **Gruppieren nach** für den Feldnamen, nach dem die Datenliste gruppiert werden soll. Für das aktuelle Beispiel verwenden Sie den Eintrag **Kostenart** (s. Abb. 11).

Abb. 11: Das Fenster Teilergebnisse

5 **Unter Verwendung von** legen Sie fest, welche statistische Auswertung erfolgen soll, für das Beispiel wählen Sie **Summe**.

6 In der Liste **Teilergebnisse addieren zu** geben Sie an, für welches Feld ein Teilergebnis berechnet werden soll. Aktivieren Sie die Kontrollkästchen **netto** und **brutto**. Bestätigen Sie die Einstellungen über **OK**.

Excel stellt die Ergebnisse im Arbeitsblatt dar (s. Abb. 12 sowie Musterlösung **DatenAnalysieren.xlsx**, Tabelle **Teilergebnis**). Sie werden feststellen, dass zu diesem Zweck neue Zeilen eingefügt wurden, in denen die Summen der einzelnen Kostenarten ermittelt werden. Am Ende der Datenliste finden Sie darüber hinaus das Gesamtergebnis. Neben den Berechnungsergebnissen werden Gliederungsebenen eingerichtet.

Beachten Sie bei der Arbeit mit dem Dialog **Teilergebnisse** folgende Punkte:

- Das Kontrollkästchen **Vorhandene Teilergebnisse ersetzen** ist wichtig, wenn Sie bereits Teilergebnisse berechnet haben und diese überschreiben möchten.
- Wenn Sie nach jeder Gruppe von Datensätzen beim Ausdruck ein neues Blatt wünschen, aktivieren Sie das Kontrollkästchen **Seitenwechsel zwischen Gruppen einfügen**. Das ist bei sehr umfangreichen Listen sinnvoll und darüber hinaus auch immer dann, wenn Sie nach Personen gliedern und die Informationen (z. B. Verdichten von Vertreterumsätzen) entsprechend verteilen möchten.
- Über **Ergebnisse unterhalb der Daten anzeigen**, entscheiden Sie, wo die Teilergebnisse im Arbeitsblatt erscheinen sollen. Deaktivieren dieses Kontrollkästchens hat zur Folge, dass die Ergebnisse nicht unter, sondern oberhalb der einzelnen Datengruppen positioniert werden.

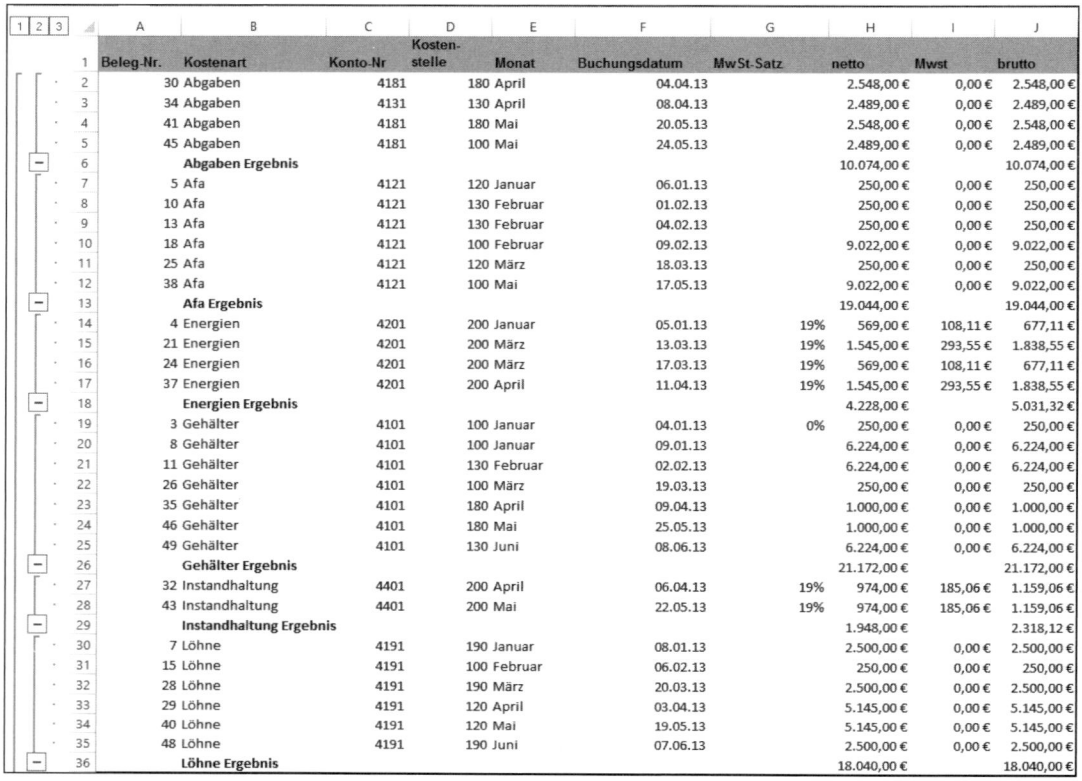

1 2 3		A	B	C	D	E	F	G	H	I	J
	1	Beleg-Nr.	Kostenart	Konto-Nr	Kostenstelle	Monat	Buchungsdatum	MwSt-Satz	netto	Mwst	brutto
	2	30	Abgaben	4181	180	April	04.04.13		2.548,00 €	0,00 €	2.548,00 €
	3	34	Abgaben	4131	130	April	08.04.13		2.489,00 €	0,00 €	2.489,00 €
	4	41	Abgaben	4181	180	Mai	20.05.13		2.548,00 €	0,00 €	2.548,00 €
	5	45	Abgaben	4181	100	Mai	24.05.13		2.489,00 €	0,00 €	2.489,00 €
	6		Abgaben Ergebnis						10.074,00 €		10.074,00 €
	7	5	Afa	4121	120	Januar	06.01.13		250,00 €	0,00 €	250,00 €
	8	10	Afa	4121	130	Februar	01.02.13		250,00 €	0,00 €	250,00 €
	9	13	Afa	4121	130	Februar	04.02.13		250,00 €	0,00 €	250,00 €
	10	18	Afa	4121	100	Februar	09.02.13		9.022,00 €	0,00 €	9.022,00 €
	11	25	Afa	4121	120	März	18.03.13		250,00 €	0,00 €	250,00 €
	12	38	Afa	4121	100	Mai	17.05.13		9.022,00 €	0,00 €	9.022,00 €
	13		Afa Ergebnis						19.044,00 €		19.044,00 €
	14	4	Energien	4201	200	Januar	05.01.13	19%	569,00 €	108,11 €	677,11 €
	15	21	Energien	4201	200	März	13.03.13	19%	1.545,00 €	293,55 €	1.838,55 €
	16	24	Energien	4201	200	März	17.03.13	19%	569,00 €	108,11 €	677,11 €
	17	37	Energien	4201	200	April	11.04.13	19%	1.545,00 €	293,55 €	1.838,55 €
	18		Energien Ergebnis						4.228,00 €		5.031,32 €
	19	3	Gehälter	4101	100	Januar	04.01.13	0%	250,00 €	0,00 €	250,00 €
	20	8	Gehälter	4101	100	Januar	09.01.13		6.224,00 €	0,00 €	6.224,00 €
	21	11	Gehälter	4101	130	Februar	02.02.13		6.224,00 €	0,00 €	6.224,00 €
	22	26	Gehälter	4101	100	März	19.03.13		250,00 €	0,00 €	250,00 €
	23	35	Gehälter	4101	180	April	09.04.13		1.000,00 €	0,00 €	1.000,00 €
	24	46	Gehälter	4101	180	Mai	25.05.13		1.000,00 €	0,00 €	1.000,00 €
	25	49	Gehälter	4101	130	Juni	08.06.13		6.224,00 €	0,00 €	6.224,00 €
	26		Gehälter Ergebnis						21.172,00 €		21.172,00 €
	27	32	Instandhaltung	4401	200	April	06.04.13	19%	974,00 €	185,06 €	1.159,06 €
	28	43	Instandhaltung	4401	200	Mai	22.05.13	19%	974,00 €	185,06 €	1.159,06 €
	29		Instandhaltung Ergebnis						1.948,00 €		2.318,12 €
	30	7	Löhne	4191	190	Januar	08.01.13		2.500,00 €	0,00 €	2.500,00 €
	31	15	Löhne	4191	100	Februar	06.02.13		250,00 €	0,00 €	250,00 €
	32	28	Löhne	4191	190	März	20.03.13		2.500,00 €	0,00 €	2.500,00 €
	33	29	Löhne	4191	120	April	03.04.13		5.145,00 €	0,00 €	5.145,00 €
	34	40	Löhne	4191	120	Mai	19.05.13		5.145,00 €	0,00 €	5.145,00 €
	35	48	Löhne	4191	190	Juni	07.06.13		2.500,00 €	0,00 €	2.500,00 €
	36		Löhne Ergebnis						18.040,00 €		18.040,00 €

Abb. 12: Über die Funktion Teilergebnis verdichten Sie die Informationen einer Datenliste nach bestimmten Kriterien

Auswertungsmöglichkeiten

Mithilfe der Funktion **Teilergebnis** haben Sie die Möglichkeit, folgende statistische Auswertungen durchzuführen:

- Summe
- Mittelwert
- Anzahl
- Anzahl Zahlen
- Minimum
- Maximum
- Produkt
- Varianz (Stichprobe)
- Varianz (Grundgesamtheit)
- Standardabweichung (Stichprobe)
- Standardabweichung (Grundgesamtheit)

HINWEIS

Teilergebnisse entfernen

Um die Teilergebnisse wieder aus Ihrer Datenliste zu entfernen, wählen Sie **Daten → Teilergebnis**. Im folgenden Fenster klicken Sie die Schaltfläche **Alle entfernen** an.

Wegfall des Teilsummen-Assistenten

Anwender unter Ihnen, die mit den Vorgängerversionen von Excel 2013 vertraut waren und den Teilsummen-Assistenten suchen, werden dies vergeblich tun. Dieses Add-In ist in Excel 2013 nicht mehr enthalten. In Excel 2013 setzen Sie für Auswertungen, für die Sie früher den Teilsummenassistenten eingesetzt haben, Funktionen wie SUMMWENN oder SUMMEWENNS ein. Für den Fall, dass Sie in Arbeitsmappen, die Sie mit früheren Excel-Versionen erstellt haben, Formeln mithilfe des Teilsummen-Assistenten erarbeitet haben, können Sie die Dateien in Excel 2013 weiterhin nutzen.

4 Gruppieren und Gliedern von Daten

Excel stellt eine Gliederungsfunktion zur Verfügung, die Ihnen bei der Arbeit mit umfangreichen Tabellen hilft. Durch die Vergabe unterschiedlicher Gliederungsebenen verschaffen Sie sich eine bessere Übersicht über den Datenbestand und haben so die Möglichkeit, die Informationen schneller auszuwerten. Die Aufteilung kann dabei in horizontaler und vertikaler Richtung erfolgen.

Recht simpel ist der Einsatz der Funktion **AutoGliederung**. In der Praxis führt sie häufig zu sinnvollen Ergebnissen. Sie ermöglicht insgesamt 8 Gliederungsebenen in beide Richtungen, das heißt spalten- und zeilenweise. Um mit der AutoGliederung arbeiten zu können, müssen folgende Voraussetzungen erfüllt sein (s. Abb. 13):

- Die Tabelle muss Formeln mit Bezügen auf andere Zellen enthalten.
- Die Formel bezieht sich auf Zellen in derselben Spalte oder in derselben Zeile.
- Es liegen einheitliche Bezüge vor, die nur in eine Richtung gehen.

	Beleg-Nr.	Kostenart	Konto-Nr	Kostenstelle	Monat	Buchungsdatum	MwSt-Satz	netto	Mwst	brutto
2	1	Material	4200	100	Januar	02.01.13	19%	3.911,00 €	743,09 €	4.654,09 €
3	2	Zinsen	4700	190	Januar	03.01.13	0%	2.548,00 €	0,00 €	2.548,00 €
4	3	Gehälter	4101	100	Januar	04.01.13	0%	250,00 €	0,00 €	250,00 €
5	4	Energien	4201	200	Januar	05.01.13	19%	569,00 €	108,11 €	677,11 €
6	5	Afa	4121	120	Januar	06.01.13		250,00 €	0,00 €	250,00 €
7	6	Zinsen	4700	120	Januar	07.01.13		4.050,00 €	0,00 €	4.050,00 €
8	7	Löhne	4191	190	Januar				0,00 €	2.500,00 €
9	8	Gehälter	4101	100	Januar				0,00 €	6.224,00 €
10	9	Mieten	4500	100	Januar				0,00 €	9.022,00 €
11	10	Afa	4121	130	Februar				0,00 €	250,00 €
12	11	Gehälter	4101	130	Februar				0,00 €	6.224,00 €
13	12	Mieten	4500	200	Februar				0,00 €	9.022,00 €
14	13	Afa	4121	130	Februar	04.02.13		250,00 €	0,00 €	250,00 €
15	14	Sonstiges	4611	190	Februar	05.02.13	19%	2.345,00 €	445,55 €	2.790,55 €
16	15	Löhne	4191	100	Februar	06.02.13		250,00 €	0,00 €	250,00 €
17	16	Mieten	4500	100	Februar	07.02.13		2.582,00 €	0,00 €	2.582,00 €
18	17	Sozialkosten	4192	100	Februar	08.02.13		250,00 €	0,00 €	250,00 €
19	18	Afa	4121	100	Februar	09.02.13		9.022,00 €	0,00 €	9.022,00 €
20	19	Material	4200	190	Februar	10.02.13	19%	2.489,00 €	472,91 €	2.961,91 €
21	20	Sozialkosten	4192	100	März	12.03.13	0%	2.548,00 €	0,00 €	2.548,00 €
22	21	Energien	4201	200	März	13.03.13	19%	1.545,00 €	293,55 €	1.838,55 €
23	22	Material	4200	100	März	14.03.13	19%	2.214,00 €	420,66 €	2.634,66 €
24	23	Zinsen	4700	190	März	15.03.13		2.548,00 €	0,00 €	2.548,00 €
25	24	Energien	4201	200	März	17.03.13	19%	569,00 €	108,11 €	677,11 €
26	25	Afa	4121	120	März	18.03.13		250,00 €	0,00 €	250,00 €
27	26	Gehälter	4101	100	März	19.03.13		250,00 €	0,00 €	250,00 €
28	27	Zinsen	4700	100	März	19.03.13		1.545,00 €	0,00 €	1.545,00 €
29	28	Löhne	4191	190	März	20.03.13		2.500,00 €	0,00 €	2.500,00 €
30	29	Löhne	4191	120	April	03.04.13		5.145,00 €	0,00 €	5.145,00 €
31	30	Abgaben	4181	180	April	04.04.13		2.548,00 €	0,00 €	2.548,00 €
32	31	Sozialkosten	4192	120	April	05.04.13		3.250,00 €	0,00 €	3.250,00 €
33	32	Instandhaltung	4401	200	April	06.04.13	19%	974,00 €	185,06 €	1.159,06 €
34	33	Material	4200	130	April	07.04.13	19%	250,00 €	47,50 €	297,50 €
35	34	Abgaben	4131	130	April	08.04.13		2.489,00 €	0,00 €	2.489,00 €
36	35	Gehälter	4101	180	April	09.04.13		1.000,00 €	0,00 €	1.000,00 €
37	36	Sozialkosten	4192	100	April	10.04.13		2.548,00 €	0,00 €	2.548,00 €
38	37	Energien	4201	200	April	11.04.13	19%	1.545,00 €	293,55 €	1.838,55 €

Abb. 13: Für diese Daten eignet sich die Gliederungsfunktion nicht

Beachten Sie außerdem Folgendes: Eine Gliederung kann pro Tabelle nur einmal verwendet werden. Es ist somit nicht möglich mehrere Teiltabellen mit je einer eigenen Gliederung zu versehen.

HINWEIS

Grenzen der Gliederungsfunktion

Wenn Sie versuchen sollten, eine Tabelle automatisch zu gliedern, die nur Texte und Konstanten (z. B. eine Adressenliste) enthält, macht Excel Sie darauf aufmerksam, dass die Gliederung nicht erstellt werden kann. In einem solchen Fall bleibt Ihnen nur die Möglichkeit, die Liste manuell zu gliedern.

So gliedern Sie eine Datenliste Schritt für Schritt

Die Arbeitsschritte zur Gliederung einer Tabelle, die die erforderlichen Kriterien erfüllt, möchten wir Ihnen anhand einer kleinen Datenliste aus Abbildung 14 vorstellen.

A	B	C	D	E	F	G	H	I	J	K	L
Bezeichnung des Investitionsobjekts	Kategorie	Kosten-stelle	Geplante Investitions-summe	Ausgaben 1. Jahr	Ausgaben 2. Jahr	Ausgaben 3. Jahr	Ausgaben gesamt	Folgekosten	Start-termin	End-termin	Dauer
Neubau einer Lagerhalle	Ersatz	1750	4.000.000,00 €	1.500.000,00 €	1.500.000,00 €		3.000.000,00 €	10.000,00 €	01.07.2014	01.09.2015	427
Anschaffung eines LKW	Ersatz	1750	80.000,00 €	80.000,00 €			80.000,00 €	5.000,00 €	02.07.2014	31.12.2014	182
Einführung einer neuen Personalsoftware	Ersatz	1050	150.000,00 €	150.000,00 €			150.000,00 €		03.07.2014	01.01.2015	182
Einrichten einer Kantine	Neu	1000	350.000,00 €	200.000,00 €	150.000,00 €		350.000,00 €	7.000,00 €	04.07.2014	04.09.2015	427
Anschaffung einer Produktionsmaschine	Neu	4020	250.000,00 €	250.000,00 €			250.000,00 €	3.000,00 €	18.08.2014	18.08.2014	0
Anschaffung eines Roboters	Rationalisierung	3020	3.700.000,00 €	2.500.000,00 €			2.500.000,00 €		05.07.2014	05.09.2015	427
Einbau eines Partikelfilters	Umwelt	3050	1.500.000,00 €	1.000.000,00 €	500.000,00 €		1.500.000,00 €	12.000,00 €	06.07.2014	06.09.2015	427
Verklappungseinrichtung	Umwelt	3050	850.000,00 €	200.000,00 €	400.000,00 €	200.000,00 €	800.000,00 €	5.000,00 €	15.07.2014	15.07.2016	731

Abb. 14: Diese Daten sollen gegliedert werden

Die Datenliste enthält geplante Investitionsvorhaben. Die Gesamtausgaben dieser Investitionen ergeben sich durch die Addition der einzelnen Jahresausgaben. Die Dauer bis zur Fertigstellung der Investitionsmaßnahme ist die Differenz aus Start- und Endtermin. Die Tabelle enthält somit Formeln mit Bezügen auf andere Zellen innerhalb einer Zeile und erfüllt dadurch die Voraussetzungen für den Einsatz der Gliederungsfunktion.

Mit der Datengliederung arbeiten

1 Markieren Sie den zu gliedernden Zellbereich. Wenn Sie das gesamte Tabellenblatt gliedern möchten, genügt ein Klick auf eine beliebige Zelle der Datenliste. Wählen Sie **Daten → Gruppieren → Auto-Gliederung**.

2 Die Tabelle wird in verschiedene Ebenen eingeteilt. Oberhalb der Spaltenköpfe erkennen Sie Schaltflächen mit den Nummern der Ebenen. Der Bereich der einzelnen Ebenen wird durch einen Balken, die sogenannte Ebenenleiste, gekennzeichnet.

3 Mit den Schaltflächen des Gliederungsbereichs besteht die Möglichkeit, einzelne Zellbereiche ein- und auszublenden. Durch Ein- und Ausblenden bestimmter Arbeitsblattteile können Sie Tabellen und Zahlengruppen hervorheben und veranschaulichen. Ein Klick auf die Schaltfläche mit den Gliederungsebenen verändert die Bildschirmanzeige.

4 Das Symbol mit der höchsten Zahl zeigt alle Ebenen an, das Symbol mit der Ziffer 1 gibt die Daten in der höchstmöglichen Komprimierungsstufe wieder. Die Zahlensymbole blenden komplette Ebenen ein bzw. aus. Mit dem Plus- und Minussymbolen können Sie hingegen auch den Teil einer Ebene ein- bzw. ausschalten (s. Abb. 15 sowie Musterlösungsdatei **DatenAnalysieren.xlsx**, Tabelle **Gliederung**).

Daten mit Filter, Teilergebnissen und Funktionen analysieren

	A	B	C	D	E	F	G	H	I	J	K	L
1	Bezeichnung des Investitionsobjekts	Kategorie	Kosten-stelle	Geplante Investitions-summe	Ausgaben 1. Jahr	Ausgaben 2. Jahr	Ausgaben 3. Jahr	Ausgaben gesamt	Folgekosten	Start-termin	End-termin	Dauer
2	Neubau einer Lagerhalle	Ersatz	1750	4.000.000,00 €	1.500.000,00 €	1.500.000,00 €		3.000.000,00 €	10.000,00 €	01.07.2014	01.09.2015	427
3	Anschaffung eines LKW	Ersatz	1750	80.000,00 €	80.000,00 €			80.000,00 €	5.000,00 €	02.07.2014	31.12.2014	182
4	Einführung einer neuen Personalsoftware	Ersatz	1050	150.000,00 €	150.000,00 €			150.000,00 €		03.07.2014	01.01.2015	182
5	Einrichten einer Kantine	Neu	1000	350.000,00 €	200.000,00 €	150.000,00 €		350.000,00 €	7.000,00 €	04.07.2014	04.09.2015	427
6	Anschaffung eienr Produktionsmaschine	Neu	4020	250.000,00 €	250.000,00 €			250.000,00 €	3.000,00 €	18.08.2014	18.08.2014	0
7	Anschaffung eines Roboters	Rationalisierung	3020	3.700.000,00 €	2.500.000,00 €			2.500.000,00 €		05.07.2014	05.09.2015	427
8	Einbau eines Partikelfilters	Umwelt	3050	1.500.000,00 €	1.000.000,00 €	500.000,00 €		1.500.000,00 €	12.000,00 €	06.07.2014	06.09.2015	427
9	Verklappungseinrichtung	Umwelt	3050	850.000,00 €	200.000,00 €	400.000,00 €	200.000,00 €	800.000,00 €	5.000,00 €	15.07.2014	15.07.2016	731

Abb. 15: Die Daten mit Gliederungsschaltflächen

Durch einen Klick auf die Schaltflächen mit dem Minuszeichen erhalten Sie das Ergebnis aus Abbildung 16.

	A	B	C	D	H	I	L
1	Bezeichnung des Investitionsobjekts	Kategorie	Kosten-stelle	Geplante Investitions-summe	Ausgaben gesamt	Folgekosten	Dauer
2	Neubau einer Lagerhalle	Ersatz	1750	4.000.000,00 €	3.000.000,00 €	10.000,00 €	427
3	Anschaffung eines LKW	Ersatz	1750	80.000,00 €	80.000,00 €	5.000,00 €	182
4	Einführung einer neuen Personalsoftware	Ersatz	1050	150.000,00 €	150.000,00 €		182
5	Einrichten einer Kantine	Neu	1000	350.000,00 €	350.000,00 €	7.000,00 €	427
6	Anschaffung eienr Produktionsmaschine	Neu	4020	250.000,00 €	250.000,00 €	3.000,00 €	0
7	Anschaffung eines Roboters	Rationalisierung	3020	3.700.000,00 €	2.500.000,00 €		427
8	Einbau eines Partikelfilters	Umwelt	3050	1.500.000,00 €	1.500.000,00 €	12.000,00 €	427
9	Verklappungseinrichtung	Umwelt	3050	850.000,00 €	800.000,00 €	5.000,00 €	731

Abb. 16: Die reduzierte Datenliste

Über **Daten → Gruppierung aufheben → Gliederung entfernen** heben Sie die Gliederung wieder auf (s. Abb. 17).

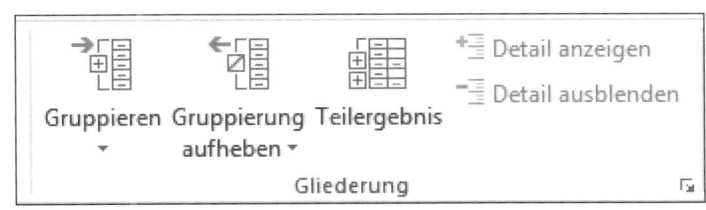

Abb. 17: Die Schaltflächen der Gruppe Gliederung

HINWEIS

Individuelle Gliederung vornehmen

Sollte die AutoGliederung nicht das gewünschte Gliederungsergebnis bringen, können Sie Bereiche und Ebenen auch selbst bestimmen. Allerdings sollten Sie zuvor überprüfen, welche Bereiche sich verschiedenen Ebenen zuordnen lassen, damit Sie auch wirklich sinnvolle Ergebnisse erhalten.

Anschließend markieren Sie den Bereich, den Sie gliedern möchten, und wählen **Daten → Gruppieren → Gruppieren**. Excel blendet eine Gliederungsebene ein. Durch den Klick auf die entsprechende Schaltfläche können Sie den Anzeigebereich reduzieren. Fahren Sie mit dem Markieren der Detailspalten so lange fort, bis Sie alle gewünschten Gliederungsebenen erstellt haben.

5 SUMMEWENN und ZÄHLENWENN

Egal, ob Sie Konten in der Finanzbuchhaltung auswerten, Angebote nach bestimmten Kriterien addieren oder die Werte spezieller Lagerorte summieren wollen, die Funktionen ZÄHLENWENN() und SUMMEWENN() ersparen Ihnen aufwändige Rechen- und Sortiervorgänge.

In Kombination mit der Funktion LINKS() lassen sich dabei Gruppen und beliebige Untergruppen bilden. Interessant sind in diesem Zusammenhang auch die Funktionen SUMMEWENNS() und ZÄHLENWENNS(), die seit der Version Excel 2007 zur Verfügung stehen. Sie bieten noch differenziertere Auswertungsmöglichkeiten.

5.1 Beispiel: Konten auswerten

Am Beispiel einer Kontenauswertung demonstrieren wir Ihnen, wie Sie die Funktion SUMMEWENN() einsetzen. Dabei haben wir uns aus Gründen der Übersicht auf wenige Daten beschränkt. Das hat den Vorteil, dass Sie alle Rechenvorgänge problemlos überprüfen und nachvollziehen können. Die Testdaten finden Sie in der Musterlösung **DatenAnalysieren.xlsx** in der Tabelle **Datenmaterial**.

Die Beispieldaten

Zunächst arbeiten wir mit einem vereinfachten Buchungsjournal, das chronologisch geordnet ist. Als Informationen liegen die Belegnummer, die Kontonummer und der gebuchte Betrag vor. Auf die Einteilung in Soll und Haben haben wird aus Vereinfachungsgründen verzichtet, da diese Angaben die durchzuführenden Berechnungen nicht beeinflussen. Für die Auswertung des Zahlenmaterials sind zunächst nur die Spalten **Konto-Nr.** und **Betrag** relevant (vgl. Abb. 18). In unserem ersten Praxisbeispiel soll mithilfe der Funktion SUMMEWENN() ermittelt werden, welche Summe die Addition der Beträge von Konto 3310 ergeben.

	A	B	C	D
1	Beleg-Nr.	Datum	Konto-Nr.	Betrag
2	1	10. Jul	2000	1.000,00 €
3	2	10. Jul	2700	1.500,00 €
4	3	10. Jul	2880	3.000,00 €
5	4	13. Jul	3010	3.100,00 €
6	5	14. Jul	3310	4.100,00 €
7	6	15. Jul	3310	4.880,00 €
8	7	15. Jul	3680	5.660,00 €
9	8	15. Jul	4200	6.440,00 €
10	9	18. Jul	4250	7.220,00 €
11	10	19. Jul	5000	8.000,00 €
12	11	20. Jul	5050	8.780,00 €
13	12	21. Jul	6010	1.100,00 €
14	13	22. Jul	6200	900,00 €
15	14	23. Jul	6350	11.120,00 €
16	15	24. Jul	6410	11.900,00 €
17	16	25. Jul	6710	400,00 €
18	17	26. Jul	7020	13.460,00 €
19	18	27. Jul	7400	14.240,00 €
20	19	27. Jul	7710	15.020,00 €
21	20	29. Jul	7510	15.800,00 €
22	21	30. Jul	7700	16.580,00 €
23	22	31. Jul	7710	17.360,00 €
24	23	01. Aug	8100	18.140,00 €
25	24	02. Aug	8200	200,00 €
26	25	03. Aug	8210	500,00 €

Abb. 18: Auszug aus der Beispieldatei

Daten mit Filter, Teilergebnissen und Funktionen analysieren

> **HINWEIS**
>
> **Einsatzbereiche**
>
> Für welche Aufgabenstellung Sie die Funktion SUMMEWENN() letztendlich einsetzen, ist nicht weiter relevant. Das heißt, Sie können die nachfolgend beschriebenen Arbeitsschritte auf andere geeignete Aufgabenstellungen problemlos übertragen.

Mit SUMMWENN() kann man aus einer Liste von Daten Werte in Abhängigkeit von einer ganz bestimmten Voraussetzung summieren. Fragen wie z. B. „Wie hoch ist die Summe aller Beträge für ein bestimmtes Konto aus der Liste aus Abbildung 18" wird mit SUMMEWENN() beantwortet. Die Funktion SUMMEWENN() arbeitet mit folgender Syntax:

=SUMMEWENN(Bereich;Kriterien;Summe_Bereich)

Hier die Bedeutung der Argumente im Überblick:

- Das Argument **Bereich** entspricht im Beispiel der Spalte **C** mit den Kontonummern, aus die die gewünschte Nummer herausgefiltert wird.
- Das **Kriterium** entspricht der Konto-Nummer, deren Werte addiert werden sollen – hier Konto 3310. Diese Angabe können Sie in eine Zelle schreiben und diese als Kriterium angeben.
- **Summe_Bereich** entspricht Spalte **D** mit den Beträgen, die addiert werden sollen.

Excel durchsucht die Spalte **C** nach der angegebenen Kontonummer. Werden Übereinstimmungen gefunden, addiert Excel den nebenstehenden Betrag aus Spalte **D**.

> **HINWEIS**
>
> **Arbeitsmappenübergreifender Einsatz von SUMMEWENN**
>
> Mit den Argumenten für die Funktion SUMMEWENN sind Sie nicht auf eine Arbeitsmappe beschränkt. Sie können die Informationen per Zellverweis auch aus anderen Excel-Dateien holen.

Im abgebildeten Beispiel befindet sich die Kontonummer, nach der gesucht werden soll, in Zelle **B4** der Tabelle **Einfache Auswertung**. Die Formel lautet entsprechend (s. Abb. 19):

=SUMMEWENN(Datenmaterial!C2:C26;Einfache Auswertung!$B$4;Datenmaterial!D2:D26)

Abb. 19: Der Funktionsassistent von SUMMEWENN()

Das Ergebnis sehen Sie in Abbildung 20.

	A	B	C	D	E	F	G	H	I	J
	\multicolumn{10}{l	}{D4 fx =SUMMEWENN(Datenmaterial!C2:C26;'Einfache Auswertung'!$B$4;Datenmaterial!D2:D26)}
1	Auswertung von Konten									
2										
3				Betrag						
4	Konto		3310	8.980,00 €						
5										

Abb. 20: Formel und Ergebnis finden Sie in der Tabelle Einfache Auswertung

Kombination von SUMMEWENN() und Vergleichsoperatoren

SUMMEWENN() lässt sich problemlos mit Vergleichsoperatoren wie dem Größer- bzw. Kleinerzeichen kombinieren. Um die Gesamtsumme aller Konten von 0000 bis 5999 zu ermitteln, arbeiten Sie z. B. mit folgender Formel:

=SUMMEWENN(Datenmaterial!C2:C26;"<6000";Datenmaterial!D2:D26)

Sie erhalten für die Beispielzahlen ein Ergebnis von 53.680 EUR.

5.2   Eine komplexe Auswertung durchführen

Die bislang durchgeführten Analysen waren recht simpel. Wenn die Auswertungen komplexer werden, müssen Sie andere Funktionen zu Hilfe nehmen. Angenommen, Sie wollen eine komplexere Auswertung für folgende Kategorien:

- Kontenklassen
- Kontengruppen
- Untergruppen

In diesem Fall bieten sich die nachfolgend beschriebenen Lösungen an.

Kontenklasse aus Kontonummer ermitteln

Die Kontenklasse ergibt sich in Bezug auf die Beispieldaten aus der Bezeichnung der Konten. Sie wird durch die erste Ziffer der Kontonummer repräsentiert. Wenn Sie die Kontenklasse für die Auswertung von Konten benötigen, lässt sich diese mithilfe der Funktion LINKS() aus der Kontonummer ermitteln.

Anschließend haben Sie die Möglichkeit, die gewünschte Auswertung anhand der mit LINKS() erzielten Ergebnisse als Kriterium in SUMMEWENN() einzusetzen. Hört sich zunächst kompliziert an, ist aber im Grunde nicht weiter schwierig, wenn man weiß, wie LINKS() arbeitet.

Die Funktion LINKS()

Die Funktion LINKS() gehört zu den Textfunktionen und gibt die linken Zeichen einer Ziffern- oder Buchstabenfolge an. Die Syntax der Funktion lautet (s. Abb. 21):

=LINKS(Text;Anzahl_Zeichen)

- Mit dem Argument **Text** geben Sie die Zeichenfolge bzw. die Zelle an, in der sich die Zeichenfolge, die ausgewertet werden soll, befindet. Im Beispiel ist das die Kontonummer.

- Über **Anzahl_Zeichen** bestimmen Sie, wie viele Zeichen die Zeichenfolge LINKS() liefern soll. Die Angabe von **Anzahl_Zeichen** ist optional. Wenn Sie unter **Anzahl_Zeichen** keinen Eintrag setzen, liefert LINKS() nur das äußere linke Zeichen des Arguments **Text**.

Abb. 21: Der Funktionsassistent der Funktion LINKS()

HINWEIS

LINKS() und RECHTS()

Analog zur Funktion LINKS() ermittelt die Funktion RECHTS() das letzte oder die letzten Zeichen einer Textzeichenfolge.

Die Auswertung

Wenn Sie entsprechende Auswertungen über verschiedene Gruppen durchführen möchten, müssen Sie die bestehende Liste aus der Beispieldatei erweitern. Für die Aufsplittung der Kontonummer ergänzen Sie die Tabelle um die Spalten **Kontenklasse**, **Kontengruppe** und **Kontenuntergruppe** (s. Abb. 22).

Kontonummer aufteilen

1 Klicken Sie in den Spaltenkopf, vor dem Sie eine weitere Spalte benötigen, und drücken Sie die Tastenkombination **Strg + +**. Wiederholen Sie den Vorgang für die Anzahl Spalten, die Sie benötigen. Für das Beispiel werden insgesamt 3 neue Spalten benötigt.

2 Wenn Sie die Arbeitsschritte für die Beispielanwendung wiederholen, setzen Sie die Eingabemarkierung in **D2** und geben Sie dort folgende Formel zur Ermittlung der Kontenklassensummen ein: **=LINKS(C2)**

3 Die Kontengruppe erhalten Sie in **E2** über die Formel **=LINKS(C2;2)**. Die Kontenuntergruppe ergibt sich in **F2** mit dieser Anweisung: **=LINKS(C2;3)**.

4 Kopieren Sie die Formeln bis an das Ende der Datenliste. Das Ergebnis sehen Sie in Abbildung 22.

	C	D	E	F
1	Konto-Nr.	Kontenklasse	Kontengruppe	Kontenuntergruppe
2	2000	2	20	200
3	2700	2	27	270
4	2880	2	28	288
5	3010	3	30	301
6	3310	3	33	331
7	3310	3	33	331
8	3680	3	36	368
9	4200	4	42	420
10	4250	4	42	425
11	5000	5	50	500
12	5050	5	50	505
13	6010	6	60	601
14	6200	6	62	620
15	6350	6	63	635
16	6410	6	64	641
17	6710	6	67	671
18	7020	7	70	702
19	7020	7	70	702
20	7020	7	70	702
21	7030	7	70	703
22	7700	7	77	770
23	7710	7	77	771
24	8100	8	81	810
25	8200	8	82	820
26	8210	8	82	821

F2 =LINKS(C2;3)

Abb. 22: Die Ausgangstabelle wurde um 3 Spalten erweitert

HINWEIS

Erweitertes Beispiel

Zur Demonstration wurden einige Datensätze in Abbildung 22 verändert. Sie finden die erweiterte Liste in der Beispieldatei auf dem Tabellenblatt **Erweitertes_Beispiel**.

Mit dieser Aufbereitung lassen sich nun komplexere Auswertungen als bei der einfachen Datenliste durchführen. Die Formeln unterscheiden sich dabei nur geringfügig von der einfachen Auswertung. Sie müssen abweichend zum bisherigen Verfahren als Bereich lediglich die Zelle der entsprechenden Spalte angeben. Die Ergebnisse finden Sie in der Beispieldatei in der Tabelle **Komplexe Auswertung** sowie in Abbildung 23. Die zugehörigen Formeln zeigt Abbildung 24.

1	Auswertung von Konten			
2				
3			Betrag	Einträge
4	Konto	7020	42.720,00 €	3
5	Klasse	7	92.460,00 €	6
6	Kontengruppe	70	58.520,00 €	4
7	Untergruppe	702	42.720,00 €	3

Abb. 23: Die Auswertungen für die Kontonummer und Untergruppe sind hier identisch

	A	B	C
4	Konto	7020	=SUMMEWENN('Erweitertes Beispiel'!$C$2:$C$26;'Komplexe Auswertung'!B4;'Erweitertes Beispiel'!$G$2:$G$26)
5	Klasse	=LINKS(B4)	=SUMMEWENN('Erweitertes Beispiel'!$D$2:$D$26;'Komplexe Auswertung'!B5;'Erweitertes Beispiel'!$G$2:$G$26)
6	Kontengruppe	=LINKS(B4;2)	=SUMMEWENN('Erweitertes Beispiel'!$E$2:$E$26;'Komplexe Auswertung'!B6;'Erweitertes Beispiel'!$G$2:$G$26)
7	Untergruppe	=LINKS(B4;3)	=SUMMEWENN('Erweitertes Beispiel'!$F$2:$F$26;'Komplexe Auswertung'!B7;'Erweitertes Beispiel'!$G$2:$G$26)

Abb. 24: Mithilfe dieser Formeln erhalten Sie die Ergebnisse aus Abbildung 6

5.3 ZÄHLENWENN(): Einträge zählen

Analog zur Funktion SUMMEWENN() stellt Excel die Funktion ZÄHLENWENN() zur Verfügung (s. Abb. 25). Die Syntax der Funktion ZÄHLENWENN() lautet:

=ZÄHLENWENN(Bereich;Kriterien)

Abb. 25: Der Funktionsassistent der Funktion ZÄHLENWENN()

ZÄHLENWENN() wird immer dann eingesetzt, wenn Sie wissen wollen, wie viele Einträge einer Liste einem bestimmten Kriterium entsprechen - bezogen auf das bisherige Beispiel etwa die Frage: „Wie viele Buchungen gibt es in einer Kontenklasse oder auf einem Konto?"

Die Argumente **Bereich** und **Kriterien** entsprechen den Argumenten der Funktion SUMMEWENN(). Das bei SUMMEWENN() benötigte Argument **Summebereich** ist nicht erforderlich, da ZÄHLENWENN() den angegebenen Bereich lediglich durchsucht und zählt, wie oft die Kriterien vorkommen.

5.4 Die Funktionen SUMMEWENNS() und ZÄHLENWENNS()

Die Funktionen SUMMEWENNS() und ZÄHLENWENNS() sind vielen Anwendern nicht bekannt, da diese Funktionen erst in der Version Excel 2007 neu hinzugekommen sind. Sie eröffnen den Usern ganz neue Dimensionen der Auswertung, da Sie nicht wie die bereits vorgestellten Funktionen SUMMEWENN() und ZÄHLENWENN() auf ein Kriterium beschränkt sind.

ZÄHLENWENNS()

Folgende Frage kann mithilfe von ZÄHLENWENNS() beantwortet werden: "Welche Buchungen betreffen das Konto 7710 und sind größer als 15.000 EUR?". Sie sehen, bei ZÄHLENWENN hätte man sich für eines der Kriterien entscheiden müssen; mit Hilfe von ZÄHLENWENNS kann man unterschiedliche Kriterien kombinieren:

=ZÄHLENWENNS(Datenmaterial!C2:C26;7710;Datenmaterial!D2:D26;">15000")

Abbildung 26 zeigt die Auswertung für die Tabelle **Datenmaterial** unserer Beispieldatei. Das Ergebnis, nämlich 2, wird im Dialog **Funktionsargumente** im Bereich **Formelergebnis** angezeigt.

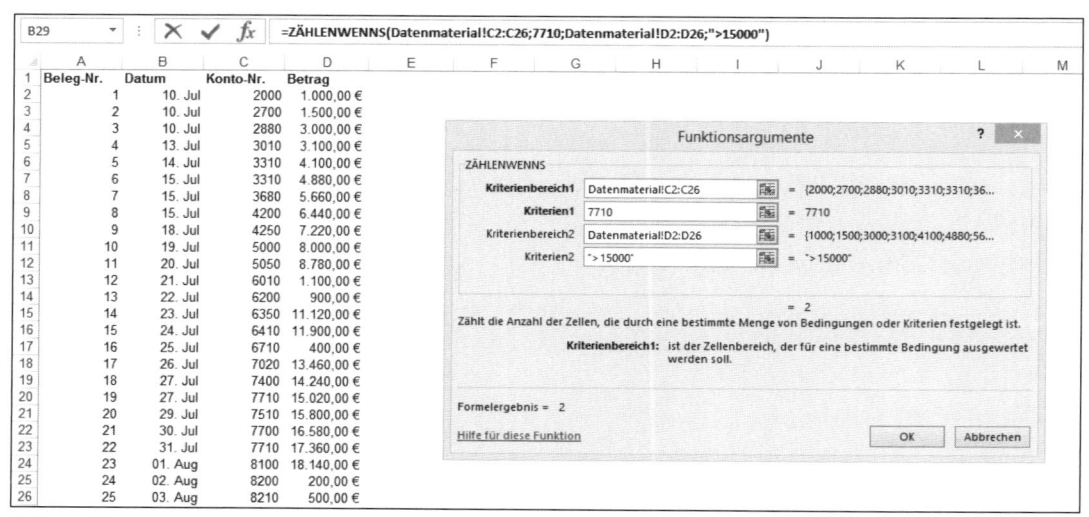

Abb. 26: Hier werden unterschiedliche Kriterien kombiniert, das Ergebnis lautet 2

SUMMEWENNS()

Möchte man nicht nur die Anzahl der Kontenbewegungen wissen, sondern welche Summe hinter diesen Bewegungen steckt, arbeitet man mit SUMMEWENNS(). Für das aktuelle Beispiel erhalten Sie ein Ergebnis von 32.380 EUR (s. Abb. 27).

Die zugehörige Formel lautet:

=SUMMEWENNS(Datenmaterial!D2:D26;Datenmaterial!C2:C26;7710;Datenmaterial!D2:D26;">15000")

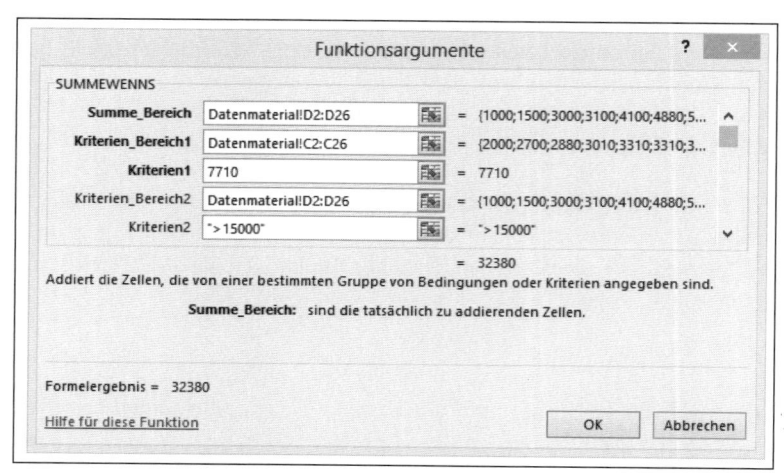

Abb. 27: Funktionsassistent von SUMMEWENNS()

Die Frage: "Wie hoch ist der Betrag aller Buchungen, die das Konto 7710 betreffen, eine Belegnummer haben die kleiner ist als 20, und deren Einzelwerte größer als 15.000 EUR sind?" beantwortet Excel Ihnen auch: 15.020 EUR.

Die zugehörige Formel lautet:

=SUMMEWENNS(Datenmaterial!D3:D27;Datenmaterial!C3:C27;7710;Datenmaterial!D3:D27;">15000";Datenmaterial!A2:A26;"<20")

6 Bedingte Formatierung

Sinn der bedingten Formatierung ist es, Werte, die eine bestimmte Bedingung erfüllen, optisch zu kennzeichnen. Auf diese Weise können Sie zum Beispiel Kosten kennzeichnen, die eine vorgegebene Grenze überschreiten. Kritische Daten einer Tabelle lassen sich so auf einen Blick erfassen.

Wie die Bezeichnung **Bedingte Formatierung** bereits andeutet, werden Zellen immer dann in einem vom Anwender anzugebenden Format gestaltet, wenn sie eine bestimmte Bedingung erfüllen. In der im Rahmen dieses Kapitels eingesetzten Buchhaltungsliste sollen alle Datensätze gekennzeichnet werden, deren Kosten mit dem allgemeinen Mehrwertsteuersatz von 19 % besteuert werden.

Werte bedingt formatieren

1 Markieren Sie den zu analysierenden Bereich. **Wählen Sie Start → Bedingte Formatierung**.

2 Klicken Sie im folgenden Menü auf den Befehl **Regeln zum Hervorheben von Zellen**.

3 Weiter geht es mit dem Eintrag **Gleich**, um anzugeben, wie Sie die Werte mit einem Mehrwertsteuersatz von 19 % gestalten möchten. Sie gelangen in ein gleichnamiges Fenster (s. Abb. 28).

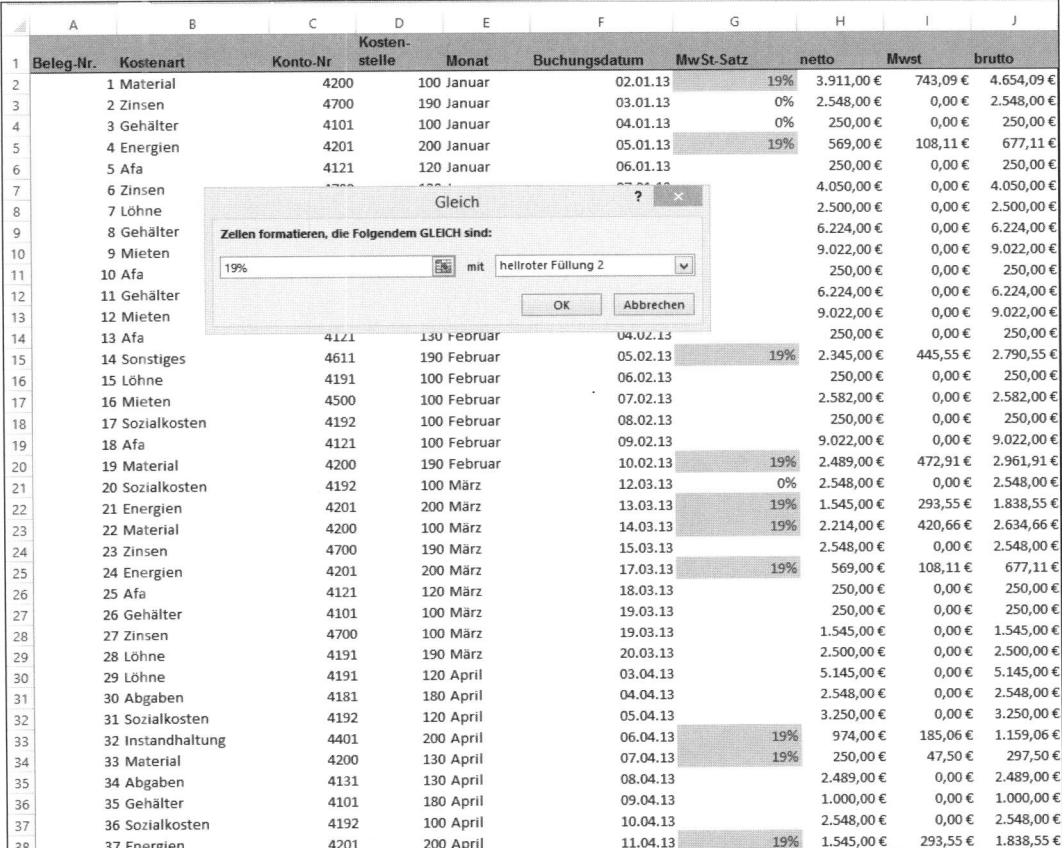

Abb. 28: Der allgemeine Mehrwertsteuersatz soll mit hellrotem Zellhintergrund gekennzeichnet werden

Daten auswerten und sicher verwalten

4 Um zu erreichen, dass diese mit hellrotem Zellhintergrund gekennzeichnet werden, tragen Sie in das Eingabefeld **19%** ein. Wählen Sie aus dem nebenstehenden Auswahlfeld **hellroter Füllung 2** aus und bestätigen Sie die Einstellung durch einen Klick auf die Schaltfläche **OK**.

Die Regeln zum Hervorheben von Zellen stellen als weitere Voreinstellungen zur Verfügung:

- Größer als
- Kleiner als
- Zwischen
- Textinhalt
- Datum
- Doppelte Werte

Neben dem Befehl **Hervorheben von Zellen** stehen als weitere Befehle zur Verfügung:

- Obere/untere Regeln
- Datenbalken
- Farbskalen
- Symbolsätze (s. Abb. 29)

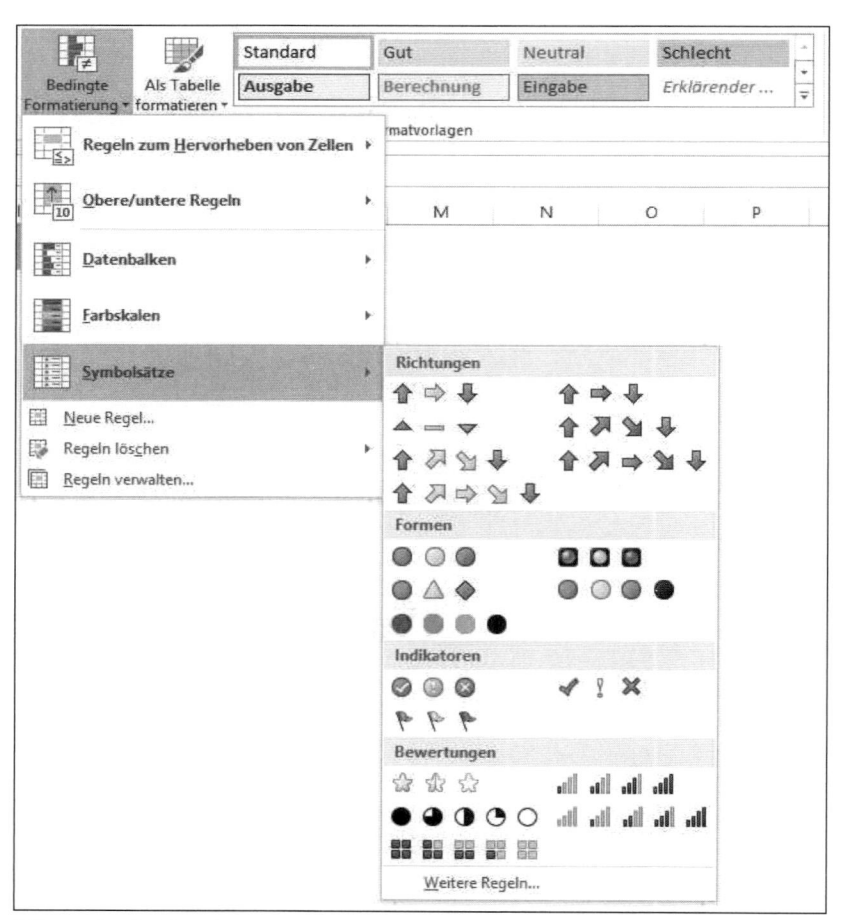

Abb. 29: Symbolsätze komplettieren die vielfältigen Möglichkeiten der bedingten Formatierung

Daten mit Filter, Teilergebnissen und Funktionen analysieren

> **HINWEIS**
>
> **Neue Formatierungsregeln**
>
> Noch mehr Möglichkeiten bietet das Dialogfeld **Neue Formatierungsregeln**, das Sie über **Bedingte Formatierung → Neue Regeln** erreichen (s. Abb. 30).

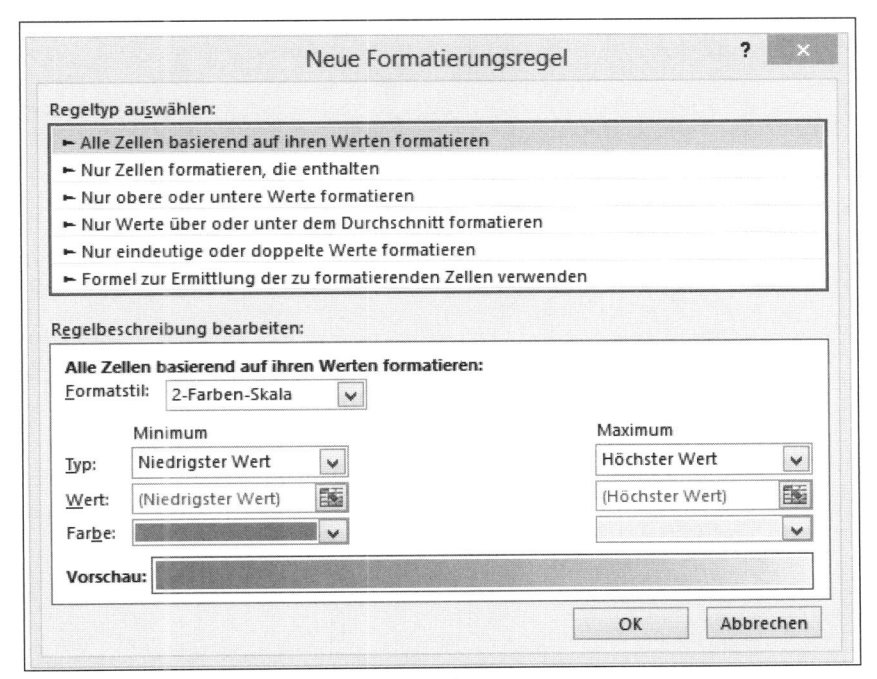

Abb. 30: Das Fenster Neue Formatierungsregel

7 Praxisbeispiel: ABC-Analyse

Eine ABC-Analyse ist ein Verfahren zur Schwerpunktbildung, mit deren Hilfe Wichtiges von Unwichtigem unterschieden wird. Das Verfahren können Sie in den unterschiedlichsten betrieblichen Bereichen einsetzen, egal ob es um die Kundenstruktur oder den Personalbestand geht.

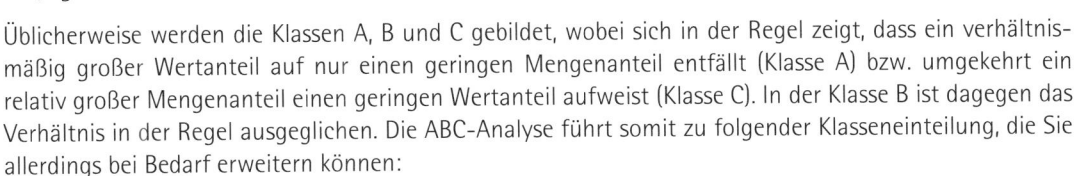

Üblicherweise werden die Klassen A, B und C gebildet, wobei sich in der Regel zeigt, dass ein verhältnismäßig großer Wertanteil auf nur einen geringen Mengenanteil entfällt (Klasse A) bzw. umgekehrt ein relativ großer Mengenanteil einen geringen Wertanteil aufweist (Klasse C). In der Klasse B ist dagegen das Verhältnis in der Regel ausgeglichen. Die ABC-Analyse führt somit zu folgender Klasseneinteilung, die Sie allerdings bei Bedarf erweitern können:

- Klasse A: wichtig, dringend
- Klasse B: weniger wichtig
- Klasse C: unwichtig

Wir wollen mit Hilfe der ABC-Analyse folgende Fragestellungen aus der betrieblichen Praxis klären:

- Wie viel Prozent der Kunden erwirtschaften wie viel Prozent der Umsätze?
- Wie viele Kunden erwirtschaften welche Gewinne?

Daten auswerten und sicher verwalten

Voraussetzung für die Auswertung von Daten in Form einer ABC-Analyse ist ein Datenbestand. Wenn Sie eine Schwerpunktbildung nach Kundenumsätzen durchführen wollen, muss eine Einteilung der einzelnen Kunden nach Umsatzklassen erfolgen. Genauso muss für eine Gewinnanalyse entsprechendes Zahlenmaterial vorhanden sein.

7.1 Eine Kundenstrukturanalyse nach Umsatzdaten

Für die Analyse der Kunden nach Umsatzdaten haben wir Beispieldaten für Sie vorbereitet (s. Abb. 31). Als Grundlage für die Mustervorlage **ABC_UA.xlsm** dient die Kundenliste der Nordwind.mdb aus einer älteren Access-Version, die um eine Umsatzspalte samt fiktiven Daten ergänzt wurde.

Für die ABC-Analyse ist zunächst eine Klasseneinteilung erforderlich. Anschließend müssen Sie entscheiden, wie viele Kunden jeweils in die einzelnen Umsatzklassen fallen. Dabei gibt es 3 Möglichkeiten:

- Die Klasseneinteilung übernimmt Excel.
- Die Klassen werden manuell gebildet.
- Die Klassen werden mithilfe von Drehfeldern gebildet.

Abb. 31: Die Testdaten mit Klasseneinteilung

7.2 Automatische Klassenbildung

Wie eine größenmäßige Einteilung in ABC-Klassen auszusehen hat, kann man generell nicht sagen. Das hängt ganz von dem vorhandenen Datenbestand sowie der Streuung der Werte ab. Folgende Aspekte sollten Sie jedoch beachten:

- Wichtig ist, dass die Einteilung der Klassen vollständig erfolgt.
- Die einzelnen Wertebereiche dürfen sich nicht überschneiden. Das heißt, jeder Wert muss sich eindeutig einer einzigen Klasse zuordnen lassen.
- Es erleichtert die Auswertung, wenn Sie gleich breite Klassen verwenden und die Anzahl der Klassen gering ist. In der Praxis lässt sich dies jedoch nicht immer einhalten.

Wir zeigen Ihnen zunächst in der Tabelle **Automatisch**, wie Sie die Klassen mithilfe einer Excel-Formel bilden können. Dazu benötigen Sie zunächst ein Tabellengrundgerüst wie in Abbildung 32.

Der Bereich **N10** bis **N100** der Tabelle **Kundenliste** unserer Musterlösung trägt den Bereichsnamen **Umsatz**.

	D	E	F	G	H
5					
6	Automatische Klasseneinteilung				» Startseite
7					
9	Index	Klassen	Häufigkeit	kum. Häufigkeit	relative Häufigkeit
10					
11					
12					
13					

Abb. 32: In dieses Tabellengerüst werden die Daten der ABC-Analyse eingetragen

Die Klassen in Spalte **E** werden per Formel ermittelt. Dazu wird in **E10** mit folgender Formel gearbeitet:

=RUNDEN($D10/3*MAX(Umsatz);-LOG(MAX(Umsatz)))

Diese komplexe Formel setzt sich aus 3 miteinander verschachtelten Funktionen zusammen:

- **RUNDEN()**
- **MAX()**
- **LOG()**

Mithilfe der Funktion RUNDEN() werden die Klassen gerundet. Die Syntax der Funktion lautet **RUNDEN(Zahl;Anzahl_Stellen)**. Das Argument **Zahl** ist die Zahl, die Sie runden möchten. **Anzahl_Stellen** gibt an, auf wie viele Dezimalstellen Sie die Zahl runden, in diesem Fall der Logarithmus des maximalen Umsatzes.

Die Funktion MAX() liefert die größte Zahl einer Argumentliste. Die Syntax der Funktion lautet **MAX(Zahl1;Zahl2;...)**. Die Argumente "**Zahl1; Zahl2;...**" sind die Zahlen, von denen Sie die größte suchen. Im aktuellen Beispiel wird das Maximum der Umsatzliste gesucht.

Die Funktion LOG() liefert den Logarithmus einer Zahl zu der angegebenen Basis. Ihre Syntax lautet LOG(Zahl;Basis). Unter dem Argument **Zahl** versteht man die positive reelle Zahl, deren Logarithmus Sie berechnen möchten. **Basis** ist die Basis des Logarithmus. Fehlt das Argument **Basis**, wird 10 angenommen. Die Formel können Sie in die nachfolgenden 2 Zeilen kopieren. Sie erhalten folgende Klasseneinteilung:

- 300000
- 700000
- 1000000

Der Bereich **B4:B6** hat den Namen **Klassen**.

7.3 Die Funktion HÄUFIGKEIT()

In der Spalte **F** wird mithilfe der Matrixfunktion HÄUFIGKEIT() das Vorkommen der einzelnen Klassen gezählt.

So arbeiten Sie mit der Matrixfunktion HÄUFIGKEIT()

1 Markieren Sie den Bereich **F10:F12**, der die Häufigkeit zeigen soll. Tragen Sie die folgende Formel ein:

=HÄUFIGKEIT(Umsatz;Klassen)

2 Die Eingabe der Matrix-Funktion beenden Sie mit der Tastenkombination **Strg + Shift + Enter**, um die Formel zu bestätigen. Es ist an dieser Stelle ausgesprochen wichtig, dass Sie tatsächlich die beschriebene Tastenkombination verwenden. Nur so können Sie eine Matrixfunktion abschließen.

3 Der Ausdruck wird automatisch in geschweifte Klammern gesetzt. Dies ist das Kennzeichen einer Matrixfunktion. Die Funktion HÄUFIGKEIT() liefert eine Häufigkeitsverteilung als einspaltige Matrix. In diesem Beispiel verwenden Sie die Funktion, um die Anzahl der Kunden in den einzelnen Klassen zu zählen. Die Funktion ignoriert leere Zellen und Text.

4 In Spalte **G** soll die Häufigkeit kumuliert dargestellt werden. Der Wert in der Zelle **G10** soll dem Wert der Zelle **F10** entsprechen:

=F10

5 In die Zelle **G11** geben Sie die folgende Formel ein und kopieren Sie diese nach **G12**:

=G10+F11

6 Spalte **H** zeigt die relative Häufigkeit in Form prozentualer Anteile einer Klasse an der Summe aller Klassen. Die relative Häufigkeit ist oft aussagekräftiger als die absolute Variante, da sie einen Bezug auf die Gesamtheit der Werte darstellt. Geben Sie hierfür in **E4** den folgenden Ausdruck ein:

=F10/MAX(G:G)

7 Kopieren Sie diese Formel in die nachfolgenden beiden Zellen und formatieren Sie die 3 Zellen im Prozent-Format (s. Abb. 33).

Index	Klassen	Häufigkeit	kum. Häufigkeit	relative Häufigkeit
1	300.000	83	83	91%
2	700.000	5	88	5%
3	1.000.000	3	91	3%

Abb. 33: Wie viele Kunden auf die einzelnen Klassen entfallen, ermittelt die Funktion HÄUFIGKEIT()

7.4 Die manuelle Klasseneinteilung

Die automatische Klasseneinteilung bringt oft keine sinnvollen Ergebnisse. Insbesondere dann, wenn es bei den Daten große Ausreißer gibt. Wenn Sie sich das Datenmaterial einmal genauer ansehen, werden Sie feststellen, dass einige Kunden nur geringe Umsätze zum Teil unter 1.000 EUR tätigen. Andere dagegen liegen über der Millionengrenze.

Manuell würde man die Klassen u. U. anders bilden als die Einteilung, die mithilfe der Excel-Formel durchgeführt wurde:

- A-Kunden (Klasse 3) sind diejenigen, deren Umsatz über 150.000 EUR liegt.
- B-Kunden (Klasse 2) liegen zwischen 10.000 und 150.000 EUR.
- C-Kunden (Klasse 1) liegen unter 10.000 EUR.

> **HINWEIS**
>
> **Klassenbildung**
>
> Eine andere Klassenbildung führt zu anderen Analyseergebnissen.

Um die Grundstruktur der Analyse der automatischen Klassenbildung zu übernehmen, kopieren Sie das Tabellenarbeitsblatt. In einer herkömmlichen Excel-Tabelle gehen Sie dazu wie folgt vor:

- Klicken Sie mit der rechten Maustaste in die Registerlasche des Arbeitsblattes mit den bereits erstellten Analysedaten und wählen Sie dort den Befehl **Verschieben/kopieren** aus. Sie gelangen in das Dialogfeld **Verschieben oder kopieren.** Markieren Sie das Tabellenarbeitsblatt, vor dem das kopierte Blatt eingefügt werden soll.
- Aktivieren Sie das Kontrollkästchen **Kopie erstellen** und verlassen Sie das Dialogfeld über **OK**. Überschreiben Sie die Ergebnisse in Spalte **E** der neu angelegten Tabelle. Sofort ändern sich auch die Häufigkeiten sowie die Anteile an den Klassen.

> **HINWEIS**
>
> **Kopieren in der Musterlösung**
>
> Das Kopieren von Tabellen ist in der Musterlösung nur über die die Toolbox möglich. Wechseln Sie dazu in die Startseite und gehen Sie über **Tabelle einfügen / Startseite konfigurieren → Tabelle duplizieren.**

7.5 Die Kundenzuordnung

Als Nächstes geht es darum, die einzelnen Kunden den 3 Klassen zuzuordnen. Die Klasse 3 entspricht der Klasse A. Diese Klasse soll demnach durch alle Werte repräsentiert werden, die größer sind als 150.000 EUR. B soll zwischen 150.000 EUR und 10.000 EUR liegen. C steht stellvertretend für alle Umsätze bis 10.000 EUR (s. Abb. 34).

Dazu wird in **O10** der Tabelle **Kundenliste** mit der folgenden Formel gearbeitet:

`=WENN(N10>=150000;"A";WENN(UND(N10>=10000;N10<150000);"B";"C"))`

Die Formel kann nach unten kopiert werden.

Manuelle Klasseneinteilung

Index	Klassen	Häufigkeit	kum. Häufigkeit	relative Häufigkeit
1	10.000	42	42	46%
2	150.000	37	79	41%
3	1.000.000	12	91	13%
Gesamt				

Abb. 34: Die Anteile an den einzelnen Klassen sind von ihrer Größe abhängig

Zwar ermittelt die Anwendung die mengenmäßigen Anteile der einzelnen Gruppen, eine wertmäßige Aussage erfolgt bislang allerdings noch nicht. Die Umsatzanteile der einzelnen Gruppen sollen als Nächstes ermittelt werden. Mithilfe der Funktion SUMMEWENN() besteht – wie bereits besprochen – die Möglichkeit, Zahlen zu addieren, die mit bestimmten Suchkriterien übereinstimmen.

Im Zusammenhang mit der ABC-Analyse entsprechen die Klassenkennzeichen A, B und C dem Suchkriterium. Diese befinden sich in der Beispieldatei in der Tabelle **Kundenliste** im Bereich **O10** bis **O100**. Die zu addierenden Umsatzzahlen befinden sich im benannten Bereich **Umsatz**. Sie entsprechen dem Argument **Summe_Bereich**. Die Formel in **I10** lautet:

=SUMMEWENN(Kundenliste!$O$10:$O$100;"C";Umsatz)

Für **I11** und **I12** muss die Formel wie folgt abgewandelt werden:

- **I11:** =SUMMEWENN(Kundenliste!$O$10:$O$100;"B";Umsatz)
- **I12:** =SUMMEWENN(Kundenliste!$O$10:$O$100;"A";Umsatz)

Manuelle Klasseneinteilung						» Startseite
Index	Klassen	Häufigkeit	kum. Häufigkeit	relative Häufigkeit	Wert	Wert in %
1	10.000	42	42	46%	176.402,00 €	2%
2	150.000	37	79	41%	1.682.245,00 €	23%
3	1.000.000	12	91	13%	5.305.551,00 €	74%
Gesamt					7.164.198,00 €	

Abb. 35: Das Analyseergebnis bei manueller Klasseneinteilung

Abbildung 35 zeigt, dass 13 % der Kunden 74 % vom Umsatz machen, während in Klasse C dann 46 % der Kunden einen Anteil von lediglich 2 % erwirtschaften. In Gruppe B ist das Verhältnis ausgewogener.

7.6 Eine Gewinnstrukturanalyse

Anhand einer Gewinnstruktur wollen wir Ihnen die ABC-Analyse unter einem anderen Ansatzpunkt vorstellen. Dazu haben wir die Datei **ABC_GA.xlsm** für Sie vorbereitet. Die Musterlösung enthält im Wesentlichen folgende Tabellenblätter:

- **Kundenliste** (Diese enthält die Spalte **Gewinn**, die analysiert werden soll.)
- **Klasseneinteilung** (Die Herleitung und die mit dieser Tabelle verbundenen Formeln werden nachfolgend detailliert erläutert.)
- **Histogramm** (Die Entstehung des Histogramms wird ebenfalls auf den folgenden Seiten beschrieben.)

Wie bereits erwähnt, hängt die Einteilung der Klassen stark von dem verwendeten Datenmaterial ab. Wenn Sie sich bei der Klassifizierung nicht sicher sind, bilden Drehfelder einen völlig neuen Ansatzpunkt, Klassen zu bilden.

Vorbereitungsarbeiten

Für die Tabelle **Klasseneinteilung** wird das Tabellengerüst in Abbildung 36 benötigt. **K4** hat den Namen **Ausgabe**. Der Bereich **N10** bis **N100** der Tabelle **Kundenliste** trägt den Namen **Gewinn**. Die Zelle **N10** des Analyseblattes soll als Ausgabeverknüpfung für das nachfolgend einzurichtende Drehfeld verwendet werden.

Daten mit Filter, Teilergebnissen und Funktionen analysieren

Klasseneinteilung							
Klassen	Einteilung	Gewinn	Gewinn	Gewinn in %	Gewinn kumliert	Anzahl	Anzahl kumuliert
C							
B							
A							

Abb. 36: Die Auswertung wird in diese Tabelle geschrieben

Drehfeld einrichten

1 Aktivieren Sie das Menü **Entwicklertools**. Klicken Sie im Bereich **Steuerelemente** auf **Einfügen** und in der folgenden Auswahl auf die Schaltfläche **Drehfeld.**

2 Ziehen Sie mit gedrückter linker Maustaste ein Drehfeld in der gewünschten Größe außerhalb des Tabellengerüstes auf (s. Abb. 37).

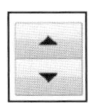

Abb. 37: So sieht ein Drehfeld in Excel aus

3 Öffnen Sie das Kontextmenü des Drehfelds und wählen Sie dort **Steuerelement formatieren**, um in das gleichnamige Dialogfeld zu gelangen. Klicken Sie dort – falls nötig – auf die Registerkarte **Steuerung** (s. Abb. 38). Dort tragen Sie anschließend die Grundlagen für die Klassenbildung ein. Im Einzelnen müssen Sie den Minimal- und Maximalwert sowie eine Schrittweite für die Klassenbildung definieren.

4 Tragen Sie im Einzelnen folgende Werte ein:

Minimalwert: 100

Maximalwert: 30000

Schrittweite: 1000

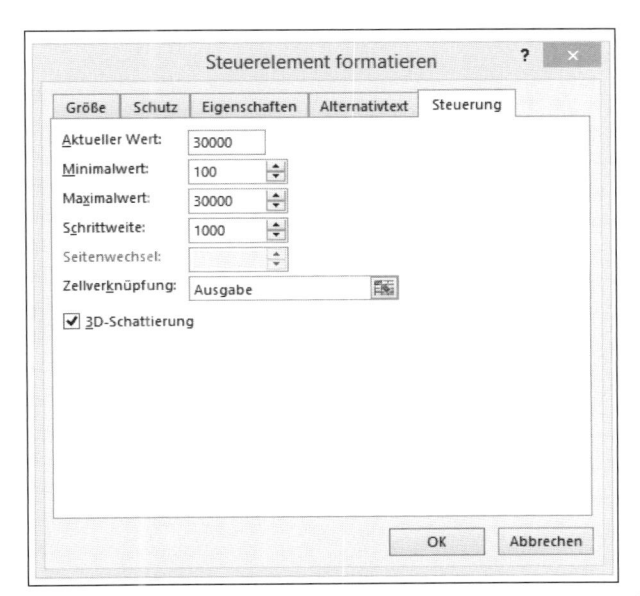

Abb. 38: Hier werden die Schritte und Grenzwerte des Drehfelds definiert

Über die **Zellverknüpfung** legen Sie fest, wo der aktuelle Wert des Drehfelds angezeigt werden soll. Tragen Sie hier **Ausgabe** ein. Geben Sie in die Zelle **E12** die folgende Formel ein:

=OBERGRENZE(AUFRUNDEN(MAX(Gewinn);0);5000)

Um die Klassen zu bilden, tragen Sie als Nächstes die Formel in die Zelle **E11** ein:

=E12-Ausgabe

Kopieren Sie die Formel in die darüber liegende Zelle.

5 Klicken Sie auf den nach oben zeigenden Pfeil des Drehfelds. Auf diese Weise können Sie nun jederzeit die Intervalle der Klassen erhöhen. Entsprechend verringern Sie die Intervalle durch einen Klick auf den Pfeil nach unten. Für das aktuelle Beispiel wird mit den Eingabewerten aus Abbildung 8 gearbeitet.

Die Analyse

Um die Analyse der Kundenliste durchzuführen, werden die Kriterien für die Zuordnung der Klassenstruktur mithilfe der eben erzeugten Klassenwerte und logischen Operatoren festgelegt. Die zugehörigen Formeln finden Sie in Tabelle 1.

Zelle	Formel
F10	="<="&E10
F11	="<="&E11
F12	="<="&E12
G10	=I10
G11	=I11-G10
G12	=I12-G11
H10	=G10/$I$12
H11	=G11/$I$12
H12	=G12/$I$12
I10	=DBSUMME(Kundenliste;"Gewinn";$F$9:$F10)
I11	=DBSUMME(Kundenliste;"Gewinn";$F$9:$F11)
I12	=DBSUMME(Kundenliste;"Gewinn";$F$9:$F12)
J10	=K10
J11	=K11-K10
J12	=K12-K11
K10	=DBANZAHL(Kundenliste;"Gewinn";$F$9:$F10)
K11	=DBANZAHL(Kundenliste;"Gewinn";$F$9:$F11)
K12	=DBANZAHL(Kundenliste;"Gewinn";$F$9:$F12)

Tab. 1: Formeln der Tabelle Klasseneinteilung

Das Ergebnis in den Abbildungen 39 und 40 zeigt, dass 75 von insgesamt 91 Kunden nur 18 % des Gewinns erwirtschaften, während nur 3 Kunden zu 46 % des Gewinns beitragen.

Daten mit Filter, Teilergebnissen und Funktionen analysieren

Klassen	Einteilung	Gewinn	Gewinn	Gewinn in %	Gewinn kumliert	Anzahl	Anzahl kumuliert
C	5000	<=5000	62.059,07 €	18%	62.059,07 €	75	75
B	35000	<=35000	127.187,69 €	36%	189.246,76 €	13	88
A	65000	<=65000	161.293,07 €	46%	350.540,03 €	3	91

Abb. 39: Die Ergebnisse der ABC-Analyse in tabellarischer Form ...

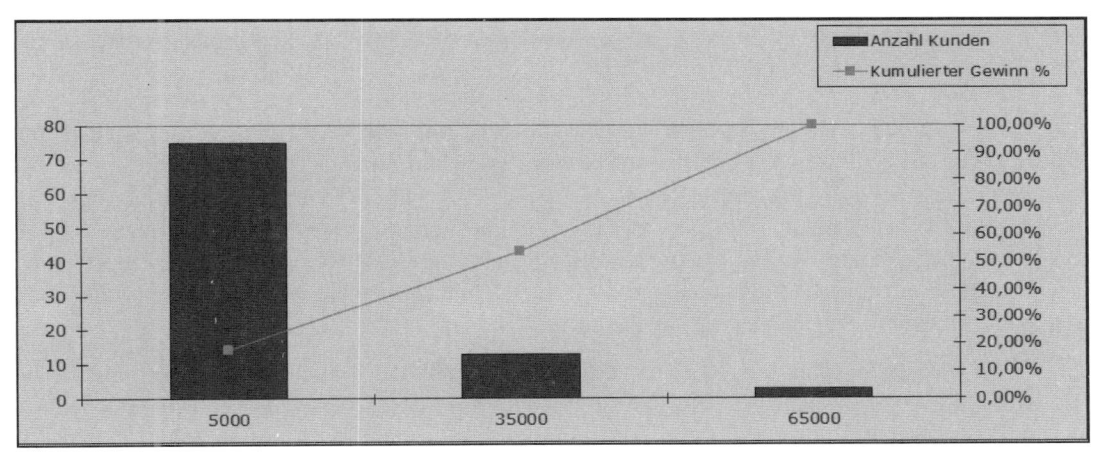

Abb. 40: ... und in grafischer Form

Exkurs: Das Histogramm

Eine weitere Möglichkeit, absolute und kumulierte Häufigkeiten für einen Zellbereich von Daten und Klassen zu berechnen, bietet die Funktion HISTOGRAMM. In einer Histogrammtabelle werden die Bewertungsgrenzen zwischen der untersten und der aktuellen Begrenzung dargestellt. Diese Funktion wird ebenfalls anhand der Beispieldaten erläutert.

> **HINWEIS**
>
> Analyse-Funktionen aktivieren
>
> Die Analyse-Funktion HISTOGRAMM können Sie über die **Analyse-Funktion** im Menü **Daten** im Bereich **Analyse → Datenanalyse** aufrufen. Unter Umständen steht dieser Befehl bei Ihnen nicht zur Verfügung. Sollte dies der Fall sein, müssen Sie ihn über **Entwicklertools → Add-Ins** aktivieren. In der Dialogbox **Add-Ins** klicken Sie auf **Analyse-Funktionen**, um dort ein Häkchen einzustellen.

Ein Histogramm richten Sie wie folgt ein:

Histogramm einrichten

1 Bevor Sie in den nächsten Schritten die Histogramm-Funktion nutzen, sollten Sie den Bereich **E10** bis **E12** auf dem Tabellenblatt **Klasseneinteilung** mit der Gewinnanalyse **Einteilung** nennen. Auf diesen Bereich wird im Histogramm zugegriffen.

2 Wechseln Sie in das Arbeitsblatt mit der Kundendatenbank. Wählen Sie **Daten → Datenanalyse → Analyse-Funktionen**, um in das gleichnamige Dialogfeld zu gelangen.

3 Klicken Sie nacheinander auf **Histogramm** und **OK**. Sie gelangen in die Dialogbox **Histogramm**. Setzen Sie den Cursor in das Feld **Eingabebereich**. Dort legen Sie den Bezug für den zu analysierenden Datenbereich fest. Drücken Sie die Funktionstaste **F3**.

4 Sie gelangen in das Dialogfeld **Namen einfügen** und wählen **Gewinn**. Dieser Zellbereich wird nun in das Feld **Eingabebereich** übernommen. Geben Sie unter **Klassenbereich** den Begriff **Einteilung** an.

Übrigens: Falls Sie Excel keinen Klassenbereich vorgeben, legt Ihre Tabellenkalkulation die Klassen selber fest. Das Programm erstellt dann eine Reihe von Klassen, die gleichmäßig zwischen dem niedrigsten und dem höchsten Wert des Datenbestandes verteilt sind.

5 Aktivieren Sie die Kontrollkästchen **Beschriftungen, Kumulierte Häufigkeit** und **Diagrammdarstellung**. Wenn Sie das Kontrollkästchen **Kumulierte Häufigkeit** aktivieren, erhalten Sie in der Ausgabetabelle eine Spalte für kumulierte relative Häufigkeiten. Falls Sie in der Ausgabetabelle ein eingebettetes Diagramm wünschen, können Sie dies ebenfalls über das entsprechende Kontrollkästchen regeln. Über das Kontrollkästchen **Pareto (sortiertes Histogramm)** bestimmen Sie, dass die Daten später in der Ausgabetabelle in absteigender Reihenfolge nach ihrer Häufigkeit sortiert gezeigt werden. Andernfalls werden die Daten in aufsteigender Reihenfolge sortiert.

6 Unter **Ausgabe** wählen Sie die Option **Neues Tabellenblatt**. Dadurch erreichen Sie, dass die Ergebnisse ab Zelle **A1** in dieses neue Tabellenblatt eingefügt werden. Um das Tabellenblatt zu benennen, geben Sie in das nebenstehende Feld den Namen **Histogramm** ein. Verlassen Sie das Dialogfeld über **OK** oder drücken Sie die **Enter**-Taste.

7 Falls Sie sich im Bereich **Ausgabe** für die Option **Ausgabebereich** entscheiden, geben Sie den Bezug für die obere linke Zelle der Ausgabetabelle ein. Excel legt die Größe der Ausgabetabelle automatisch fest. Sollten dadurch vorhandene Daten überschrieben werden, erhalten Sie von Excel einen entsprechenden Hinweis. Last but not least besteht noch die Möglichkeit, die Ergebnisse des Histogramms über die Option **Neue Arbeitsmappe** in eine neue Datei einzufügen.

> **HINWEIS**
>
> **Keine automatische Anpassung**
>
> Wichtig zu wissen ist, dass sich die Daten des Histogramms nicht dynamisch ändern. Das bedeutet, wenn Änderungen am Datenbestand vorgenommen werden, muss die Funktion HISTOGRAMM erneut aufgerufen werden.

8 Zusammenfassung

Zur Datenanalyse stehen folgende Instrumente zur Verfügung:

- Schnellanalyse
- Filter und AutoFilter

- Teilergebnis
- Gruppieren
- Funktionen: SUMMEWENN, ZÄHLENWENN, SUMMEWENNS, ZÄHLENWENNS
- Bedingte Formatierung
- Pivot Table und Pivot Chart

Ein recht einfaches Verfahren, um Daten zu filtern, ist der Einsatz des Autofilters. Ein komplexeres Auswertungsinstrument steht in Form der Spezialfilter zur Verfügung.

Der AutoFilter zeichnet sich durch besonders simple Handhabung aus und bietet Ihnen die Möglichkeit, mit nur wenigen Arbeitsschritten Daten zu selektieren. Sie aktivieren ihn über das Register **Daten → Filtern**.

Die Funktion **Teilergebnis** eignet sich für die Auswertung von Tabellen und Datenlisten nach bestimmten Datengruppen. Sie finden die Funktion im Menü **Daten**.

Excel stellt eine Gliederungsfunktion zur Verfügung, die in erster Linie bei der Arbeit mit umfangreichen Tabellen interessant ist. Die Gliederung kann in horizontaler und vertikaler Richtung erfolgen. Recht simpel ist der Einsatz der Funktion **AutoGliederung**. Um mit der AutoGliederung arbeiten zu können, müssen folgende Voraussetzungen erfüllt sein:

- Die Tabelle muss Formeln mit Bezügen auf andere Zellen enthalten.
- Die Formel bezieht sich auf Zellen in derselben Spalte oder in derselben Zeile.
- Es liegen einheitliche Bezüge vor, die nur in eine Richtung gehen.

SUMMEWENN() addiert Werte, die ein ganz bestimmtes Kriterium erfüllen (Beispiel: Summe aller Einzahlungen auf Konto X oder Summe aller Umsätze mit einem Umsatzsteuersatz von 7%).

SUMMEWENNS() addiert Werte, die mehrere Kriterien erfüllen (Beispiel: Konto X und und ein Umsatzsteuersatz von 7 %).

ZÄHLENWENN() zählt die Einträge, die ein ganz bestimmtes Kriterium erfüllen (Beispiel: Wie viele Kontenbewegungen gibt es auf Konto X).

ZÄHLENWENNS() zählt Einträge, die mehrere bestimmte Kriterien erfüllen (Beispiel: Wie viele Kontenbewegungen von Konto X liegen über 10.000 EUR).

Umsatzklassen können Sie mithilfe verschachtelter Formeln bilden. Dazu werden die integrierten Excel-Funktionen **RUNDEN()**, **MAX()** und **LOG()** eingesetzt.

Die Funktion **HÄUFIGKEIT()** gehört zu den Matrixfunktionen. Die Eingabe der Matrix-Funktion bestätigen Sie mit der Tastenkombination **Strg + Shift + Enter**.

Eine Möglichkeit, absolute und kumulierte Häufigkeiten für einen Zellbereich von Daten und Klassen zu berechnen, bietet die Funktion **HISTOGRAMM**.

Daten auswerten und verwalten:
So analysieren Sie Daten mit Pivot-Tabellen und PivotCharts

Informationen, Zahlen und Daten sind die Basis für zahlreiche unternehmerische Entscheidungen. An der Masse mangelt es in der Regel nicht. Zahlenmaterial liegt oft so umfangreich und detailliert vor, dass man schnell den Überblick verlieren kann. Dann gilt es, die Datenflut gezielt nach ganz bestimmten Kriterien zu strukturieren, gliedern und zu verdichten. Nur so werden die Zahlen aussagefähig.

Excel stellt für diesen Fall die Funktion **Pivot** zur Verfügung. Damit haben Sie die Möglichkeit,

Inhalt
1 Das leisten Pivot-Tabellen und Pivot-Charts.. 169
2 Praxisbeispiel: Buchhaltungsdaten zu Kostenanalysen verdichten................. 171
3 Die Funktion PIVOTDATENZUORDNEN()................... 180
4 Pivot Chart... 181
5 Zusammenfassung................................ 183

Informationen nach unterschiedlichen Kriterien zusammenzufassen. Anhand eines Beispiels aus der Finanzbuchhaltung zeigen wir Ihnen, wie Sie Zahlen geschickt zu Kostenberichten verdichten und beliebig gliedern, sodass die gewonnenen Informationen die unterschiedlichsten Fragestellungen beantworten und zu Auswertungs- und Entscheidungszwecken herangezogen werden können.

Die Musterdatei zu diesem Beitrag namens **TestdatenPivot.xlsm** finden Sie unter dem Haufe-Index **7446148**.

1 Das leisten Pivot-Tabellen und Pivot-Charts

Der Begriff **Pivot** kommt aus dem Englischen und bedeutet übersetzt so viel wie Dreh- und Angelpunkt. Anders ausgedrückt: Pivot-Tabellen sind nichts anderes als interaktive Tabellen, die schnell umfangreiche Datenmengen zusammenfassen können. Interaktiv bedeutet, dass Sie Daten unter verschiedenen Gesichtspunkten umordnen, zusammenfassen, auswerten und betrachten können.

Auf diese Weise ermöglicht Excel Ihnen eine komfortable und vielseitige Analyse. Durch einfaches Umstrukturieren haben Sie die Möglichkeit, Daten aus einem völlig anderen Blickwinkel zu betrachten. Egal, welche Informationen der Chef, die Bank oder Anteilseigner fordern, Sie sind in der Lage in kürzester Zeit - teilweise binnen Sekunden – verschiedene Auswertungen nach Belieben ganz gezielt zu erstellen.

1.1 PivotTable

Nachfolgend interessante Funktionen von PivotTable im Überblick:

- Strukturieren großer Datenmengen mittels benutzerfreundlicher Methoden
- Berechnen von Teilergebnissen
- Zusammenfassen von Daten nach Kategorien und Unterkategorien
- Durchführen von benutzerdefinierten Berechnungen und Formeln
- Erweitern und Reduzieren von Datenebenen
- Verschieben von Zeilen in Spalten oder Spalten in Zeilen, um unterschiedliche Zusammenfassungen der Quelldaten zu generieren
- Filtern, Sortieren, Gruppieren von Teilmengen

Daten auswerten und sicher verwalten

- Bedingtes Formatieren von Teilmengen
- Drill-Down-Funktion, um zu ermitteln, aus welchen Ursprungswerten sich ein bestimmter Zahlenwert zusammensetzt
- Gestalten PivotTable

> **HINWEIS**
>
> **Zahlreiche Änderungen**
>
> Anwender älterer Excel-Versionen kennen zwar die grundsätzliche Vorgehensweise im Hinblick auf das Erstellen von PivotTable, werden aber feststellen, dass sich in diesem Zusammenhang zahlreiche Änderungen ergeben haben.

1.2 PivotCharts

Microsoft beschreibt PivotCharts wie folgt: „Ein PivotChart ist letztlich eine PivotTable in anderer Form. Es ist auch ein Excel-Diagramm wie jedes andere Diagramm, aber mit zusätzlichen Funktionalitäten."

Dem kann man im Grund nicht viel hinzufügen. Ein PivotChart kann auf den ersten Blick aussehen wie ein herkömmliches Diagramm, beispielsweise ein Säulen- oder Kreisdiagramm. Das Besondere an PivotChart liegt in der Ausstattung bzw. der Funktionalität.

Sobald Sie als Anwender das Diagramm markieren, stellt Excel Ihnen u. a. folgende Funktionen zur Verfügung:

- Diagramm umgestalten
- Beschriftungen hinzufügen
- Daten strukturieren
- Perspektive ändern
- Felder filtern und reduzieren

> **PRAXIS - TIPP**
>
> **PivotTable kopieren**
>
> PivotCharts sind in der Regel mit PivotTable verknüpft. Das bedeutet, wenn Sie Felder im Chart löschen, filtern oder reduzieren, führen Sie diese Änderungen gleichzeitig für die verknüpfte Pivot-Tabelle aus.
>
> Wenn Sie sowohl die Tabelle als auch das Diagramm benötigen, sollten Sie auf Nummer sicher gehen: Dazu kopieren Sie die PivotTable bevor Sie das PivotChart erstellen. Sie haben dann die ursprüngliche Tabellenvariante und das Diagramm Ihrer Wahl zur Verfügung.

Soviel zur Theorie. Kommen wir nun zum praktischen Einsatz von PivotTable und PivotChart.

2 Praxisbeispiel: Buchhaltungsdaten zu Kostenanalysen verdichten

Häufig wird die Funktion Pivot am Beispiel von Umsatzzahlen erläutert. Wir haben uns für ein Beispiel aus dem Bereich der Finanzbuchhaltung entschieden. Dadurch soll deutlich werden, wie vielfältig Pivot einsetzbar ist.

2.1 Flexible Datenauswertung: So erfüllen Sie die Anforderungen der Geschäftsführung

Der Geschäftsführer eines mittelständischen Unternehmens möchte wissen, welche Kosten wann und wo im Unternehmen angefallen sind. Er möchte sich nicht die Kostenstellenblätter der Kostenrechnung ansehen, sondern wünscht die Informationen auf der Basis der Buchhaltungsdaten – komprimiert in einer Tabelle. Die zuständigen Mitarbeiter setzen hierfür PivotTable und PivotChart ein.

Ein Mitarbeiter des Rechnungswesens exportiert die Dateien des Buchungsjournals in eine Excel-Tabelle: Alle Eingangsrechnungen wurden zuvor auf Konten gebucht und bestimmten Kostenstellen zugeordnet. Zwar ermöglicht Excel grundsätzlich auch den Zugriff auf externe Datenbanken, der Einfachheit halber haben wir uns an dieser Stelle für die Tabellen-Variante entschieden.

Ihr Vorteil: Sie können alle Arbeitsschritte Schritt für Schritt nachvollziehen. Die Musterdaten stehen in der Arbeitsmappe **TestdatenPivot.xlsm** zur Verfügung. Damit der Datenbestand übersichtlich bleibt, haben wir für Sie einen Auszug aus den Gesamtdaten erstellt (s. Abb. 1).

Beleg-Nr.	Kostenart	Konto-Nr	Kosten-kategorie	Kosten-stelle	Monat	Buchungsdatum	MwSt-Satz	netto	Mwst	brutto
1	Material	4101	P	100	Januar	02.01.14	19%	3.911,00 €	743,09 €	4.654,09 €
2	Zinsen	4191	P	190	Januar	03.01.14	0%	2.548,00 €	0,00 €	2.548,00 €
3	Gehälter	4101	P	100	Januar	04.01.14	0%	250,00 €	0,00 €	250,00 €
4	Energien	4201	S	200	Januar	05.01.14	19%	569,00 €	108,11 €	677,11 €
5	Afa	4121	P	120	Januar	06.01.14		250,00 €	0,00 €	250,00 €
6	Zinsen	4121	P	120	Januar	07.01.14		4.050,00 €	0,00 €	4.050,00 €
7	Löhne	4191	P	190	Januar	08.01.14		2.500,00 €	0,00 €	2.500,00 €
8	Gehälter	4101	P	100	Januar	09.01.14		6.224,00 €	0,00 €	6.224,00 €
9	Mieten	4101	S	100	Januar	10.01.14		9.022,00 €	0,00 €	9.022,00 €
10	Afa	4131	P	130	Februar	01.02.14		250,00 €	0,00 €	250,00 €
11	Gehälter	4131	P	130	Februar	02.02.14		6.224,00 €	0,00 €	6.224,00 €
12	Mieten	4201	S	200	Februar	03.02.14		9.022,00 €	0,00 €	9.022,00 €
13	Afa	4131	P	130	Februar	04.02.14		250,00 €	0,00 €	250,00 €
14	Sonstiges	4191	S	190	Februar	05.02.14	19%	2.345,00 €	445,55 €	2.790,55 €
15	Löhne	4101	P	100	Februar	06.02.14		250,00 €	0,00 €	250,00 €
16	Mieten	4101	P	100	Februar	07.02.14		2.582,00 €	0,00 €	2.582,00 €
17	Sozialkosten	4101	P	100	Februar	08.02.14		250,00 €	0,00 €	250,00 €
18	Afa	4101	P	100	Februar	09.02.14		9.022,00 €	0,00 €	9.022,00 €
19	Material	4191	P	190	Februar	10.02.14	19%	2.489,00 €	472,91 €	2.961,91 €
20	Sozialkosten	4101	P	100	März	12.03.14	0%	2.548,00 €	0,00 €	2.548,00 €
21	Energien	4201	S	200	März	13.03.14	19%	1.545,00 €	293,55 €	1.838,55 €
22	Material	4101	P	100	März	14.03.14	19%	2.214,00 €	420,66 €	2.634,66 €
23	Zinsen	4191	P	190	März	15.03.14		2.548,00 €	0,00 €	2.548,00 €
24	Energien	4201	S	200	März	16.03.14	19%	569,00 €	108,11 €	677,11 €
25	Afa	4121	P	120	März	17.03.14		250,00 €	0,00 €	250,00 €
26	Gehälter	4101	P	100	März	18.03.14		250,00 €	0,00 €	250,00 €
27	Zinsen	4101	P	100	März	19.03.14		1.545,00 €	0,00 €	1.545,00 €
28	Löhne	4191	P	190	März	20.03.14		2.500,00 €	0,00 €	2.500,00 €
29	Löhne	4121	P	120	April	03.04.14		5.145,00 €	0,00 €	5.145,00 €
30	Abgaben	4181	S	180	April	04.04.14		2.548,00 €	0,00 €	2.548,00 €
31	Sozialkosten	4121	P	120	April	05.04.14		3.250,00 €	0,00 €	3.250,00 €
32	Instandhaltung	4201	P	200	April	06.04.14	19%	974,00 €	185,06 €	1.159,06 €
33	Material	4131	P	130	April	07.04.14	19%	250,00 €	47,50 €	297,50 €
34	Abgaben	4131	P	130	April	08.04.14		2.489,00 €	0,00 €	2.489,00 €
35	Gehälter	4181	P	180	April	09.04.14		1.000,00 €	0,00 €	1.000,00 €
36	Sozialkosten	4101	P	100	April	10.04.14		2.548,00 €	0,00 €	2.548,00 €
37	Energien	4201	S	200	April	11.04.14	19%	1.545,00 €	293,55 €	1.838,55 €
38	Afa	4101	P	100	Mai	17.05.14		9.022,00 €	0,00 €	9.022,00 €
39	Material	4191	P	190	Mai	18.05.14	19%	2.489,00 €	472,91 €	2.961,91 €
40	Löhne	4121	P	120	Mai	19.05.14		5.145,00 €	0,00 €	5.145,00 €

Abb. 1: Auszug aus der Datenliste

Die Beispieldatei **TestdatenPivot.xlsm** enthält für jede einzelne Buchung folgende Informationen:

- **Beleg-Nr.**
- **Kostenart**
- **Kontonummer**
- **Kostenkategorie**
- **Kostenstelle**
- **Monat**
- **Buchungsdatum**
- **MwSt-Satz**
- **Netto**
- **MwSt**
- **Brutto**

Der Mitarbeiter des Rechnungswesens will die Daten mithilfe von Microsoft Excel so strukturieren, dass die einzelnen Kostenarten monatsweise aufgeführt werden. Darüber hinaus soll es möglich sein, ganz gezielt die Daten einer bestimmten Kostenstelle anzuzeigen, etwa wenn der Chef wissen will, welche Kosten in der Kostenstelle „Geschäftsführung" angefallen sind.

2.2 Schritt für Schritt zur gewünschten Auswertung

Um die Daten in der gewünschten Form zu verdichten, gehen Sie wie folgt vor:

Pivot-Tabelle erstellen

1 Setzen Sie die Eingabemarkierung in den Datenbestand und aktivieren Sie das Register **Einfügen**. Klicken Sie im Bereich **Tabellen** auf den die Schaltfläche **PivotTable**. Sie erhalten das Dialogfeld **PivotTable erstellen** (s. Abb. 2).

Abb. 2: Das Dialogfeld PivotTable erstellen unterstützt Sie beim Strukturieren der Daten

Daten mit Pivot-Tabellen und PivotCharts analysieren

2 Für den Fall, dass Sie sich in der Datenliste befinden, schlägt Excel automatisch den zu analysierenden Tabellenbereich vor.

3 Akzeptieren Sie den Vorschlag **Neues Arbeitsblatt** und bestätigen Sie Ihre Auswahl durch einen Klick auf die Schaltfläche **OK**.

4 Sie erhalten ein neues Tabellenblatt mit einer leeren Grundstruktur für Pivot-Tabellen, die sich in Excel 2013 optisch grundlegend von den Vorgängerversionen unterscheidet (s. Abb. 3 und 4).

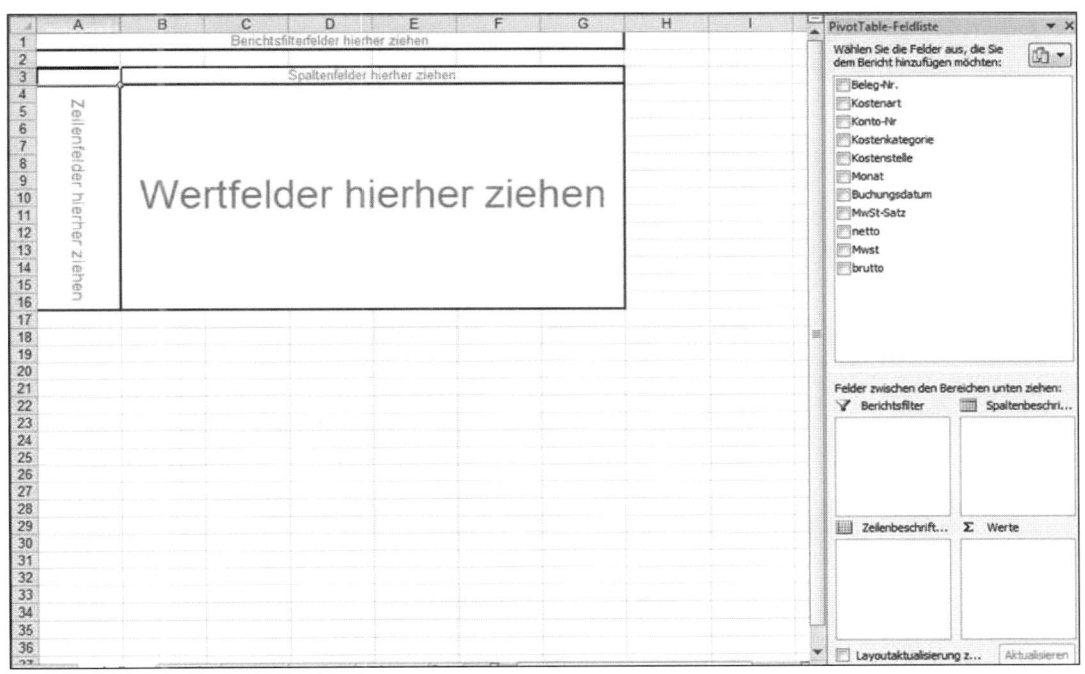

Abb. 3: Grundstruktur der Pivot-Tabelle mit Feldliste in Excel 2010

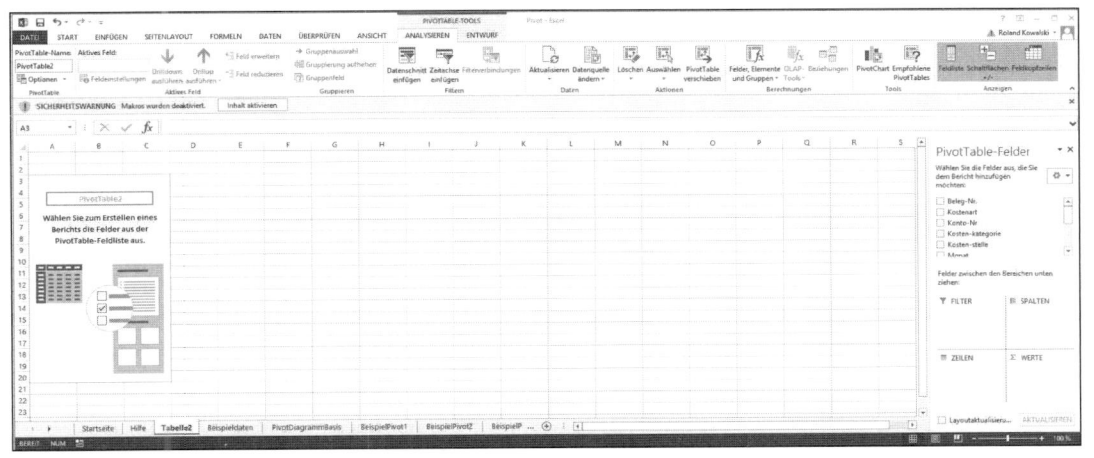

Abb. 4: Grundstruktur der Pivot-Tabelle mit Feldliste in Excel 2013

Das Grundprinzip arbeitet weiterhin nach folgender Struktur (s. Abb. 5 und 6):

- **Filter** (ersetzt den Begriff **Berichtsfelder** aus Excel 2010): Felder aus einer Liste oder Tabelle, die in einer Pivot-Tabelle im Seitenformat ausgerichtet werden. Dadurch erhalten Sie eine mehrdimensionale Pivot-Tabelle, von der man später immer nur eine Seite sehen wird. Sie erlauben dem Anwender, quasi einen Filter über die Daten zu legen und bestimmte Werte bei Bedarf ein- bzw. auszublenden. In älteren Excel-Versionen hatten diese Felder den Namen „Seitenfelder". Bezogen auf das aktuelle Beispiel ermöglichen Filter, dass Sie, je nachdem welche Kriterien Sie als Filter definieren, einzelne Seiten für Kostenstellen oder Kostenarten erstellen können.
- **Zeilenfelder** gruppieren die Daten horizontal. Anders ausgedrückt: Sie werden benötigt, um Felder als Zeilen auf der Berichtsseite anzuzeigen. Werden beispielsweise die Kostenarten Personal, Energie, Material untereinander aufgeführt, sind sie in Zeilenfeldern angelegt.
- **Spaltenfelder** gruppieren die Daten vertikal und werden eingesetzt, um die Felder als Spalten auf einer Berichtsseite anzuzeigen. Stehen die Monate Januar, Februar, März etc. nebeneinander, spiegeln Sie Spaltenfelder wider.
- **Wertefelder** ersetzen die Datenfelder der Vorgängerversionen und nehmen in der Regel Zahlenwerte auf. Sie werden in erster Linie eingesetzt, um numerische Daten in einer Zusammenfassung anzuzeigen. Im Zusammenhang mit der Beispieldatei bietet es sich an, beispielsweise alle Nettoausgaben als Werte zu definieren.

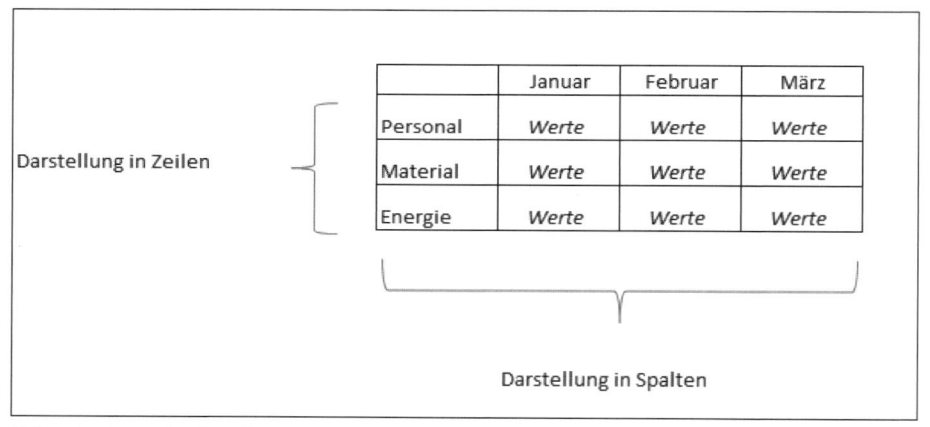

	Januar	Februar	März
Personal	Werte	Werte	Werte
Material	Werte	Werte	Werte
Energie	Werte	Werte	Werte

Darstellung in Zeilen (links) / Darstellung in Spalten (unten)

Abb. 5: So kann das Grundgerüst einer Pivot-Tabelle aussehen

Nachdem Sie die Tabelle mit der Datenstruktur erhalten haben, gliedern Sie die Informationen. Benötigt werden folgenden Daten:

- Monate
- Kostenstellen
- Kostenarten
- Netto

So arbeiten Sie als Anwender der Version Excel 2013

1 Ziehen Sie die Schaltfläche **Kostenart** der **PivotTable-Feldliste** in den Bereich **Zeilen**.

2 Die Schaltfläche **Monate** schieben Sie in den Bereich **Spalten,** die Schaltfläche **netto** in den Bereich **Werte**. Last but not least bringen Sie die Schaltfläche **Kostenstellen** im Bereich **Filter** unter (s. Abb. 6).

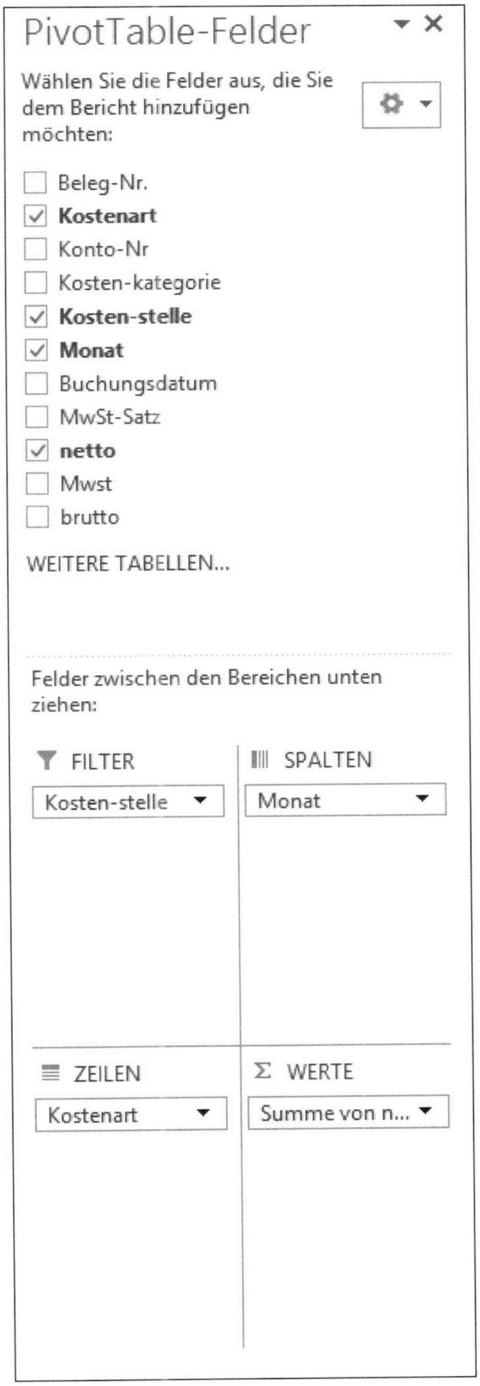

Daten mit Pivot-Tabellen und PivotCharts analysieren

PivotTable-Felder

Wählen Sie die Felder aus, die Sie dem Bericht hinzufügen möchten:

- [ ] Beleg-Nr.
- [x] **Kostenart**
- [ ] Konto-Nr
- [ ] Kosten-kategorie
- [x] **Kosten-stelle**
- [x] **Monat**
- [ ] Buchungsdatum
- [ ] MwSt-Satz
- [x] **netto**
- [ ] Mwst
- [ ] brutto

WEITERE TABELLEN...

Felder zwischen den Bereichen unten ziehen:

▼ FILTER	ⅢII SPALTEN
Kosten-stelle ▼	Monat ▼

≡ ZEILEN	Σ WERTE
Kostenart ▼	Summe von n... ▼

Abb. 6: Hier legen Sie die Struktur einer Pivot-Tabelle fest

3 Sie erhalten eine Übersicht, die nach Kostenarten und Monaten strukturiert ist (s. Abb. 7). Dabei handelt es sich im Gegensatz zur Ausgangstabelle um eine interaktive Tabelle. Sie können die Daten ab sofort nach wechselnden Gesichtspunkten an-, umordnen, zusammenfassen und analysieren.

Technisch ist dies alles – wie Sie gesehen haben – mithilfe der Schaltflächen der **PivotTable-Felder** möglich. Je nachdem wie Sie die Schaltfläche verschieben, wandern die zugehörigen Daten zeitgleich mit. Selbstverständlich können die Zeilen- und Spaltenbeschriftungen ebenfalls jederzeit mithilfe der Maus neu angeordnet werden. Mit jeder Anordnung der Elemente werden automatisch zusammengefasste Berechnungen erzeugt.

Kosten-stelle	(Alle)												
Summe von netto	Spaltenbeschriftungen												
Zeilenbeschriftungen	Januar	Februar	März	April	Mai	Juni	Juli	August	September	Oktober	November	Dezember	Gesamtergebnis
Abgaben				5037	5037		2489		2548		2489	2548	20148
Afa	250	9522	250		9022	250	250	250	9022	500		9022	38338
Energien	569		2114	1545			4114	569		569	3545		13025
Gehälter	6474	6224	250	1000	1000	6224	3250	250		6224	3250		34146
Instandhaltung				974	974				974		974		3896
Löhne	2500	250	2500	5145	5145	2750			5345	2750		5595	31980
Material	2234	2489	2214		250	2739		2234	2234	2739		2484	2489	22106
Mieten	9022	11604				11604				2582	9022		2582	46416
Sonstiges		2345				2145					2345		2345	9180
Sozialkosten		250	2548	5798	250		2548			500		2548	500	15192
Zinsen	6093		4093			1545	2548	2548			3545		2548	22920
Gesamtergebnis	27142	32684	13969	19749	24167	24768	17433	5851	23710	24955	17838	25081	257347

Abb. 7: Die strukturierte Pivot-Tabelle

So arbeiten Sie in Excel 2010

1 Ziehen Sie die Schaltfläche **Kostenart** der **PivotTable-Feldliste** in den Bereich **Zeilenfelder hierher ziehen**.

2 Die Schaltfläche **Monate** müssen Sie im Bereich **Spaltenfelder hierher ziehen** positionieren und die Schaltfläche **netto** im Bereich **Wertefelder hierher ziehen** unterbringen. Last but not least schieben Sie die Schaltfläche **Kostenstellen** in den Bereich **Berichtsfelder hierher ziehen**.

3 Sie erhalten wie in Excel 2013 eine Übersicht, die nach Kostenarten und Monaten strukturiert ist (s. Abb. 7).

HINWEIS

Alternative Vorgehensweise

Alternativ arbeiten Sie mit den Feldern unterhalb des Bereichs **PivotTable-Liste**. Dann ziehen Sie die Schaltflächen nicht in die Tabelle, sondern wie in Excel 2013 direkt in den Bereich **Felder** (s. Abb. 8).

PRAXIS - TIPP

Lernen durch Experimente

Experimentieren Sie an dieser Stelle mit den Daten. Auf diese Weise werden sich Ihnen die Möglichkeiten von PivotTable schnell erschließen.

Daten mit Pivot-Tabellen und PivotCharts analysieren

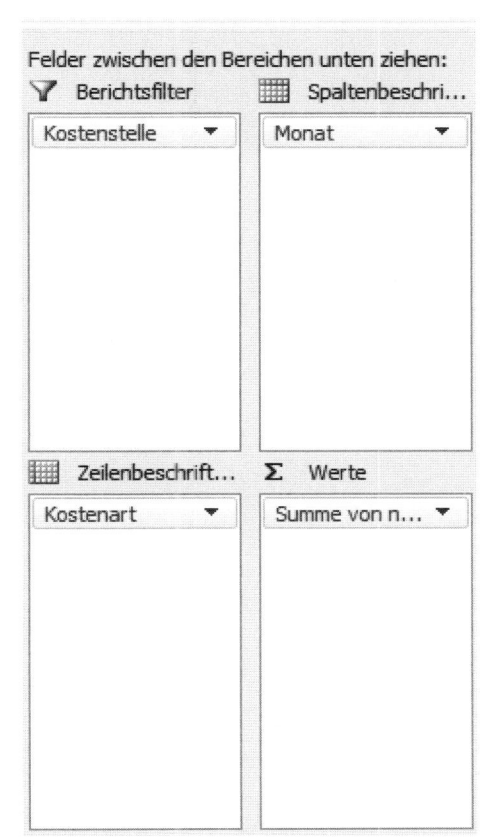

Abb. 8: Auch hier können Sie die Struktur einer Pivot-Tabelle festlegen

Weitere Differenzierung

Durch einen Klick auf den Pfeil der zum Filter (Berichtsfeld) **Kostenstelle** gehört, können Sie sich den Datenbestand für eine einzelne Kostenstelle anzeigen lassen. Wenn Sie anschließend einen Doppelklick auf das Gesamtergebnis ausführen, erhalten Sie eine Auflistung der Vorgänge, die zum Ergebnis führen, und somit detaillierte Informationen zur Kostenstelle.

Wenn Sie wissen wollen, welche Buchungen hinter dem Wert **Abgaben** im Monat April stecken, erhalten Sie die Information per Doppelklick auf den entsprechenden Eintrag. Excel liefert diese Information in einer separaten Tabelle (s. Abb. 9).

	A	B	C	D	E	F	G	H	I	J	K
1	Beleg-Nr.	Kostenart	Konto-Nr	Kosten-ka	Kosten-st	Monat	Buchungsdatum	MwSt-Satz	netto	Mwst	brutto
2	34	Abgaben	4131	P		130	April	08.04.2014		2489	0	2489
3	30	Abgaben	4181	S		180	April	04.04.2014		2548	0	2548

Abb. 9: Herleitung der Abgaben im Monat April – Pivot 7

Über die Befehlsfolge **PivotTable-Tools** → **Analysieren** (Excel 2010: **Optionen**) → **Optionen** → **Berichtsfilterseiten anzeigen (Excel 2010: Berichtsfilter generieren)** → **Kostenstelle** fügt Excel für jede Kostenstelle ein neues Tabellenarbeitsblatt in die Mappe ein (s. Abb. 10). Das Register wird automatisch mit dem Namen des Elements, hier der Kostenstelle, belegt.

Übrigens: Die Register stehen nur dann zur Verfügung, wenn die Eingabemarkierung in der Pivot-Tabelle steht.

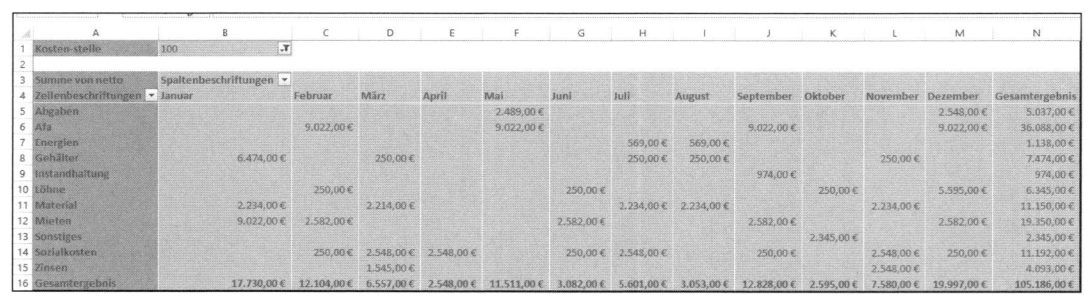

Abb. 10: Diese Seite wurde speziell für die Kostenstelle 100 eingerichtet

PivotTable-Tools stellt 2 Register zur Verfügung (s. Abb. 11 bis 13)

- Analysieren (vormals Optionen)
- Entwurf

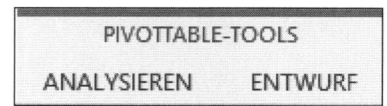

Abb. 11: PivotTable-Tools stellt 2 Register zur Verfügung

Abb. 12: Das Register Analysieren

Abb. 13: Das Register Entwurf

PRAXIS – TIPP

Weitere Differenzierungsmöglichkeiten

Wenn Sie die Daten weiter komprimieren, also zum Beispiel nur die Jahreswerte zeigen wollen, ziehen Sie die Schaltfläche **Monat** in einen Bereich außerhalb der Pivot-Tabelle. Sobald Sie die Maus loslassen, erscheinen nur noch die Gesamtergebnisse pro Kostenart (s. Abb. 14).

	A	B
1	Kosten-stelle	(Alle)
2		
3	Zeilenbeschriftungen	Summe von netto
4	Abgaben	20.148,00 €
5	Afa	38.338,00 €
6	Energien	13.025,00 €
7	Gehälter	34.146,00 €
8	Instandhaltung	3.896,00 €
9	Löhne	31.980,00 €
10	Material	22.106,00 €
11	Mieten	46.416,00 €
12	Sonstiges	9.180,00 €
13	Sozialkosten	15.192,00 €
14	Zinsen	22.920,00 €
15	Gesamtergebnis	257.347,00 €

Abb. 14: Hier fehlen die Monatsangaben

2.3 Pivot-Tabellen gestalten

Mithilfe des Registers **Entwurf** der **PivotTable-Tools** können Sie die Berichte mit nur wenigen Mausklicks optisch verbessern (s. Abb. 15 und 16).

Kostenstelle	(Alle)												
Summe von netto	Spaltenbeschriftungen												
Zeilenbeschriftungen	Januar	Februar	März	April	Mai	Juni	Juli	August	September	Oktober	November	Dezember	Gesamtergebnis
Abgaben				5.037,00 €	5.037,00 €		2.489,00 €		2.548,00 €		2.489,00 €		20.148,00 €
Afa	250,00 €	9.522,00 €	250,00 €		9.022,00 €	250,00 €	250,00 €	250,00 €	9.022,00 €	500,00 €		9.022,00 €	38.338,00 €
Energien	569,00 €		2.114,00 €	1.545,00 €			4.114,00 €	569,00 €		569,00 €	3.545,00 €		13.025,00 €
Gehälter	6.474,00 €	6.224,00 €		250,00 €	1.000,00 €	1.000,00 €	6.224,00 €	3.250,00 €	250,00 €		6.224,00 €	3.250,00 €	34.146,00 €
Instandhaltung					974,00 €	974,00 €			974,00 €			974,00 €	3.896,00 €
Löhne	2.500,00 €	250,00 €	2.500,00 €	5.145,00 €	5.145,00 €	2.750,00 €			5.345,00 €	2.750,00 €		5.595,00 €	31.980,00 €
Material	2.234,00 €	2.489,00 €	2.214,00 €	250,00 €	2.739,00 €		2.234,00 €	2.234,00 €	2.739,00 €		2.484,00 €	2.489,00 €	22.106,00 €
Mieten	9.022,00 €	11.604,00 €				11.604,00 €			2.582,00 €	9.022,00 €		2.582,00 €	46.416,00 €
Sonstiges		2.345,00 €			2.145,00 €				2.345,00 €		2.345,00 €		9.180,00 €
Sozialkosten		250,00 €	2.548,00 €	5.798,00 €	250,00 €	2.548,00 €			500,00 €		2.548,00 €	500,00 €	15.192,00 €
Zinsen	6.093,00 €		4.093,00 €			1.545,00 €	2.548,00 €	2.548,00 €		3.545,00 €	2.548,00 €		22.920,00 €
Gesamtergebnis	27.142,00 €	32.684,00 €	13.969,00 €	19.749,00 €	24.167,00 €	24.768,00 €	17.433,00 €	5.851,00 €	23.710,00 €	24.955,00 €	17.838,00 €	25.081,00 €	257.347,00 €

Abb. 15: Mit nur wenigen Mausklicks wird das Erscheinungsbild optimiert

Summe von netto	Spaltenbeschriftungen					
Zeilenbeschriftungen	Januar	Februar	März	April	Mai	Juni
Abgaben					5.037,00 €	5.037,00 €
Afa	250,00 €	9.522,00 €	250,00 €			9.022,00 €	250,00 €
Energien	569,00 €		2.114,00 €	1.545,00 €		
Gehälter	6.474,00 €	6.224,00 €		250,00 €	1.000,00 €	1.000,00 €	6.224,00 €
Instandhaltung					974,00 €	974,00 €
Löhne	2.500,00 €	250,00 €	2.500,00 €	5.145,00 €	5.145,00 €	2.750,00 €
Material	2.234,00 €	2.489,00 €	2.214,00 €	250,00 €	2.739,00 €	
Mieten	9.022,00 €	11.604,00 €				11.604,00 €
Sonstiges		2.345,00 €			2.145,00 €	
Sozialkosten		250,00 €		2.548,00 €	5.798,00 €	250,00 €	250,00 €
Zinsen	6.093,00 €		4.093,00 €			1.545,00 €
Gesamtergebnis	27.142,00 €	32.684,00 €	13.969,00 €	19.749,00 €	24.167,00 €	24.768,00 €

Abb. 16: Hier ein Ausschnitt aus einem weiteren Layout

Daten auswerten und sicher verwalten

Allerdings sehen diese kein Währungsformat vor. Da müssen Sie dann selber Hand anlegen. Weiterer Schwachpunkt: Häufig müssen Sie auch nachjustieren, damit die Spalten eine identische Breite erhalten.

2.4 Mehrere Pivot-Tabellen aus einer Datenliste generieren

Die Möglichkeiten, die Ihnen Pivot bietet sind nahezu grenzenlos. Je nach Bedarf ermöglicht das Tabellenkalkulationsprogramm verschiedene Pivot-Tabellen einzurichten. Wenn Sie eine andere Auswertung wünschen, können Sie selbstverständlich die vorhandene Pivot-Tabelle überschreiben.

Alternativ haben Sie die Möglichkeit, eine weitere Pivot-Tabelle einzurichten. Die grundlegende Vorgehensweise unterscheidet sich nicht von den zuvor vorgestellten Arbeitsschritten. Abbildung 16 zeigt eine Pivot-Tabelle, die neben der zuvor erstellen Tabelle eingerichtet wurde:

- Zeilenfelder: Monate
- Spaltenfelder: Kostenstellen
- Wertefelder: netto

Summe von netto	Spaltenbeschriftungen						
Zeilenbeschriftungen	100	120	130	180	190	200	Gesamtergebnis
Januar	17.730,00 €	3.795,00 €			5.048,00 €	569,00 €	27.142,00 €
Februar	12.104,00 €		6.724,00 €		4.834,00 €	9.022,00 €	32.684,00 €
März	6.557,00 €	250,00 €			5.048,00 €	2.114,00 €	13.969,00 €
April	2.548,00 €	8.395,00 €	2.739,00 €	3.548,00 €		2.519,00 €	19.749,00 €
Mai	11.511,00 €	5.395,00 €	250,00 €	3.548,00 €	2.489,00 €	974,00 €	24.167,00 €
Juni	3.082,00 €	1.545,00 €	6.474,00 €		4.645,00 €	9.022,00 €	24.768,00 €
Juli	5.601,00 €	250,00 €	2.489,00 €		2.548,00 €	3.545,00 €	17.433,00 €
August	3.053,00 €	250,00 €		3.000,00 €	2.548,00 €		5.851,00 €
September	12.828,00 €	5.595,00 €	250,00 €	2.548,00 €	2.489,00 €		23.710,00 €
Oktober	2.595,00 €	3.795,00 €	6.474,00 €		2.500,00 €	9.591,00 €	24.955,00 €
November	7.580,00 €		2.739,00 €	3.000,00 €		4.519,00 €	17.838,00 €
Dezember	19.997,00 €	250,00 €			4.834,00 €		25.081,00 €
Gesamtergebnis	105.186,00 €	29.520,00 €	28.139,00 €	15.644,00 €	36.983,00 €	41.875,00 €	257.347,00 €

Abb. 17: Weiterer Pivot-Bericht

3 Die Funktion PIVOTDATENZUORDNEN()

Pivot-Tabellendaten lassen sich weiterverrechnen. Dazu stellt Excel eine spezielle Funktion zur Verfügung: PIVOTDATENZUORDNEN(). Diese Funktion arbeitet mit den Argumenten **Datenfeld** und **PivotTable** (s. Abb. 18).

Abb. 18: Das Fenster Funktionsargumente von PIVOTDATENZUORDNEN

Für **Datenfeld** geben Sie einen Bezug zu einer Pivot-Tabelle ein, in der sich die abzurufenden Daten befinden. Mit **PivotTable** bestimmen Sie, für welche Werte Sie die Informationen abrufen möchten. Das kann zum Beispiel ein Spaltenfeld oder eine Gesamtsumme sein.

So arbeiten Sie mit PIVOTDATENZUORDNEN

1 Richten Sie zunächst eine strukturierte Pivot-Tabelle ein, in der sich Buchhaltungsdaten befinden. Markieren Sie den zu analysierenden Pivot-Tabellenbereich und legen Sie hierfür über **Formeln → Name definieren** einen Namen fest. Arbeiten Sie für dieses Beispiel mit der Bezeichnung Kostenarten.

2 Wechseln Sie in ein leeres Tabellenarbeitsblatt. Dort wählen Sie **Formeln → Funktion einfügen → Pivotdatenzuordnen**.

3 Tragen Sie als erstes Argument **Kostenarten** und als zweites Argument den Namen der gewünschten Kostenart ein. Bestätigen Sie Ihre Eingaben.

4 Excel übernimmt den Wert in das Arbeitsblatt. Die Daten können Sie jetzt weiter verrechnen, z. B. Kosteneinsparungen ermitteln (s. Abb. 19):

B1		fx	=PIVOTDATENZUORDNEN(Kostenarten;"Löhne")			
	A	B	C	D	E	F
1	Löhne gesamt	31.980,00 €				
2	Gewünschte relative Einsparung	10%				
3						
4	Gewünschte Einsparung	3.198,00 €				
5						

Abb. 19: Einsatzbeispiel der Funktion PIVOTDATENZUORDNEN

4 PivotChart

Ein Bild sagt mehr als 1.000 Worte. Der Geschäftsführer aus unserem Beispiel wünscht eine grafische Darstellung der Kosten von Kostenstelle 100 für das letzte Quartal des Jahres 2014. Für diese Auswertung bietet sich die bereits besprochene Auswertung aus Abbildung 15 an.

So erstellen Sie ein Diagramm auf der Basis von Pivot

1 Klicken Sie in die Pivot-Tabelle, die Sie grafisch darstellen wollen, und wählen Sie **PivotTable-Tools → Analysieren → PivotChart** (Excel 2010: **PivotTable-Tools → Optionen → PivotChart**).

2 Entscheiden Sie sich im folgenden Fenster für den Diagrammtyp **Kreis** (s. Abb. 20).

3 Zunächst wird ein Diagramm mit allen Kostenstellen und Monaten angezeigt. Das können Sie jedoch schnell ändern. Klicken Sie im Diagramm auf den Pfeil hinter **Spaltenbeschriftungen** und reduzieren Sie die Auswahl auf die Kostenstelle 100. Dazu entfernen Sie die Häkchen aller übrigen aufgeführten Positionen.

Daten auswerten und sicher verwalten

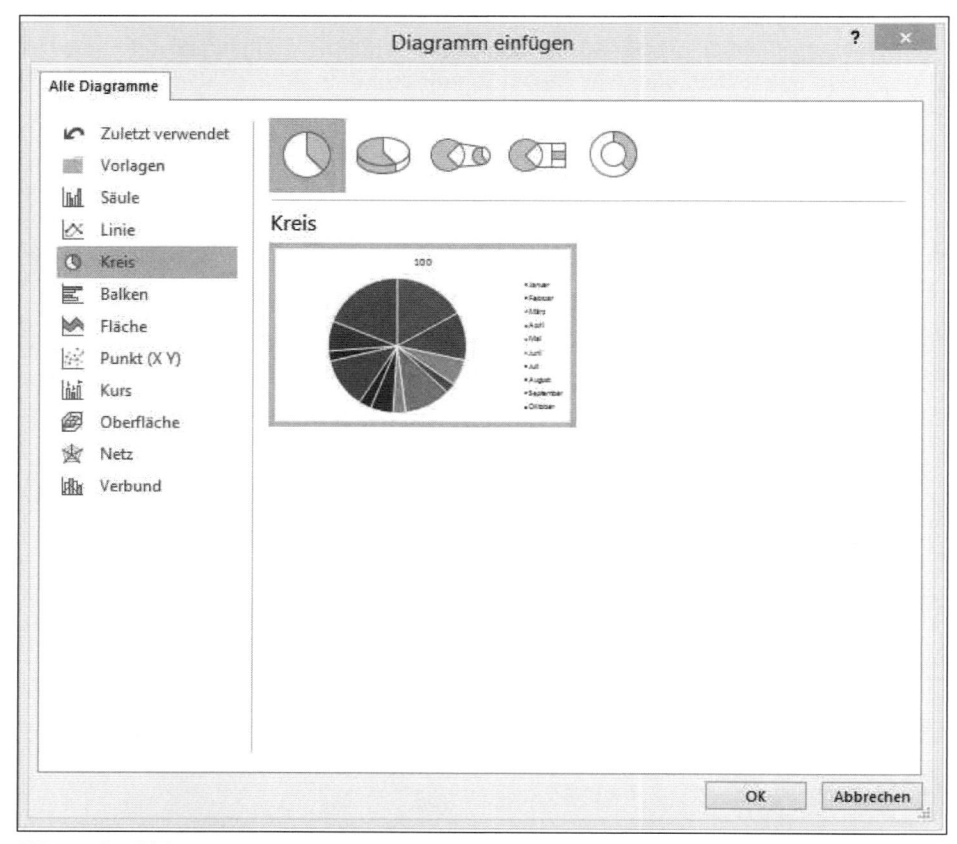

Abb. 20: Der Dialog Diagramm einfügen

4 Um ausschließlich die Daten des letzten Quartals anzuzeigen, klicken Sie auf den Pfeil hinter **Zeilenbeschriftungen** und reduzieren Sie die Darstellung auf die Monate auf Oktober, November, Dezember.

5 Anschließend können Sie das Diagramm mithilfe der 4 Register unter **PivotChart-Tools** bearbeiten. Sie erhalten das gewünschte Chart (s. Abb. 21). Auffällig sind die großen Unterschiede zwischen Oktober und Dezember.

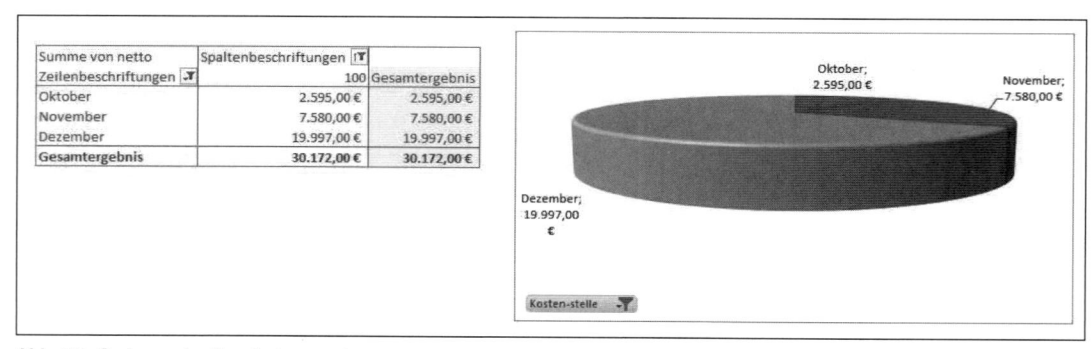

Abb. 21: So kann das Ergebnis aussehen

Wenn Sie sich nicht bereits im Vorfeld darüber im Klaren waren, ob Sie ein Diagramm benötigen oder nicht, ist das Einrichten eines Charts selbstverständlich auch nachträglich möglich.

> **HINWEIS**
>
> **Das AddIn für mehr Power**
>
> Noch mehr Für noch mehr Power gibt es unter bestimmten Voraussetzungen die Möglichkeit, das AddIn **PowerPivot** auf Ihren Rechner zu laden. Damit sollen Sie laut Hersteller in der Lage sein enorme Datenmengen mit unglaublicher Geschwindigkeit in aussagekräftige Informationen zu verwandeln. Mehr Informationen dazu finden Sie im Internet auf den Seiten der Firma Microsoft (**www.microsoft.com**).

5 Zusammenfassung

Pivot-Tabellen sind interaktive Tabellen, die in der Lage sind, schnell umfangreiche Datenmengen zusammenzufassen.

Die Pivot-Funktion finden Sie im Menü **Einfügen**.

Die eigentliche Tabellenstruktur eines Pivot-Berichts definieren Sie über Berichts-, Spalten-, Zeilen- und Wertefelder.

Pivot-Tabellen formatieren Sie wahlweise manuell oder mithilfe der vorgegebenen Vorlagen.

Mit der Funktion **PIVOTDATENZUORDNEN()** lassen sich die Zahlen von Pivots weiterverrechnen.

PivotCharts lassen sich schnell auf der Basis von PivotTable über **PivotTable-Tools** → **Optionen** → **PivotChart** erstellen.

IV. Perfekt präsentieren

Ein Bild sagt mehr als tausend Worte.

SPRICHWORT

Ein Bild sagt mehr als 1000 Worte. Leicht gesagt, doch zuvor müssen Sie das Bild erst einmal zum Sprechen bringen. Allzu oft bedeutet dies leider mühsame „Fummelei". Dass dies nicht sein muss, zeigen wir Ihnen in diesem Kapitel.

Inhalt	
1 Der richtige Diagrammtyp	186
2 Diagrammelemente	189
3 Break-Even-Analyse mit grafischer Auswertung	190
4 Angepasst: So werden Diagramme automatisch ergänzt	195
5 Dynamisches Diagramm mit BEREICH.VERSCHIEBEN und ANZAHL2()	198
6 Koordination von Grafiken und Diagrammen	202
7 Das perfektes Outfit für Ihre Diagramme	205
8 Tipps für die Arbeit mit Diagrammen	210
9 Zusammenfassung	211

Weitere Inhalte auf der CD / Onlineversion	
14 Zeitspar-Tipps für Diagramme: So erstellen Sie schnell beeindruckende Profi-Präsentationen	HI 3604506
Workshop Profi-Programme: So erstellen Sie Diagramme mit dynamischen Quelldaten, Beschriftungen, Diagrammtypen und Grafiken	HI 2019712
Workshop Profi-Berichte: Dynamische Präsentationen mit "extrahierenden" Funktionen wie INDEX oder BEREICH.VERSCHIEBEN	HI 1918158
Diagramme mit Aha-Effekt: So bringen Sie Dynamik in Ihre Schaubilder	HI 2684768

Perfekt präsentieren:
Einfache, pfiffige und dynamische Diagramme

Ein Bild sagt mehr als 1.000 Worte. Im Hinblick auf die Aussagekraft von Zahlenmaterial in Diagrammform trifft dieser Satz voll ins Schwarze. Der Grund: Eine Grafik ist besser lesbar als eine umfangreiche Auflistung von Ziffern.

Mithilfe der Diagrammfunktionen von Microsoft Excel ist es nicht nur möglich, ansprechende und aussagekräftige Diagramme zu gestalten, sondern diese gleichzeitig anpassungsfähig – sprich dynamisch – aufzubauen.

Das ist besonders interessant, wenn Zeitreihen dargestellt werden sollen und aktuelle Werte fehlen. Sie werden überrascht sein, wie einfach es ist, ein Diagramm zu erweitern, wenn die Zahlen im Vorfeld geschickt angeordnet werden.

Lesen Sie hier alles, was Sie über Diagramme wissen sollten, angefangen bei der Auswahl eines geeigneten Diagrammtyps, über Diagrammelemente bis hin zum gelungenen Layout

Die Beispiel- und Musterdateien zu diesem Beitrag namens **BreakEven.xlsm, Dynamische_Diagramme.xlsm** und **Beispiel_Diagramme.xlsx** finden Sie unter dem Haufe-Index **7446149**.

1 Der richtige Diagrammtyp

Im Hinblick auf die Bedienung bzw. durchzuführenden Arbeitsschritte bereitet es in der Regel keine Probleme, Zahlen einer Excel-Tabelle in Diagrammform zu präsentieren. Schwieriger ist es, aus der Fülle von Diagrammtypen den passenden herauszusuchen. Nicht jede Diagrammform lässt sich ohne Weiteres auf das vorliegende Zahlenmaterial anwenden. Ein wichtiges Kriterium dafür, welche Form zum Einsatz kommt, ist die gewünschte Aussage.

Die am häufigsten verwendete Diagrammform ist ein rechtwinkliges Koordinatensystem. In diese Kategorie fallen Balken-, Säulen-, Linien- und Flächendiagramme. Dabei kann die X-Achse numerisch oder nichtnumerisch unterteilt sein.

Im Zusammenhang mit einer numerischen Unterteilung werden häufig periodische Einheiten, wie Jahres- oder Monatszahlen, verwendet. Auch Diagramme mit nichtnumerischer Y-Achse sind zweckmäßig. Sie werden immer dann eingesetzt, wenn zum Beispiel Umsatz- oder Ergebniszahlen für verschiedene Regionen, Produkte oder die Produktivität in unterschiedlichen Branchen gezeigt werden sollen.

Die nächste Gruppe der Diagramme sind Diagramme ohne rechtwinkliges Koordinatensystem, wie zum Bespiel Kreis- oder Netzdiagramme. Sie eignen sich in erster Linie, um Anteile an einer Gesamtheit zu zeigen.

Hier die wichtigsten Diagrammtypen und deren Eignung im Überblick:

- **Säulendiagramm:** Um Zahlen bzw. deren Entwicklung auf einer Zeitskala darzustellen, liegen Sie mit der Wahl eines Säulendiagramms meistens gut (s. Abb. 1). Dieser Typ eignet sich besonders für die Darstellung von Datenänderungen innerhalb eines bestimmten Zeitabschnitts. Um die Veränderungen im Zeitverlauf hervorzuheben, werden Kategorien horizontal und Werte vertikal angeordnet. Einen ähnlichen Effekt liefert das Liniendiagramm.

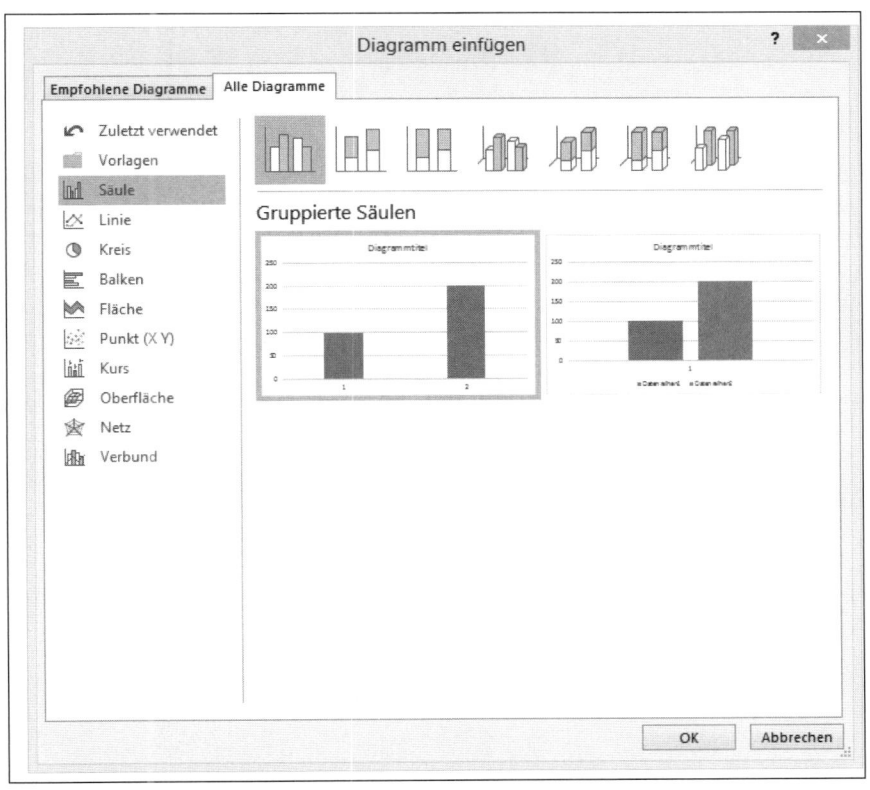

Abb. 1: Säulendiagramm mit Untertypen

- **Balkendiagramm:** Wenn das Gewicht mehr auf den Vergleich von Werten als auf eine Zeitspanne gelegt werden soll, arbeiten Sie mit einem Balkendiagramm (s. Abb. 2). Dort werden Kategorien vertikal und Werte horizontal angeordnet.

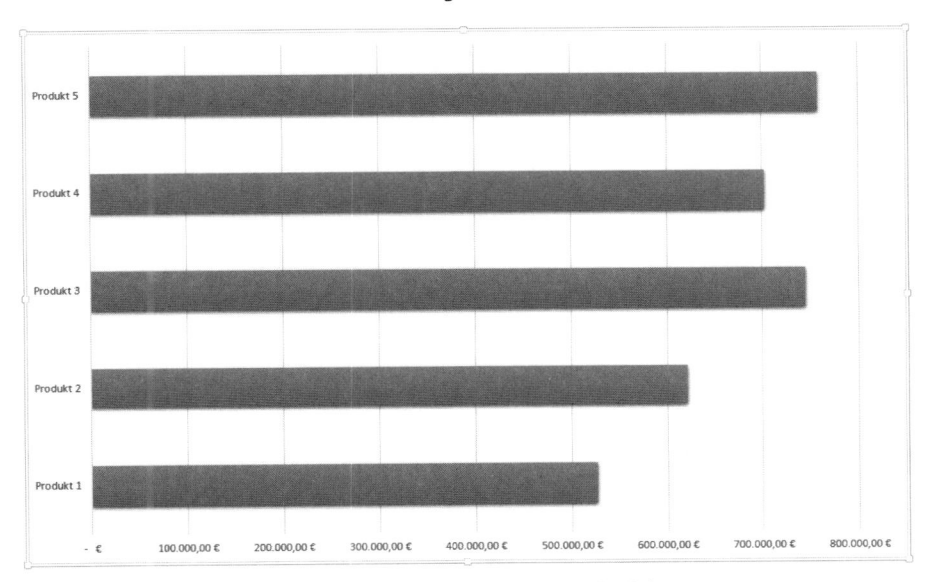

Abb. 2: Dieses Balkendiagramm zeigt die Umsätze der einzelnen Produkte

- **Liniendiagramm:** Um Trends aufzuzeigen, ist ein Liniendiagramm in der Regel die beste Wahl. Hierbei werden die Datenpunkte durch eine Linie miteinander verbunden. Liniendiagramme zeigen deutlich, wie sich die absoluten Werte einzelner Datenreihen entwickeln. Nicht so gut erkennbar ist dagegen, wie sich die einzelnen Anteile verändern.
- **Kreis- und Ringdiagramm:** Um Anteile eines Ganzen aufzuzeigen, ist ein Kreisdiagramm die richtige Wahl (s. Abb. 3). Dieser Diagrammtyp stellt die relativen Größen einzelner Elemente einer Datenreihe im Verhältnis zur Gesamtheit dar. Dabei werden die einzelnen Werte einer Datenreihe addiert und die Summe wird von Excel gleich 100 % gesetzt. Die einzelnen Anteile der Datenreihe werden dann als Anteil von 100 % gezeigt. Allerdings kann man in einem Kreisdiagramm immer nur eine einzige Datenreihe auswerten. Liegen mehrere Datenreihen vor, sollten Sie ein Ringdiagramm einsetzen. Jeder Ring eines Ringdiagramms entspricht einer Datenreihe.

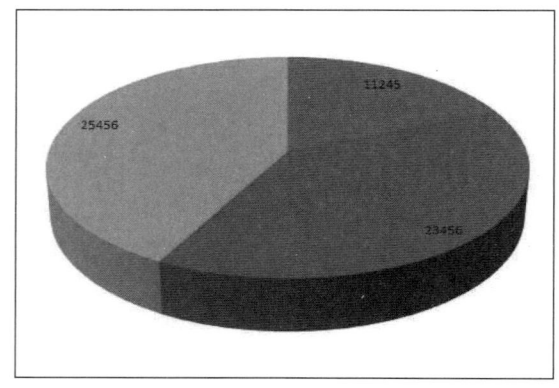

Abb. 3: Kreisdiagramm

- **Flächendiagramme** eignen sich besonders, um Anteile an einem Ganzen über einen bestimmten Zeitraum miteinander zu vergleichen. Die einzelnen Werte einer Reihe erhalten eine eigene Fläche. Die einzelnen Flächen werden übereinander gestapelt.
- Weitere Diagrammtypen sind **Netz-, Punkt-, Kurs- und Verbunddiagramme** (s. Abb. 4).

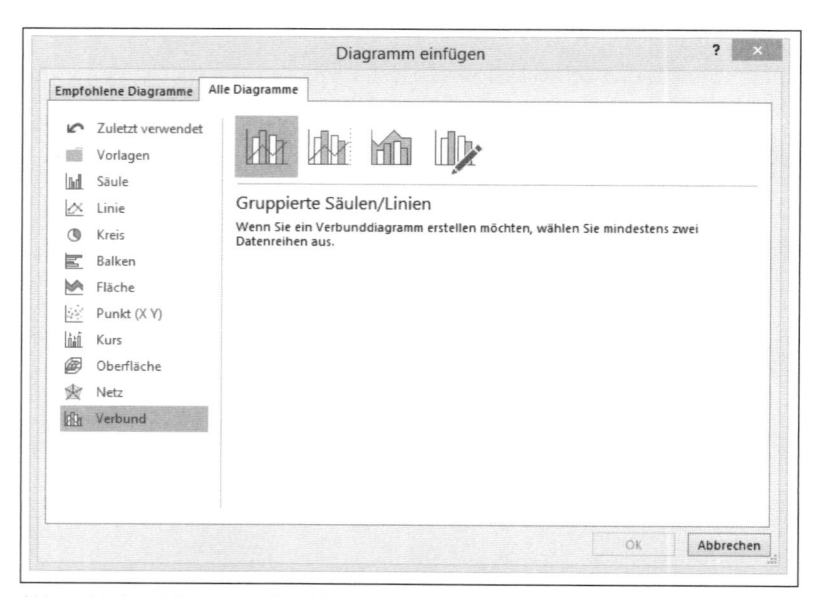

Abb. 4: Verbunddiagramme kombinieren Säulen und Linien

Wenn Sie bei einem Diagramm den Diagrammtyp nachträglich ändern müssen, ist das selbstverständlich jederzeit möglich: Öffnen Sie das Kontextmenü des Diagramms und entscheiden Sie sich dort für den Befehl **Datenreihen-Diagrammtyp ändern**. Sie gelangen in den Dialog **Diagrammtyp ändern** (s. Abb. 5). Entscheiden Sie sich für die gewünschte Darstellungsform.

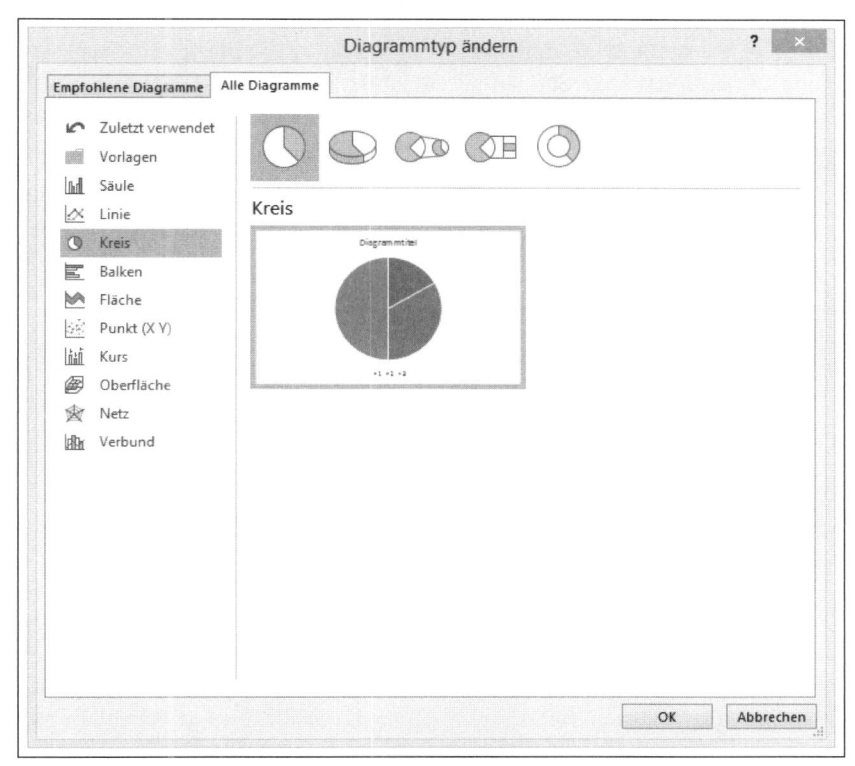

Abb. 5: Hier entscheiden Sie sich für den gewünschten Diagrammtyp

2 Diagrammelemente

Diagramme setzen sich aus verschiedenen Elementen zusammen. Es werden nicht zwangsläufig alle Elemente in jedem Diagrammtyp benötigt. Um Diagramme optimal gestalten zu können, sollten die einzelnen Diagrammelemente bekannt sein:

Im Koordinatensystem werden die sich rechtwinklig schneidende Geraden als Achsen bezeichnet. Die waagerechte x-Achse und die senkrechte y-Achse zeigen in der Regel die zugehörigen Werte. Bei dreidimensionalen Diagrammen kommt eine weitere Achse, oft z-Achse genannt, hinzu.

Die Daten werden durch Datenpunkte dargestellt, an deren Stelle in Abhängigkeit vom Diagrammtyp beispielsweise Balken, Flächen, Säulen oder Linien treten können. Zusammengehörige Daten bilden eine Datenreihe, die entweder spalten- oder zeilenweise zusammengestellt sind. Neben dem Koordinatensystem mit Datenreihen und -punkten gibt es zusätzliche Elemente:

- Achsenbeschriftungen
- Achsenunterteilungen
- Diagrammtitel
- Gitternetzlinien

- Legenden
- Fehlerindikatoren
- Datenbeschriftungen
- ggf. Trendlinie

In Kreis- und Ringdiagramme tritt anstelle der Rubrikenachse (X-Achse) ein Kreis, der im Gegensatz zu einer Achse über keinen Ausgangspunkt verfügt. An die Stelle der Größenachse tritt der Winkel im Kreis, sodass die verschiedenen Datengrößen unterschiedlichen Winkelgrößen, dargestellt als Torten- bzw. Ringabschnitte, entsprechen.

Die Diagrammelemente erreichen Sie in Excel 2013 über die Schaltfläche **Diagrammelement hinzufügen.** Sie finden die Schaltfläche für ein markiertes Diagramm bei den Diagrammtools im Register **Entwurf** am linken Bildschirmrand (s. Abb. 6).

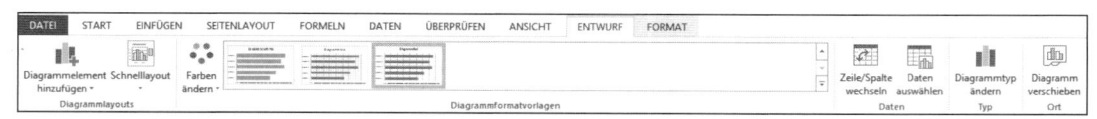

Abb. 6: Datentools im Register Entwurf

3 Break-Even-Analyse mit grafischer Auswertung

Stellen Sie sich vor, Sie betreiben eine Schreinerei. Ihre jährlichen Fixkosten belaufen sich auf 150.000 EUR. Die variablen Kosten liegen bei 50 EUR. Sie stellen in Ihrer Schreinerei ausschließlich Tische her, die Sie für 200 EUR veräußern. Hier drängen sich verschiedene Fragen auf, beispielsweise diese: „Wie viele Tische muss ich herstellen und verkaufen, damit ich einen Gewinn erziele. Genau hier setzt die Break-Even-Analyse an. Mit ihrer Hilfe erfahren Sie

- mit welchen Absatzzahlen Sie sich in der Verlustzone bewegen,
- mit welcher Absatzmenge Sie weder einen Gewinn noch einen Verlust erzielen,
- mit welchen Absatzmengen Sie einen Gewinn machen,
- mit welchen Absatzmengen Sie Ihren Gewinn steigern.

3.1 Hintergrundinformationen

Mithilfe des Break-Even-Points ermitteln Sie, welche Stückzahl Sie von einem Produkt herstellen müssen, um in die Gewinnzone zu gelangen. Dabei müssen Sie Folgendes berücksichtigen: Je mehr Tische Sie herstellen, desto mehr Holz benötigen Sie.

> **HINWEIS**
>
> **Fixe und variable Kosten**
>
> Fixkosten sind Kosten, die unabhängig von einer Produktionsmenge anfallen. Die Kosten für Produktionshalle, Versicherung etc. entsprechen den Fixkosten. Variable Kosten sind von der Menge abhängig. Darunter fallen u. a. Materialkosten oder Fertigungslöhne.

Kostendeckend arbeiten Sie immer dann, wenn Ihre Erlöse so hoch sind, dass Sie sowohl Ihre Fixkosten als auch Ihre variablen Kosten bezahlen können. Genau das ist am Break-Even-Point der Fall. Ziel ist es jedoch nicht, nur die Kosten zu decken. Die meisten Unternehmer wollen einen Gewinn erwirtschaften.

Genau hier kommt die Break-Even-Analyse ins Spiel. Mit ihrer Hilfe werden Fragen zum Deckungsbeitrag, zu Erlösen in Verbindung mit Absatzmengen, Fixkosten und variablen Kosten geklärt. Konkret werden dabei Beziehungen und Zusammenhänge zwischen den Absatzmengen, der Höhe der Kosten und den durchsetzbaren Verkaufspreisen aufgezeigt. Damit können Sie u. a. folgende Fragestellung beantworten:

Welche Erlöse müssen wir bei welchen Absatzmengen erzielen, um alle Fixkosten zu decken?

Anders ausgedrückt: Bei welcher Verkaufsmenge werden sowohl die Fixkosten als auch die variablen Kosten gedeckt? Genau diese Frage beantwortet der Break-Even-Point mithilfe folgender Formel:

Break-Even-Point = Fixkosten / Deckungsbeitrag

> **HINWEIS**
>
> **Deckungsbeitrag**
>
> Der Deckungsbeitrag entspricht der Differenz aus dem Stückpreis und variablen Kosten:
>
> **Deckungsbeitrag = Erlöse ./. variable Kosten pro Stück**

Damit eine Break-Even-Analyse Sinn macht, müssen die Kosten in fixe und variable Bestandteile getrennt werden. Das bedeutet, dass folgende Größen bekannt sein müssen:

- Variable Kosten pro Stück
- Preis pro Stück
- Fixkosten

Bezogen auf unser Eingangsbeispiel sind das folgende Informationen:

- Variable Kosten pro Stück: 50 EUR
- Preis pro Stück: 200 EUR
- Fixkosten: 150.000 EUR

Aus diesen Daten ergibt sich der Deckungsbeitrag wie folgt:

Deckungsbeitrag = 150,00 EUR (**Deckungsbeitrag = Variable Kosten − Preis** => 200 EUR − 50 EUR)

Diese Frage ist nun zunächst zu beantworten: Bei welcher Absatzmenge werden alle Kosten gedeckt?

Die Antwort lautet: Alle Kosten werden genau im Break-Even-Point gedeckt. Dieser ergibt sich mithilfe der folgenden Formel:

Break-Even-Point = Fixkosten / (Erlös pro Stück − variable Stückkosten)

Wenn Sie die oben aufgeführten Eckdaten in die Formel einsetzen, erhalten Sie ein Ergebnis von 1.000 Stück (Break-Even-Point = 150.000 EUR / (200 EUR − 150 EUR) = 1.000).

Nun ist es nicht nur interessant zu wissen, bei welcher Absatzmenge die Fixkosten gedeckt werden, sondern auch bei welcher Absatzmenge welcher Gewinn bzw. Verlust eingefahren wird. Liegen diese Informationen vor, können unternehmerische Entscheidungen getroffen werden (z. B. Preise situationsabhängig reduzieren oder erhöhen).

3.2 So wird gerechnet

Hier die Rechengrundlagen im Überblick:

Gesamtkosten = Variable Kosten + Fixkosten

Umsatz = Menge x Verkaufspreis

Gewinn/Verlust = Umsatz - Gesamtkosten

Die Berechnung startet bei einer Menge von Null. Die Fixkosten betragen 150.000 EUR. Die Menge wird schrittweise um 100 Einheiten erhöht. Je näher man dem Break-Even-Point von 1.000 Stück kommt, umso geringer wird der Verlust. Erhöht man die Menge ab dem Break-Even-Point kontinuierlich weiter, wird der Gewinn immer größer (s. Abb. 7).

Break-Even-Analyse

Variable Stückkosten	50,00 €
Verkaufspreis pro Stück	200,00 €
Fixe Kosten	150.000,00 €
Schrittweite	100
Break-Even-Point	**1000**

Menge	Gesamtkosten	Umsatz	Gewinn/Verlust
0	150.000,00 €	- €	- 150.000,00 €
100	155.000,00 €	20.000,00 €	- 135.000,00 €
200	160.000,00 €	40.000,00 €	- 120.000,00 €
300	165.000,00 €	60.000,00 €	- 105.000,00 €
400	170.000,00 €	80.000,00 €	- 90.000,00 €
500	175.000,00 €	100.000,00 €	- 75.000,00 €
600	180.000,00 €	120.000,00 €	- 60.000,00 €
700	185.000,00 €	140.000,00 €	- 45.000,00 €
800	190.000,00 €	160.000,00 €	- 30.000,00 €
900	195.000,00 €	180.000,00 €	- 15.000,00 €
1.000	200.000,00 €	200.000,00 €	- €
1.100	205.000,00 €	220.000,00 €	15.000,00 €
1.200	210.000,00 €	240.000,00 €	30.000,00 €
1.300	215.000,00 €	260.000,00 €	45.000,00 €
1.400	220.000,00 €	280.000,00 €	60.000,00 €
1.500	225.000,00 €	300.000,00 €	75.000,00 €
1.600	230.000,00 €	320.000,00 €	90.000,00 €
1.700	235.000,00 €	340.000,00 €	105.000,00 €
1.800	240.000,00 €	360.000,00 €	120.000,00 €
1.900	245.000,00 €	380.000,00 €	135.000,00 €
2.000	250.000,00 €	400.000,00 €	150.000,00 €

Abb. 7: Die Entwicklung von Gewinn und Verlust ist von der Absatzmenge abhängig

Das bedeutet: Die Tabelle ermittelt mit lediglich 4 Eingaben das komplette Datenmaterial. Die Eingabefelder erkennen Sie am weißen Zellhintergrund:

- Variable Kosten pro Stück
- Preis pro Stück
- Fixkosten
- Schrittweite

> **HINWEIS**
>
> **Das Rechenmodell**
>
> Mit dem Rechenmodell haben Sie Situationsänderungen schnell im Griff: Angenommen, Sie müssen Ihren Verkaufspreis reduzieren, um konkurrenzfähig zu bleiben. Dann müssen Sie lediglich diesen Wert neu erfassen. Die Anwendung weist umgehend den neuen Break-Even-Point, die neuen Umsätze sowie den neuen Saldo in Form eines Gewinns bzw. Verlusts aus.

Die Tabelle dient darüber hinaus als Grundgerüst für die grafische Darstellung (s. Abb. 8).

Variable Stückkosten	50	
Verkaufspreis pro Stück	200	
Fixe Kosten	150000	
Schrittweite	100	
Break-Even-Point	=WENN(E9-E8=0;"";E10/(E9-E8))	

Menge	Gesamtkosten	Umsatz	Gewinn/Verlust
0	=D15*$E$8+$E$10	=D15*$E$9	=F15-E15
=+D15+E11	=D16*$E$8+$E$10	=D16*$E$9	=F16-E16
=+D16+$E$11	=D17*$E$8+$E$10	=D17*$E$9	=F17-E17
=+D17+$E$11	=D18*$E$8+$E$10	=D18*$E$9	=F18-E18
=+D18+$E$11	=D19*$E$8+$E$10	=D19*$E$9	=F19-E19
=+D19+$E$11	=D20*$E$8+$E$10	=D20*$E$9	=F20-E20
=+D20+$E$11	=D21*$E$8+$E$10	=D21*$E$9	=F21-E21
=+D21+$E$11	=D22*$E$8+$E$10	=D22*$E$9	=F22-E22
=+D22+$E$11	=D23*$E$8+$E$10	=D23*$E$9	=F23-E23
=+D23+$E$11	=D24*$E$8+$E$10	=D24*$E$9	=F24-E24
=+D24+$E$11	=D25*$E$8+$E$10	=D25*$E$9	=F25-E25
=+D25+$E$11	=D26*$E$8+$E$10	=D26*$E$9	=F26-E26
=+D26+$E$11	=D27*$E$8+$E$10	=D27*$E$9	=F27-E27
=+D27+$E$11	=D28*$E$8+$E$10	=D28*$E$9	=F28-E28
=+D28+$E$11	=D29*$E$8+$E$10	=D29*$E$9	=F29-E29
=+D29+$E$11	=D30*$E$8+$E$10	=D30*$E$9	=F30-E30
=+D30+$E$11	=D31*$E$8+$E$10	=D31*$E$9	=F31-E31
=+D31+$E$11	=D32*$E$8+$E$10	=D32*$E$9	=F32-E32
=+D32+$E$11	=D33*$E$8+$E$10	=D33*$E$9	=F33-E33
=+D33+$E$11	=D34*$E$8+$E$10	=D34*$E$9	=F34-E34
=+D34+$E$11	=D35*$E$8+$E$10	=D35*$E$9	=F35-E35

Abb. 8: Die Formelansicht der Break-Even-Analyse

3.3 Grafische Darstellung des Break-Even-Points

Die Grundlagen zur grafischen Darstellung liegen vor (s. Abb. 7). Als Diagrammtyp empfiehlt sich für das vorliegende Zahlenmaterial ein Liniendiagramm:

Umsatz und Gesamtkosten bilden in der Regel eine Gerade. Der Schnittpunkt der Geraden entspricht dem Break-Even-Point. Unterhalb des Schnittpunkts befindet sich ein Unternehmen in der Verlustzone. Oberhalb des Punktes werden alle Kosten gedeckt und darüber hinaus noch ein Gewinn erzielt.

Liniendiagramm einrichten

1 Markieren Sie für das aktuelle Beispiel den Zellbereich **E14** bis **F35**. Dieser Bereich entspricht den Angaben zu Gesamtkosten und Umsatz einschließlich der Überschriften.

2 Aktivieren Sie das Menüband **Einfügen** und klicken Sie dort im Bereich **Diagramme** auf die Schaltfläche **Linie** (s. Abb. 9). Das Diagramm wird erstellt. Allerdings fehlt die Achsenbeschriftung der horizontalen Achse. Hierzu müssen Sie manuell eingreifen.

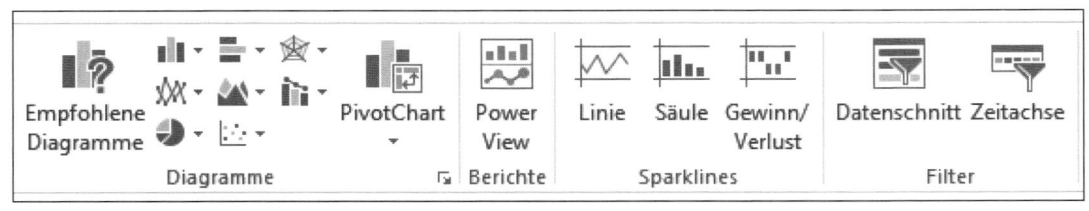

Abb. 9: Der Diagrammtyp wird aus dem Menüband Einfügen ausgewählt

3 Die Achsenbeschriftung soll die zugehörigen Mengen zeigen. Klicken Sie dazu im Bereich **Daten** auf die Schaltfläche **Daten auswählen** (s. Abb. 10). Beachten Sie, dass das Diagramm für diesen Schritt ausgewählt sein muss.

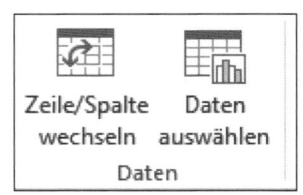

Abb. 10: Die Schaltfläche Daten auswählen im Bereich Daten

4 Sie erreichen den Dialog **Datenquelle auswählen**. Dort klicken Sie unter **Horizontale Achsenbeschriftung** auf die Schaltfläche **Bearbeiten**.

5 Markieren Sie in der Tabelle den Bereich **D14:D35**. Dabei handelt es sich um die Mengenangaben. Diese werden anschließend im Fenster **Datenquelle auswählen** angezeigt (s. Abb. 11).

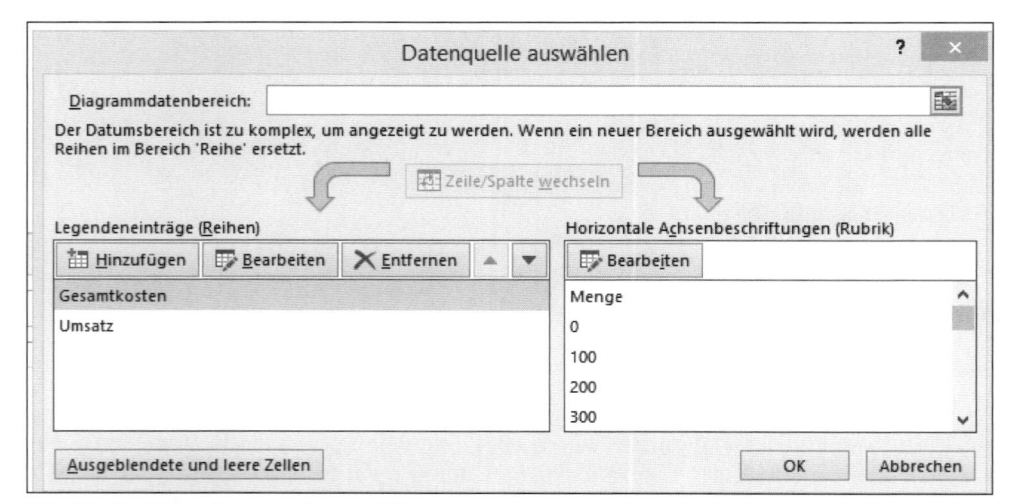

Abb. 11: Der Dialog Datenquelle auswählen

6 Die horizontale Achse wird umgehend angepasst (s. Abb. 12). Abschließend können Sie das Diagramm vergrößern bzw. Anpassungen am Layout durchführen.

Break-Even-Analyse

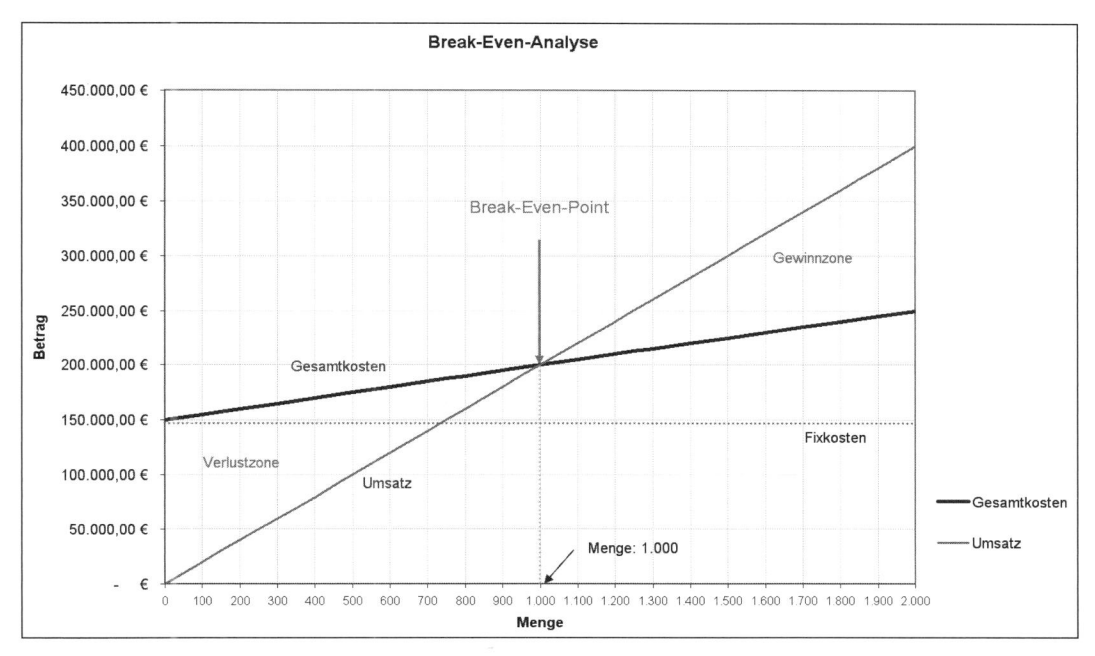

Abb. 12: Die grafische Darstellung

Die Musterlösung finden Sie in der Arbeitsmappe **BreakEven.xlsm**. Das Tool können Sie nutzen, um die Zusammenhänge der verschiedenen Einflussfaktoren einer Break-Even-Analyse rechnerisch und grafisch darstellen. Damit sehen Sie auf einen Blick, welche Zahlenkonstellation welche Auswirkung auf die Gewinnsituation hat.

4 Angepasst: So werden Diagramme automatisch ergänzt

Sie möchten Ihre Umsätze im Jahresverlauf darstellen. Zu Beginn des Jahres liegen erst wenige Werte vor, die dann von Monat zu Monat vervollständigt werden (s. Abb. 13). Theoretisch wäre es möglich, das Diagramm Monat für Monat neu zu gestalten. Das wäre aber sehr umständlich.

Die einfache Variante: Teamwork von Tabelle und Diagrammfunktion

Excel ermöglicht es, Diagramme anpassungsfähig, das heißt dynamisch zu gestalten. In der Praxis sieht das so aus: Sie erfassen Monat für Monat die gewünschten Werte und Excel ergänzt diese automatisch in der grafischen Darstellung.

Schritt für Schritt zum dynamischen Diagramm

1 Markieren Sie für die Beispielzahlen aus Abbildung 13 den Zellbereich **A3** bis **B15**. Das bedeutet, die Überschriften werden in die Markierung eingeschlossen. Zwar ist dies für die weitere Funktionalität nicht zwingend erforderlich, die Vorgehensweise hat aber den Vorteil, dass die Datenreihe später im Diagramm automatisch korrekt beschriftet wird.

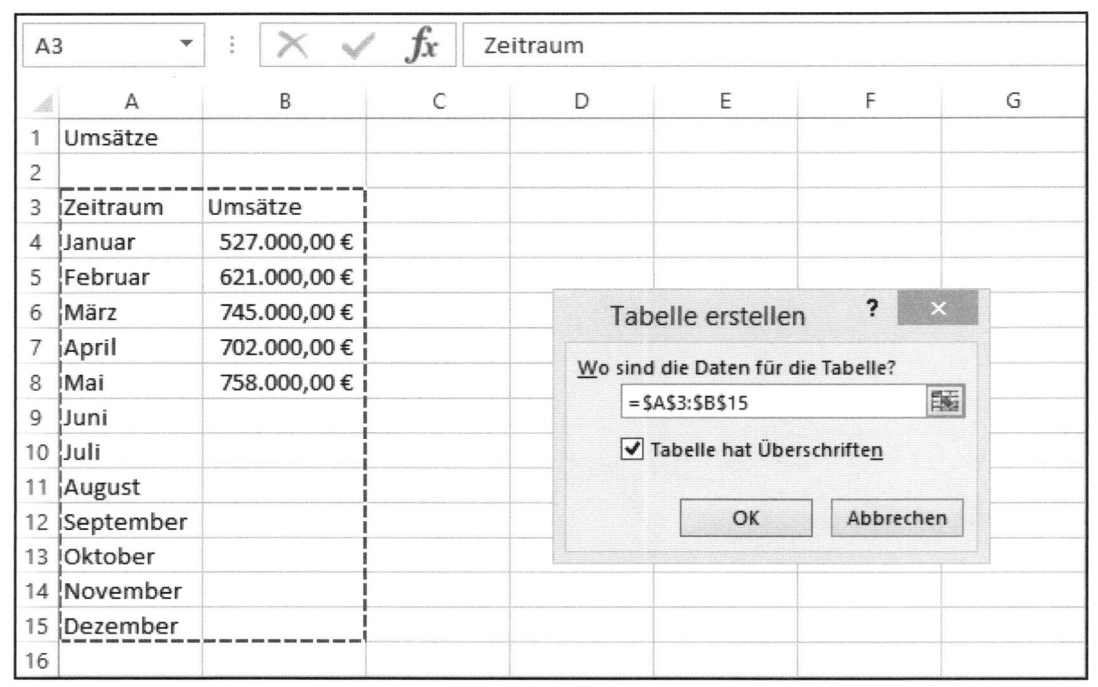

Abb. 13: Für diese Werte soll ein dynamisches Diagramm vorbereitet werden

2 Wählen Sie jetzt **Einfügen** → **Tabelle**. Excel ruft den Dialog **Tabelle erstellen** auf, erkennt, dass die Tabelle Überschriften enthält und hakt das Kontrollkästchen **Tabelle hat Überschriften** automatisch ab.

3 Verlassen Sie den Dialog durch einen Klick auf die Schaltfläche **OK**. Der Zellbereich wird als Tabelle formatiert (s. Abb. 14).

Abb. 14: Die Tabelle wurde erstellt

4 Lassen Sie die Markierung stehen und wählen Sie jetzt **Einfügen** → **Säule** → **2DSäule**. Das Diagramm wird eingerichtet und erscheint in der Tabelle (s. Abb. 15).

Dynamische Diagramme

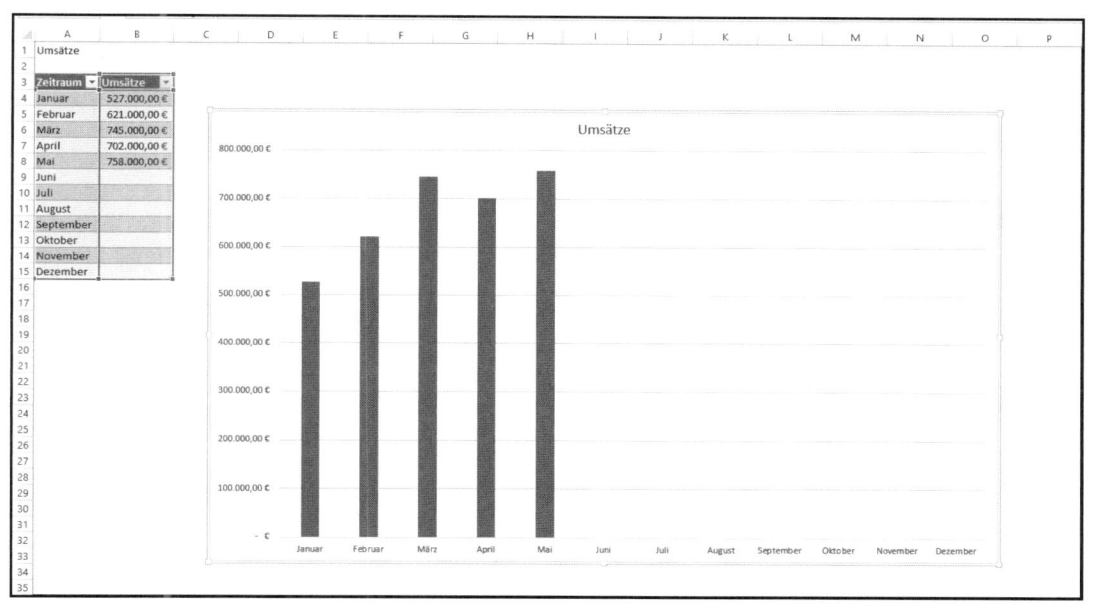

Abb. 15: Dieses Diagramm kann jederzeit erweitert werden

In Abbildung 16 wurden die Zahlenwerte für die Monate Juni und Juli ergänzt. Die Balken werden umgehend eingefügt, ohne dass der Anwender dazu weitere Arbeitsschritte ausführt.

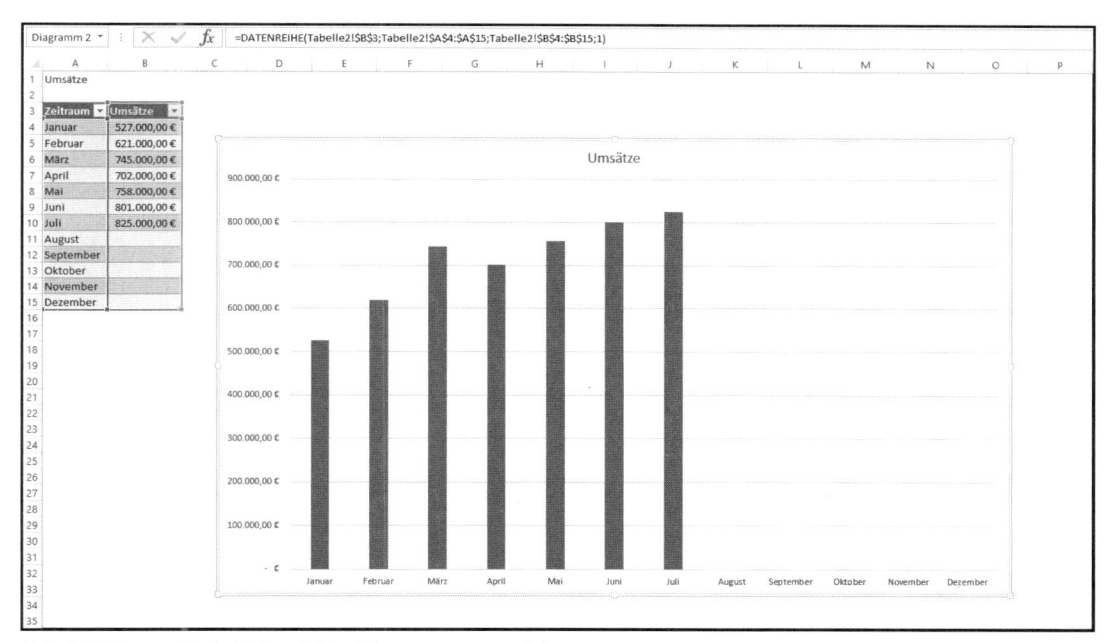

Abb. 16: Die erweiterte Liste wird im Diagramm umgesetzt

Dynamisches Diagramm mit mehreren Wertegruppen

Anpassungsfähige Diagramme kann man auch für verschiedene Wertereihen wie beispielsweise Filialen, Artikel- oder Produktgruppen anlegen. Vergleichen Sie dazu Abbildung 17. Die Vorgehensweise unterscheidet sich nicht von den zuvor vorgestellten Arbeitsschritten. Also: Tabelle erstellen und Diagramm anlegen. Fertig!

Perfekt präsentieren

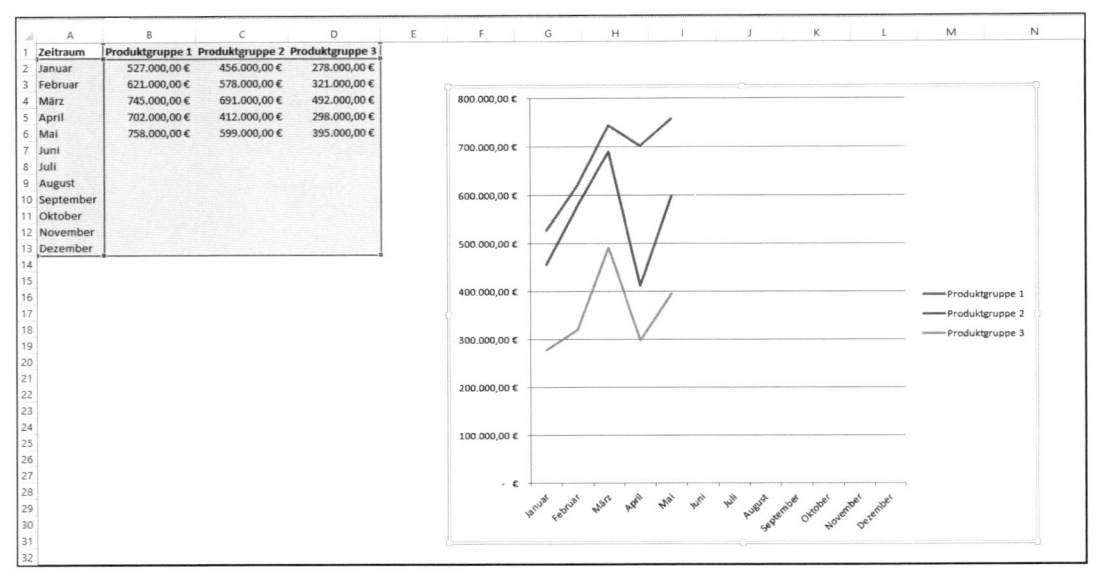

Abb. 17: Dynamisches Diagramm mit 3 Wertereihen in Kombination mit dem Diagrammtyp Linie

5 Dynamisches Diagramm mit BEREICH.VERSCHIEBEN und ANZAHL2()

Damit Sie dynamische Diagramme mithilfe dieser vorgestellten „simplen Alternative" erzeugen können, muss die Anordnung der Zahlen, die ergänzt werden, stimmen. Diese sollten idealerweise untereinander stehen. Stehen die zu ergänzenden Werte nebeneinander, erhält man als Anwender u. U. kein sinnvolles Ergebnis (s. Abb. 18).

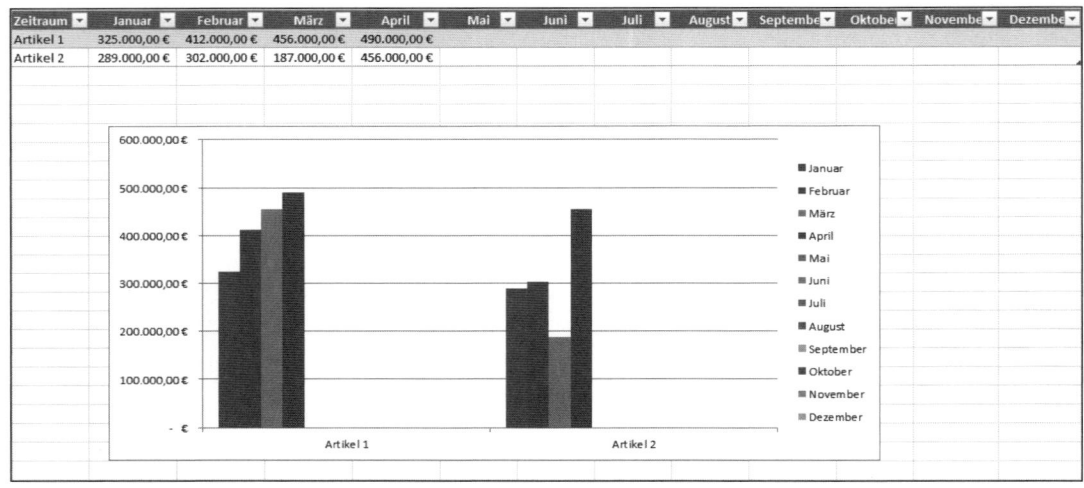

Abb. 18: Die Darstellung ist fehlgeschlagen, hier macht das dynamische Diagramm wenig Sinn!

Um auch für diese Konstellation ein brauchbares Ergebnis zu erhalten, müssen Sie ein dynamisches Diagramm in Kombination mit Bereichsnamen sowie den Funktionen **BEREICH.VERSCHIEBEN()** und **ANZAHL2()** erstellen.

Dynamisches Diagramm für nebeneinander stehende Werte

1 Beginnen Sie mit der Definition der Bereichsnamen. Dazu markieren Sie den gewünschten Zellbereich und aktivieren das Menüband **Formeln**.

2 Klicken Sie auf die Schaltfläche **Namen definieren**. Wird der Name wie in unserem Beispiel mitmarkiert, schlägt Excel diesen automatisch als Bereichsnamen vor. Anschließend ergänzen Sie das Feld **Bezieht sich auf** (s. Abb. 19).

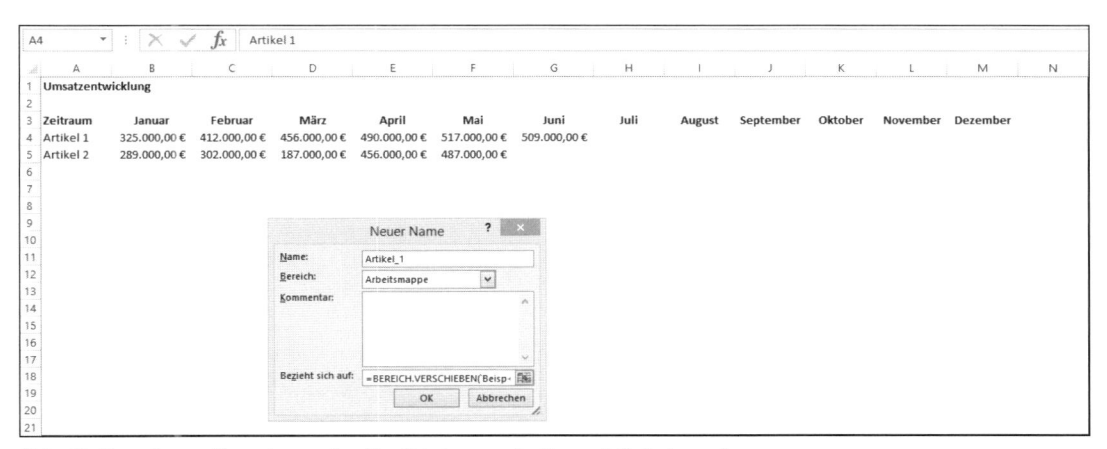

Abb. 19: Komplexere Vorgehensweise: Zunächst muss ein Name definiert werden

Da ein dynamisches Diagramm erzeugt werden soll, lautet der Eintrag für das aktuelle Beispiel im Hinblick auf die erste Wertereihe wie folgt:

=BEREICH.VERSCHIEBEN('Beispiel_3'!$B$4;;;;ANZAHL2('Beispiel_3'!$4:$4)-1)

Für die folgende Zeile lautet die Formel:

=BEREICH.VERSCHIEBEN('Beispiel:3'!$B$5;;;;ANZAHL2('Beispiel_3'!$5:$5)-1)

HINWEIS

Was steht wofür?

Die Zellenangaben **$B$4** bzw. **$B$5** entsprechen jeweils der ersten Zelle im zu ergänzenden Zellenbereich.

$4:$4 bzw. **$5:$5** stehen für die Zeilen, in denen die zu ergänzenden Werte einzutragen sind.

'Beispiel_3'! steht für das Blatt, in dem sich die Werte befinden.

3 Die weitere Vorgehensweise ist denkbar einfach. Markieren Sie den gewünschten Zellbereich, der als Diagramm gezeigt werden soll, und wählen Sie im Menüband **Einfügen** den gewünschten Diagrammtyp aus (s. Abb. 20).

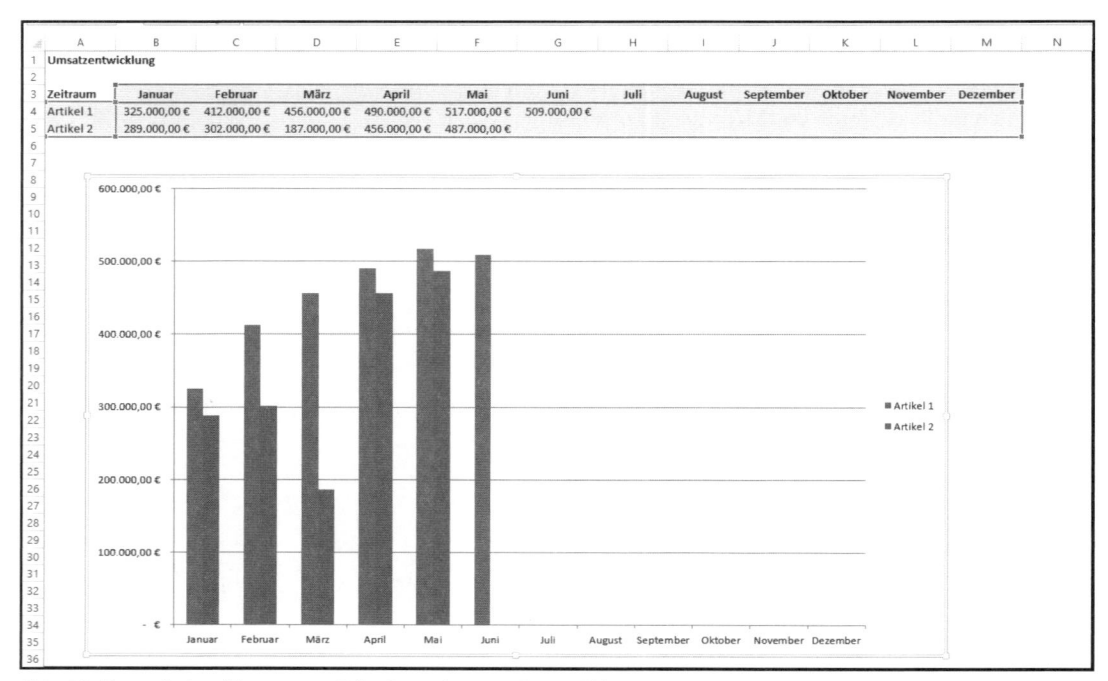

Abb. 20: Dynamisches Diagramm mit horizontal angeordneten Werten

Exkurs: Die Funktionen BEREICH.VERSCHIEBEN() und ANZAHL2()

Die Funktion **BEREICH.VERSCHIEBEN()** ermöglicht eine Art Versatz eines Zellbezugs. Anders ausgedrückt: Geliefert wird ein Bezug, der gegenüber dem angegebenen Bezug versetzt ist (s. Abb. 21). Die Syntax lautet wie folgt:

BEREICH.VERSCHIEBEN(Bezug;Zeilen;Spalten;Höhe;Breite)

Die Argumente im Überblick:

- Das Argument **Bezug** ist der Ausgangspunkt des Verschiebevorgangs. Für die erste Wertereihe des aktuellen Beispiels entspricht dies der Zelle **B4** in der Tabelle **Beispiel_3: 'Beispiel_3'!$B$4**.

- Das Argument **Zeilen** gibt an, um wie viel Zeilen Sie die obere linke Eckzelle des Bereichs nach oben oder nach unten verschieben wollen. Ist das Argument **Zeilen** zum Beispiel gleich 3, so bedeutet dies, dass die obere linke Ecke des neuen Bezugs 3 Zeilen unterhalb des Bezugs liegt. Wenn Sie unter **Zeilen** einen negativen Wert angeben, werden die Zeilen entsprechend nach oben verschoben. Die Zeilen sollen für das Beispiel nicht verschoben werden. Deshalb fehlt hier eine entsprechende Angabe. Das gilt übrigens auch für die nachfolgend erläuterten Argumente **Spalten** und **Höhe**.

- Mithilfe des Arguments **Spalten** geben Sie an, wie weit Sie einen Bereich nach links oder rechts verschieben möchten. Auch hier sind positive und negative Werte zulässig.

- Die Argumente **Höhe** und **Breite** müssen positive Zahlen sein. Die Eingabe dieser Argumente ist optional. Wenn diese Argumente fehlen, geht Excel davon aus, dass der neue Bezug dieselbe Höhe oder Breite wie der Bezug hat. Die **Höhe** wird im aktuellen Beispiel nicht verändert. Die **Breite** entspricht folgender Angabe: **ANZAHL2('Beispiel_3'!$4:$4)-1)**.

Dynamische Diagramme

Abb. 21: Der Funktionsassistent von BEREICH.VERSCHIEBEN()

Mithilfe der Funktion **ANZAHL2()** wird geprüft, wie viele Zellen eines Bereichs nicht leer sind (s. Abb. 22).

Die Syntax lautet:

ANZAHL2(Wert1;Wert2;...)

Wert1, Wert2 etc. sind bis zu 255 Argumente, die die Werte angeben, die in die Zählung integriert werden sollen. Im aktuellen Beispiel wird lediglich mit einem Wert gearbeitet. Dieser entspricht der Zeilenangabe abzüglich des Werts 1.

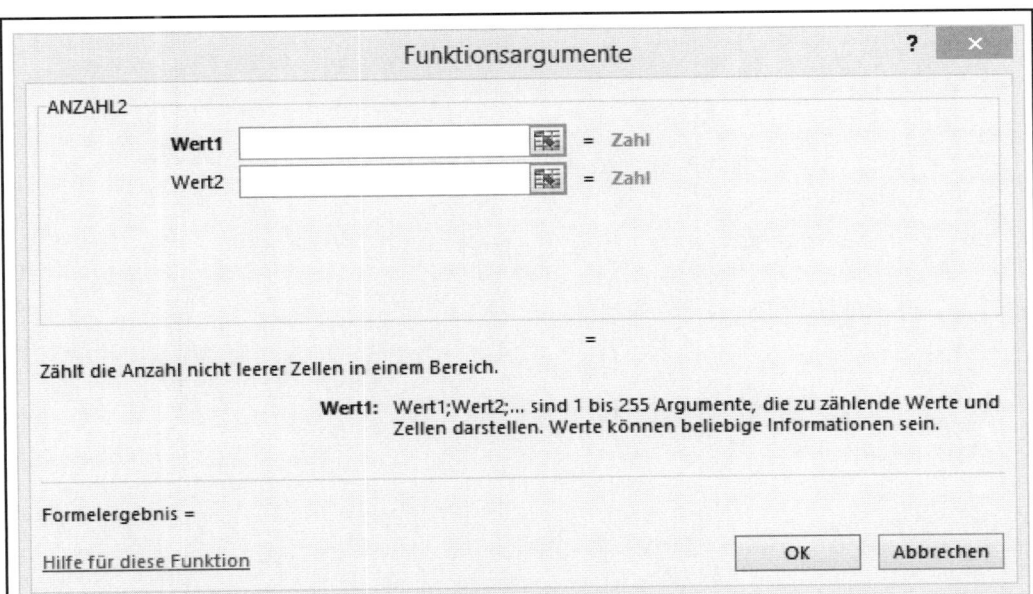

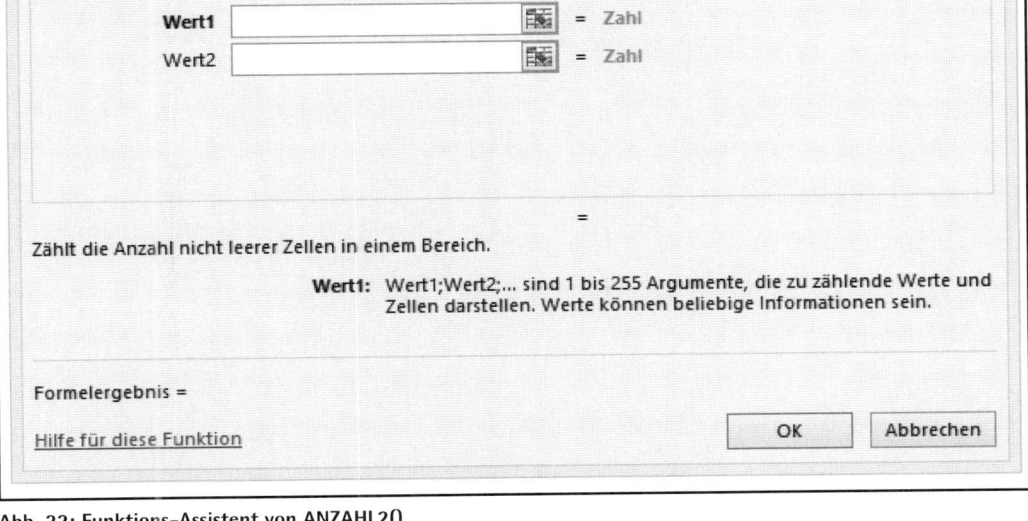

Abb. 22: Funktions-Assistent von ANZAHL2()

6 Koordination von Grafiken und Diagrammen

Charts können Sie nicht nur mit den einfachen Formatierungsbefehlen gestalten, sondern darüber hinaus auch mit Bildern kombinieren. Wenn man Grafiken und Diagramme gemeinsam einsetzt, erzielt man nicht nur professionelle Effekte, vielmehr können Grafiken dazu beitragen, bestimmte Daten in den Vordergrund, andere in den Hintergrund zu rücken.

Als Anwender haben Sie unterschiedliche Möglichkeiten, Diagramme und Grafiken zu koppeln. Hier einige Beispiele:

- Säule oder Balken bestehen aus Bildern
- Kreissegmente werden mit Grafiken hinterlegt
- Grafiken werden als Hintergrund für die Diagrammfläche verwendet
- Bilder werden auf Säulen oder Balken gesetzt

6.1 Säulen als Bilder

In Excel lassen sich auf recht einfache Weise Säulen aus Bildern erzeugen. Dazu wird zunächst ein einfaches Säulendiagramm erstellt.

Säulendiagramm erstellen

1 Erstellen Sie zunächst ein Säulendiagramm. Klicken Sie eine der Säulen mit der rechten Maustaste an, um in den Arbeitsbereich **Datenreihe formatieren** (Excel 2013) bzw. Dialog **Datenreihe formatieren** (Excel 2010) zu gelangen (s. Abb. 23).

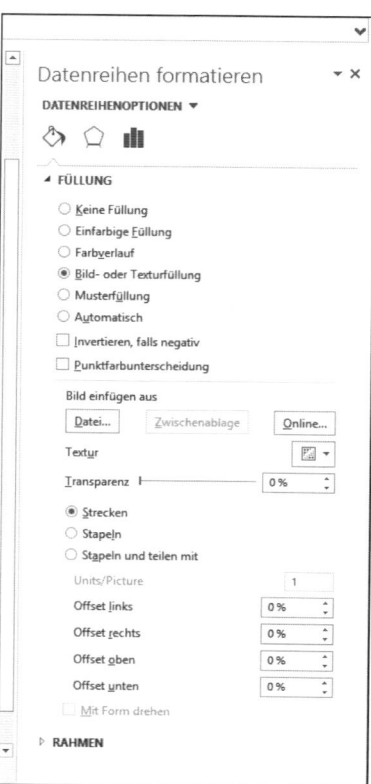

Abb. 23: Auszug aus den zahlreichen Möglichkeiten, Datenreihen zu formatieren

Dynamische Diagramme

2 Im Bereich **Füllung** entscheiden Sie sich für **Bild oder Texturfüllung**. Über die Schaltfläche **Daten** erreichen Sie das Fenster **Grafik auswählen**.

3 Wählen Sie dort die gewünschte Bilddatei aus. Klicken Sie auf die Schaltfläche **Einfügen**. Sie kehren zurück in das Fenster (Arbeitsbereich) **Datenreihe formatieren**.

4 Es gibt unterschiedliche Möglichkeiten, wie die Grafik erscheinen soll. Über **Strecken** wird das Bild auf die Größe der Säule verteilt (s. Abb. 24). **Stapeln** wiederholt das Bild so oft, bis die Säule ausgefüllt ist. Wenn Sie die Option **Stapeln und teilen mit** wählen, können Sie unter **Einheiten/Bild** bestimmen, wie oft das Bild wiederholt werden soll. Welches die richtige Variante ist, ist von der Grafik und der Größe der Säule abhängig. Hier hilft es in der Regel nur auszuprobieren, welche der Optionen für die jeweilige Datenkonstellation das beste Ergebnis bringt.

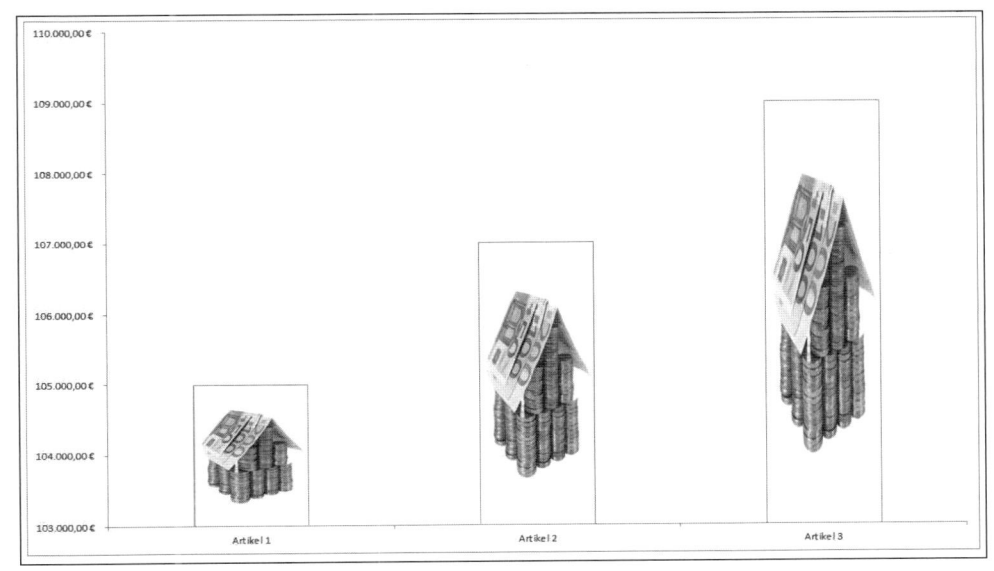

Abb. 24: Grafiken in Säulen (Grafik von Fotolia)

PRAXIS - TIPP

Abstände zwischen den Säulen

Die Abstände zwischen den Säulen passen Sie bei Bedarf unter **Datenreihen formatieren → Reihenoptionen → Abstandsbreite** an (s. Abb. 25).

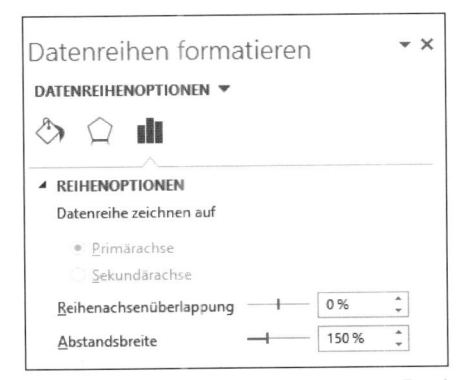

Abb. 25: Formatieren von Datenreihen in Excel 2013

Bilder für einen einzelnen Datenpunkt

Es ist auch möglich, jeden Datenpunkt mit einer anderen Grafik zu versehen (s. Abb. 26). Das ist z. B. sinnvoll, wenn Sie bei der Präsentation von Ergebnissen das Produkt mit dem besten Ergebnis gesondert hervorheben wollen. Dann müssen Sie die gewünschte Säule allerdings einzeln auswählen.

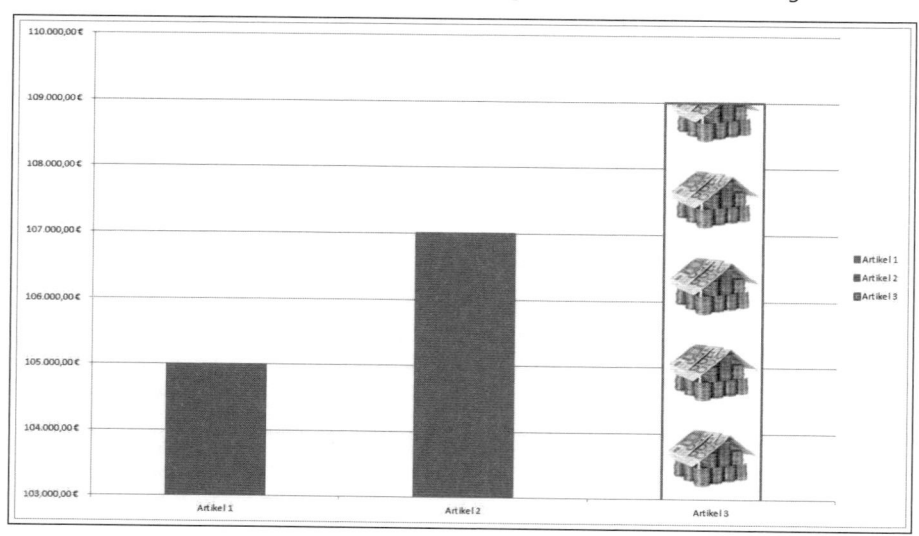

Abb. 26: Einzelner Datenpunkt mit gestapelter Grafik (Grafik von Fotolia)

Die einzige Schwierigkeit, die hierbei in der Praxis häufig auftritt, ist es, den Datenpunkt korrekt zu treffen. Klicken Sie 2-mal auf die obere waagerechte Linie der Säule. Auf diese Weise markieren Sie den einzelnen Datenpunkt und nicht die komplette Datenreihe. Über das Kontextmenü wählen Sie **Datenpunkt formatieren** und fügen wie oben beschrieben die Grafik ein.

6.2 Eine Grafik als Diagrammhintergrund

Das Einrichten einer Hintergrundgrafik funktioniert im Prinzip ähnlich (s. Abb. 27). Dabei können bei Bedarf der Diagramm- und Zeichenfläche unterschiedliche Hintergrundbilder zugewiesen werden.

Abb. 27: Grafik als Hintergrund für die Zeichnungsfläche

> **HINWEIS**
>
> **Achten Sie auf das Layout**
>
> Sinnvoll ist es, die Farbe der Säule auf die Hintergrundgrafik abzustimmen.

7 Das perfekte Outfit für Ihre Diagramme

Zwar ist das eigentliche Erstellen von Diagrammen in der Regel nicht schwierig, allerdings lässt das Aussehen von Standardcharts oft zu wünschen übrig. Je ansprechender die Gestaltung, desto größer ist jedoch die Wirkung auf den Empfänger. Häufig bringt erst das nachträgliche Bearbeiten das gewünschte Layout und wird damit zu einer komplexen und anspruchsvollen Aufgabe.

7.1 So nehmen Sie Einfluss auf Diagramme

Mit dem ersten Ergebnis Ihres Diagramms müssen Sie sich nicht abfinden. Es gibt umfangreiche Möglichkeiten, ein komplettes Diagramm oder nur einzelne Elemente eines Charts zu bearbeiten und zu formatieren.

Dabei lässt sich nicht nur der Diagrammtyp selbst oder seine Perspektive, sondern auch die Tabelle, auf der das Diagramm basiert, ändern. Sie haben jederzeit die Möglichkeit, Datenreihen umzustellen, Beschriftungen hinzuzufügen oder zu löschen.

Bei Bedarf können Sie Trendlinien und Fehlerindikatoren in ein Chart einbauen oder Elemente zusammenfassen. Wenn Sie zum Beispiel in einem Kreisdiagramm feststellen, dass mehrere kleine Segmente das Gesamtbild stören, fassen Sie diese zu einem Element zusammen. Die einzelnen Bestandteile dieses Elements werden dann in einem kleineren Kreis- oder Balkendiagramm neben dem Hauptdiagramm dargestellt.

7.2 Kleine Änderungen – große Wirkung

Diagramme komprimieren Informationen. Dabei können Sie diese bewusst verständlich darstellen oder von der eigentlichen Aussage ablenken, beispielsweise weil Sie nicht deutlich zeigen möchten, dass die Kosten gestiegen und die Umsätze gesunken sind.

Mit dem Einsatz der richtigen Gestaltungselemente lassen sich grundsätzlich folgende Wirkungen erzielen und miteinander kombinieren:

- aussagekräftig und professionell
- sachlich und informativ (s. Abb. 29)
- verständlich und übersichtlich
- verschnörkelt und verspielt
- verwirrend und unübersichtlich (s. Abb. 28)

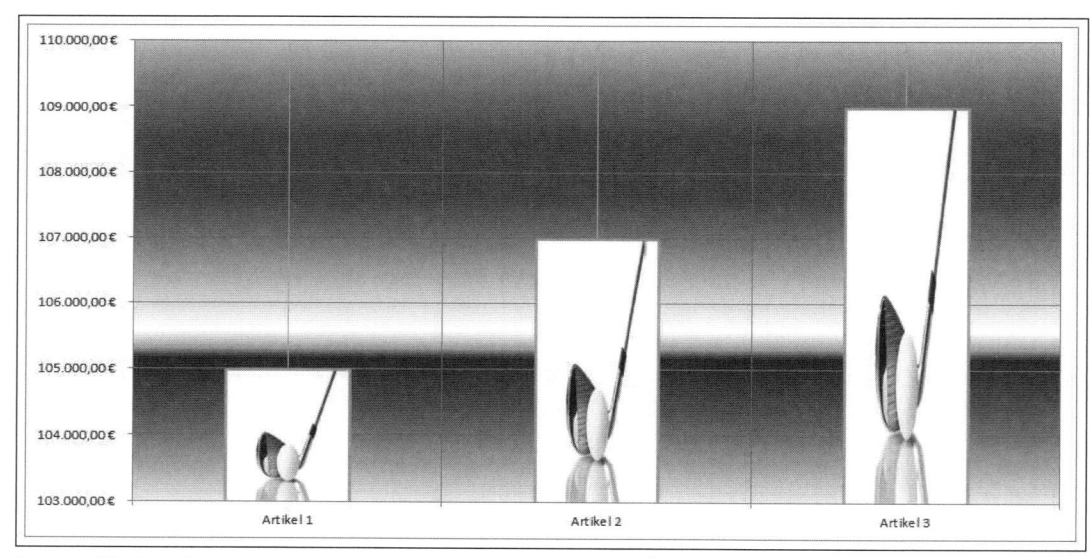

Abb. 28: Die Kombination verschiedener Elemente geht zu Lasten der Übersicht (Grafik Fotolia)

Zahlreiche Gestaltungsmöglichkeiten und Vorschläge erreichen Sie über die Diagrammtools. Mit nur wenigen Mausklicks erhalten Sie ein völlig unterschiedliches Layout.

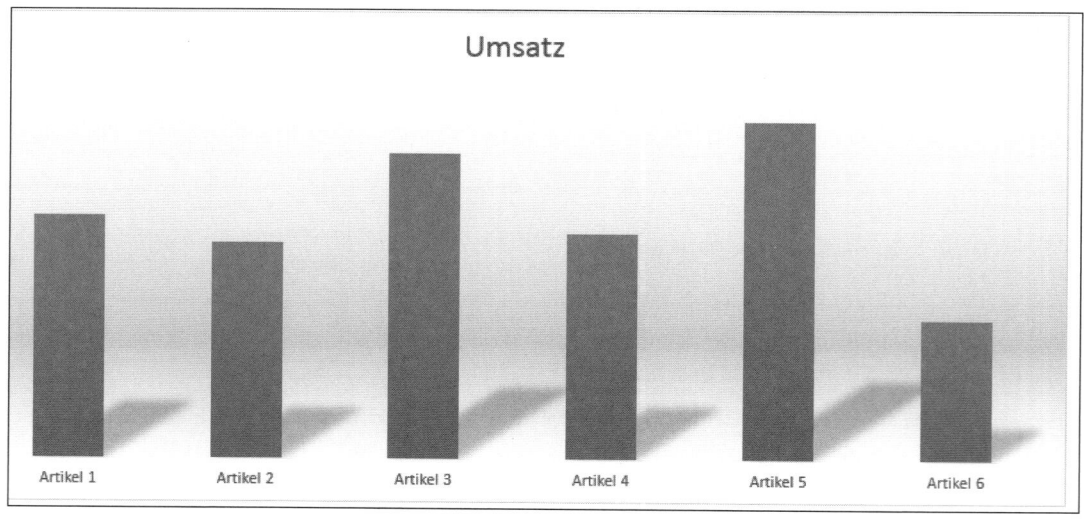

Abb. 29: Sachlich und informativ sind Säulen mit Schatten und Hintergrund

HINWEIS

Manueller Nachbesserungsbedarf

Übrigens: Beim Erstellen von Diagrammen sind Sie vor einer Überraschung nie ganz sicher. Mal sind die Abstände zwischen den Linien oder Säulen zu klein oder die Datenreihen sind ungünstig angeordnet. In allen Fällen müssen Sie manuell eingreifen.

7.3 Ungünstige Zahlenkonstellation meistern

Probleme ergeben sich häufig, wenn Sie in einem Diagramm viele kleine und wenige große Werte unter einen Hut bringen sollen. Angenommen, Sie wollen Ihre Produktergebnisse in Form eines Säulendiagramms präsentieren. Mit 3 Produkten haben Sie enorme Umsätze in Höhe von fast 100.000 EUR erzielt. Die übrigen Artikel haben Umsätze zwischen 1.000 und 3.000 EUR. Wenn Sie diese Daten in einem Diagramm darstellen, werden die kleinen Werte nahezu verschwinden (s. Abb. 30).

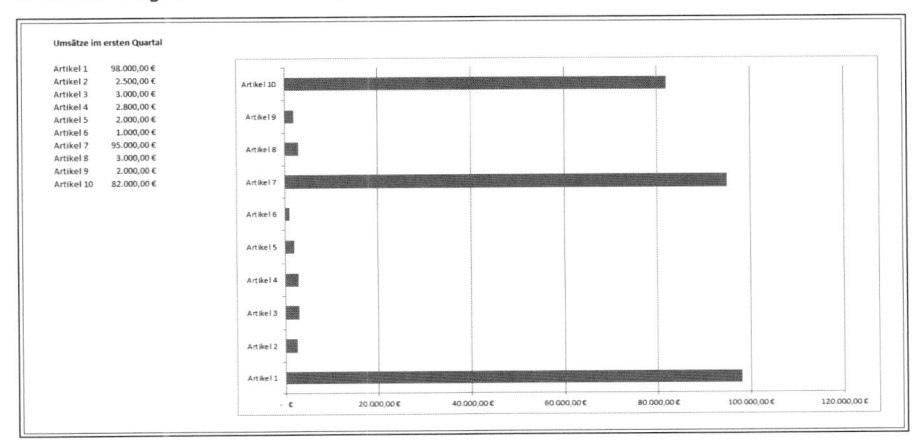

Abb. 30: Beispiel für eine ungünstige Zahlenkonstellation

Generell hängt die Lösung vom Zahlenmaterial ab. Um dennoch zu ordentlichen Ergebnissen zu kommen, empfiehlt es sich, die Ausreißer im Diagramm auszuschneiden.

Ausreißer im Diagramm ausschneiden

1 Erstellen Sie zunächst das Diagramm. Dazu markieren Sie das Datenmaterial und entscheiden sich im Menüband **Einfügen** für ein Diagramm vom Typ **Balkendiagramm**.

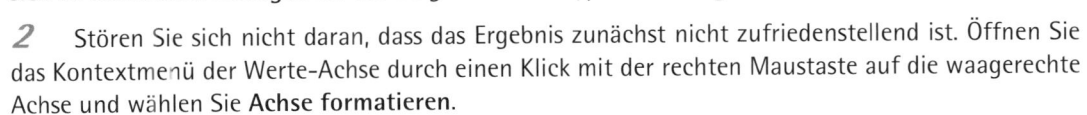

2 Stören Sie sich nicht daran, dass das Ergebnis zunächst nicht zufriedenstellend ist. Öffnen Sie das Kontextmenü der Werte-Achse durch einen Klick mit der rechten Maustaste auf die waagerechte Achse und wählen Sie **Achse formatieren**.

3 Im folgenden Arbeitsbereich bzw. Fenster müssen Sie den Höchstwert begrenzen. Setzen Sie für das aktuelle Bespiel das **Maximum** beispielsweise auf 20.000 (s. Abb. 32). Dadurch erreichen Sie, dass die langen Ausreißer-Säulen abgeschnitten werden (s. Abb. 31).

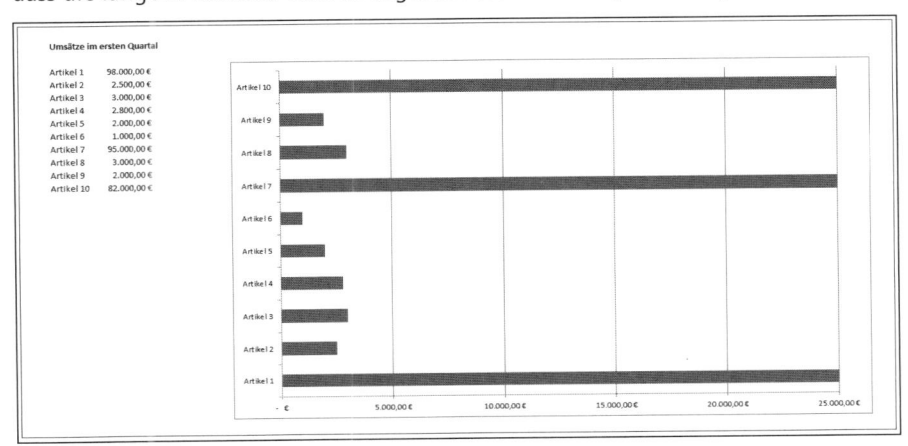

Abb. 31: Das Ergebnis

Perfekt präsentieren

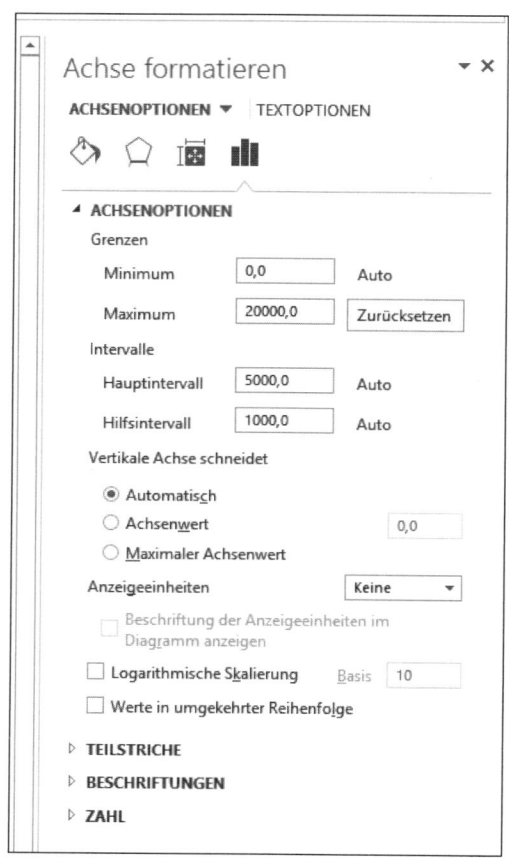

Abb. 32: Hier beschneiden Sie die Ausreißer-Daten

4 Die Werte für die beschnittenen Säulen können Sie in einem Textfeld anzeigen. Dies erreichen Sie, in dem Sie den jeweiligen Datenpunkt markieren. Wählen Sie anschließend **Datenelement hinzufügen → Datenbeschriftungen → Zentriert**.

Schieben Sie das Textfeld an das Ende des Balkens und wiederholen Sie den Vorgang für die übrigen abgeschnittenen Balken (s. Abb. 33).

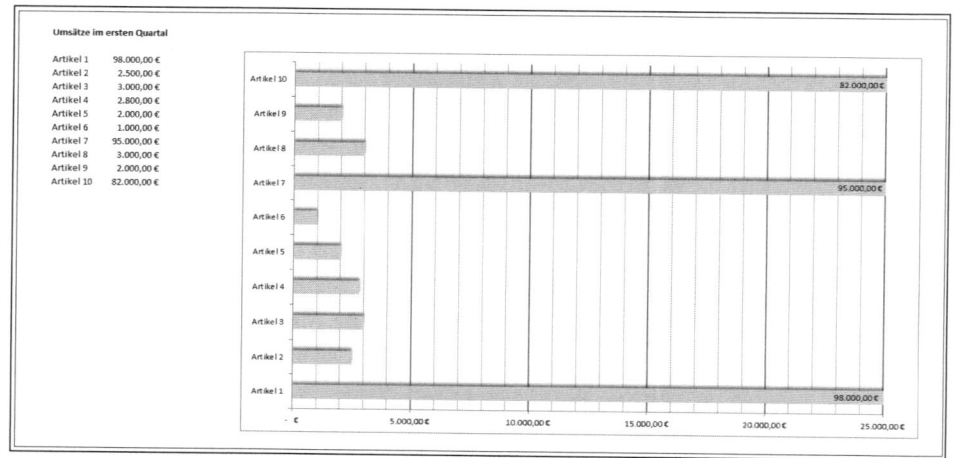

Abb. 33: Bearbeitungsbeispiel

Dynamische Diagramme

Das vorangegangene und das folgende Beispiel finden Sie in der Arbeitsmappe **Beispiele_Diagramme.xlsx**.

Werte ausblenden

Wenn Sie allerdings in dem Tabellenblatt, das als Grundlage für das Diagramm dient, Zellen ausblenden, können Sie einzelne Werte ganz von der Anzeige ausschließen (s. Abb. 34). Excel stellt nämlich standardmäßig nur die sichtbaren Zellwerte dar:

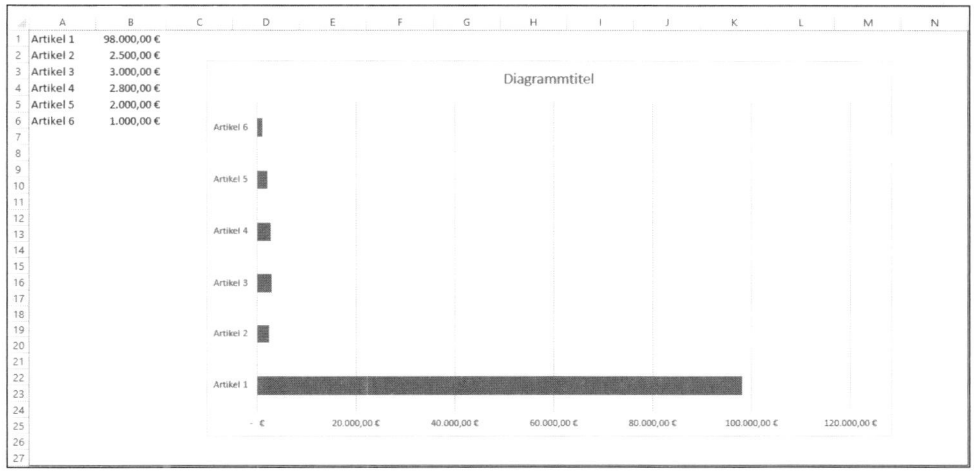

Abb. 34: Der Ausreißer soll ausgeblendet werden

Zellen ausblenden

1 Markieren Sie, je nach Datenkonstellation, die Zeile bzw. die Spalte, die die Zelle mit dem Höchstwert enthält, der nicht gezeigt werden soll.

2 Wählen Sie im Menüband **Start** im **Format → Ausblenden & Einblenden → Spalten ausblenden** bzw. **Zeilen ausblenden**.

3 Die ausgeblendeten Zeilen bzw. Spalten erscheinen nicht mehr im Diagramm (s. Abb. 35).

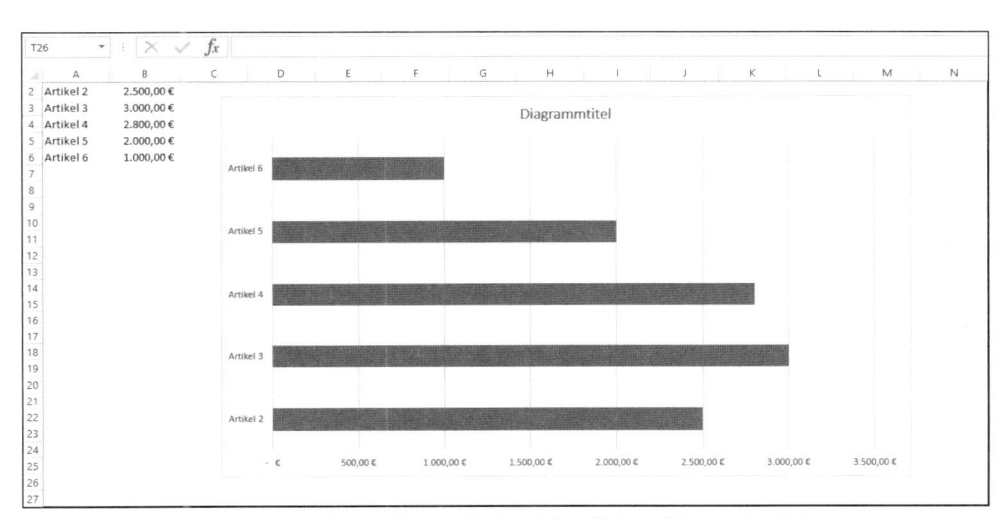

Abb. 35: Ohne den Ausreißer werden die Unterschiede bei den übrigen Werten deutlicher

8 Tipps für die Arbeit mit Diagrammen

Je umfangreicher das Zahlenmaterial ist, das in Diagrammform präsentiert und dargestellt werden soll, umso wichtiger ist es, wesentliche Informationen aufzuzeigen und die Übersicht über die Aussage der Daten zu wahren. In diesem Zusammenhang sollten Sie einige wesentliche Aspekte beachten:

- Zu viele Datenreihen sind in der Regel optisch nicht ansprechend. Außerdem leidet der Informationsgehalt. Vermeiden Sie es deshalb, ein Diagramm zu überladen. Ein Säulendiagramm mit 10 Säulen oder mehr und entsprechend vielen Mustern und Farben verwirrt den Betrachter.
- Die X-Achse in Diagrammen mit Koordinatensystem ist nur begrenzt aufnahmefähig und verschluckt Bezeichnungen, die nicht aufgenommen werden können. In solchen Fällen empfiehlt es sich unter Umständen, das Zahlenmaterial auf mehrere Charts aufzuteilen.
- Aussagen sollten Sie zusammenfassen und Details durch weitere Grafiken verdeutlichen. Je globaler die Aussage ist, desto einfacher ist das zugehörige Diagramm.
- 3D-Diagramme sind zwar optisch schön, wirken aber häufig unübersichtlich. Diese Darstellungsform eignet sich nur bei wenigen Daten.
- Pfiffige Effekte verleiten dazu, zu viel des Guten zu tun. Achten Sie darauf, dass Sie die Diagramme nicht überladen. Übertreibungen führen dazu, dass sich Effekte abschleifen oder gegenseitig aufheben. Das gilt auch für den Einsatz von Farben.
- Häufig ist ein Ausschnitt wichtiger als das Gesamtbild.

PRAXIS - TIPP

Diagramm als grafisches Objekt

Ein Diagramm kann in ein grafisches Objekt verwandelt werden. Dann verliert es seinen Diagrammcharakter und reagiert nicht mehr auf Datenänderungen. Sinn macht das zum Beispiel, wenn eine große Anzahl von Diagrammen für Präsentationszwecke benötigt wird und Sie die Diagramme nicht in einer Arbeitsmappe aufbewahren möchten. Die Ausführung ist einfach:

Markieren Sie das Diagramm und übernehmen Sie es über die Tastenkombination **Strg + C** in die Zwischenablage. Um das Diagramm wieder einzufügen, entscheiden Sie sich im Kontextmenü für die Einfügeoption **Grafik**.

8.1 Diese Fragen sollten Sie sich stellen

Ein Diagramm kann noch so optimal gestaltet sein, wenn Sie nicht den richtigen Diagrammtyp gewählt haben oder sich nicht über die Aussage des Diagramms im Klaren sind, verfehlen Sie unter Umständen das Ziel. Nachfolgend eine Auflistung wichtiger Fragen, die Sie vor der Erstellung eines Diagramms grundsätzlich beantworten sollten:

- Welches Ziel verfolgen Sie mit dem Diagramm?
- Für welches Medium (z. B. Bericht, Präsentation, Internetauftritt) wird das Diagramm benötigt?
- Welche Aussage soll mit dem Diagramm getroffen werden?
- Sollen bestimmte Aussagen besonders hervorgehoben werden?
- Soll das Diagramm eine Entscheidung unterstützen oder hat es nur informierenden Charakter?
- Welche Informationen sollen im Diagramm gezeigt werden?

- Wie muss ich die darzustellenden Informationen anordnen?
- Welche Daten behindern das Ziel des Diagramms?
- Welche Diagrammtypen bzw. Untertypen unterstützen Zielsetzung und Aussage des Diagramms?
- Welche Zellen der zugehörigen Excel-Tabelle dienen als Datenreihen, Rubriken und Beschriftungen?
- Kann die Aussage des Diagramms durch den Einsatz von Grafiken oder Zeichenelementen unterstützt werden?
- Ist es sinnvoll, die Aussage des Diagramms durch zusätzliche Texte in Form von Textfeldern zu untermauern?
- Sollen die Informationen in einem einzelnen Diagramm dargestellt werden oder ist es unter Umständen günstiger, diese auf mehrere Diagramme zu verteilen?

5 Zusammenfassung

Hier die wichtigsten Diagrammtypen im Überblick:

- **Säulendiagramm**
- **Balkendiagramm**
- **Liniendiagramm**
- **Kreis- und Ringdiagramm**
- **Flächendiagramm**

Diagramme setzen sich aus verschiedenen Elementen zusammen. Es werden nicht zwangsläufig alle Elemente in jedem Diagrammtyp benötigt.

In Kreis- und Ringdiagrammen wird anstelle der Rubrikenachse ein Kreis verwendet, der im Gegensatz zu einer Achse über keinen Ausgangspunkt verfügt. An die Stelle der Größenachse tritt der Winkel.

Excel ermöglicht es, Diagramme anpassungsfähig, das heißt dynamisch zu gestalten. In der Praxis sieht das so aus: Sie erfassen nach und nach die gewünschten Werte. Excel ergänzt automatisch die grafische Darstellung. Die einfachste Variante, ein dynamisches Diagramm zu erstellen, besteht darin, die Zahlenwerte untereinander zu schreiben und die Liste als Tabelle zu definieren. Die Tabelle wird anschließend mit der Diagrammfunktion verknüpft.

Die Alternative zur Erstellung dynamischer Diagramme ist die Kombination folgender Funktionen:

- **Bereichsnamen**,
- **BEREICH.VERSCHIEBEN()**,
- und **ANZAHL2()**.

Ein Diagramm kann noch so schön gestaltet sein, wenn Sie aber nicht den richtigen Diagrammtyp gewählt haben oder sich nicht über die Aussage des Diagramms im Klaren sind, verfehlen Sie unter Umständen das Ziel.

V. Teamwork in Microsoft Office

Ein Team ist mehr als die Summe seiner Mitglieder.

Dr. Elmar Teutsch
Unternehmenscoach

Microsoft Office ermöglicht den Datenaustausch in nahezu jeder Richtung. Für Ihre Arbeit mit Microsoft Excel bedeutet das, Sie können Excel-Daten an andere Anwendungsprogramme übergeben, aber auch Informationen anderer Applikationen nach Excel holen. Hier finden Sie Tipps und Tricks, wie Sie das Optimale aus Excel & Co. herausholen können.

Inhalt	
1 Datenmix: Diese Möglichkeiten haben Sie	214
2 Daten von Microsoft Excel für Word und Powerpoint	214
3 Daten anderer Applikationen für Microsoft Excel	215
4 Praxisbeispiel 1: Eine Excel-Tabelle mit einem Word-Geschäftsbericht verknüpfen	219
5 Praxisbeispiel 2: Ein Excel-Diagramm für eine PowerPoint-Präsentation	221
6 Praxisbeispiel 3: Word-Texte nach Excel holen	222
7 Praxisbeispiel 4: Neue Excel-Daten für Word und PowerPoint	224
8 Praxisbeispiel 5: So erfassen Sie einen Word-Text in Excel	228
9 Zusammenfassung	229

Teamwork in Microsoft Office:
Nutzen Sie alle Möglichkeiten von Excel & Co.

Die Möglichkeiten einer Zusammenarbeit von Microsoft Excel und den übrigen Office-Applikationen bieten im Arbeitsalltag interessante und wichtige Ansatzpunkte, Abläufe effizient zu gestalten.

Jedes Programm kann die Vorteile eines anderen nutzen. Wenn Sie in Excel beispielsweise eine Bedienungsanleitung oder Produktbeschreibung benötigen, hilft das Textverarbeitungsprogramm Word weiter, egal, ob der Text schon vorhanden ist oder noch erstellt werden muss.

Auf der anderen Seite können Sie Excel-Tabellen und Excel-Diagramme jederzeit beispielsweise in Word-Dokumenten oder PowerPoint-Präsentationen einsetzen.

In der Praxis ist dies für zahlreiche Anwender eine enorme Arbeitserleichterung. Besonders positiv ist anzumerken: Der Datenaustausch funktioniert in allen Richtungen.

Lesen Sie hier, welche Möglichkeiten die Zusammenarbeit in Microsoft Office konkret bietet und wie Sie diese im Arbeitsalltag umsetzen.

Die Musterdatei zu diesem Beitrag namens **Personalstatistik.xlsx** finden Sie unter dem Haufe-Index **7446150**.

1 Datenmix: Diese Möglichkeiten haben Sie

Microsoft Office ermöglicht den Datenaustausch in nahezu jede Richtung. Für Ihre Arbeit mit Microsoft Excel bedeutet das, Sie können Excel-Daten (etwa ein Säulendiagramm) in anderen Anwendungen (z. B. Microsoft Word oder Microsoft PowerPoint) verwenden, aber auch Informationen, die in Word oder PowerPoint vorliegen, nach Excel holen.

An einer einzigen Aufgabe, z. B. die Darstellung einer Produktentwicklung, können mehrere Programme wie Word, Excel, Access, PowerPoint und unter Umständen noch weitere Programme eingesetzt werden:

- Der Bericht wird in der Textverarbeitung Microsoft Word geschrieben.
- Das Zahlenmaterial wird in Excel erfasst, verdichtet und ggf. grafisch dargestellt.
- Zum Verschicken des Berichts wird im Rahmen der Seriendruckfunktionen auf eine Access-Datenbank als Datenquelle zugegriffen.
- Die Präsentation der Daten erfolgt in PowerPoint.
- Zugehörige Termine werden in Outlook verwaltet.

2 Daten von Microsoft Excel für Word und PowerPoint

Egal, ob es sich um eine Zahlenaufstellung in einer Tabelle oder um ein Diagramm handelt, Informationen aus Excel können Sie in der Regel in jeder Form an andere Office-Programme übergeben. Dabei ist im Arbeitsalltag die Zusammenarbeit mit Word und PowerPoint besonders wichtig. Bereits vorhandene Informationen in Tabellen- oder Diagrammform werden häufig für Berichte oder Dokumentationen benötigt. Das Gleiche gilt für Daten, die Sie möglicherweise in einer PowerPoint-Präsentation zeigen möchten.

Beim Datenaustausch werden im Wesentlichen folgende Varianten unterschieden:

- Einfügen
- Verknüpfen

Beim Einfügen von Excel-Daten in ein Word-Dokument oder in eine PowerPoint-Präsentation werden die Excel-Daten Bestandteil der Fremddatei. Es besteht keine Verbindung zur Ursprungsanwendung mehr. Das hat folgende Konsequenz: Ändern sich die Daten in der Excel-Datei, werden diese Änderungen nicht in Word oder PowerPoint übernommen.

Beim Verknüpfen wird eine Verbindung zur der Excel-Arbeitsmappe, der die Informationen entnommen werden, hergestellt. Ändern sich die Daten in der Excel-Datei, werden diese automatisch in Word bzw. PowerPoint angepasst.

Jede Methode hat Ihre Vor- und Nachteile. Man kann nicht pauschal sagen, welche der möglichen Varianten die beste ist. Wie und wann Sie welche Alternative nutzen, hängt von Ihren Zielen bzw. situationsabhängig von Ihrem Bedarf ab.

3 Daten anderer Applikationen für Microsoft Excel

Auch der umgekehrte Weg ist möglich: Genauso wie Sie Daten aus Excel an andere Applikationen übergeben können, haben Sie die Möglichkeit, bereits bestehende Informationen nach Excel zu holen. Haben Sie einen Text, zum Beispiel eine Produktbeschreibung, bereits in Word erfasst und benötigen Sie diese als Erläuterung in einer Excel-Datei, haben Sie auch hier die Möglichkeit, die Daten wahlweise einzufügen oder zu verknüpfen (s. Abb. 1).

Beim Einfügen von z. B. Texten, die Sie in Word erfasst haben, werden die Word-Daten Bestandteil der Excel-Datei. Es besteht keine Verbindung zur Ursprungsanwendung mehr. Änderungen – beispielsweise eine Korrektur von Tippfehlern –, die Sie in Word durchführen, werden nicht in Excel übernommen.

Beim Verknüpfen stellen Sie eine Verbindung der Excel-Datei zum entsprechenden Word-Dokument her. Änderungen des Word-Dokuments haben auch eine Änderung der Excel-Datei zur Folge. Konkret bedeutet das: Verbessern Sie einen Tippfehler in Word, wird diese Korrektur automatisch in die entsprechende Excel-Arbeitsmappe übertragen.

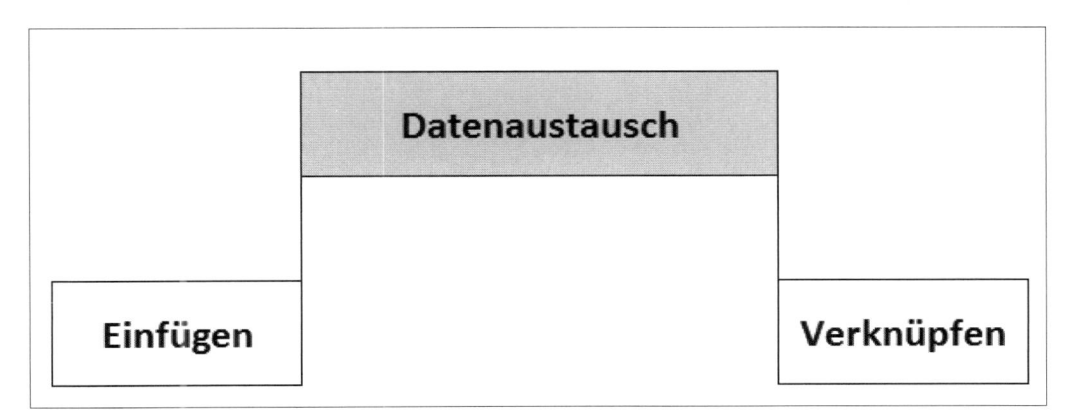

Abb. 1: Möglichkeiten, Daten auszutauschen

> **HINWEIS**
>
> **Daten als Grafik einfügen**
>
> Theoretisch können Sie die Informationen auch als Grafik einfügen. Dann sind Änderungen jedoch nicht mehr möglich.

3.1 Vor- und Nachteile von Einfügen bzw. Verknüpfen

Jede Variante hat Vor- bzw. Nachteile. Das Einfügen von Daten ist oft einfacher und kann bereits durch einfaches Kopieren und Einfügen erfolgen. Da eingefügte Daten zum Bestandteil der Zieldatei werden, wird diese durch eingebettete Objekte oft sehr umfangreich. Weiterer Nachteil: Korrekturen in der Quelldatei werden nicht übernommen.

Die Verknüpfungen zu einer Datenquelle ziehen immer die damit verbundene Verzeichnisstruktur mit sich. Der Nachteil von Verknüpfungen zeigt sich daher immer dann, wenn Sie eine Datei, die Verknüpfungen enthält, an Kollegen, Mitarbeiter oder andere Personen weitergeben. Neben der eigentlichen Datei müssen Sie auch die verknüpften Dateien abliefern. Die Empfänger müssen dann ggf. die Verzeichnisstruktur anpassen oder die Verknüpfungen neu erzeugen.

3.2 Theorie: Quell- und Zieldatei als Basis für den Datenaustausch

Beim Datenaustausch werden 2 Arten von Dateien unterschieden:

- Quelldatei: Datei, aus der Daten entnommen werden
- Zieldatei: Datei, in die die Daten geholt werden

In der Literatur heißt die Zieldatei auch Client, die Quelle wird als Server bezeichnet. Über die Techniken Einfügen oder Verknüpfen bestimmen Sie die Form des Datenaustausches.

> **HINWEIS**
>
> **Nur so klappt der Datenaustausch**
>
> Die Voraussetzung für den reibungslosen Datenaustausch ist, dass zu dem Zeitpunkt, in dem der Austausch erfolgen soll, die benötigten Anwendungsprogramme auf dem Rechner korrekt und vollständig installiert sind.

3.3 Techniken zum Austausch von Daten

Der praktische Austausch von Daten ist recht einfach. Bereits mithilfe der folgenden Techniken können Sie Informationen hin- und herschieben:

- Datenaustausch über die Zwischenablage z. B. mithilfe der Tastenkombinationen **Strg + C** und **Strg + V** (Kopieren und Einfügen).
- Drag & Drop – dabei werden Informationen von einer Anwendung zu einer anderen Anwendung mithilfe der Maus gezogen.

Bei diesen beiden Möglichkeiten werden die Daten aus der Quelldatei in die Zieldatei eingefügt. Über diese Methoden haben Sie nicht die Möglichkeit, die Informationen zu verknüpfen.

Auch das Verknüpfen von Daten ist nicht schwierig. Die entsprechenden Befehle finden Sie u. a. im Kontextmenü im Bereich der **Einfügeoptionen**.

Der Befehl Inhalte einfügen

Auch der Befehl **Inhalte einfügen** (s. Abb. 2), den Sie möglicherweise aus den älteren Office-Versionen kennen, steht nach wie vor zur Verfügung. Den zugehörigen Dialog öffnen Sie über die Schaltfläche **Einfügen**, ganz links im Menüband **Start**.

Über dieses Fenster haben Sie über 2 Optionsfelder die Möglichkeit zu entscheiden, ob Sie die Daten in der Zieldatei einfügen oder verknüpfen wollen.

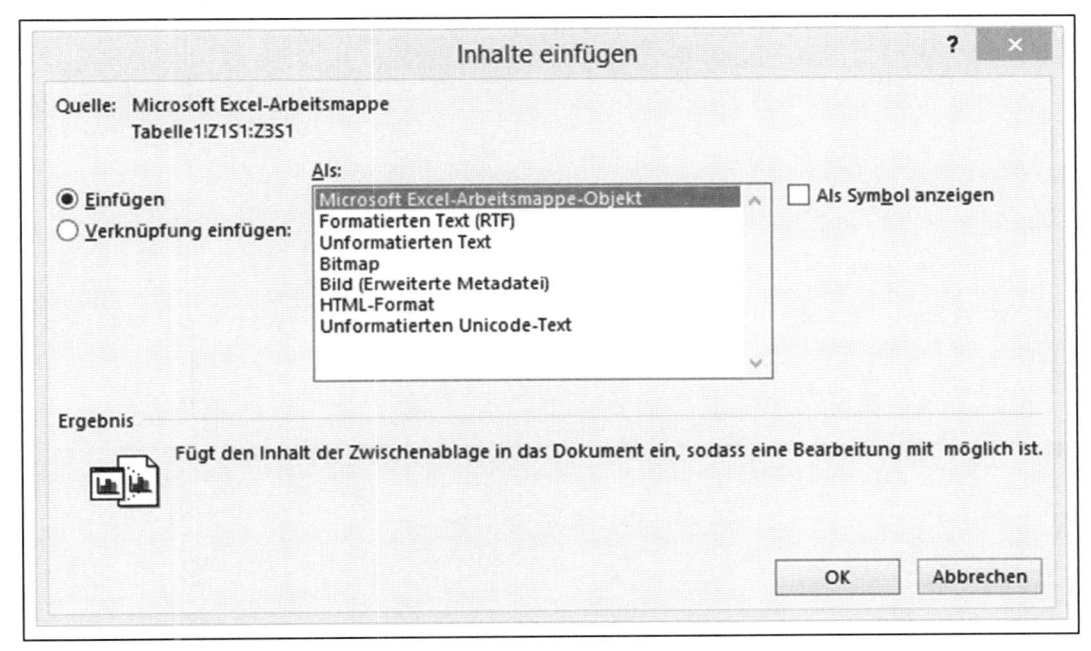

Abb. 2: Der Dialog Inhalte einfügen

Die Technik ist in allen Office-Anwendungen ähnlich:

- Sie kopieren die Daten, die Sie übergeben wollen, in der Ursprungsanwendung und wechseln in die Zieldatei.
- Wählen Sie **Einfügen → Inhalte einfügen**. Über die Optionen **Einfügen** bzw. **Verknüpfung einfügen** entscheiden Sie sich für die gewünschte Form des Datenaustausches.

Im Dialogfeld **Inhalte einfügen** können Sie außerdem entscheiden, wie Sie die Informationen einfügen möchten und zwar in Word aus Excel als:

- Microsoft Excel-Arbeitsmappe-Objekt
- Formatierten oder unformatierten Text
- Grafik (Bitmap oder Bild als erweiterte Metadatei)
- HTML-Format
- Unformatierten Unicode-Text
- Hyperlink

Der Unterschied zwischen Einfügen und Verknüpfen wirkt sich, neben der Aktualisierung der Daten, auch auf deren Bearbeitung aus:

Immer dann, wenn Sie Daten über den Dialog **Inhalte einfügen** einfügen, können Sie die Informationen mit den Werkzeugen der Ursprungsanwendung bearbeiten. Dazu müssen Sie die Ursprungsanwendung nicht einmal starten.

Beispiel:

Sie fügen eine Personalstatistik, die Sie mit Excel erstellt haben, über **Einfügen → Inhalte einfügen → Einfügen** in ein Word-Dokument ein. Später stellen Sie fest, dass in der Statistik ein Zahlendreher ist. Sie nehmen in der entsprechenden Excel-Arbeitsmappe umgehend eine Korrektur vor.

Da keinerlei Verbindung zwischen der Excel-Datei und dem Word-Dokument besteht, wird die Änderung nicht in das Word-Dokument übernommen. Sie müssen die Zahl auch in Ihrem Word-Dokument korrigieren.

Dazu gehen Sie wie folgt vor:

Manuelle Korrekturausführung

1. Öffnen Sie das Word-Dokument, das die Personalstatistik enthält.
2. Klicken Sie in Ihrem Word-Dokument doppelt auf die Excel-Tabelle. In Word wird die Arbeitsumgebung von Excel aufgerufen (s. Abb. 3).
3. Jetzt können Sie die Korrektur mithilfe der Excel-Funktionen in Word durchführen.

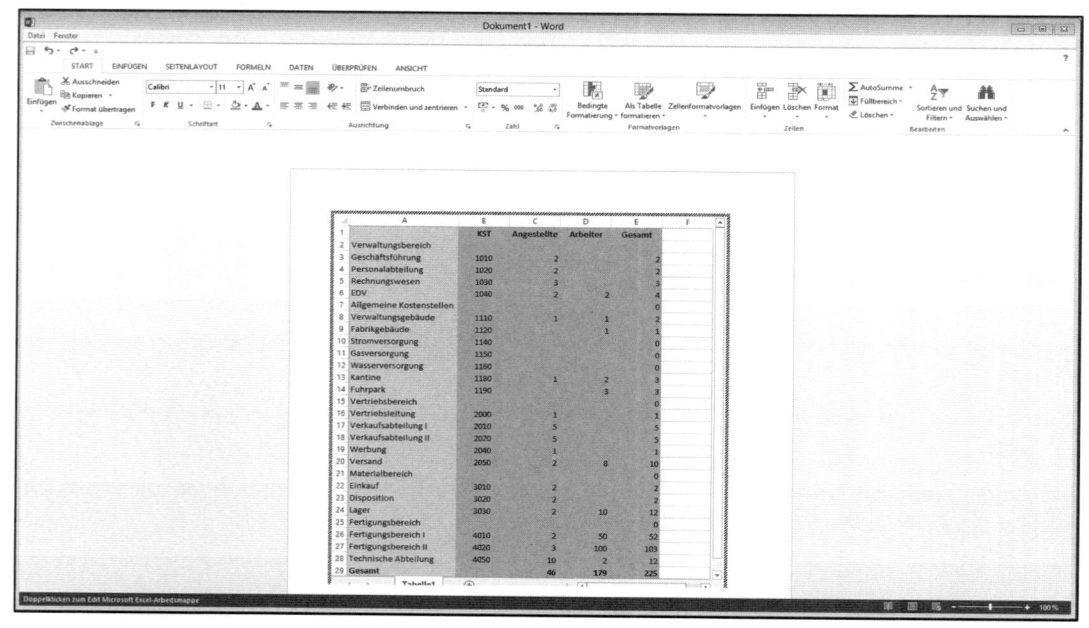

Abb. 3: Excel-Arbeitsumgebung in Word

Sobald Sie außerhalb der Tabelle in Ihr Word Dokument klicken, verschwindet die Excel-Arbeitsumgebung. Sie erhalten Ihre „herkömmliche" Word-Oberfläche zurück (s. Abb. 4).

Anders verhält es sich beim Verknüpfen von Daten. Werden hier die Daten der Originaldatei verändert, werden diese automatisch angepasst. Bezogen auf unser Beispiel mit der Personalstatistik verhält sich das folgendermaßen: Sie verknüpfen eine Personalstatistik aus Excel mit einem Word-Dokument. Später führen Sie eine Korrektur an der Excel-Datei durch. Diese Änderung wird automatisch in das Word-Dokument übertragen.

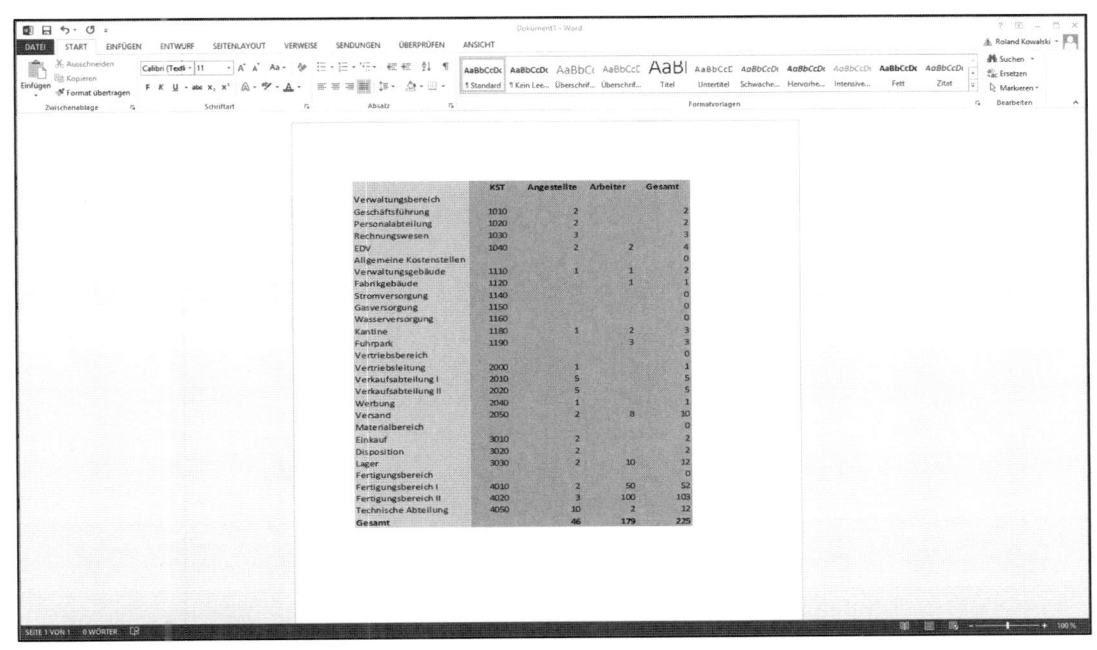

Abb. 4: Excel-Tabelle mit Word-Umgebung

4 Praxisbeispiel 1: Eine Excel-Tabelle mit einem Word-Geschäftsbericht verknüpfen

Die beschriebene Technik wollen wir Ihnen nun Schritt für Schritt zeigen. In einem Geschäftsbericht soll eine Personalstatistik erscheinen. Die Zahlen wurden bereits in Excel aufbereitet und sollen in das Dokument eingefügt werden. Falls Änderungen an der Excel-Datei durchgeführt werden, sollen diese automatisch im Word-Dokument angepasst werden:

Excel-Tabelle mit Dokument verknüpfen

1 Erfassen Sie zunächst in einem Word-Dokument den gewünschten Berichtstext.

2 Öffnen Sie die Musterdatei **Personalstatistik.xlsx**, die die gewünschten Informationen enthält. Markieren Sie in Ihrem Excel-Arbeitsblatt den Zellbereich, den Sie nach Word übertragen möchten, und kopieren Sie den Bereich mithilfe der Tastenkombination **Strg + C**. Alternativ klicken Sie auf die Schaltfläche **Kopieren**.

3 Wechseln Sie in Ihren Geschäftsbericht und setzen Sie den Cursor an die Stelle im Dokument, an der Sie die Excel-Dateien einfügen wollen.

4 Über die Befehlsfolge **Start → Einfügen → Inhalte einfügen** gelangen Sie in das gleichnamige Dialogfeld. Entscheiden Sie sich für die Option **Verknüpfung einfügen** und in der Liste unter **Als** für **Microsoft Excel-Arbeitsmappe-Objekt**.

5 Auf diese Weise ist gewährleistet, dass in Ihrem Word-Dokument genau die Formate erhalten sind, die Sie der Tabelle in Excel zugewiesen haben. Verlassen Sie das Dialogfeld durch einen Klick auf die Schaltfläche **OK**.

Die Excel-Daten werden als Verknüpfung in den Geschäftsbericht übernommen. Das bedeutet, dass Änderungen, die in der Originaldatei durchgeführt werden, automatisch auch in das Word-Dokument übernommen werden.

HINWEIS

Pannenhilfe

Verknüpfte Daten werden nicht aktualisiert, wenn Sie in Microsoft Word unter **Datei** → **Optionen** → **Erweitert** im Bereich **Allgemein** das Kontrollkästchen **Automatische Verknüpfungen beim Öffnen aktualisieren** deaktiviert haben. Achten Sie also darauf, dass das Häkchen in diesem Kontrollkästchen nicht fehlen darf (s. Abb. 5).

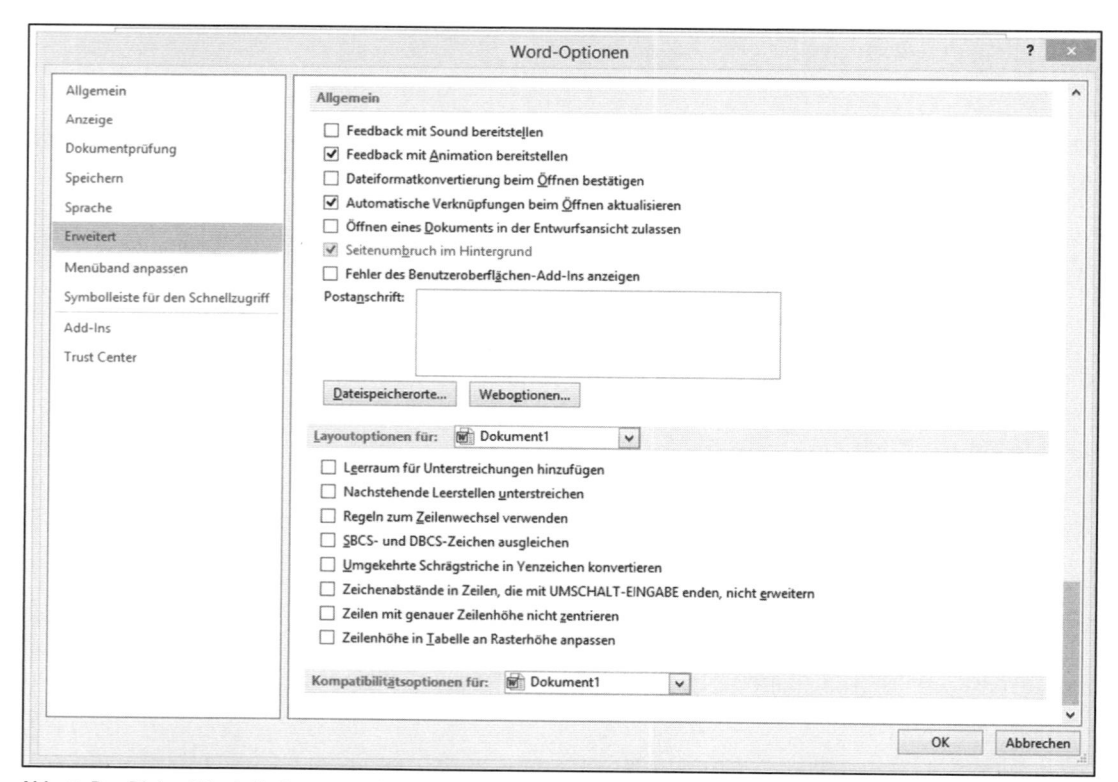

Abb. 5: Der Dialog Word-Optionen regelt, ob die Excel-Daten tatsächlich aktualisiert werden

Bei der Arbeit mit den verknüpften Daten sollten Sie Folgendes beachten:

- Wenn Sie in Word im Geschäftsbericht doppelt auf die verknüpfte Excel-Tabelle klicken, erreichen Sie automatisch das zugehörige Excel-Tabellenarbeitsblatt.

Um die Excel-Tabelle wieder aus dem Geschäftsbericht zu entfernen, markieren Sie die Tabelle per Mausklick und drücken die **Entf-**Taste.

5 Praxisbeispiel 2: Ein Excel-Diagramm für eine PowerPoint-Präsentation

In einer Ergebnispräsentation wollen Sie die Umsatzanteile Ihrer Produktgruppen grafisch darstellen. Die zu visualisierenden Zahlen wurden bereits in Excel als Diagramm aufbereitet und sollen in einer Power-Point-Folie gezeigt werden.

PowerPoint-Präsentation mit Excel-Diagramm verknüpfen

1 Legen Sie zunächst in PowerPoint das Grundgerüst Ihrer Präsentation fest.

2 Öffnen Sie die Excel-Datei, die das gewünschte Diagramm beinhaltet. Markieren Sie das Diagramm, das Sie nach PowerPoint übertragen wollen, und kopieren Sie es mithilfe der Tastenkombination **Strg + C**. Alternativ klicken Sie auf die Schaltfläche **Kopieren**.

3 Wechseln Sie in Ihre Präsentation und setzen Sie den Cursor an die Stelle, an der Sie das Diagramm einfügen wollen.

4 Über die Befehlsfolge **Einfügen → Inhalte einfügen** gelangen Sie in das gleichnamige Dialogfeld (s. Abb. 6).

5 Entscheiden Sie sich für die Option **Verknüpfung einfügen** und in der Liste unter **Als** für **Microsoft Excel-Diagramm-Objekt**.

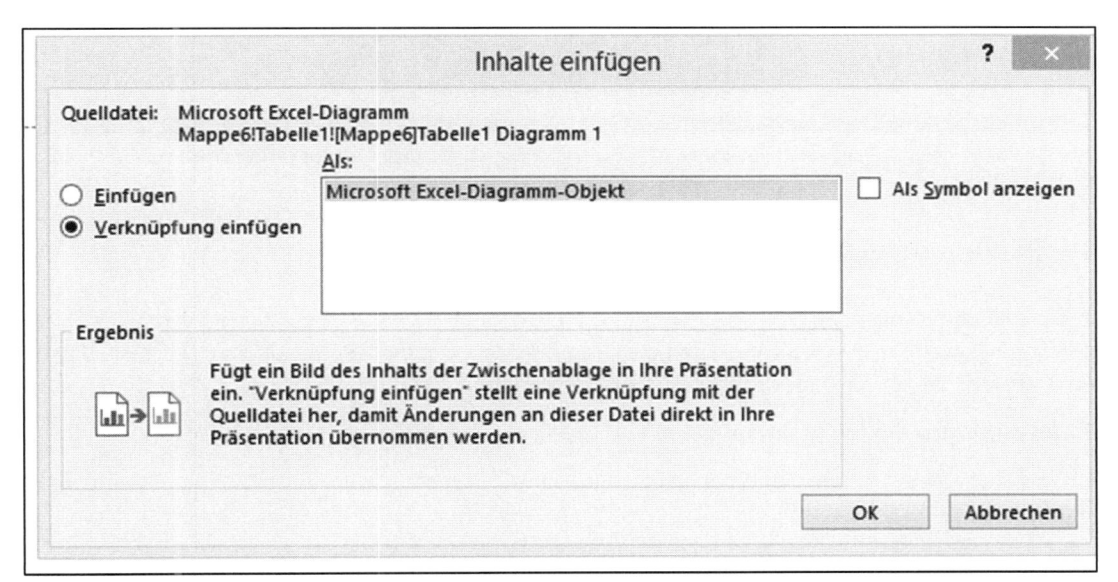

Abb. 6: PowerPoint erkennt, dass es sich um ein Diagramm handelt

6 Verlassen Sie das Dialogfeld durch einen Klick auf die Schaltfläche **OK**. Die Excel-Daten werden mit der Präsentation verknüpft (s. Abb. 7). Alle Änderungen in Excel werden künftig angepasst.

Wenn Sie sich stattdessen für das Einbetten (Einfügen) des Diagramms entscheiden, bedeutet das, dass Änderungen, die in der Originaldatei durchgeführt werden, nicht auf Ihrer PowerPoint-Folie übernommen werden. Bei der Arbeit mit den eingebetteten Daten sollten Sie Folgendes beachten:

- Wenn Sie auf der Folie doppelt auf das über **Inhalte einfügen** eingebettete Diagramm klicken, erscheint in PowerPoint die Arbeitsumgebung von Excel. Jetzt können Sie mithilfe der Excel-Werkzeuge Änderungen am Diagramm durchführen. Die Änderungen betreffen die Quell-, also die Excel-Datei, nicht.
- Um das Excel-Diagramm wieder aus dem Geschäftsbericht zu entfernen, markieren Sie es per Mausklick und die **Entf**-Taste.

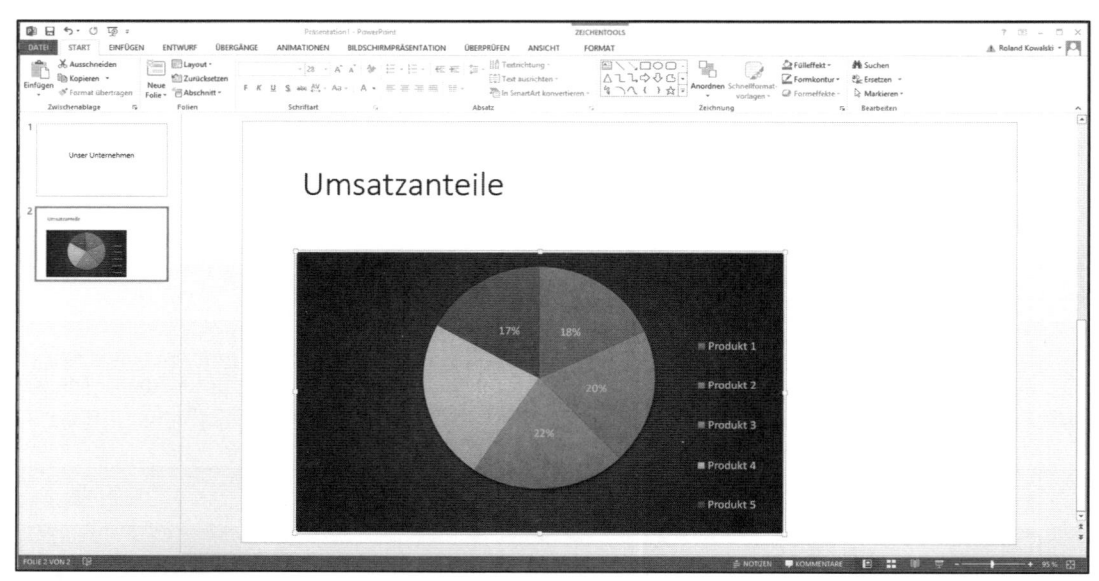

Abb. 7: Das verknüpfte Diagramm: Von außen ist nicht erkennbar, ob das Diagramm eingefügt oder verknüpft wurde

6 Praxisbeispiel 3: Word-Texte nach Excel holen

Produktbeschreibungen werden vorzugsweise in Word erfasst. Wenn Sie diese bereits vorhandenen Informationen nach Excel holen wollen und erreichen möchten, dass Änderungen in Excel jederzeit aktualisiert werden, müssen Sie folgende Arbeitsschritte durchführen.

Excel mit Word-Texten verknüpfen

1 Öffnen Sie die Excel-Arbeitsmappe und das Word-Dokument, das die gewünschten Informationen enthält.

2 Markieren Sie in Word die gewünschte Textpassage. Kopieren Sie die Daten mit Hilfe der Tastenkombination **Strg + C** oder klicken Sie auf die Schaltfläche **Kopieren**.

3 Wechseln Sie zu Excel. Aktivieren Sie die Tabelle, in die Sie die Daten eintragen wollen, und setzen Sie die Eingabemarkierung in die gewünschte Zelle.

4 Wählen Sie **Einfügen → Inhalte einfügen**. Im gleichnamigen Dialog wählen Sie die Option **Verknüpfen** und aus der Liste unter **Als** den Eintrag **Microsoft Word Dokument-Objekt** (s. Abb. 8).

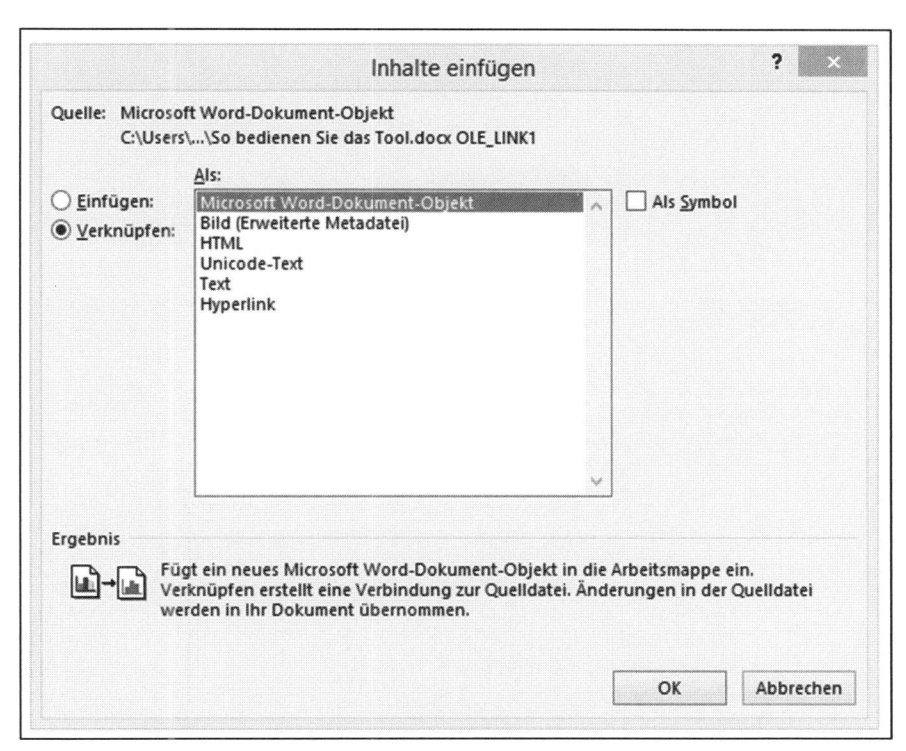

Abb. 8: Das Dialogfeld Inhalte einfügen in Excel

5 Verlassen Sie das Dialogfeld **Inhalte einfügen** durch einen Klick auf die Schaltfläche **OK**. Der Text erscheint in der Tabelle (s. Abb. 9).

Abb. 9: Word-Text in Excel

Um Daten aus PowerPoint nach Excel zu nehmen, gehen Sie in Ihrem Präsentationsprogramm analog vor. Allerdings kommt es zu dieser Art von Datenaustausch in der Praxis nur selten.

Auch hier gilt: Wenn Sie die Inhalte der Word-Datei über **Inhalte einfügen → Einfügen** nach Excel holen, werden die Texte Bestandteil der Excel-Datei und können dort ausschließlich mit den Word-Funktionen bearbeitet werden. Änderungen in Word werden nicht in die Excel-Datei übernommen.

Um Korrekturen an den Texten vorzunehmen, klicken Sie doppelt auf das Textobjekt. In Excel erscheint die Arbeitsumgebung von Microsoft Word. Jetzt arbeiten Sie vorübergehend in Excel wie in der Textverarbeitung. Sobald Sie außerhalb des Textobjekts klicken, erhalten Sie die „gewohnte" Excel-Arbeitsumgebung zurück.

> **HINWEIS**
>
> **Aktualisierungshinweis**
>
> Verknüpfte Daten werden nicht aktualisiert, wenn Sie **unter Datei → Optionen → Erweitert** im Bereich **Beim Berechnen dieser Arbeitsmappe** das Kontrollkästchen **Verknüpfungen mit anderen Dokumenten aktualisieren** deaktiviert haben (s. Abb. 10).

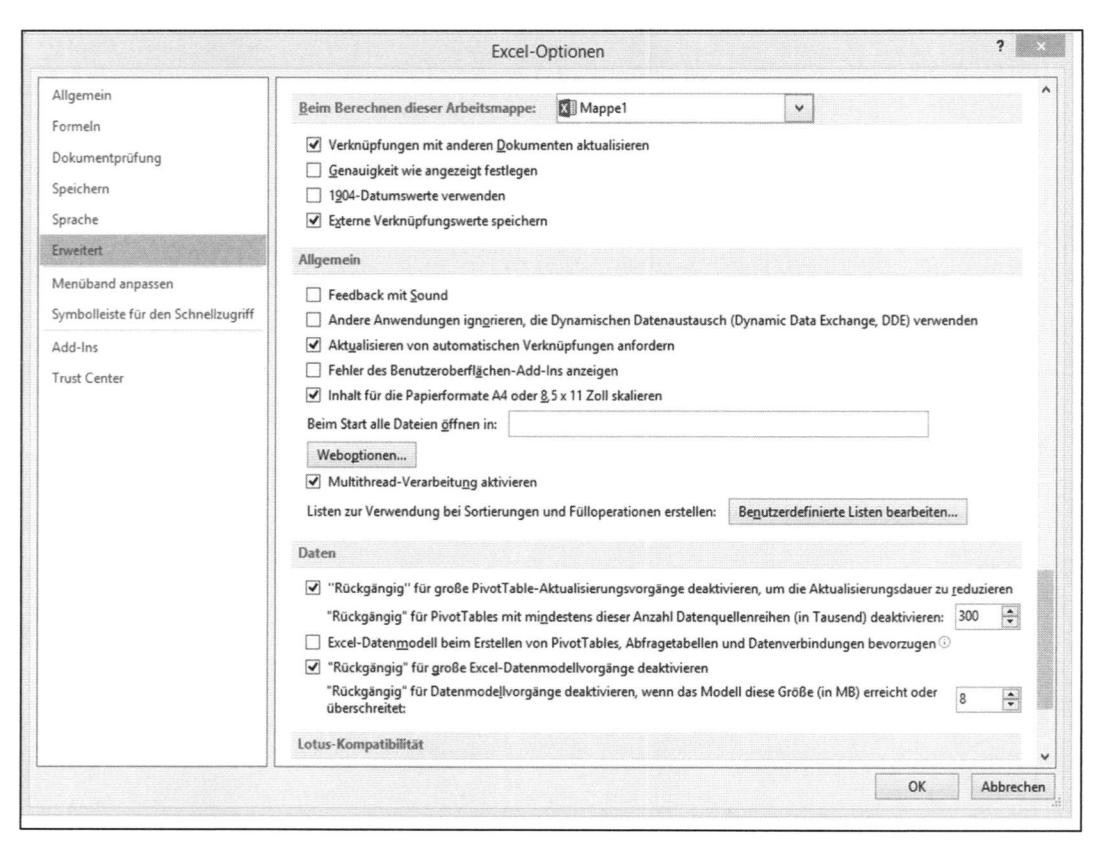

Abb. 10: Excel-Optionen, regeln u. a. das Aktualisieren von Verknüpfungen

7 Praxisbeispiel 4: Neue Excel-Daten für Word und PowerPoint

Nicht immer stehen die Excel-Daten, die Sie in einem Word-Dokument oder einer PowerPoint-Präsentation zeigen wollen, schon zur Verfügung. Dann haben Sie die Möglichkeit, in Word bzw. PowerPoint die Excel-Arbeitsumgebung zu erzeugen und die Daten direkt aus der entsprechenden Anwendung heraus wunschgerecht aufzubereiten.

7.1 Excel-Diagramm in Word erzeugen

Beispiel: Sie wollen die Anteile der einzelnen Produktgruppen am Umsatz in einem Geschäftsbericht in Form eines Kreisdiagramms grafisch darstellen. Die Excel-Daten liegen noch nicht vor. Führen Sie folgende Arbeitsschritte durch:

Diagramm in Word erzeugen

1 Erfassen Sie zunächst in Word den gewünschten Text. Setzen Sie den Cursor an die Stelle im Dokument, an der Sie das Kreisdiagramm einfügen möchten.

2 Wählen Sie **Einfügen → Tabelle → Excel-Kalkulationstabelle**.

3 Sie erhalten die Arbeitsumgebung von Excel mit Multifunktionsleiste und den Excel-Befehlen (s. Abb. 11). Im Tabellenbereich arbeiten Sie, wie Sie es von Excel gewohnt sind.

4 Erfassen Sie zunächst die Zahlen und erstellen Sie aus den Zahlen anschließend das Diagramm.

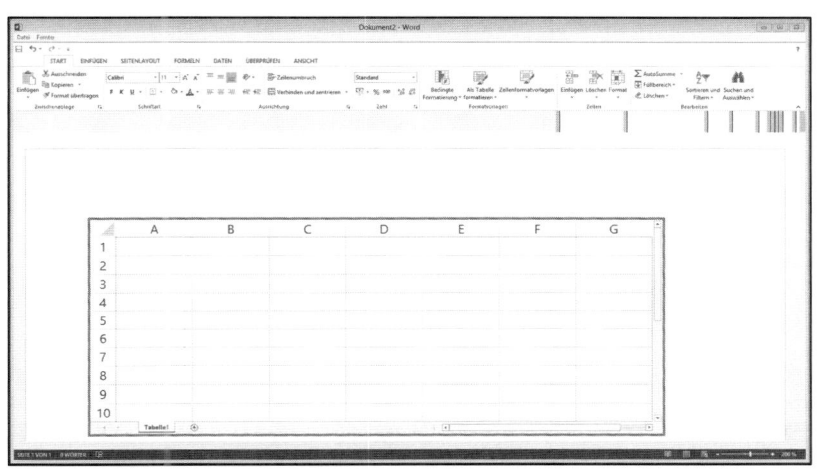

Abb. 11: Excel-Arbeitsumgebung in Word

5 Die Excel-Daten werden eingebettet. Das heißt, die Daten sind Bestandteil des Word-Dokuments. Sie existieren ausschließlich im Zusammenhang mit der Word-Datei.

Sobald Sie mit der Maus außerhalb des Excel-Bereichs klicken, erhalten Sie Ihre Word-Arbeitsumgebung zurück (s. Abb. 12). Durch einen Doppelklick auf das Excel-Objekt kehren Sie zur Bearbeitungsansicht der Tabellenkalkulation zurück. Auf diese Weise können Sie auf schnelle und einfache Weise bei Bedarf Korrekturen durchführen.

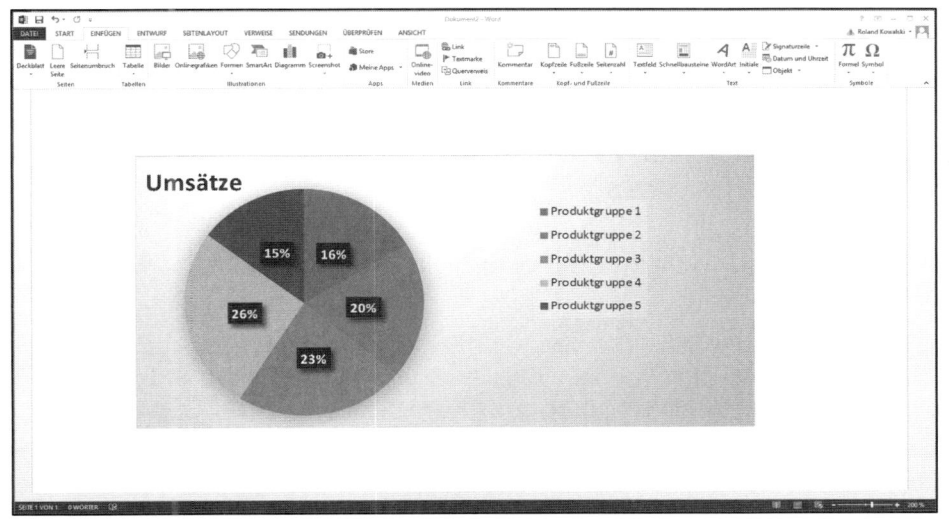

Abb. 12: Dieses Excel-Kreisdiagramm wurde direkt in Word erstellt

Excel und Office im Team

> **PRAXIS - TIPP**
>
> **Tabellendaten ausblenden**
>
> Wenn Sie ein Kreisdiagramm mithilfe einer Excel-Kalkulationstabelle in Word erstellen, werden standardmäßig auch die zugehörigen Tabellendaten gezeigt. Das können Sie verhindern, indem Sie das Diagramm einfach über die Tabelle schieben.

Wie in Word können Sie neue Excel-Daten auch in PowerPoint einfügen und verarbeiten. Die Vorgehensweise ist ähnlich, sodass wir nicht weiter auf die Problematik eingehen.

7.2 Die Alternative: Aus Datei erstellen

Der Vollständigkeit halber möchten wir noch das Register **Aus Datei erstellen** aus dem Dialog **Objekt** vorstellen (s. Abb. 13).

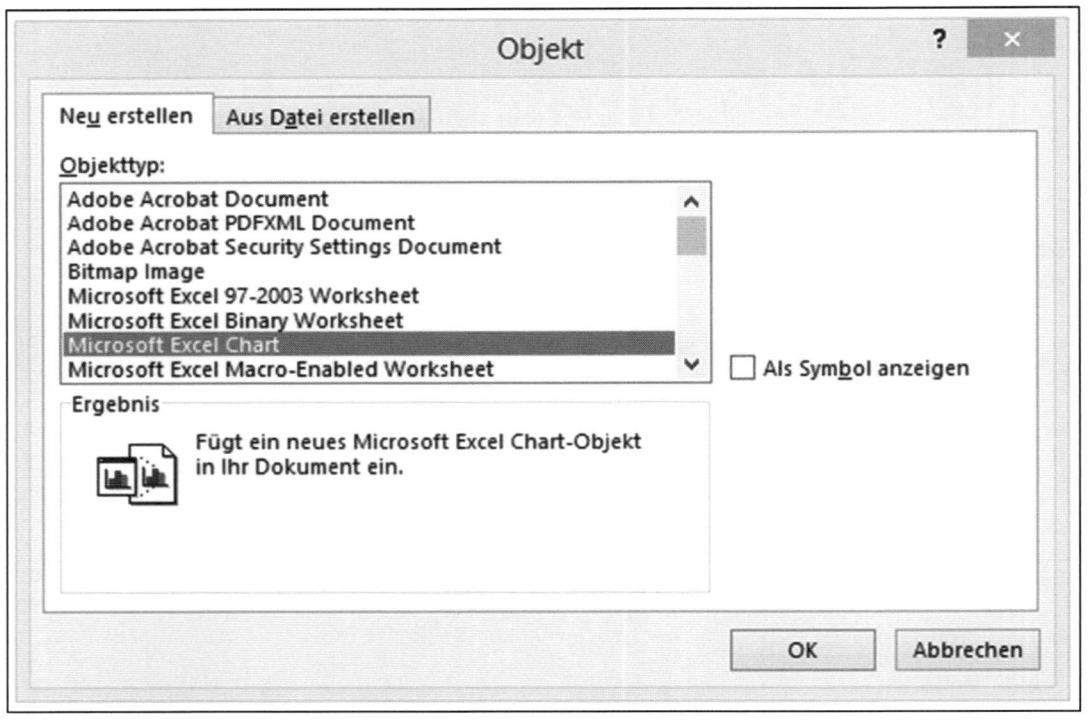

Abb. 13: Das Register Aus Datei erstellen im Dialog Objekt

Das Fenster **Objekt** erreichen Sie sowohl in der Textverarbeitung, in der Tabellenkalkulation als auch in PowerPoint über **Einfügen → Objekt**.

Über diese Befehlsfolge ist es möglich, eine komplette Datei in ein anderes Anwendungsprogramm zu holen. Wenn Sie die Verzeichnisstruktur, unter der man die gewünschte Datei findet, nicht im Kopf haben, können Sie die Datei über die Schaltfläche **Durchsuchen** aufspüren (s. Abb. 14).

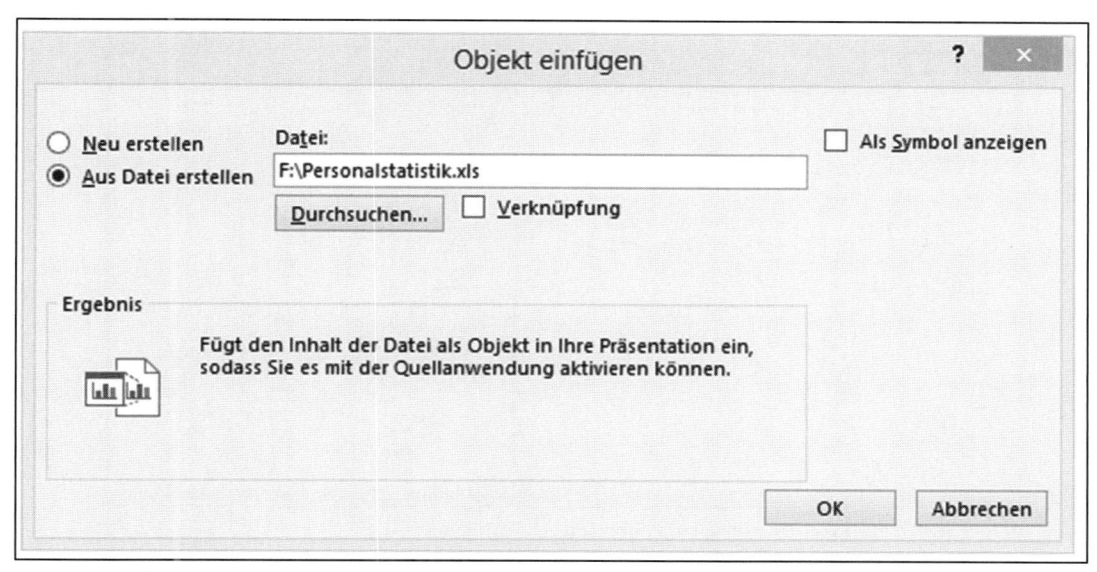

Abb. 14: Der Dialog Objekt einfügen mit Verzeichnisstruktur

Abbildung 15 zeigt eine Personalstatistik, die auf eine PowerPoint-Folie geholt wurde.

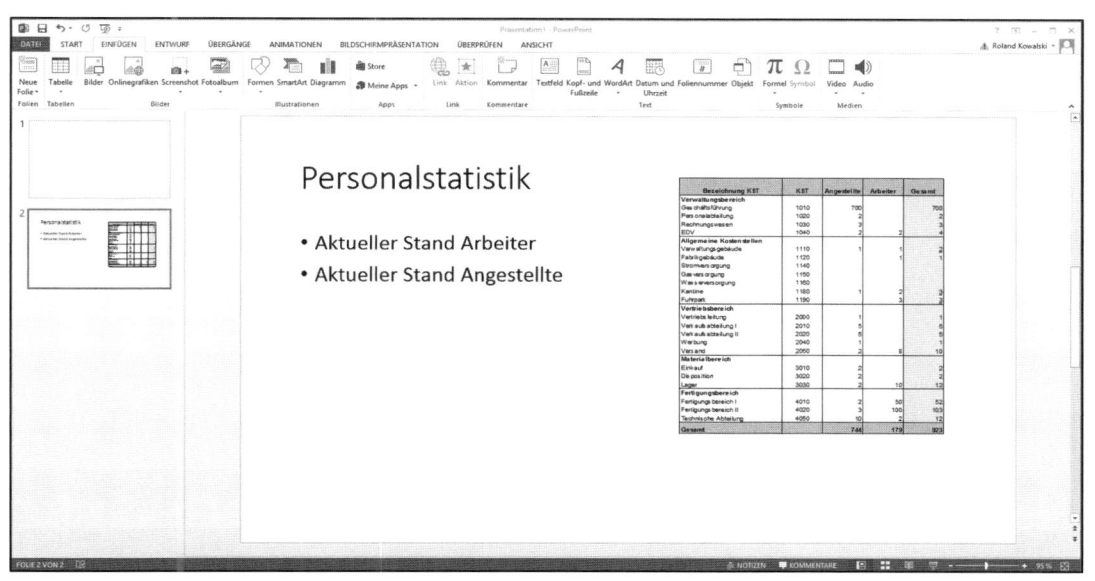

Abb. 15: Diese Excel-Tabelle wurde über Einfügen → Objekt auf die PowerPoint-Folie geholt

Die Excel-Werkzeuge können Sie auch in PowerPoint nutzen (s. Abb. 16).

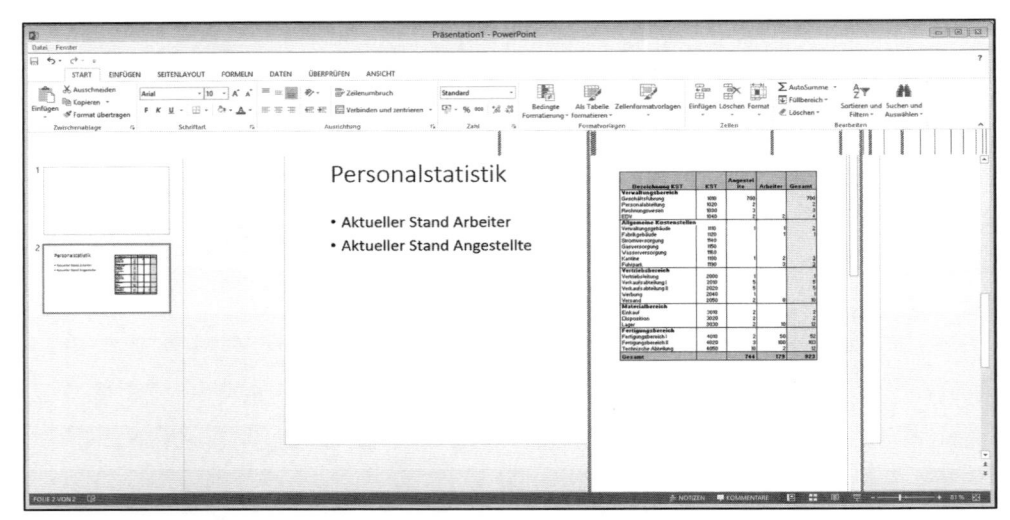

Abb. 16: Hier stehen alle Excel-Funktionen in PowerPoint zur Verfügung

8 Praxisbeispiel 5: So erfassen Sie einen Word-Text in Excel

Angenommen, Sie haben eine komplexe Excel-Tabelle erstellt und wollen diese Datei Kollegen oder Mitarbeitern zur Verfügung stellen. Dazu sind einige Erläuterungen notwendig. Da Sie spezielle Formatierungen einsetzen wollen, die Excel nicht zur Verfügung stellt, soll der Text mit den Instrumenten der Textverarbeitung Microsoft Word in der Tabellenkalkulation geschrieben werden.

Im Gegensatz zu den zuvor beschriebenen Möglichkeiten gehen wir bei den folgenden Arbeitsschritten davon aus, dass noch keinerlei Daten in Word vorliegen. In diesem Fall wenden Sie folgende Vorgehensweise an:

Word-Dokument in Excel erstellen

1 Wählen Sie in Excel **Einfügen → Objekt → Registerkarte Neu erstellen**. Unter **Objekttyp** wählen Sie den Eintrag **Microsoft Word Document** aus (s. Abb. 17).

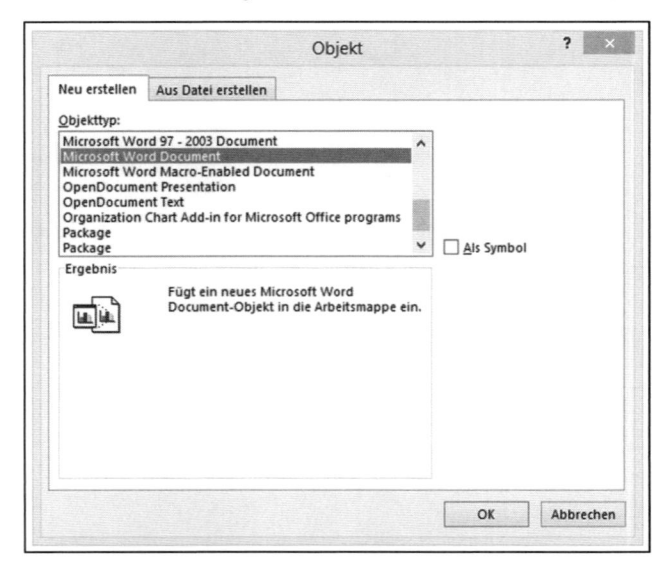

Abb. 17: Das Register Neu erstellen

2 Sie erhalten in Excel einen Eingabebereich und die Word-Arbeitsumgebung. Dort können Sie den Text erfassen und formatieren, wie Sie es von Microsoft Word her gewohnt sind (s. Abb. 18). Die Größe des Word-Bereichs passt sich automatisch an den Textumfang an. Über die Ziehpunkte des Word-Objekts können Sie darüber hinaus manuell die Größe des Word-Objekts beeinflussen.

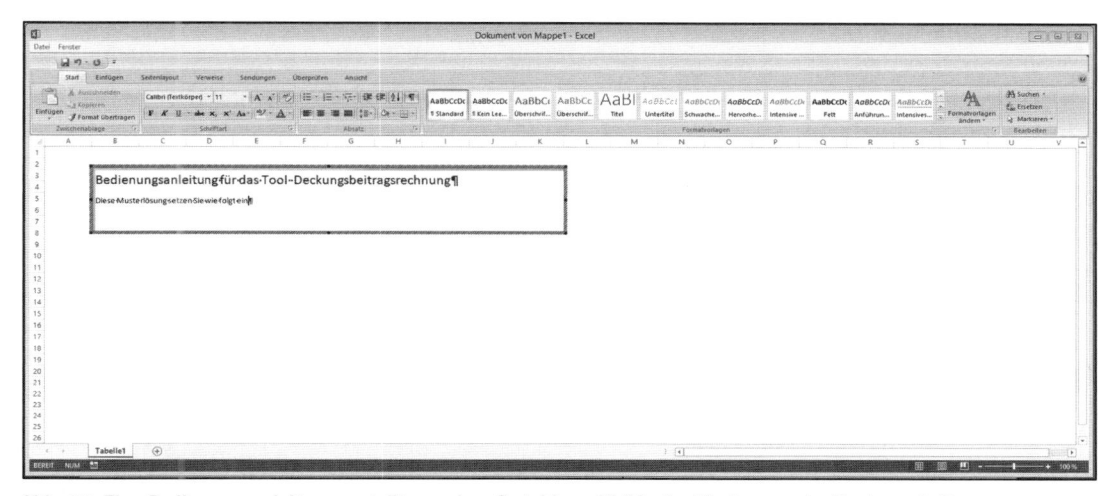

Abb. 18: Eine Bedienungsanleitung erstellt man komfortabler mithilfe der Werkzeuge der Textverarbeitung

HINWEIS

Diese Objekttypen stehen zur Verfügung

Die Objekttypen, die gezeigt werden, sind von den auf dem Rechner installierten Programmen abhängig.

Um das Word-Objekt zu bearbeiten, reicht ein Doppelklick auf das Word-Objekt.

Sie können selbstverständlich auch eine komplette Word-Datei in Excel integrieren. Wählen Sie dazu **Einfügen → Objekt → Aus Datei erstellen**. Wenn Sie den Pfad der Datei kennen, können Sie diesen direkt zusammen mit dem Dateinamen in das dafür vorgesehene Feld eintragen. Ansonsten arbeiten Sie mit der Schaltfläche **Durchsuchen**.

9 Zusammenfassung

Microsoft Office ermöglicht den Datenaustausch in nahezu jeder Richtung. Für Ihre Arbeit mit Microsoft Excel bedeutet das, Sie können Excel-Daten an andere Anwendungsprogramme übergeben, aber auch Informationen anderer Applikationen nach Excel holen.

Beim Datenaustausch werden im Wesentlichen folgende Varianten unterschieden:

- Einfügen
- Verknüpfen

Beim Datenaustausch werden 2 Arten von Dateien unterschieden:

- Quelldatei: Datei, aus der Daten entnommen werden.
- Zieldatei: Datei, in die die Daten geholt werden.

Beim Einfügen (Einbetten) werden die Fremddaten Bestandteil der Zieldatei. Zur Ursprungsanwendung besteht keine Verbindung mehr. Ändern sich die Ursprungsdaten, werden diese Änderungen nicht an die Zieldatei übergeben.

Beim Verknüpfen wird eine Verbindung zur Quelldatei hergestellt. Ändern sich die Daten, werden diese automatisch in der Zieldatei angepasst.

Über **Einfügen → Inhalte einfügen** haben Sie umfangreichere Möglichkeiten, Daten auszutauschen, als über die Schaltflächen im Kontextmenü.

Mithilfe der Befehlsfolge **Einfügen → Objekt** lassen sich sowohl komplette Dateien in eine Zieldatei holen als auch neue Inhalte erstellen. Dies erledigen Sie situationsabhängig über die Register **Aus Datei erstellen** bzw. **Neu erstellen.**

VI. Projekte planen und steuern

> **Nur wenn man das kleinste Detail im Griff hat,
> kann man präzise arbeiten.**
>
> NIKI LAUDA
> Österreichischer Autorennfahrer und Unternehmer
> geb. 22.2.1949

In Unternehmen werden immer mehr Arbeiten in Projektform abgewickelt. Gründe hierfür sind unter anderem Aufgabenstellungen, die ganz bewusst in Projekten formuliert werden, weil sie beispielsweise nur einen zeitlich befristeten Horizont haben.

Die Neuerungen von Excel 2013 und Excel 2010 erlauben es, zahlreiche und effizient einsetzbare Werkzeuge zu erstellen, denen bislang unter Excel qualitätsmindernde oder gar verhindernde Grenzen bei der Erstellung von Projektmanagement-Tools gesetzt waren.

Inhalt	
1 Darum geht's: Projekte mit Aussicht auf Erfolg	232
2 Projekte umsetzen	234
3 Ressourcen planen und Arbeitspakete schnüren	241
4 Projektkosten planen	246
5 Projekte steuern und dokumentieren	249
6 Zusammenfassung	253

Weitere Inhalte auf der CD – Schritt für Schritt zum Projekterfolg	
Projektplanung und -überwachung mit Excel 2007/2010	HI 2684947
Meilensteinplanung mit Timeline-Diagramm: So stellen Sie wichtige Projektereignisse übersichtlich dard	HI 2257944
Projektmanagement: So planen Sie Projekte erfolgreich mit einem Gantt-Diagramm	HI 5829922
Projektkalkulation	HI 1332552

Projektmanagement: So steuern Sie erfolgreiche Projekte

Dass ein Projekt zum Erfolg wird, ist von vielen Faktoren abhängig: Genaue Zieldefinition, sorgfältige Projektanalyse und Planung sind wesentliche Voraussetzungen für das Gelingen von Projekten.

Die Tabellenkalkulation Excel unterstützt Sie bei der Abwicklung von Projekten, angefangen bei der Zieldefinition bis hin zur Abweichungsanalyse. Wir zeigen Ihnen anhand einer Auswahl von Arbeitshilfen, wie Sie Ihr Tabellenkalkulationsprogramm effizient im Rahmen des Projektmanagements einsetzen.

Dabei werden Sie feststellen, dass Sie Excel nicht nur als „Rechenknecht" einsetzen können, sondern sich die Tabellenkalkulation auch hervorragend eignet, um Sachverhalte zu strukturieren und in Formularform umzusetzen.

Die Mustervorlagen **Projektmanagement.xlsm**, **Projektterminplanung.xlsm**, **Projektressourcenplanung.xlsm**, **Projektkostenplanung.xlsm**, **Projektkostenvergleich.xlsm** und **Projektterminabgleich.xlsm** finden Sie unter dem Haufe-Index **7446151**.

1 Darum geht's: Projekte mit Aussicht auf Erfolg

Die Frage nach den ausschlaggebenden Faktoren für den Erfolg eines Projekts lässt sich oft erst nach dem Abschluss des Projekts endgültig beantworten.

1.1 Erfolgsfaktoren

Aus dem Erfahrungswissen ist jedoch eine Reihe von Faktoren bekannt. Zu den wichtigsten Erfolgsfaktoren zählen:

- Sorgfältige Projektanalyse und Zieldefinition
- Detaillierte Projektplanung vom Groben bis ins Detail
- Strukturierter Ablauf: Einteilung des Projekts in Phasen
- Qualifizierter Projektleiter und geeignetes Projektteam sowie Einsatz adäquater Arbeitsmethoden und Techniken
- Gute Kommunikation und Zusammenarbeit im Projektteam

Die Ausgangssituation des Unternehmens und deren Umfeld muss zunächst sorgfältig analysiert werden. Nur so können Sie beurteilen, ob die Realisierung des Projekts Sinn macht und die angestrebten Ziele realistisch sind.

1.2 Das Ziel

Bei vielen Projekten wird oft einfach ohne Ziel darauf losgearbeitet. Wichtig ist jedoch eine einheitliche Wahrnehmung aller Beteiligten. Damit Sie nicht Gefahr laufen, dass jeder das Ziel anders versteht, sind dessen eindeutige Definition und anschließend die schriftliche Fixierung ein absolutes Muss. Aber gerade in Sachen Zieldefinition tun sich viele Projektverantwortliche schwer. In der Praxis werden Ziele oft nicht richtig formuliert, viel mehr gibt man sich mit einer Wegbeschreibung zufrieden. Hilfreich ist es, die Zieldefinition in einzelne Schritte zu zerlegen und einen Zielkatalog (s. Abb. 1 und Musterlösung **Projektmanagement.xlsm**, Tabelle **Zielkatalog**) einzusetzen:

Projekte erfolgreich planen

- Schritt 1: **Zielideen sammeln**
- Schritt 2: **Zielbeschreibung entwickeln**
- Schritt 3: **Ziele formulieren**
- Schritt 4: **Qualität der Ziele abwägen**
- Schritt 5: **Ziele messbar machen**
- Schritt 6: **Zielkatalog verfassen**

Zielkatalog	Haufe
Projekt	
Projektleiter	
Zielbeschreibung	
Termin	
Teilziele Mussziele Soll-Ziel Kann-Ziele	
Rahmenbedingungen Sonstiges	

Abb. 1: Ein Zielkatalog hilft, bei der schriftlichen Dokumentation von Zielen

Gerechnet wird im Zielkatalog nicht. Die Struktur des Formulars erhält man mithilfe der Rahmenlinien. Diese stehen über die gleichnamige Schaltfläche in der Gruppe Schriftart im Menüband **Start** zur Verfügung. Alternativ setzen Sie die Registerkarte **Rahmen** im Fenster **Zellen formatieren** ein.

> **HINWEIS**
>
> **Störfaktoren**
>
> Genauso wie es Faktoren gibt, die ein Projekt positiv beeinflussen, gibt es Störfaktoren, die sich negativ auf ein Projekt auswirken. Die häufigsten Störfaktoren sind Konflikte und Zieländerungen. Diese Faktoren gilt es auszuschalten.

2 Projekte umsetzen

In der Umsetzungsphase geht es darum das Projekt zu untergliedern, Strukturen und Abläufe zu planen sowie Termine festzusetzen. Das Projekt wird in Teilprojekte und Arbeitspakete zerlegt. Auch für diesen Schritt stellen wir Ihnen verschiedene Tools und Arbeitshilfen zur Verfügung. Darunter befinden sich auch Baukästen, mit deren Hilfe Sie Pläne für Projekte unterschiedlichster Art erstellen können.

2.1 Der Projektstrukturplan

Im **Projektstrukturplan** legen Sie die Struktur des Projekts fest. Das heißt, Sie zerlegen das Komplettpaket in kleinere Bausteine, zunächst in Teilaufgaben bzw. Teilprojekte, dann in sogenannte Arbeitspakete, die als Elemente in der untersten Gliederungsebene zu finden sind. Die folgenden Tabellen der Musterlösung helfen Ihnen bei der Erstellung eines Projektstrukturplans:

- **Teilprojekte** (s. Abb. 2)
- **Arbeitspakete**
- **Baukasten_1**
- **Beispiel**

Sammlung Teilprojekte
Projekt:

Nr.	Bezeichnung	Geschätzter Arbeitsaufwand	Geschätzte Kosten	Ebene

Abb. 2: Sammeln Sie zunächst die Teilprojekte in der gleichnamigen Tabellenmappe

Erste Schätzungen über Arbeitsaufwand (Dauer) und Kosten sollen einen Überblick über die Eckdaten des Projekts verschaffen. In der Spalte **Ebene** geben Sie an, auf welcher Ebene des Projekts sich das Teilobjekt befindet (s. Abb. 3). Diese Angabe wird nur bei komplexen Projekten benötigt.

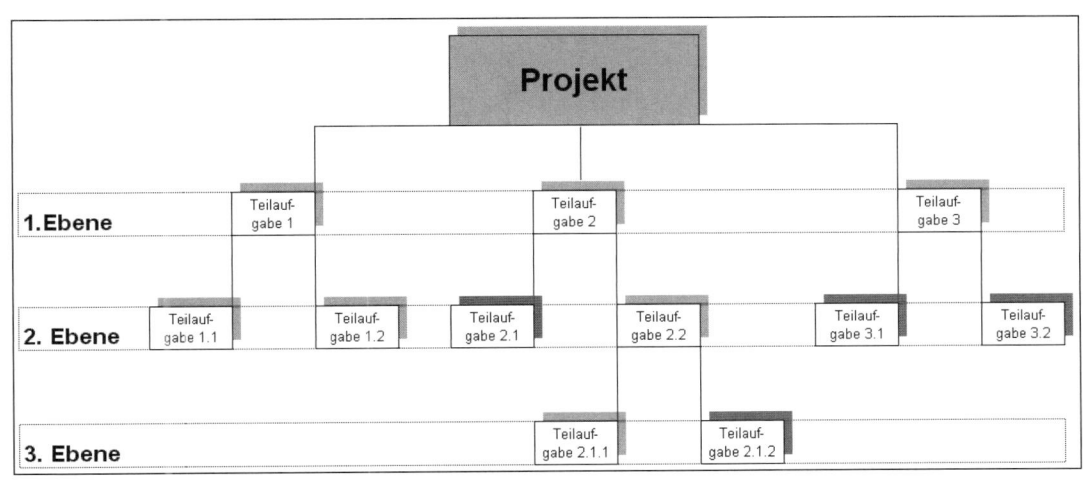

Abb. 3: Eine bessere Übersicht verschafft die Anordnung in unterschiedlichen Ebenen

Aus den **Teilprojekten** bzw. **Teilaufgaben** ergeben sich die **Arbeitspakete**, die Sie in der gleichnamigen Tabelle sammeln können (s. Abb. 4).

Sammlung Arbeitspakete
Projekt:

Nr.	Bezeichnung	Geschätzter Arbeitsaufwand	Geschätzte Kosten

Abb. 4: Die Arbeitspakete werden zunächst in der Übersicht gesammelt

Der Baukasten

Da in der Praxis kein Projekt dem anderen gleicht und damit auch die Strukturpläne unterschiedlich ausfallen, befindet sich kein fertiger Strukturplan in der Musterlösung. Vielmehr haben wir für Sie in der Tabelle **Baukasten_1** einen Baukasten vorbereitet, mit dem Sie einen Strukturplan erstellen können, der individuell auf Ihr Projekt zugeschnitten ist.

Der Baukasten enthält folgende Elemente (s. Abb. 5):

- **Projektelement** (Textfeld mit dem Inhalt Projektbezeichnung)
- 3 Elemente für **Teilaufgaben** (Textfelder mit der Bezeichnung **TA:**)
- 4 Elemente für **Arbeitspakete** (Textfelder mit dem Bezeichnung **AP:**)

Mit dem Baukasten erstellen Sie auf komfortable Weise Ihren individuellen Strukturplan. Beachten Sie dabei folgende Arbeitsanweisungen:

- Überschreiben Sie die vordefinierten Texte der Textfelder mit den gewünschten Texten, also der Bezeichnung der Teilaufgaben und Arbeitspakete.
- Textfelder, die Sie nicht benötigen können Sie mithilfe der **Entf**-Taste löschen.
- Wenn Sie mehr Textfelder für Teilaufgaben oder Arbeitspakete benötigen, als zur Verfügung stehen, können Sie diese kopieren. Alternativ erzeugen Sie weitere Textfelder über die Befehlsfolge **Einfügen** → **Textfeld**. Das Kopieren der Textfelder hat jedoch den Vorteil, dass die Textfelder dann exakt die gleiche Größe und Formatierung haben wie die bereits vorhandenen Textfelder.
- Die einzelnen Elemente ziehen Sie mit gedrückter linker Maustaste an die gewünschte Position im Arbeitsblatt.
- Verbindungslinien erzeugen Sie über die Befehlsfolge **Einfügen** → **Form** → **Linie**.

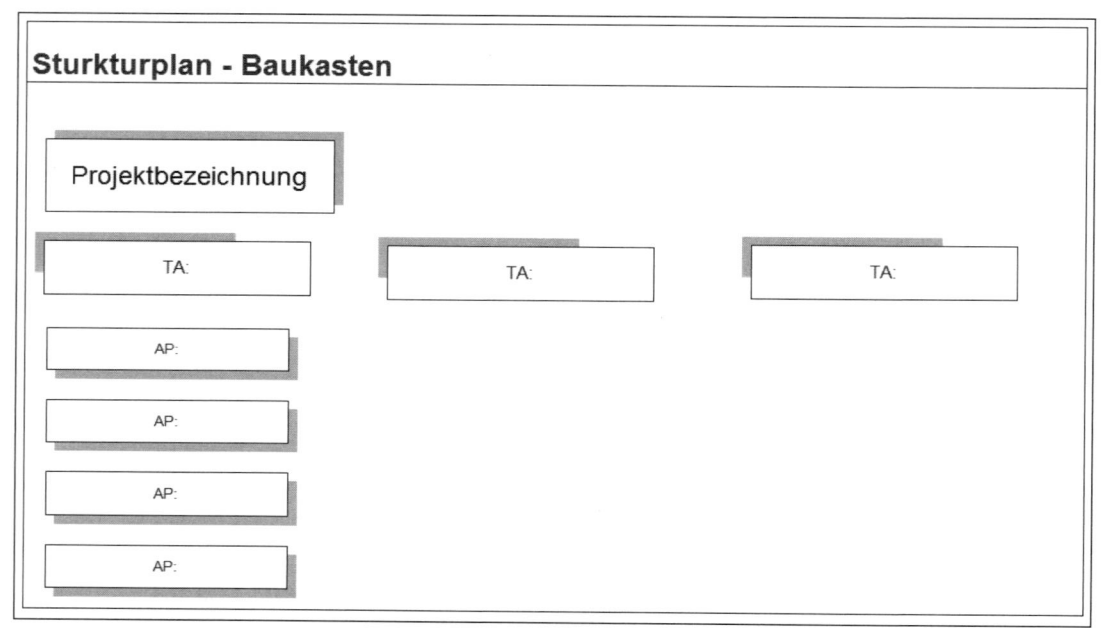

Abb. 5: Schritt für Schritt mit dem Baukasten zum Strukturplan

2.2 Projektablaufplan

Mit einem **Projektablaufplan** bringen Sie die Aktivitäten des Projekts in eine sinnvolle Reigenfolge. Mit den folgenden Arbeitshilfen zum Projektplan können Sie nicht nur eine Arbeitspaketliste erstellen und eine Aufwandschätzung durchführen, sondern Sie können mithilfe eines Baukastens einen individuellen Ablaufplan für Ihr Projekt einrichten. Die Musterlösung stellt hierfür folgende Tabellenarbeitsblätter zur Verfügung:

- **Baukasten_2**
- **Arbeitspaketliste**
- **Aufwandschätzung**

Die Arbeitspaketliste

Die Arbeitspaketliste dient als Grundlage zur Erstellung des Projektablaufplans sowie der Arbeitsaufträge. In dieser Liste werden alle Arbeitspakete aufgelistet (s. Abb. 6):

Arbeitspaketliste

Projekt:

Nr.	Bezeichnung	Vorgänger	Nachfolger	Dauer	Kosten	Anmerkungen

Abb. 6: Diese Informationen sollten Sie in der die Arbeitspaketliste erfassen

Fällt es Ihnen schwer, den Aufwand der einzelnen Arbeitspakete zu schätzen, setzen Sie die Tabelle **Aufwandschätzung** ein (s. Abb. 7).

Aufwandschätzung

Projekt:

Nr.	Bezeichnung	Zeiteinheit	Optimistischer Aufwand	Pessimistischer Aufwand	Wahrscheinlicher Aufwand	Errechneter Aufwand

Abb. 7: Die Tabelle Aufwandschätzung

Füllen Sie alle vorgesehenen Felder für ein Arbeitspaket aus. Die Zeiteinheit für das Arbeitspaket wählen Sie dabei über ein Dropdown-Feld aus (s. Abb. 8):

Zeiteinheit	Optimisterscher Aufwand
Jahr	
Monat	
Woche	
Tag	
Stunde	

Abb. 8: Dropdown-Feld für Zeiteinheiten

Eine Auswahl wie in Abbildung 8 erstellen Sie mithilfe der **Datenüberprüfung** aus dem Register **Daten**.

Die Aufwandsberechnung erfolgt in der Spalte **Errechneter Aufwand** nach der folgenden Formel, die sich in der Praxis bewährt hat:

Aufwand = (Optimistischer Aufwand + Pessimistischer Aufwand + 4 x Wahrscheinlicher Aufwand)/6

Abbildung 9 zeigt die zugehörige Excel-Formel.

	G6	▼	f_x =((D6+E6)+4*F6)/6				
	A	B		C	D	E	F	G
5	Nr.	Bezeichnung		Zeiteinheit	Opti-misterscher Aufwand	Pessi-misterscher Aufwand	Wahr-schein-licher Aufwand	Errechneter Aufwand
6	17	Auswahl eines geeigneten Systems		Tage	10	20	15	15

Abb. 9: So wird der Aufwand berechnet

2.3 Der Projektterminplan

In einem **Projektterminplan** schätzen oder berechnen Sie die Dauer der einzelnen Arbeitspakete. Die Werte werden zum Starttermin addiert und ergeben den geplanten Fertigstellungszeitpunkt. Die endgültige Dauer bis zur Fertigstellung des Teilprojekts wird dann wie folgt ermittelt:

Dauer = Dauer in Tagen / Anzahl Personen x Prozentualer Anteil x Zuschlagsfaktor

Die Formel erklärt sich wie folgt: Werden mehrere Personen mit der Erledigung eines Teilprojekts betraut, kann die Gesamtdauer auf diese Beschäftigten umgelegt werden.

In der Regel verhält es sich aber so, dass sich die Projektmitglieder nicht zu 100 % einem Projekt widmen können, sondern für jeden nur ein bestimmter Prozentsatz der täglichen Arbeitszeit zur Verfügung steht. Darüber hinaus ist es in der Regel sinnvoll, auch noch einen Zuschlagsfaktor für Nebentätigkeiten einzukalkulieren.

Die Musterlösung **Projektterminplanung.xlsm** unterstützt Sie bei der kompletten Terminplanung des Projekts. Sie enthält folgende Arbeitsblätter:

- **Teilprojekte** (s. Abb. 10)
- **Projektplanung_TP**
- **Arbeitspakete** (s. Abb. 11)
- **Projektplanung_AP**
- **Feiertage (Auflistung von Feiertagen)**
- **Kalenderwochen**
- **TagesplanungHJ1**
- **TagesplanungHJ2**
- **Mehrjahresplan**

Teilprojekttermine

Projekt: 01.01.2015

Nr.	Bezeichnung	Starttermin	Endtermin
1	Geeignetes System auswählen	01.01.2015	25.02.2015
2	Vorbereitung Formularwesen	10.02.2015	08.04.2015

Abb. 10: In dieser Liste werden die Teilprojekte mit Start- und Endtermin eingetragen

In der Tabelle **Arbeitspakete** werden die Endtermine für die einzelnen Arbeitspakete ermittelt (Abb. 11):

Arbeitspakettermine

Projekt:

Nr.	Bezeichnung	Starttermin	Dauer in Tagen	Anzahl Personen	% Anteil	Zuschlagsfaktor	err. Dauer in Tagen	Endtermin

Abb. 11: Der Endtermin der einzelnen Arbeitspakete wird rechnerisch ermittelt

Unter **Dauer in Tagen** geben Sie an, wie viele Tage die Erledigung eines Arbeitspaketes voraussichtlich in Anspruch nehmen wird.

Die zugehörige Excel-Formel für die errechnete Dauer in Tagen in Zelle **H6** lautet wie folgt:

=WENN(ODER(F6=0;E6=0);0;AUFRUNDEN(D6/F6/E6*(100%+G6);0))

Die errechneten, aufgerundeten Tage werden zum Starttermin addiert. Auf diese Weise ergibt sich unter Einbeziehen der Funktion **ARBEITSTAG()** folgende Formel in **I6** (s. Abb. 12):

=ARBEITSTAG(C6;H6;Feiertage!A5:A17)

Projektmanagement

Starttermin	Dauer in Tagen	Anzahl Personen	% Anteil	Zuschlags-faktor	err. Dauer in Tagen	Endtermin
01.07.2007	50	4	30%	10%	46	03.09.2007

Formel: `=ARBEITSTAG(C6;H6;Feiertage!A5:A17)` (Zelle I6)

Abb. 12: Mit dieser Formel wird der Endtermin ermittelt.

Die Terminkalender

Die Dauer der einzelnen Teilprojekte bzw. Arbeitspakete können Sie in die verschiedenen Excel-Terminpläne eintragen, die Bestandteil der Musterlösung sind. Eine Einteilung in **Kalenderwochen** finden Sie in der Tabelle **Kalenderwochen** (s. Abb. 13).

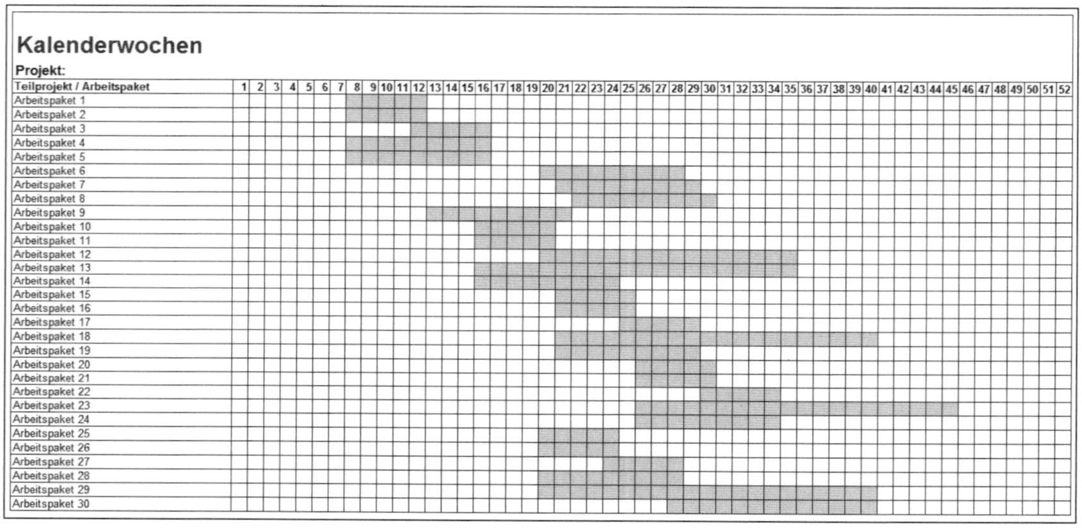

Abb. 13: Die Tabelle Kalenderwochen

In der Tabelle markieren Sie die Zeiträume die das Arbeitspaket belegt und weisen dem zugehörigen Zellbereich mit Hilfe der Schaltfläche **Füllfarbe** im Register **Start** eine Hintergrundfarbe zu.

> **HINWEIS**
>
> **Aufbau der Terminkalender**
>
> Die übrigen Terminkalender sind ähnlich aufgebaut wie die Tabelle **Kalenderwochen**.

2.4 Die Tabelle Projektplanung

Bei der Tabelle **Projektplanung_TP** handelt es sich um ein Diagramm, das automatisch aus den Angaben der Tabelle **Teilprojekte** erstellt wird (s. Abb. 14).

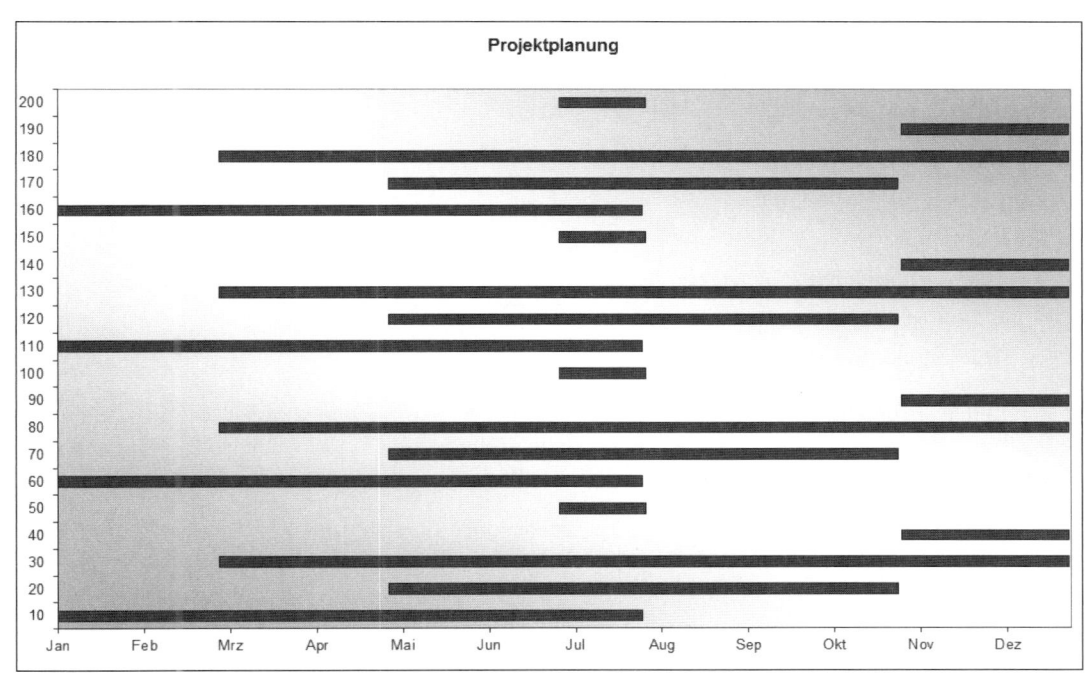

Abb. 14: Die grafische Darstellung der Projektplanung

> **HINWEIS**
>
> **Erstellen von Diagrammen**
>
> Das Erstellen von Diagrammen wird im Beitrag **Perfekt präsentieren: Einfache, pfiffige und dynamische Diagramme** besprochen.

3 Ressourcen planen und Arbeitspakete schnüren

Als nächstes geht es darum, den Arbeitspaketen die personellen und materiellen Ressourcen zuzuordnen. Das erledigen Sie im sogenannten Ressourcenplan, der Ihnen gleichzeitig einen Überblick darüber verschafft, ob Mittel in ausreichendem Maße zur Verfügung stehen oder ob Bedarf besteht, um weitere Mittel zu kämpfen.

Bei den **personellen Ressourcen** unterscheidet man zwischen diesen beiden Kategorien:

- Interne Mitarbeiter, Beschäftigte im Unternehmen, deren Kosten durch Löhne und Gehälter abgedeckt werden.
- Externe Mitarbeiter, die im Kostenplan zu berücksichtigen sind. Sie können mit der Musterlösung als Arbeitshilfen wie materielle Arbeitsmittel verwaltet werden.

Die **materiellen Arbeitsmittel**, wie z. B. technische Ausstattungen, sind von Projekt zu Projekt unterschiedlich. Es kann sich um die unterschiedlichsten Dinge handeln, wie beispielsweise Werkzeuge, Computer, Räume, Fahrzeuge oder externe Dienstleister.

Das Tool **Projektressourcenplanung.xlsm** enthält folgende Tabellenarbeitsblätter:

- **Arbeitspaketeplan**
- **Arbeitshilfenplan**
- **Mitarbeiterplan**
- **Zuordnung_AP_Mitarbeiter**
- **Zuordnung_AP_Arbeitshilfen**
- **Personalabgleich**
- **Arbeitshilfenabgleich**

3.1 Arbeitspaketplan

In der Tabelle **Arbeitspaketeplan** werden die benötigten Mann-Stunden sowie erforderlichen Arbeitshilfen aufgelistet. Dort können Sie in das Tabellengrundgerüst eintragen, wie viele Stunden bzw. welche Arbeitshilfen Sie in welchem Umfang für das Projekt benötigen (s. Abb. 15).

Ressourcenbedarf Arbeitspakete Arbeitspaket hinzufügen

Projekt: Einführung eines Travel-Management-Systems

Paket Nr	Name	Mann Stunden	Arbeitshilfe 1	Arbeitshilfe 2	Arbeitshilfe 3	Arbeitshilfe 4	Arbeitshilfe 5	Arbeitshilfe 6
	Arbeitspaket 1							
	Arbeitspaket 2							
	Arbeitspaket 3							
	Arbeitspaket 4							
	Arbeitspaket 5							
	Arbeitspaket 6							
	Arbeitspaket 7							
	Arbeitspaket 8							
	Arbeitspaket 9							
	Arbeitspaket 10							
	Arbeitspaket 11							
	Arbeitspaket 12							
	Arbeitspaket 13							
	Arbeitspaket 14							
	Arbeitspaket 15							
	Arbeitspaket 16							
	Arbeitspaket 17							
	Arbeitspaket 18							
	Arbeitspaket 19							
	Arbeitspaket 20							
	Arbeitspaket 21							
	Arbeitspaket 22							
	Arbeitspaket 23							
	Arbeitspaket 24							
	Arbeitspaket 25							
	Arbeitspaket 26							
	Arbeitspaket 27							
	Arbeitspaket 28							
	Arbeitspaket 29							
	Arbeitspaket 30							
	Gesamt							

Abb. 15: Hier wird der Ressourcenbedarf für die einzelnen Arbeitspakete festgehalten

Bei Bedarf fügen Sie durch einen Klick auf die Schaltfläche **Arbeitspaket hinzufügen** eine oder mehrere Zeilen ein. Das ist möglich, da die Schaltfläche mit einem Makro verbunden ist. Mehr zum Thema Makros erfahren Sie im Beitrag **Prozesse automatisieren mit VBA: Steigern Sie Ihre Effektivität mit Makros.**

3.2 Der Arbeitshilfenplan

Unter **Arbeitshilfen** verstehen wir in diesem Zusammenhang Arbeitshilfen jeglicher Art. Dabei kann es sich sowohl um externe Mitarbeiter als auch um Zugriff auf Materialien wie Literatur, Fahrzeuge, Werkzeuge usw. handeln (s. Abb. 16). Auch die Tabelle **Arbeitshilfenplan** können Sie bequem per Mausklick über die Schaltfläche **Arbeitshilfe hinzufügen** erweitern.

Ressourcenplan Arbeitshilfen

Projekt:			Arbeitshilfe hinzufügen	
Pers-Nr.	Name	Gesamtbedarf in Stunden	Gesamtbedarf Sonstiges	Einheit
	Arbeitshilfe 1		8	
	Arbeitshilfe 2		8	
	Arbeitshilfe 3		4	
	Arbeitshilfe 4		8	
	Arbeitshilfe 5		8	
	Arbeitshilfe 6		8	
	Arbeitshilfe 7		8	
	Arbeitshilfe 8		8	
	Arbeitshilfe 9		8	
	Arbeitshilfe 10		8	
	Arbeitshilfe 11		8	
	Arbeitshilfe 12		8	
	Arbeitshilfe 13		8	
	Arbeitshilfe 14		4	
	Arbeitshilfe 15		6	
Gesamt			0	

Abb. 16: Hier planen Sie die Arbeitshilfen in Stunden und bei Bedarf in weiteren Einheiten

3.3 Die Mitarbeiterplanung

Die Tabelle **Mitarbeiterplan** ist im Vergleich zu den beiden vorangegangenen Tabellen komplexer aufgebaut. Dort haben Sie die Möglichkeit, die Mitarbeiter, die im Projekt zur Verfügung stehen, genau zu verplanen (s. Abb. 17).

Ressourcenplan Mitarbeiter

Projekt:	Einführung eines Travel-Management-System										
Pers-Nr.	Name	tägliche Beschäftigungs- zeit	Projekt- anteil	täglich zur Verfügung stehende Zeit	Zeitraum von	Zeitraum bis	Arbeits- tage	Urlaubs- tage im Zeitraum	Sonstige Fehlzeiten	Netto- tage	Netto- stunden
1212	Frieda Müller	8	50%	4	01.07.2015	31.12.2015	131	15	10	106	424
1313	Anton Schmitz	7,5	75%	5,625	01.08.2015	15.11.2015	75	10	10	55	309
1982	Max Grün	8	80%	6,4	15.06.2015	31.12.2015	143	20	10	113	723

Abb. 17: In dieser Tabelle wird der Stundenbedarf Schritt für Schritt hergeleitet

Damit Sie stets einen aktuellen Überblick haben, bearbeiten Sie diese Tabelle wie folgt:

Mitarbeiter verplanen

1 Tragen Sie zunächst die **Pers.-Nr.**, der **Namen** des Projektmitarbeiters sowie dessen **tägliche Beschäftigungszeit** in die Tabelle ein.

2 Die Teammitglieder eines Projekts stehen in der Regel nicht während des gesamten Projektzeitraums zu 100 % ihrer täglichen Arbeitszeit zur Verfügung. Aus diesem Grunde erfassen Sie den prozentualen Anteil der im Schnitt täglich für die Projektarbeit zur Verfügung steht, in der Spalte **Projektanteil**.

3 Das Tool ermittelt automatisch die **täglich zur Verfügung stehende Zeit** als Produkt aus täglicher Beschäftigungszeit und dem prozentualen Projektanteil.

4 In den beiden folgenden Spalten werden die Stichtage erfasst, für die die Projektmitarbeiter zur Verfügung stehen. Die Termine **Zeitraum von** und **Zeitraum bis** können vom Projektstart- und Projektendetermin abweichen.

5 In der Spalte **Arbeitstage** zeigt das Tool die für den Zeitraum zur Verfügung stehenden Nettoarbeitstage an. Dabei werden nur die Wochentage abzüglich evtl. in den Zeitraum fallende Feiertage berücksichtigt.

6 Für den Fall, dass ein Projektmitarbeiter im Projektverlauf Urlaub nimmt, erfassen Sie die entsprechenden Daten in der Spalte **Urlaubstage im Zeitraum**.

7 Möglicherweise steht der Mitarbeiter an weiteren Arbeitstagen aus anderen Gründen nicht zur Verfügung. Diese erfassen Sie in der dafür vorgesehenen Spalte **Sonstige Fehlzeiten**.

8 Die **Nettotage** ermittelt die Musterlösung ebenfalls automatisch. Sie ergeben sich aus den Arbeitstagen abzüglich der Urlaubstage und der sonstigen Fehlzeiten.

9 In der Spalte **Nettostunden** weist das Tool die Nettoarbeitsstunden als Produkt von Nettotagen und der täglich zur Verfügung stehenden Zeit aus.

> **HINWEIS**
>
> **Die Funktion Nettoarbeitstage**
>
> Zur Ressourcenplanung der Mitarbeiter wird mit der Funktion NETTOARBEITSTAGE() gearbeitet. Diese Funktion liefert die Anzahl ganzer Arbeitstage zwischen einem Ausgangsdatum und einem Enddatum. Wochenenden werden automatisch abgezogen, ebenso die Tage, die in Sie in einem ausgewählten Tabellenbereich als Feiertage angeben Die exakte Syntax der Funktion lautet: **NETTOARBEITSTAGE(Ausgangsdatum;Enddatum;Freie_Tage)**

3.4 Zuordnung von Mitarbeitern zu den einzelnen Arbeitspaketen

Die Tabellen **Zuordnung_AP_Mitarbeiter** und **Zuordnung_AP_Arbeitshilfen** sind identisch aufgebaut. Sie zeigen die Zuordnung von Mitarbeitern zu den einzelnen Arbeitspaketen (s. Abb. 18).

Nr.	Bezeichnung	Mitarbeiter 1	Mitarbeiter 2	Mitarbeiter 3	Mitarbeiter 4	Mitarbeiter 5	Mitarbeiter 6	Mitarbeiter 7	Mitarbeiter 8	Mitarbeiter 9	Mitarbeiter 10	Mitarbeiter 11	Mitarbeiter 12	Mitarbeiter 13	Mitarbeiter 14	Mitarbeiter 15	Anzahl Mitarbeiter
	Arbeitspaket 1	x															1
	Arbeitspaket 2		x	x													2
	Arbeitspaket 3	x															1
	Arbeitspaket 4				x												1
	Arbeitspaket 5					x											1
	Arbeitspaket 6						x										1
	Arbeitspaket 7						x	x	x	x	x						5
	Arbeitspaket 8				x												1
	Arbeitspaket 9												x				1
	Arbeitspaket 10														x		1

Abb. 18: Diese Übersicht ordnet den Arbeitspakten Mitarbeiter zu

In der letzten Spalte dieser Tabelle wird ausgewiesen, wie viele Mitarbeiter an einem Arbeitspaket beteiligt sind bzw. wie viele Arbeitshilfen benötigt werden. Dazu wird mit der Funktion ZÄHLENWENN() gearbeitet. Die Formel in **R6** lautet:

=ZÄHLENWENN(C6:Q6;"x")

Damit ZÄHLENWENN() korrekte Ergebnisse ausweist, ist es wichtig, dass Sie die Zuordnung von Mitarbeitern zu Arbeitspaketen mit einem „x" kennzeichnen.

Sie können die Zuordnungstabellen übrigens beliebig um weitere Spalten bzw. Zeilen erweitern.

Ressourcenabgleich von Projektmitarbeitern und Arbeitshilfen

Nachdem Sie festgelegt haben, wie viele Ressourcen benötigt werden und wie viele Ressourcen letztendlich zur Verfügung stehen, kann ein Ressourcenabgleich gestartet werden. Die Auswertungen zeigen die Tabellen **Personalabgleich** und **Arbeitshilfenabgleich** (s. Abb. 19 und 20).

Während in der Tabelle **Personalabgleich** alle Informationen aus den bereits vorhandenen Tabellenarbeitsblättern mit Hilfe von Formeln übernommen werden, müssen Sie in der Tabelle **Arbeitshilfenabgleich** die Ist-Daten noch manuell erfassen.

Ressourcenabgleich Projektmitarbeiter auf Stundenbasis

Projekt:	Einführung eines Travel-Management-Systems
Stundenbedarf interner Projektmitarbeiter	2500
Vorhandene Ressourcen Projektmitarbeiter	2080
Differenz	-420

Abb. 19: Diese Tabelle zeigt, ob die personellen Ressourcen ausreichen

Ressourcenabgleich Arbeitshilfen auf Stundenbasis

Projekt:	Einführung eines Travel-Management-Systems		
Bezeichnung	Soll	Ist	Differenz
Arbeitshilfe 1	50	20	-30,00
Arbeitshilfe 2	60	60	
Arbeitshilfe 3	100	95	-5,00
Arbeitshilfe 4	30	28	-2,00
Arbeitshilfe 5	45	40	-5,00

Abb. 20: Stundenabgleich für materielle Ressourcen

Da in den Abgleichtabellen in erster Linie Grundrechenarten eingesetzt werden, wird an dieser Stelle nicht weiter auf die Formeln eingegangen.

4 Projektkosten planen

Häufig fallen in Projekten die Kosten deutlich höher aus als ursprünglich angenommen. Deshalb ist es wichtig, die Kostenplanung systematisch anzugehen und bereits im Vorfeld potenzielles Kostenfallen zu erkennen und zu eliminieren. Dabei sollten Sie auch die normal üblichen Kostensteigerungen während eines Projektzyklus nicht außer Acht lassen.

4.1 Die finanzielle Belastung abschätzen

Für jedes Projekt gibt es ein Budget. Eine Aussage darüber, ob dieses Budget realistisch ist, ermöglicht letztendlich die Kostenplanung, die so detailliert wie möglich durchgeführt werden sollte. Dabei gilt es zunächst einmal Übersicht zu schaffen und den Wust der anfallenden Kostenfaktoren zu strukturieren, so dass der Plan zu späteren Soll-/Istvergleichen herangezogen werden kann.

Natürlich kann sich niemand vor den normalen Kostensteigerungen schützen, die vor allem bei längerfristigen Projekten anfallen. Deshalb sollten Sie sich einen Puffer durch ein Position Sonstiges bzw. Unvorhergesehenes schaffen.

Ausgangspunkt der Kostenplanung sind die fertig gestellten Arbeitspakete. Die Kosten der untersten Ebene des Gesamtprojekts werden dann in einem Gesamtplan verdichtet. Für jedes Arbeitspaket sind die Kostenarten aus Abbildung 21 vorgesehen:

Kostenart	Ressourcenart	Menge	Einheit	Einzelpreis	Gesamtpreis
Personalkosten	Unternehmensberater	25	Std.	75,00 €	1.875,00 €
Materialkosten	Software	5	Stück	950,00 €	4.750,00 €
Werkzeugkosten					
Schulungskosten	Seminar	3		750,00 €	2.250,00 €
Sonstige Kosten					
Gesamt					8.875,00 €

Abb. 21: Mithilfe dieses Schemas können Sie die Kosten pro Arbeitspaket ermitteln

Zum Schluss müssen Sie nur noch die geplanten Kosten der einzelnen Arbeitspakete zusammenrechnen und schon steht der Kostenplan. Was auf den ersten Blick recht einfach erscheint, hat in der Praxis allerdings so seine Tücken.

Wenn der Plan nicht passt, ergeben sich Abweichungen. In der Mathematik ist die Abweichung eine statistische Kenngröße. In der Regel wird mit **absoluter Abweichung und relativer Abweichung.**

Die **absolute Abweichung** ist die Differenz von Soll- und Istzahlen bzw. ursprünglichen Planzahlen und angepassten Planzahlen. Angenommen Sie haben Plankosten in Höhe von 10.000 EUR prognostiziert, tatsächlich fallen Ausgaben von 9.500 EUR an. Daraus ergibt sich eine positive Abweichung von 500 EUR. Liegen die Plankosten beispielsweise bei 5.000 EUR, die Istkosten bei 6.000 EUR wird eine negative Abweichung von 1.000 EUR ausgewiesen.

Die **relative Abweichung** entspricht der prozentualen Abweichung, also die Abweichung bezogen auf 100 Einheiten. Für Plankosten in Höhe von 10.000 EUR und einer Abweichung von 500 EUR entspricht das einer relativen Abweichung von 5 %.

In der Praxis zeigt sich immer wieder: Es ergeben sich Änderungen im Kostenplan. Die notwendigen Anpassungen können unterschiedliche Ursachen haben, preis- oder mengenbedingt sein. Egal, aus welchem Grund Abweichungen auftreten: Sie sollten in jedem Fall die Planwerte immer wieder anpassen. Optimal ist es, Planänderungen bereits in den Planformularen vorzusehen.

Die Musterlösung **Projektkostenplanung.xlsm** soll Ihnen bei der Feststellung und Überwachung der Planzahlen helfen. Sie beinhaltet folgende Tabellenarbeitsblätter:

- **Arbeitspaketkosten**
- **Kostenplan**
- **Formular** (Verdeckte Tabelle **Arbeitspaketkosten** zu Vervielfältigungszwecken)

4.2 Die Tabelle Arbeitspaketkosten

Die Tabelle **Arbeitspaketkosten** ermöglicht die Planung unterschiedlicher Kostenarten und Ressourcen. Die Tabelle setzt sich zusammen aus einem **Ursprungsplan** (s. Abb. 22) und einem **angepassten Plan**. Die Daten aus dem Ursprungsplan werden automatisch mit Hilfe von Formeln in den angepassten Plan übernommen, so dass Eintragungen in den angepassten Plan nur an den Positionen notwendig sind, in denen sich tatsächlich etwas ändert.

Planung Arbeitspaketkosten					
Projektbezeichnung:					
Einführung Travelmanagement					
Arbeitspaketbezeichnung:				Arbeitspaket-Nr.	
Softwarebeschaffung					
		\multicolumn{4}{c}{Ursprungsplan}	
Kostenart	Ressourcenart	Menge	Einheit	Einzelpreis	Gesamtpreis
Personalkosten	Unternehmensberater				
Materialkosten	Software				
Werkzeugkosten					
Schulungskosten	Seminar				
Sonstige Kosten					
Gesamt					

Abb. 22: Schema zur Planung von Arbeitspaketkosten

Um die Projekt- und Arbeitspaketdaten mit der Musterlösung zu erfassen, führen Sie folgende Arbeitsschritte durch:

Projektkosten zusammenstellen

1 Erfassen Sie zunächst die Projekt- und Arbeitspaketdaten. Anschließend tragen Sie die zu planenden Ressourcen in den entsprechenden Rubriken der Kostenarten ein. Es ist nicht zwingend erforderlich, jede Kostenart zu planen.

2 Im nächsten Schritt geben Sie **Menge**, **Einheit** und **Einzelpreis** für jede zu planenden Ressource ein.

3 Der **Gesamtpreis** wird automatisch mit Hilfe einer Formel ermittelt. Das gilt auch für die Gesamtkosten des Projekts.

4 Sollten sich im Verlaufe des Projekts Änderungen ergeben, überschreiben Sie den entsprechenden Wert im Bereich **Angepasster Plan**. Abweichungen zwischen angepasstem Plan und Ursprungsplan werden automatisch in der Spalte **Abweichungen** ausgewiesen.

4.3 Der Kostenplan zur Ermittlung der gesamten Projektkosten

Die Plandaten der Arbeitspakete werden in einem Gesamtplan in der Tabelle **Kostenplan** verdichtet (s. Abb. 23). Um den Arbeitsaufwand so gering wie möglich zu halten, werden nur die Gesamtwerte gesammelt. Das bedeutet, die einzelnen Kostenarten werden an dieser Stelle nicht erfasst.

Theoretisch wäre es natürlich auch möglich, die einzelnen Kostenarten in den Kostenplan zu integrieren. Das würde den Verwaltungsaufwand aber unnötig erhöhen und darüber hinaus zu Lasten der Übersicht gehen. Deshalb haben wir in der Musterlösung darauf verzichtet.

Planung Projektkosten

Projektbezeichnung:

Arbeitspaket Nr.	Arbeitspaket-Bezeichnung	ursprüngliche Plankosten	Anteil an den Gesamtkosten	angepasste Plankosten	Anteil an den Gesamtkosten	absolute Abweichung	relative Abweichung
Gesamt							

Abb. 23: Im Kostenplan werden die gesamten Plankosten der einzelnen Arbeitspakete verdichtet

Um die Gesamtkosten für das Projekt in der Tabelle **Kostenplan** zu ermitteln, benötigen Sie sämtliche Spalten der Tabelle. Eingaben müssen Sie aber nur in den **Spalten Arbeitspaket-Nr., Arbeitspaket-Bezeichnung, ursprüngliche Plankosten** und ausschließlich im Fall von Änderungen in der Spalte **angepasste Plankosten** vornehmen. Die übrigen Werte werden automatisch vom Tool ermittelt.

Die Musterlösung sieht standardmäßig die Verwaltung von 30 Arbeitspaketen vor. Wenn Sie weitere Arbeitspakete verwalten möchten, klicken Sie auf die Schaltfläche **Zeile einfügen**. Daraufhin wird makrogesteuert eine weitere Zeile eingefügt.

5 Projekte steuern und dokumentieren

Die Vorbereitungsarbeiten sind abgeschlossen, die Arbeit am Projekt selbst kann damit starten. Jetzt heißt es in vielen kleinen Schritt zum Ziel zu kommen.

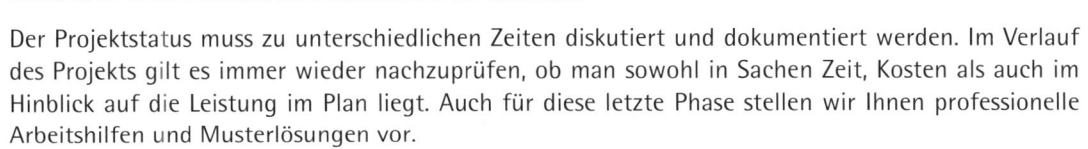

Der Projektstatus muss zu unterschiedlichen Zeiten diskutiert und dokumentiert werden. Im Verlauf des Projekts gilt es immer wieder nachzuprüfen, ob man sowohl in Sachen Zeit, Kosten als auch im Hinblick auf die Leistung im Plan liegt. Auch für diese letzte Phase stellen wir Ihnen professionelle Arbeitshilfen und Musterlösungen vor.

5.1 Projektcontrolling mit Hilfe von Soll-/Ist-Vergleichen

Im Rahmen der Steuerung von Projekten geht es unter anderem darum, allgemeine Managementmethoden, die Führungskräfte allgemein benutzen, einzusetzen. Dabei kann die Tabellenkalkulation wenig helfen. Zur Steuerung gehört aber auch der Einsatz von Controllinginstrumenten. In diesem Zusammenhang sprechen wir von **Projektcontrolling**.

> **HINWEIS**
>
> **Projektcontrolling**
>
> **Projektcontrolling** ist ein Planungs-, Steuerungs- und Kontrollsystem im Projektmanagement. Hierbei werden u. a. Planansätze den tatsächlich erreichten Istwerten gegenübergestellt.

Mit Hilfe des **Soll-/Ist-Vergleichs** können Korrekturmaßnahmen eingeleitet und durchgeführt, Engpässe rechtzeitig erkannt und beseitigt werden. Im Rahmen einer Ursachenforschung werden die Abweichungen analysiert und gegebenenfalls daraus resultierende notwendige Maßnahmen eingeleitet, um weitere Differenzen zwischen Soll und Ist zu verhindern.

Bei der Datei **Projektkostenvergleich.xlsm** handelt es sich um eine Erweiterung des **Kostenplans**. Die Bereiche **Ursprünglicher Plan** und **Angepasster Plan** werden um den Bereich **Ist** erweitert. Die Spalten **Menge, Einheit, Einzelpreis** und **Gesamtpreis** der ursprünglichen Planungstabelle werden beibehalten; zusätzlich werden die folgenden Abweichungen ausgewiesen:

- Abweichungen Ursprungsplan
- Abweichung angepasster Plan

Auch im Soll-Ist-Vergleich gibt es die Möglichkeit, die Tabelle **Arbeitspaket** mit einem Klick auf die Schaltfläche **Neuen Soll-/Ist-Vergleich anlegen** zu vervielfältigen (s. Abb. 24).

Soll-Ist-Vergleich-Arbeitspaket		Neuen Soll-Ist-Vergleich anlegen.			
Projektbezeichnung:					
Arbeitspaketbezeichnung:				Arbeitspaket-Nr.	
		\multicolumn{4}{c}{Ursprungsplan}			
Kostenart	Ressourcenart	Menge	Einheit	Einzelpreis	Gesamtpreis
Personalkosten					
Materialkosten					
Werkzeugkosten					
Schulungskosten					
Sonstige Kosten					

Abb. 24: Den Soll-/Ist-Vergleich können Sie über die Schaltfläche „Neuen Soll-Ist-Vergleich anlegen" vervielfältigen

Die Tabelle **Gesamtprojekt** der Kostenplanung wurde ebenfalls angepasst. Hier wird zusätzlich mit relativen Abweichungen gearbeitet (s. Abb. 25):

Soll-Ist-Vergleich Projektkosten											
Projektbezeichnung:											
Arbeits-paket Nr.	Arbeitspaket-Bezeichnung	ursprüngliche Plankosten	Anteil an den Gesamtkosten	angepasste Plankosten	Anteil an den Gesamtkosten	absolute Abweichung	relative Abweichung	Istkosten	Anteil an den Gesamtkosten	absolute Abweichung Ursprungsplan	relative Abweichung Ursprungsplan

Abb. 25: Auszug aus dem Soll-Ist-Vergleich des Gesamtprojekts

Relative Abweichungen werden in den Ampelfarben rot, gelb und grün dargestellt. Auf diese Weise wird auf den ersten Blick deutlich: Alle rot gekennzeichneten Zahlen sind nicht im Rahmen. Hier muss nachgehakt werden. Gelb bedeutet Achtung. Alle grünen Abweichungen sind unbedenklich. Die Werte werden dabei wie folgt gekennzeichnet:

- **Rot**: Abweichungen größer 25 %.
- **Gelb**: Abweichungen zwischen 10 % und 25 %.
- **Grün**: Abweichungen unter 10 %.

Eine entsprechende farbliche Kennzeichnung erreichen Sie mithilfe der **Bedingten Formatierung**. Die zugehörige Schaltfläche finden Sie in der Gruppe **Formatvorlagen** im Register **Start**.

5.2 Permanente Terminkontrolle

Nicht nur die Kosten, auch die Termine müssen Sie ständig im Blick haben. Terminüberschreitungen können das Projekt möglicherweise gefährden oder höhere Kosten nach sich ziehen. Terminabweichungen werden in der Regel in Tagen angegeben.

Die Musterlösung **Projektterminabgleich.xlsm** stellt 6 Arbeitsblätter zur Verfügung, davon 2 Tabellenarbeitsblätter und 4 Diagrammblätter:

- **Teilprojekte** (Tabelle)
- **TP_Starttermin** (Diagramm zu Teilprojekte)
- **TP-Endtermin** (Diagramm zu Teilprojekte)
- **Arbeitspakete** (Tabelle)
- **AP_Starttermin** (Diagramm zu Teilprojekte)
- **AP-Endtermin** (Diagramm zu Teilprojekte)

Die Tabellen **Teilprojekte** und **Arbeitspakete** sind identisch aufgebaut (s. Abb. 26).

Teilprojekttermine
Projekt:

Nr.	Bezeichnung	Soll Starttermin	Soll Stichtag	Ist Starttermin	Ist Stichtag	Abweichungen Starttermin	Abweichungen Endtermin
						0	0
						0	0
						0	0
						0	0
						0	0
						0	0
						0	0
						0	0
						0	0
						0	0
						0	0
						0	0
						0	0
						0	0
						0	0
						0	0
						0	0
						0	0
						0	0
						0	0

Abb. 26: Soll-/Ist-Vergleich für Termine

Beide Tabellen arbeiten mit den Bereichen **Soll** und **Ist**, in denen jeweils die Spalten **Starttermin** und **Stichtag** erfasst werden. Die Differenzen werden innerhalb der Tabelle rechnerisch ermittelt. Aus diesen Angaben erstellt das Tool automatisch Diagramme, die sich vom Layout her unterscheiden. Abweichungen vom Startermin zeigt Abbildung 27.

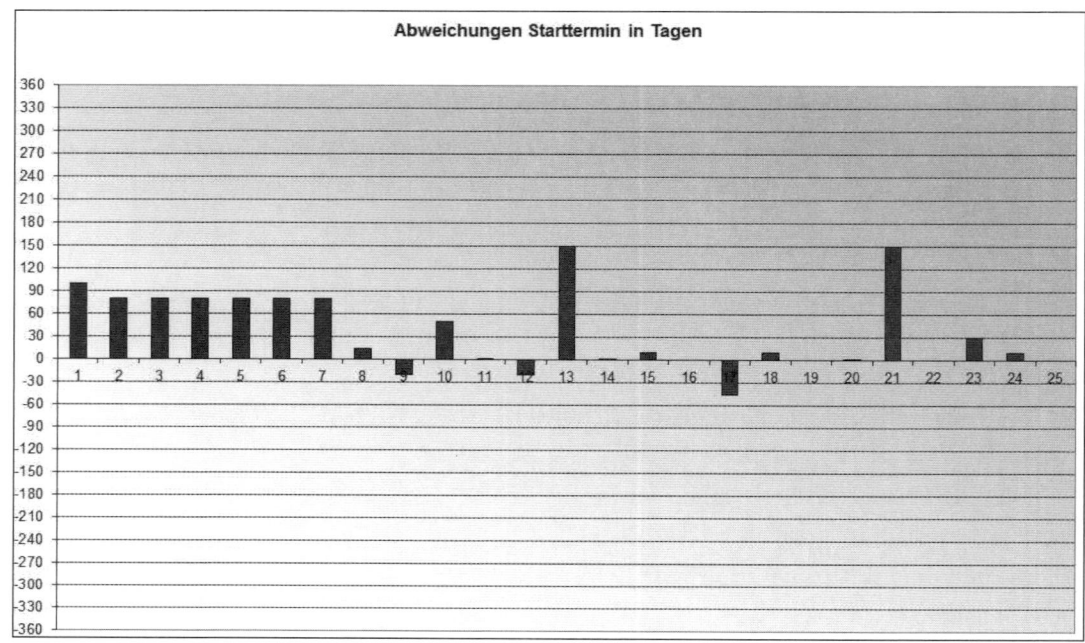

Abb. 27: Darstellung der Terminabweichung als einfaches Säulendiagramm

5.3 Dokumentation und Kommunikation

Kommunikation und ausreichendes Informationsmanagement sind eine weitere wichtige Voraussetzung für ein erfolgreiches Projektmanagement. Deshalb sind regelmäßige Projektmeetings und Besprechungen wichtig. Beachten Sie in diesem Zusammenhang die Checkliste **Projektmeeting** in der Musterlösung **Projektmanagement.xlsm**.

Checkliste Projektmeeting

Projektbezeichnung:
Einführung Travelmanagement

Meeting	Ziele	Teilnehmer	Rhythmus	Bemerkung
Projektstart	Beginn des Projekts	Alle Projektmitarbeiter	einmalig	
Softwareauswahl	Auswahl geeigneter Software	Schulze Meier Schlüter Rot Müller	alle zwei Wochen	
Rechnungslegungsausschuss	Einhaltung von Steuergesetzen	Freitag Führer Schulze Müller	ein mal monatlich	

Abb. 28: Diese Punkte gehören in eine Checkliste für Projektmeetings

Der aktuelle Arbeitsstand des Projekts kann in einem so genannten **Statusbericht** festgehalten werden. Den Statusbericht gibt es auf verschiedenen Ebenen: **Projektstatusbericht, Teilprojektstatusbericht, Arbeitspaketstatusbericht** (s. Abb. 29). Entsprechende Vorlagen finden Sie ebenfalls in der Tabelle **Projektmanagement.xlsm**.

Arbeitspaketstatusbericht	
Projektbezeichnung:	Arbeitspaketbezeichnung:
Datum Projektstart	
Berichtszeitraum	
Verantwortlicher	
Aktivitäten im Bereichtszeitraum	
Aktueller Stand	Bemerkung
Termine	
Kosten	
Leistung / Qualität	
Störfaktoren	
Maßnahmen	
Anlagen	

Abb. 29: Beispiel für einen Arbeitspaketstatusbericht

6 Zusammenfassung

Projektmanagement lässt sich in Excel größtenteils ohne komplexe Formeln umsetzen.

Wichtige **Erfolgsfaktoren** zum Gelingen von Projekten sind:

- Sorgfältige Projektanalyse und exakte Zieldefinition
- Detaillierte Projektplanung vom Groben ins Detail
- Strukturierter Ablauf: Einteilung des Projekts in Phasen
- Einsatz geeigneter Mitarbeiter sowie zweckmäßige Arbeitsmethoden und Techniken
- Gute Kommunikation und Zusammenarbeit

Im Rahmen der Projektsteuerung spielen **Teilpläne** eine große Rolle.

Wichtige Teilpläne in der Projektarbeit sind:

- **Projektstrukturplan**
- **Projektablaufplan**
- **Projektterminplan**

Arbeitspakete stellen die unterste Ebene des Projektstrukturplans dar. Arbeitspakete sollten eine in sich geschlossene Aufgabe und ein eindeutig definierbares Ergebnis sein. Es sollte sich vollständig von einer Person bzw. Gruppe erledigen lassen, so weit wie möglich unabhängig von anderen Arbeitspaketen sowie planbar und kontrollierbar sein.

Im **Ressourcenplan** müssen Sie sowohl **personelle** als auch **materielle** Ressourcen ins Kalkül ziehen. Beachten Sie: Engpässe sind potenzielle Risikofaktoren für das Projekt. Klären Sie den Ressourcenbedarf im Vorfeld.

Die Funktion **NETTOARBEITSTAGE** liefert die Anzahl ganzer Arbeitstage zwischen einem Ausgangsdatum und einem Enddatum.

Ausgangspunkt einer sinnvollen Kostenplanung sind die **Arbeitspakete**. Die Kosten der untersten Ebene des Gesamtprojekts werden dann in einem **Gesamtplan** verdichtet.

Die **Plankosten** einer einzelnen Ressource ergeben sich mit Hilfe folgender Formel:

Menge x Preis je Mengeneinheit = Gesamtpreis

Änderungen in Bezug auf den Kostenplan sollten laufend angepasst werden.

Projektcontrolling ist ein Planungs-, Steuerungs- und Kontrollsystem im Projektmanagement.

Eine Abweichung oder Differenz im Sinne des Soll-/Istvergleichs ist ein Nicht-Erfüllen einer Erwartung oder einer Vorgabe.

Mit Hilfe des **Soll-/Ist-Vergleichs** können Korrekturmaßnahmen eingeleitet und durchgeführt, Engpässe rechtzeitig erkannt und beseitigt werden.

Ampelfarben können Sie mithilfe der bedingten Formatierung einstellen.

Nicht nur die Kosten, auch die Termine müssen Sie bei Projekten ständig im Blick haben. Terminüberschreitungen können das Projekt möglicherweise gefährden oder höhere Kosten nach sich ziehen.

VII. Prozesse automatisieren mit VBA

**Der Computer arbeitet deshalb so schnell,
weil er nicht denkt.**

GABRIEL LAUB
Deutsch-polnischer Schriftsteller
24.10.1928 – 3.2.1998

Makroprogrammierung mit der Makrosprache Visual Basic für Applikationen (VBA) ist kein Zauberwerk und auch für Nicht-Programmierer erlernbar. Die Makrosprache VBA, die in allen Programmen der Office-Familie enthalten ist, bietet die Möglichkeit, Programme zu schreiben, die Routinetätigkeiten auf Knopfdruck abarbeiten.

Prüfen Sie anhand dieser Checkliste, ob Sie den Sprung in die Makroprogrammierung wagen sollten:

- Führen Sie häufig manuelle Arbeiten an Mappen, Tabellen und Diagrammen durch, die oft gleich sind, aber immer viel Zeit kosten?
- Arbeiten Sie mit externen Quellen, zum Beispiel mit Textdatenimporten, oder müssen Sie immer wieder Daten mit Copy & Paste aus unterschiedlichen Listen zusammenstellen?
- Erstellen Sie häufig Tabellenmodelle mit Funktionen wie SVERWEIS und SUMMEWENN oder mit Teilergebnisberechnungen, Filtern und Pivot-Tabellenberichten?

Wenn Sie nur eine dieser Fragen mit Ja beantworten können, wird es wahrscheinlich Zeit für Sie, die Makroprogrammierung mit VBA zu erlernen. Die tägliche Arbeit mit Excel kostet Sie nämlich mehr Zeit als nötig und die Makrosprache kann Ihnen eine Menge zeitlichen Aufwand sparen.

Inhalt	
1 Vorbereitungsarbeiten: Entwicklertools aktivieren	256
2 Einstieg: Makros aufzeichnen	257
3 Makro manuell erfassen	262
4 Makro mit einer Schaltfläche verbinden	268
5 Verzweigungen	269
6 Eingaben mit Hilfe einer For Each...Next Schleife löschen	271
7 Objekte	272
8 Praxisbeispiel: Anrufprotokoll als Telefon-Management-Lösung	275
9 Zusammenfassung	279

Weitere Inhalte auf der CD / Onlineversion	
Daten filtern mit VBA: So erweitern Sie die Möglichkeiten des Datenfilters	HI 7169283
10 Excel-Makros, die Ihnen das Leben leichter machen	HI 3604687
Professionelle Fehlerbehandlung mit den MZ-Tools: So finden Sie schnell den Fehler in Ihren VBA-Makros	HI 5090939

Prozesse automatisieren mit VBA: Steigern Sie Ihre Effektivität mit Makros

Microsoft Excel ist sehr bedienerfreundlich. Deshalb können Sie in Ihrer Tabellenkalkulation viele Dinge per Mausklick erledigen. Dennoch gibt es immer wieder individuelle Situationen, in denen man sich die Abfolge von Arbeitsschritten bzw. die Durchführung von Routinetätigkeiten noch bequemer wünscht.

Dann ist der Einsatz von Makros die richtige Lösung. Mit ihrer Hilfe lassen sich Arbeitsschritte automatisieren. Zum einen können Sie Makros aufzeichnen. Das ist ebenso bequem wie einfach.

Wer fit in Sachen VBA-Code ist, kann Makros manuell erfassen und sogar eigenständige Programme schreiben, die auf Excel aufsetzen.

In diesem Kapitel lernen Sie den Makrorekorder sowie häufig verwendeten VBA-Code kennen. Damit sind Sie in der Lage, häufig wiederkehrende Arbeiten noch effektiver und schneller zu erledigen.

Die Muster- und Beispieldatei **Anrufprotokoll.xlsm** finden Sie unter dem Haufe-Index **7446152**.

1 Vorbereitungsarbeiten: Entwicklertools aktivieren

Um Zugriff auf den Makrorekorder zu haben und bequem mit Makros zu arbeiten, benötigen Sie das Register **Entwicklertools** (s. Abb. 1)

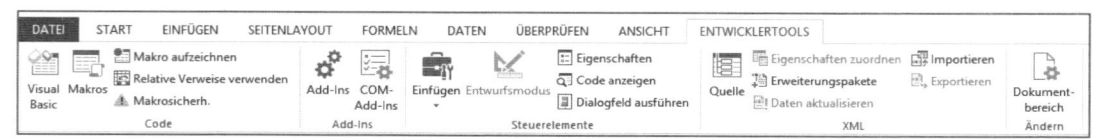

Abb. 1: Das Register Entwicklertools steht standardmäßig nicht zur Verfügung

Für den Fall, dass das Register **Entwicklertools** bei Ihnen nicht zur Verfügung steht, müssen Sie es aktivieren:

Register Entwicklertools aktivieren

1 Wählen Sie **Datei → Optionen → Menüband anpassen**.

2 Haken Sie unter **Hauptregisterkarten** das Kontrollkästchen **Entwicklertools** ab und bestätigen Sie Ihre Einstellung durch einen Klick auf die Schaltfläche **OK** (s. Abb. 2).

Jetzt haben Sie alle Vorbereitungsarbeiten getroffen und können in die Arbeit mit Makros einsteigen.

Makros und VBA 257

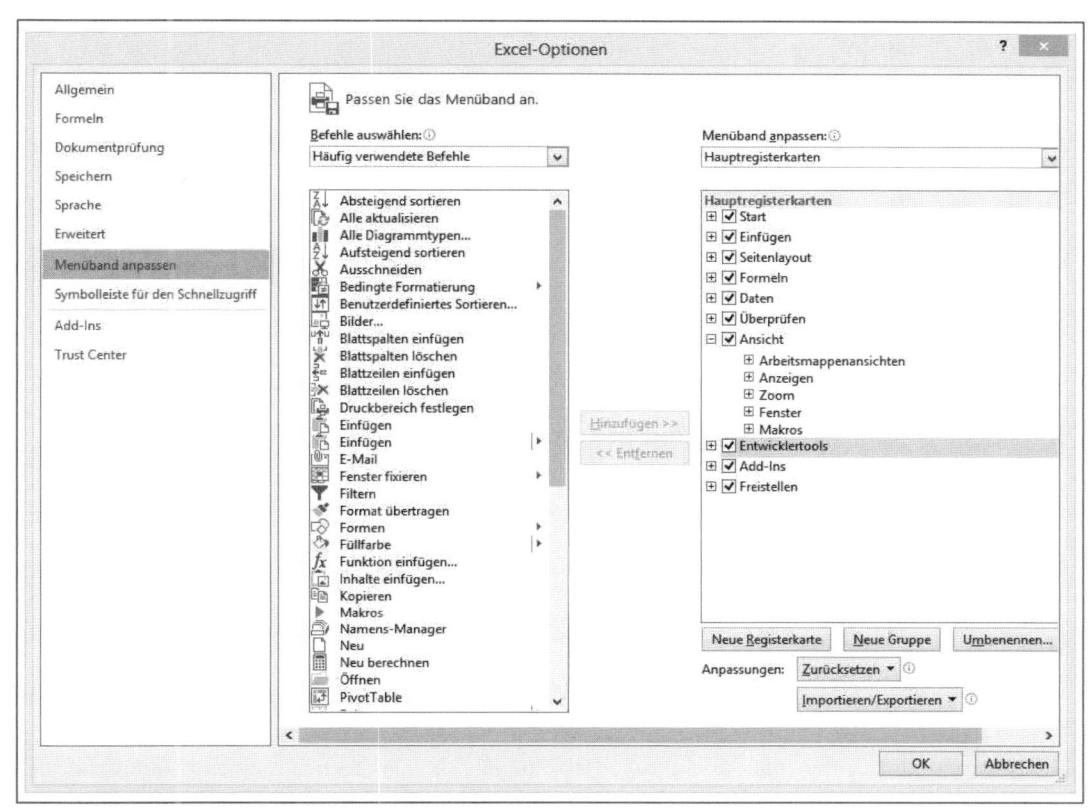

Abb. 2: Hier aktivieren Sie das Register Entwicklertools

2 Einstieg: Makros aufzeichnen

Wie bereits eingangs erwähnt, gibt es unterschiedliche Möglichkeiten, ein Makro zu erfassen. Entweder arbeiten Sie mit dem Makrorekorder oder Sie schreiben den Code selber. Der Vorteil des Makrorekorders besteht darin, dass Sie sich um den Code nicht kümmern müssen. Den zeichnet Excel in Verbindung mit den von Ihnen durchgeführten Arbeitsschritten auf.

Mit Tippfehlern, die zu Fehlermeldungen führen, müssen Sie sich dann nicht herumschlagen. Allerdings werden Sie mit dem Makrorekorder in einigen Situationen schnell an dessen Grenzen stoßen.

Zum Einstieg stellen wir Ihnen die Arbeit mit dem Makrorekorder vor. Anschließend erfahren Sie, wie Sie selber Makros erfassen.

2.1 So arbeiten Sie mit dem Makrorekorder

Die Arbeit mit dem Makrorekorder lernen Sie nachfolgend anhand eines kleinen Beispiels kennen:

Anton Mustermann schreibt häufig immer wiederkehrende Informationen in die Kopf- bzw. Fußzeilen seiner Tabellen, wenn er diese ausdruckt oder an andere Personen weitergibt. Für den Fall, dass er die Tabellen nur für sich verwendet, möchte er auf die Einträge verzichten.

Bei Bedarf sollen folgende Informationen makrogesteuert in der Kopfzeile seiner Tabellen erscheinen:

- Name
- Telefonnummer
- E-Mail-Adresse

Diese Informationen kommen in die Fußzeile:

- aktuelles Datum
- Seite und Gesamtseitenzahl
- Blattname

Der Druck soll in zweifacher Ausfertigung erfolgen.

Da es für Mustermann lästig ist, diese Einstellungen ständig zu wiederholen, soll ein Makro erstellt werden. Dazu kann man für die aktuellen Anforderungen mit dem Makrorekorder arbeiten. Man führt einmalig alle Arbeitsschritte aus, zeichnet diese auf und kann diese später zum Beispiel per Tastenkombination oder Schaltfläche aufrufen.

Einsatz des Makrorekorders

1 Aktivieren Sie das Register **Entwicklertools** und klicken Sie dort im Bereich **Code** auf die Schaltfläche **Makro aufzeichnen**.

2 Sie gelangen in den Dialog **Makro aufzeichnen**. Dort vergeben Sie einen aussagekräftigen Namen für das Makro. Für das Beispiel wird mit dem Namen **Druckvorbereitung** gearbeitet (s. Abb. 3).

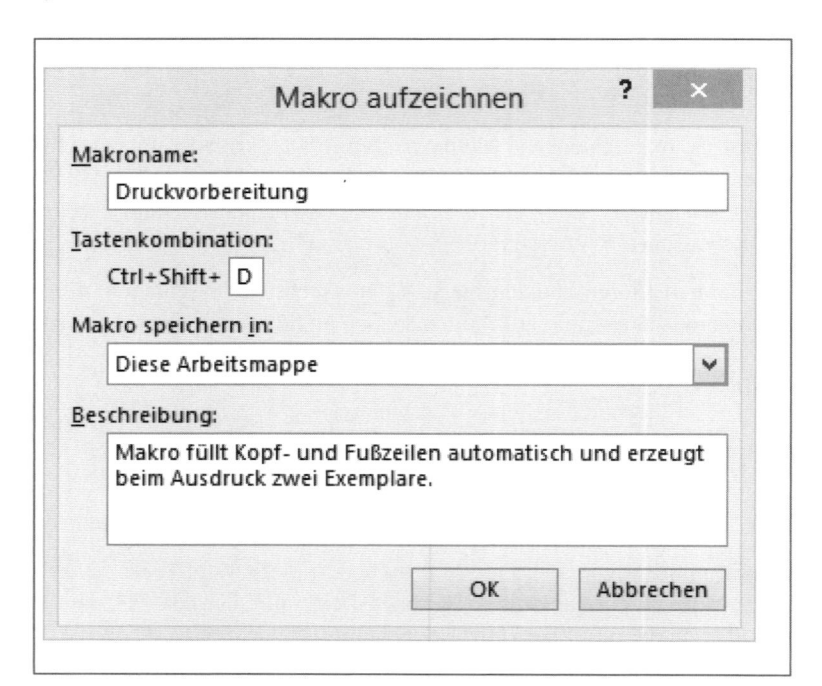

Abb. 3: Im Fenster Makro aufzeichnen sind einige Formalien zu erledigen

3 Um das Makro über eine Tastenkombination aufrufen zu können, vergeben Sie hier ein Kürzel, das zum Makronamen passt, z. B. ein D. Da Excel die Tastenkombination **Ctrl + D** bereits vergeben hat, wird das Kürzel automatisch auf **Ctrl + Shift + D** erweitert.

4 Da das Makro lediglich zur Demonstration dient, sollte es nur in der aktuellen Arbeitsmappe zur Verfügung stehen. Entscheiden Sie sich entsprechend unter **Makro speichern in** für **Diese Arbeitsmappe**.

5 Bei Bedarf können Sie noch einen Kommentar zum Makro abgeben. Oft ist es sinnvoll, kurz zu notieren, welche Aufgaben das Makro übernehmen soll. Für den Fall, dass Sie später Änderungen an dem Makro durchführen müssen, können Sie wichtige Hinweise hinterlassen.

6 Sobald Sie das Fenster über **OK** verlassen haben, beginnt die Aufzeichnung. Nun müssen Sie zunächst alle Arbeitsschritte durchführen, um die Kopf- und Fußzeilen bedarfsgerecht zu füllen. Wichtig ist, dass Sie nur die Schritte ausführen, die Sie tatsächlich für das Makro benötigen, ansonsten werden auch die überflüssigen Eingaben bzw. Aktivitäten aufgezeichnet.

7 Klicken Sie in das Register **Seitenlayout** auf den kleinen Pfeil in der Gruppe **Seite einrichten**. Sie gelangen in das gleichnamige Dialogfeld. Dort aktivieren Sie die Registerkarte **Kopf- und Fußzeile**.

8 Zuerst wird die Kopfzeile eingerichtet. Klicken Sie auf die Schaltfläche **Benutzerdefinierte Kopfzeile,** um in das Fenster Kopfzeile zu **gelangen**.

9 Übernehmen Sie die Eingaben aus Abb. 4. Bestätigen Sie die Eingaben durch einen Klick auf die Schaltfläche **OK**.

Abb. 4: Mit diesen Einstellungen wird im Beispielmakro gearbeitet

10 Kehren Sie zurück in das Fenster **Kopf- und Fußzeile**. Klicken Sie jetzt auf die Schaltfläche **Benutzerdefinierte Fußzeile**.

11 Dort soll im linken Abschnitt das aktuelle Tagesdatum erscheinen (s. Abb. 5). Klicken Sie dazu auf die Schaltfläche **Datum anzeigen**.

12 Im mittleren Abschnitt sollen die Seitenangaben aufgeführt werden. Erfassen Sie den Text „Seite" und klicken Sie anschließend auf die Schaltfläche **Seite einfügen**. Ergänzen Sie den Eintrag durch den Begriff „von" und klicken Sie auf die Schaltfläche zum Einfügen der Gesamtseitenzahl.

13 Im rechten Abschnitt soll der Blattname des jeweiligen Blattregisters erscheinen. Dazu reicht ein Klick auf die Schaltfläche **Blattname einfügen**.

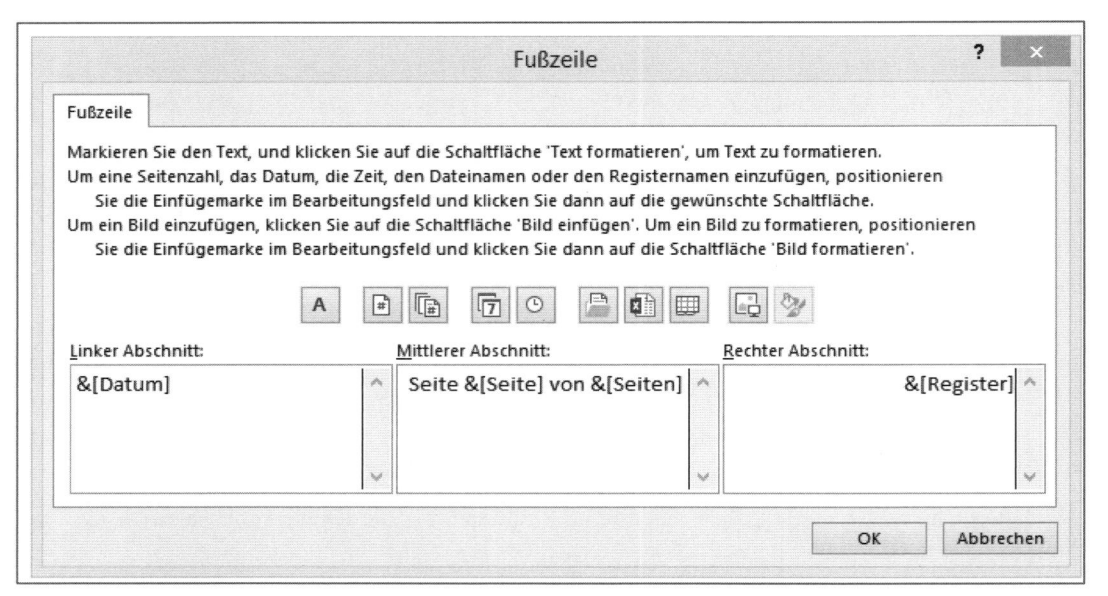

Abb. 5: Diese Angaben sollen im Makro erscheinen

14 Damit sind alle Angaben erfasst. Verlassen Sie das aktuelle und folgende Fenster jeweils durch einen Klick auf die Schaltfläche **OK**.

15 Um zu erreichen, dass der Ausdruck automatisch in zweifacher Ausfertigung erfolgt, wählen Sie **Datei → Drucken**. Geben Sie die Anzahl der zu druckenden Exemplare an (s. Abb. 6) und klicken Sie auf die Schaltfläche **Drucken**.

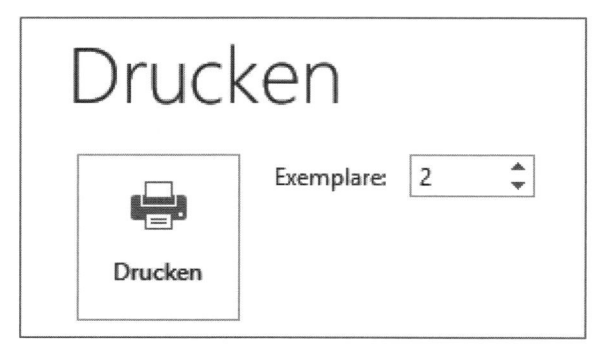

Abb. 6: Auch die Anzahl der zu druckenden Exemplare lässt sich über Makrocode steuern

16 Damit sind alle Arbeitsschritte durch. Beenden Sie die Aufzeichnung des Makros über die Befehlsfolge **Entwicklertools → Aufzeichnung beenden**.

2.2 Der Code

Um den Makrocode einzusehen, aktivieren Sie das Register **Entwicklertools** und klicken dort auf die Schaltfläche **Makros**. Sie gelangen in das gleichnamige Fenster (s. Abb. 7). Dort markieren Sie das Makro und klicken auf **Bearbeiten**.

Abb. 7: Über dieses Fenster können Sie den Makrocode bearbeiten

Sie gelangen in die VBA-Entwicklungsumgebung von Excel (s. Abb. 8). Links sehen Sie den sogenannten Projekt Explorer. Er zeigt die in der Arbeitsmappe vorhandenen Tabellenarbeitsblätter und Module an. Darunter befindet sich das Eigenschaftenfenster. Rechts sehen Sie das Code-Fenster. Dort sehen Sie alle Anweisungen, die das Makro ausführen soll, sprich den Code. In Excel werden die Makros, wie auch in den anderen Office Programmen, in Visual Basic for Applikation, kurz VBA, geschrieben

> **PRAXIS - TIPP**
>
> **Tastenkombination**
>
> Besonders bequem erreichen Sie die VBA-Entwicklungsumgebung mit Hilfe der Tastenkombination **Alt + F11**.

Prozesse automatisieren mit VBA

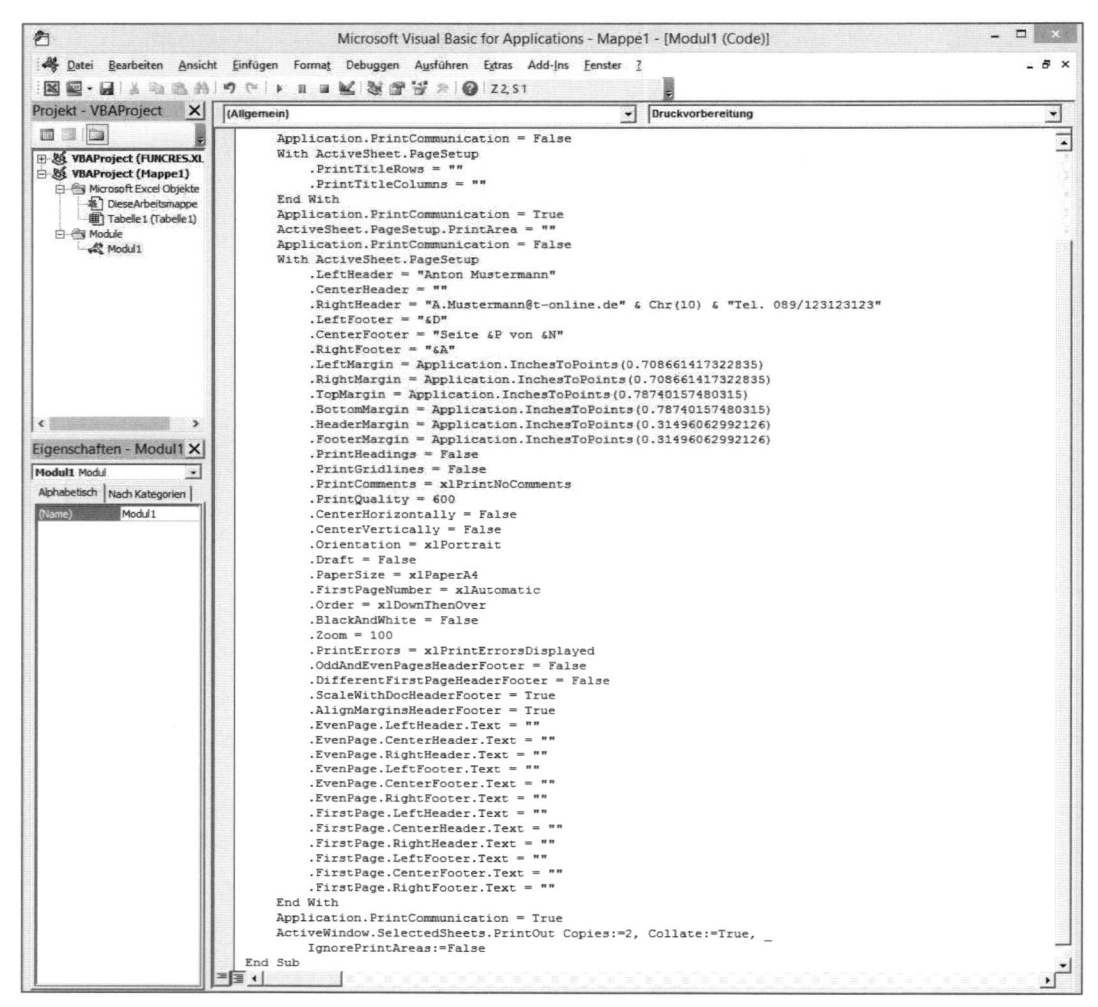

```
Application.PrintCommunication = False
With ActiveSheet.PageSetup
    .PrintTitleRows = ""
    .PrintTitleColumns = ""
End With
Application.PrintCommunication = True
ActiveSheet.PageSetup.PrintArea = ""
Application.PrintCommunication = False
With ActiveSheet.PageSetup
    .LeftHeader = "Anton Mustermann"
    .CenterHeader = ""
    .RightHeader = "A.Mustermann@t-online.de" & Chr(10) & "Tel. 089/123123123"
    .LeftFooter = "&D"
    .CenterFooter = "Seite &P von &N"
    .RightFooter = "&A"
    .LeftMargin = Application.InchesToPoints(0.708661417322835)
    .RightMargin = Application.InchesToPoints(0.708661417322835)
    .TopMargin = Application.InchesToPoints(0.78740157480315)
    .BottomMargin = Application.InchesToPoints(0.78740157480315)
    .HeaderMargin = Application.InchesToPoints(0.31496062992126)
    .FooterMargin = Application.InchesToPoints(0.31496062992126)
    .PrintHeadings = False
    .PrintGridlines = False
    .PrintComments = xlPrintNoComments
    .PrintQuality = 600
    .CenterHorizontally = False
    .CenterVertically = False
    .Orientation = xlPortrait
    .Draft = False
    .PaperSize = xlPaperA4
    .FirstPageNumber = xlAutomatic
    .Order = xlDownThenOver
    .BlackAndWhite = False
    .Zoom = 100
    .PrintErrors = xlPrintErrorsDisplayed
    .OddAndEvenPagesHeaderFooter = False
    .DifferentFirstPageHeaderFooter = False
    .ScaleWithDocHeaderFooter = True
    .AlignMarginsHeaderFooter = True
    .EvenPage.LeftHeader.Text = ""
    .EvenPage.CenterHeader.Text = ""
    .EvenPage.RightHeader.Text = ""
    .EvenPage.LeftFooter.Text = ""
    .EvenPage.CenterFooter.Text = ""
    .EvenPage.RightFooter.Text = ""
    .FirstPage.LeftHeader.Text = ""
    .FirstPage.CenterHeader.Text = ""
    .FirstPage.RightHeader.Text = ""
    .FirstPage.LeftFooter.Text = ""
    .FirstPage.CenterFooter.Text = ""
    .FirstPage.RightFooter.Text = ""
End With
Application.PrintCommunication = True
ActiveWindow.SelectedSheets.PrintOut Copies:=2, Collate:=True, _
    IgnorePrintAreas:=False
End Sub
```

Abb. 8: Der Code des aufgezeichneten Makros

3 Makro manuell erfassen

Im Code-Fenster können Sie Makros auch manuell erfassen. Wenn Sie sich in einer Tabelle befinden, drücken Sie die Tastenkombination **Alt + F11,** um in die Entwicklungsumgebung von VBA zu gelangen.

3.1 Die MsgBox-Funktion

Lassen Sie uns mit einem recht einfachen Beispiel beginnen. Es soll ein Makro erstellt werden, das einen Hinweis mit einer Meldung bringt. Der Hintergrund ist folgender: In einem Rechnungsformular können Rechnungspositionen wahlweise mit einem Mehrwertsteuersatz von 19 % oder 7 % berechnet werden. Die Anwender, die mit der Rechnung arbeiten, sollen folgende Meldung erhalten: „Bitte achten Sie darauf, dass Sie den richtigen Mehrwertsteuersatz angeben."

Ein Makro wird immer mit dem Code `Sub` eingeleitet. Danach erfassen Sie einen Namen für das Makro sowie eine sich öffnende und sich schließende Klammer. Für das Beispiel sieht der Code wie folgt aus:

```
Sub Hinweis()
```

Sie werden feststellen, dass Excel automatisch den Code ergänzt. Sie erhalten eine weitere Zeile, mit

```
End Sub
```

Dieser Code signalisiert, dass das Makro zu Ende ist. Zwischen dem Beginn und das Ende des Makros schreiben Sie die eigentlichen Anweisungen, die das Makro ausführen soll.

Um den gewünschten Hinweis zu erfassen, verwenden Sie den Code `MsgBox`. Der Text der erscheinen soll, wird in Anführungszeichen gesetzt (s. Abb. 9):

```
MsgBox ("Bitte achten Sie darauf, dass Sie den richtigen Mehrwert-
steuersatz angeben.)"
```

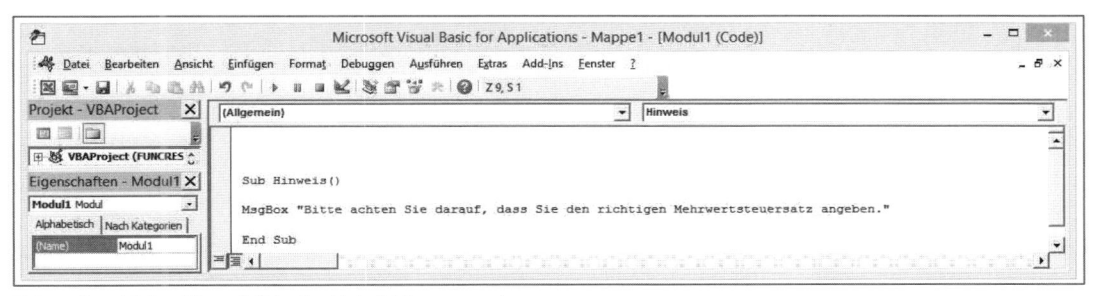

Abb. 9: Das Makro Hinweis() in der Entwicklungsumgebung

Sie können das Ergebnis direkt aus der VBA-Entwicklungsumgebung heraus testen. Setzen Sie einfach die Eingabemarkierung in den Makrocode und drücken Sie die Taste **F5**. Den eigentlichen Hinweis zeigt Abb. 10.

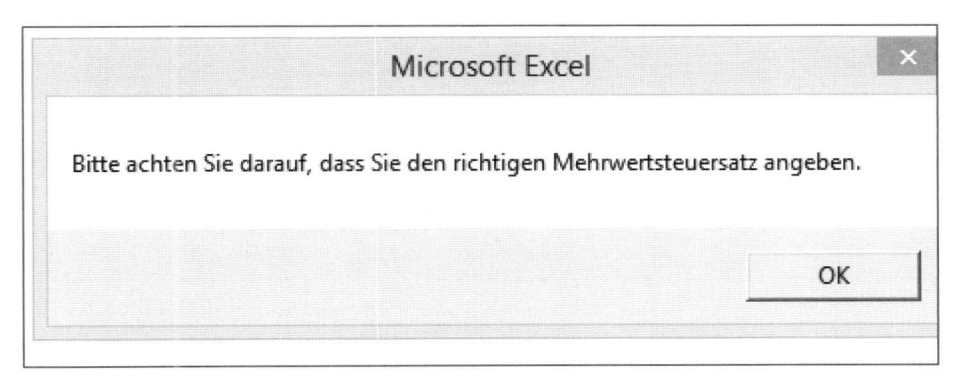

Abb. 10: Diese Meldung wurde mit einem einzeiligen VBA-Code erzeugt

Unterstützung beim Erfassen von VBA-Code bietet die Hilfe. Wenn Sie zum Beispiel `MsgBox` markieren und die Taste **F1** drücken, werden Sie zur Online-Hilfe vom Microsoft weitergeleitet. Dort gibt es hilfreiche Informationen (s. Abb. 11).

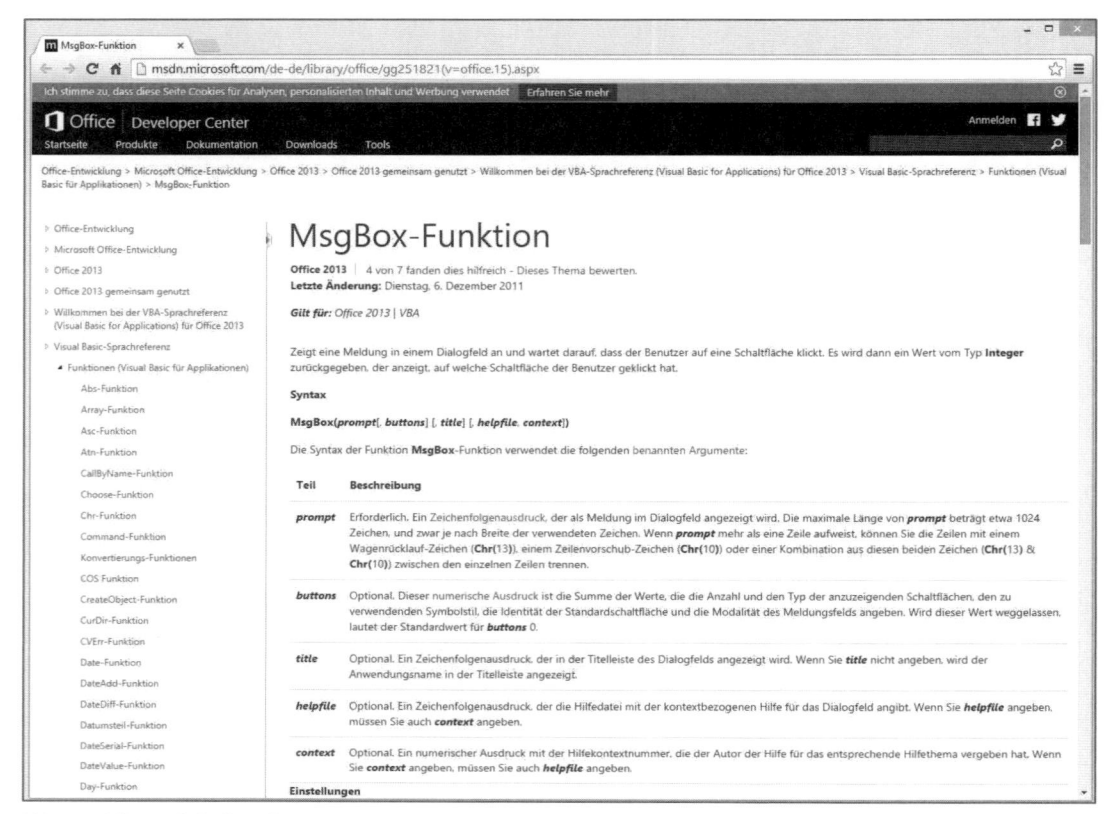

Abb. 11: Microsoft Online: Ausschnitt aus der Hilfe zur MsgBox-Funktion

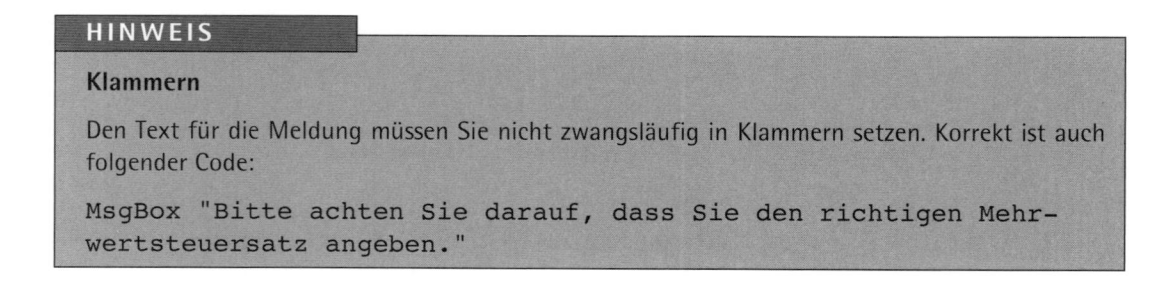

> **HINWEIS**
>
> **Klammern**
>
> Den Text für die Meldung müssen Sie nicht zwangsläufig in Klammern setzen. Korrekt ist auch folgender Code:
>
> ```
> MsgBox "Bitte achten Sie darauf, dass Sie den richtigen Mehr-
> wertsteuersatz angeben."
> ```

In unserem Beispiel verfügt MsgBox nur über die Schaltfläche **OK**. Bei Bedarf können Sie weitere Schaltflächen einrichten, z. B. Ja und Nein (s. Abb. 12):

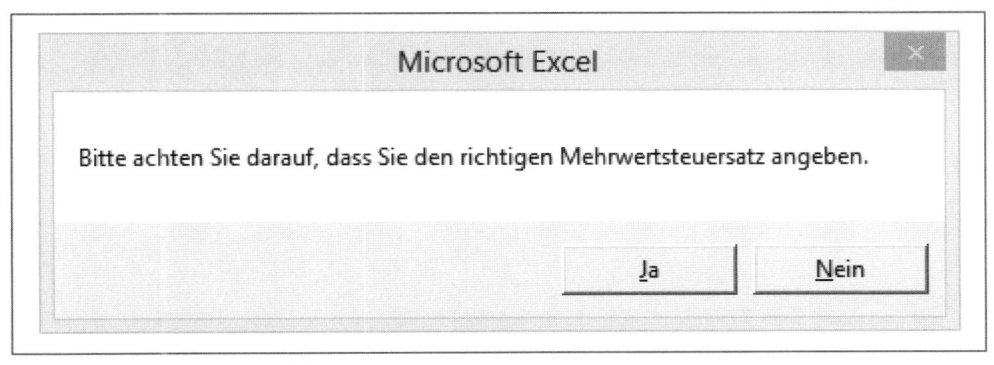

Abb. 12: Meldung mit 2 Schaltflächen

```
Sub Hinweis()

MsgBox "Bitte achten Sie darauf, dass Sie den richtigen Mehrwert-
steuersatz angeben.", vbYesNo

End Sub
```

3 Schaltflächen erzeugen Sie mit `vbAbortRetryIgnore`. Über entsprechende Schaltflächen können Sie, wie auch bei Ja und Nein, später unterschiedliche Aktionen ausführen.

Eine weitere Möglichkeit ist ein Fragezeichen in die MsgBox einzubauen (s. Abb. 13)

```
MsgBox "Sind Sie sicher, dass Sie den richtigen Mehrwertsteuersatz
angegeben haben?", vbQuestion
```

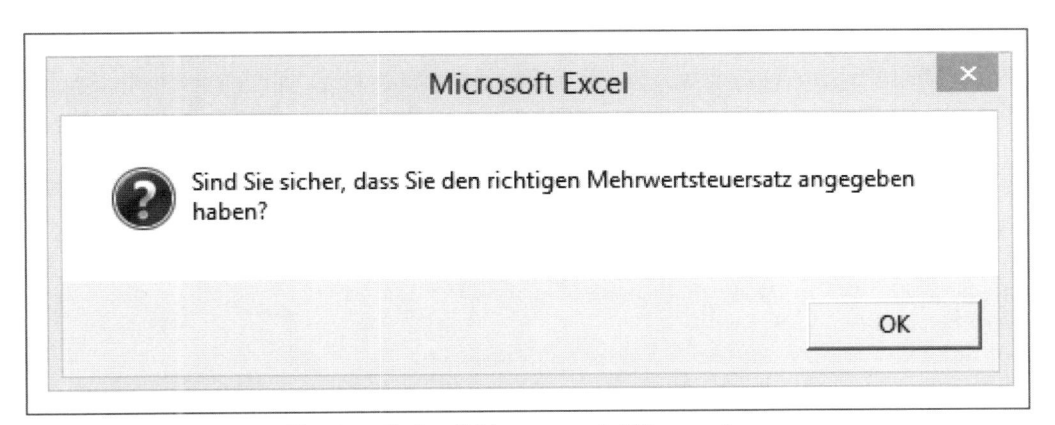

Abb. 13: Meldungen können Sie mit grafischen Zeichen aussagekräftiger machen

`VbCritical` erzeugt eine Art Stop-Symbol, `VbExclamation` ein Ausrufezeichen.

3.2 Nützliche Makros für den täglichen Bedarf

Spalten einfügen, Datum anzeigen, Tabellen kopieren sind alltägliche Aufgaben, die Makros übernehmen können. Nachfolgend einige kleine Makros, die Ihnen den Einstieg in die VBA-Programmierung leicht machen.

Tabellen, Zeilen und Spalten einfügen

Mit Hilfe des folgenden Makros fügen Sie in den einzelnen Tabellen eine neue Zeile vor Zeile 6 ein. Selbstverständlich können Sie auch jede beliebige andere Zahl wählen:

```
Sub Zeile_Einfügen
    Rows("6:6").Select
    Selection.Insert Shift:=xlDown
End Sub
```

> **PRAXIS - TIPP**
>
> **Kommentare**
>
> Auch Makros, die Sie manuell erfassen, können Sie mit einem Kommentar versehen. Ein Kommentar leiten Sie mit einem Hochkomma ein. Kommentare erkennen Sie an der grünen Schrift.
>
> ```
> Sub Zeile_Einfügen()
>     'Zeilen oberhalb von Zeile 6 einfügen
>     Rows("6:6").Select
>     Selection.Insert Shift:=xlDown
> End Sub
> ```

Mit Hilfe des nächsten Makros fügen Sie in den einzelnen Tabellen eine neue Spalte rechts neben der Spalte D ein.

```
Sub Spalte_einfügen
    Columns("D:D").Select
    Selection.Insert Shift:=xlToRight
End Sub
```

Das folgende Makro erzeugt ein neues Formular auf der Basis eines ausgeblendeten Tabellenarbeitsblattes mit dem Namen Formular. Die Tabelle Formular ist im Beispiel ausgeblendet.

```
Sub NeuesFormular

Sheets("Formular").Visible = True
Sheets("Formular").Select
Sheets("Formular").Copy Before:=Sheets(1)
Sheets("Formular").Select
    ActiveWindow.SelectedSheets.Visible _    = False

End Sub
```

> **HINWEIS**
>
> **Achtung**
>
> Bitte beachten Sie, dass das Makro nur funktioniert, wenn die Arbeitsmappe auch tatsächlich über eine Tabelle mit dem Namen Formular verfügt.

Auto-Makros

Eine Sonderstellung im Rahmen der Makros nehmen sogenannte Auto-Makros ein.

Mit nachfolgend aufgeführtem Makrocode erreichen Sie, dass beim Schließen Ihrer Excel-Datei automatisch die Uhrzeit (`Time`) angezeigt wird (s. Abb. 14).

```
Sub Auto_Close()

MsgBox Time

End Sub
```

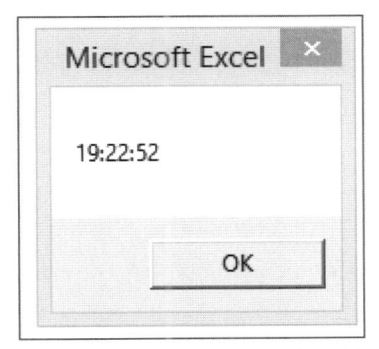

Abb. 14: Dialog mit automatischer Zeitanzeige

Sie können die Zeitangabe auch mit einem Text verbinden. Dann setzen Sie den Text in Anführungszeichen und verknüpfen Text und Zeitangabe mit Hilfe des kaufmännischen Und:

```
Sub Auto_Close()

MsgBox "Die aktuelle Uhrzeit lautet: " & Time

End Sub
```

Mit folgenden Code erreichen Sie, dass beim Aufruf einer Arbeitsmappe automatisch das aktuelle Tagesdatum (`Date`) in einem kleinen Fenster angezeigt wird (s. Abb. 15). Auch hier können Sie die Datumsangabe bei Bedarf mit einem Text verknüpfen:

```
Sub Auto_Open()

MsgBox "Das aktuelle Tagesdatum lautet: " & Date

End Sub
```

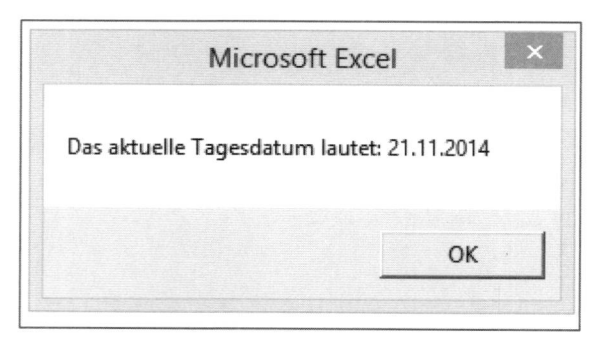

Abb. 15: Text und Datum kombiniert

3.3 Makrocode ändern

Für den Fall, dass Sie Änderungen am Makro vornehmen wollen, müssen Sie folgende Arbeitsschritte durchführen:

Makros ändern

1 Wählen Sie **Entwicklertools** → **Makros**. Klicken Sie im folgenden Dialogfeld das gewünschte Makro im Listenfeld **Makroname** an und anschließend auf die Schaltfläche **Bearbeiten**.

2 Sie gelangen in die VBA-Entwicklungsumgebung. Dort können Sie die gewünschten Korrekturen durchführen.

4 Makro mit einer Schaltfläche verbinden

Makros können Sie über den Dialog **Makros** ausführen. Das macht aber in der Praxis häufig wenig Sinn und ist zudem recht umständlich. Wer für zahlreiche Makros Tastenkombinationen einrichtet, wird auf Dauer möglicherweise Probleme haben, sich diese zu merken. Um ein Makro bequem auszuführen, verbinden Sie es z. B. mit einer Schaltfläche. Dann reicht später ein Klick auf diese Schaltfläche, um das Makro auszuführen – eine bequeme, wie gleichermaßen professionelle Lösung.

Dazu wollen wir noch einmal auf das Beispiel mit der Rechnung zurückkommen, in der verschiedene Mehrwertsteuersätze eingesetzt werden. Das Makro soll über eine kleine Schaltfläche abrufbar sein.

Auch die Schaltfläche richten Sie über das Register **Entwicklertools** ein:

Schaltfläche einfügen

1 Klicken Sie im Register **Entwicklertools** auf die Schaltfläche **Einfügen** und dort auf die Schaltfläche **Schaltfläche** (s. Abb. 16).

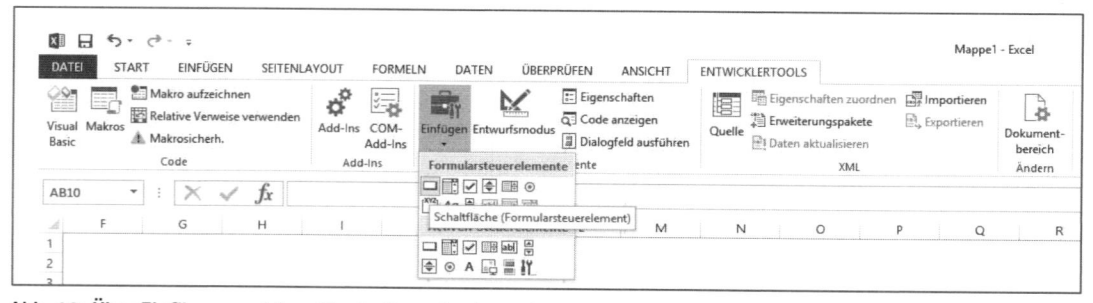

Abb. 16: Über Einfügen erreichen Sie die Formularsteuerelemente

Makros und VBA

2 Ziehen Sie mit gedrückter linker Maustaste eine Schaltfläche auf.

3 Excel ruft automatisch das Dialogfeld **Makro zuweisen** auf (s. Abb. 17). Markieren Sie das gewünschte Makro und bestätigen Sie den Vorgang durch einen Klick auf die Schaltfläche **OK**.

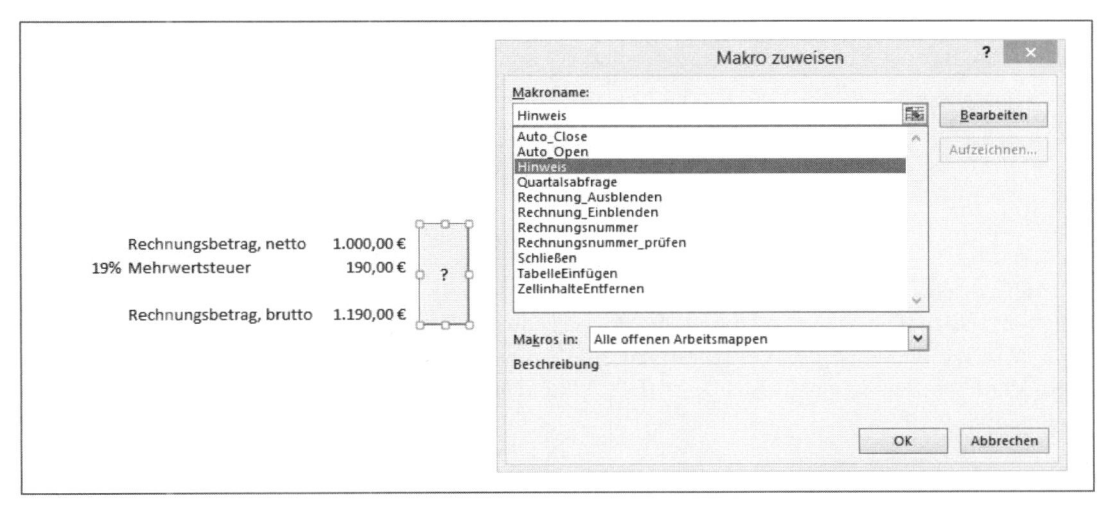

Abb. 17: Schaltfläche und Makro werden verbunden

4 Überschreiben Sie den Vorgabetext mit einem Fragezeichen und verkleinern Sie die Schaltfläche.

> **PRAXIS - TIPP**
>
> **Textfeld statt Schaltfläche**
>
> Anstelle einer Schaltfläche können Sie auch ein Textfeld oder grafische Formen, die Sie über das Register **Einfügen** erstellen, mit einem Makro verbinden. Über das Kontextmenü und den Befehl **Makro zuweisen** verknüpfen Sie Makro und die individuelle Schaltfläche. Der Vorteil: Das Textfeld und die grafischen Elemente bieten mehr Gestaltungsspielraum. Allerdings erscheinen Textfeld und grafische Elemente standardmäßig auf dem Ausdruck. Das ist bei den „einfachen Schaltflächen" nicht der Fall.

5 Verzweigungen

Nachfolgend wollen wir Ihnen Code vorstellen, mit dessen Hilfe Sie Verzweigungen meistern können. Hierzu zunächst ein kleines Beispiel:

Sie schreiben eine Rechnung mit Hilfe von Excel. Die Rechnungsdaten werden per Mausklick in ein Buchungsjournal übertragen. Ein Makro soll prüfen, ob Sie eine Rechnungsnummer vergeben haben. Die Rechnungsnummer in unserem Beispiel soll sich in der Zelle **A10** befinden. Ist diese Zelle leer, soll im Rahmen des Buchungsvorgangs ein entsprechender Hinweis erfolgen. Ansonsten erscheint die Meldung, dass alles in Ordnung ist und die Rechnung ins Buchungsjournal übertragen wird.

Das folgende Makro zeigt einen Ausschnitt aus dem Buchungsmakro:

```
Sub Rechnungsnummer()

    Range("a1").Select

    If ActiveCell > 0 Then
    MsgBox ("Die Buchung wird jetzt ausgeführt!")
    Else
    MsgBox ("Sie haben keine Rechnungsnummer eingegeben. Die Bu-
    chung kann nicht ausgeführt werden.")
    End If

End Sub
```

Mit Hilfe dieses Makros setzen Sie die **If...Then...Else**-Anweisung ein, um mit einer Verzweigung zu arbeiten. Hinter **If** folgt die Bedingung. Im Beispiel soll der Zellinhalt der aktiven Zelle größer als null sein. Wird die Bedingung erfüllt (**then**) soll die Meldung erscheinen, dass die Buchung ausgeführt wird. Wird die Bedingung nicht erfüllt (**Else**), erscheint ein Hinweis auf die fehlende Rechnungsnummer.

> **HINWEIS**
>
> **Alternative**
>
> Eine andere Möglichkeit wäre zu prüfen, ob die Zelle leer ist.
>
> Dann würde man die Zeile `If ActiveCell > 0 Then` gegen folgenden Code austauschen:
>
> `If ActiveCell.Value = "" Then`

Nun ist es auch möglich, dass eine Zelle zwar einen Eintrag enthält, dieser jedoch ungültig ist, z. B. weil anstelle einer Zahl ein Texteintrag erfolgt ist. Das kann man wie folgt abprüfen:

```
Sub Rechnungsnummer_prüfen()

    Range("a1").Select

    If ActiveCell.Value = "" Then
    MsgBox ("Sie haben keine Rechnungsnummer eingegeben. Die Bu-
    chung kann nicht ausgeführt werden.")
    Else
        If IsNumeric(ActiveCell) Then
        MsgBox ("Die Buchung wird jetzt ausgeführt!")
        Else
        MsgBox ("Das Feld Rechnungsnummer enthält einen ungül-
        tigen Eintrag. Die Buchung kann nicht ausgeführt wer-
        den.")
        End If

    End If
End Sub
```

Da in diesem Fall 2 Verzweigungen eingesetzt wurden, müssen Sie zweimal mit `End If` arbeiten.

Werden mehrere Verzweigungen hintereinander verschachtelt, sollten Sie anstelle von `If` die Anweisung `Select Case` einsetzen.

Im folgenden Beispiel wird abgefragt, in welches Quartal eine Monatskennziffer fällt:

```
Sub Quartalsabfrage()

Range("a1").Select
Select Case ActiveCell
Case 1 To 3
MsgBox ("1. Quartal")

Case 4 To 6
MsgBox ("2. Quartal")

Case 7 To 9
MsgBox ("3. Quartal")

Case 10 To 12
MsgBox ("4. Quartal")

End Select

End Sub
```

Um ungültige oder fehlende Eingaben abzufangen, können Sie den Code noch durch `Case Else` erweitern:

```
Case Else
Msg Box("Überprüfen Sie den Wert in der Zelle A1. Der Wert fehlt
oder ist ungültig!")
```

6 Eingaben mit Hilfe einer For Each...Next Schleife löschen

Angenommen, Sie haben ein Formular, dessen Eingabezellen Sie mit Hilfe eines Makros löschen möchten. Dann können Sie die For Each...Next Schleife einsetzen.

```
Sub ZellinhalteEntfernen()

Dim Lösche As Range

For Each Lösche In Selection
Lösche.Value = ""
Next Lösche

End Sub
```

Mit Hilfe von `Range` greifen Sie auf Zellen zu, die Sie zuvor im Arbeitsblatt markiert haben. Die Zellen können über die ganze Tabelle verstreut sein, müssen also nicht nebeneinander oder untereinander liegen.

Eine weitere Besonderheit in diesem Makro ist die zweite Codezeile, nämlich

```
Dim Lösche As Range
```

Da die Zellen, die gelöscht werden sollen, nicht konstant sind, müssen Sie diese als Variablen deklarieren. Das erfolgt mit Hilfe der Anweisung `Dim As`. Diese Anweisung wird benötigt, um festzulegen, dass es sich bei der Variablen um eine Zelle (`Range`) handeln soll. Zum Range-Objekt, nachfolgend mehr.

7 Objekte

Wichtige Objekte in Excel sind u. a. folgende

- Zelle (Range)
- Tabelle (Worksheet)
- Arbeitsmappe (Workbook)

7.1 So arbeiten Sie dem Objekt Zelle

Angenommen, Sie wollen den Inhalt einer oder mehrerer Zellen löschen, um zum Beispiel ein Formular für die Eingabe neuer Informationen vorzubereiten.

Um den Inhalt der Zelle **A1** zu löschen, verwenden Sie folgenden Code

```
Sub Löschen()

    Range("A1").Select
    Selection.ClearContents

End Sub
```

Um den Inhalt im Zellbereich **A1** bis **B2** zu löschen, lautet der Code wie folgt:

```
Sub Löschen()

    Range("A1:B10").Select
    Selection.ClearContents

End Sub
```

7.2 Das Tabellenobjekt

Das Tabellenobjekt wird u. a. dann eingesetzt, wenn eine Tabelle makrogesteuert geschützt wird oder der Blattschutz aufgehoben werden soll. Das ist zum Beispiel in komplexeren Anwendungen notwendig, wenn Sie den Blattschutz aufheben wollen, um makrogesteuert Eingaben durchzuführen bzw. Daten zu übertragen. Häufige Aufgaben im Zusammenhang mit dem Tabellenobjekt im Überblick:

- Blattschutz einrichten
- Blattschutz aufheben
- Tabellen kopieren
- Tabellen einfügen
- Tabellen ein- und ausblenden

Um die Tabelle **Rechnung** und dort die Zelle **A1** auswählen, benötigen Sie folgenden Code:

```
Sub Rechnung()

    Sheets("Rechnung").Select
    Range("A1").Select

End Sub
```

Tabelle schützen

Um die Tabelle **Rechnung** auszuwählen und zu schützen, lautet der Code wie folgt:

```
Sub Schützen()

    Sheets("Rechnung").Select
    ActiveSheet.Protect

End Sub
```

Über `ActiveSheet.Unprotect` können Sie den Blattschutz deaktivieren.

Tabelle ausblenden

Mit diesem Makro blenden Sie die Tabelle **Rechnung** aus:

```
Sub Rechnung_Ausblenden()

Sheets("Rechnung").Visible = False

End Sub
```

Über `Sheets("Rechnung").Visible = True` können Sie die Tabelle wieder einblenden.

Tabelle einfügen

Das nachfolgende Makro fügt eine Tabelle vor dem Arbeitsblatt **Rechnung** ein:

```
Sub TabelleEinfügen()

Worksheets.Add before:=Worksheets("Rechnung")

End Sub
```

7.3 Befehle für die Arbeit mit Arbeitsmappen

Workbook wird beispielsweise benötigt, um Arbeitsmappen zu öffnen, zu schließen oder zu speichern. Die wichtigsten Befehle finden Sie in der folgenden Tabelle:

Aktion	Befehl
Arbeitsmappe speichern	Save bzw. SaveAs
Arbeitsmappe öffnen	Open
Arbeitsmappe schließen	Close

7.4 Objektkatalog

Den Objektkatalog können Sie in der VBA-Entwicklungsumgebung über **Ansicht** → **Objektkatalog** einblenden (s. Abb. 18).

Abb. 18: Auszug aus dem Objektkatalog

Durch einen Doppelklick auf das Objekt werden die Elemente des Objekts angezeigt. Abbildung 19 zeigt die Elemente von Sheets. Add und Visible haben Sie bereits kennengelernt. Wenn Sie die Elemente von Sheets mit denen von Range und Workbooks vergleichen, werden Sie feststellen, dass diese beiden wesentlich mehr Elemente haben als Sheets.

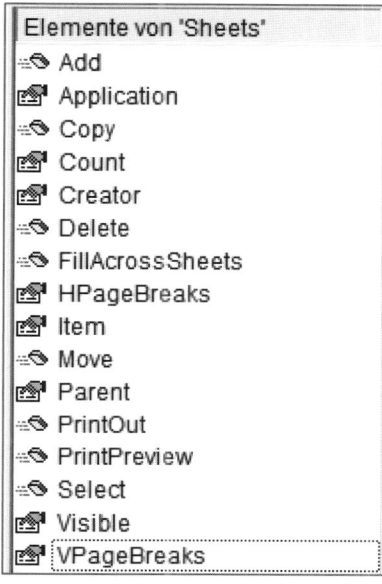

```
Elemente von 'Sheets'
    Add
    Application
    Copy
    Count
    Creator
    Delete
    FillAcrossSheets
    HPageBreaks
    Item
    Move
    Parent
    PrintOut
    PrintPreview
    Select
    Visible
    VPageBreaks
```

Abb. 19: Elemente von Sheets

8 Praxisbeispiel: Anrufprotokoll als Telefon-Management-Lösung

Customer Relationship Management, kurz CRM, soll die Beziehungen zwischen Kunden und Unternehmen verbessern. Fertige CRM-Lösungen zur kundenorientierten Abwicklung der Service- und Vertriebsprozesse sind in der Regel kostspielig und decken meist dennoch nicht die in der Praxis notwendigen Funktionen ab.

Eine Alternative zum Kauf einer Software ist eine selbst erstellte Excel-Lösung, die Sie bei der Abwicklung Ihrer Verkaufs- und Marketingaktivitäten unterstützt. Die im Folgenden vorgestellte Musterlösung ist im Wesentlichen eine Telefon-Management-Lösung für Kundengespräche. Damit können Sie aber auch andere Kommunikationsmedien wie Faxe und E-Mails verwalten. Um die Lösung möglichst komfortabel zu gestalten, werden Makros eingesetzt.

Die Musterlösung **Anrufprotokoll.xlsm** enthält die folgenden Tabellenarbeitsblätter:

- Anruferfassung (s. Abb. 20)
- Journal (Sammlung aller erfassten Anrufe)
- Kundendatenbank (Liste aller Kunden)
- Hilfe (Bedienungsanleitung)

In der Tabelle **Anruferfassung** werden die eingehenden Anrufe protokolliert. Alle hier eingegebenen Daten werden dann makrogesteuert in das Journal übertragen und dort gesammelt. In der Kundendatenbank werden alle Kundenstammdaten verwaltet.

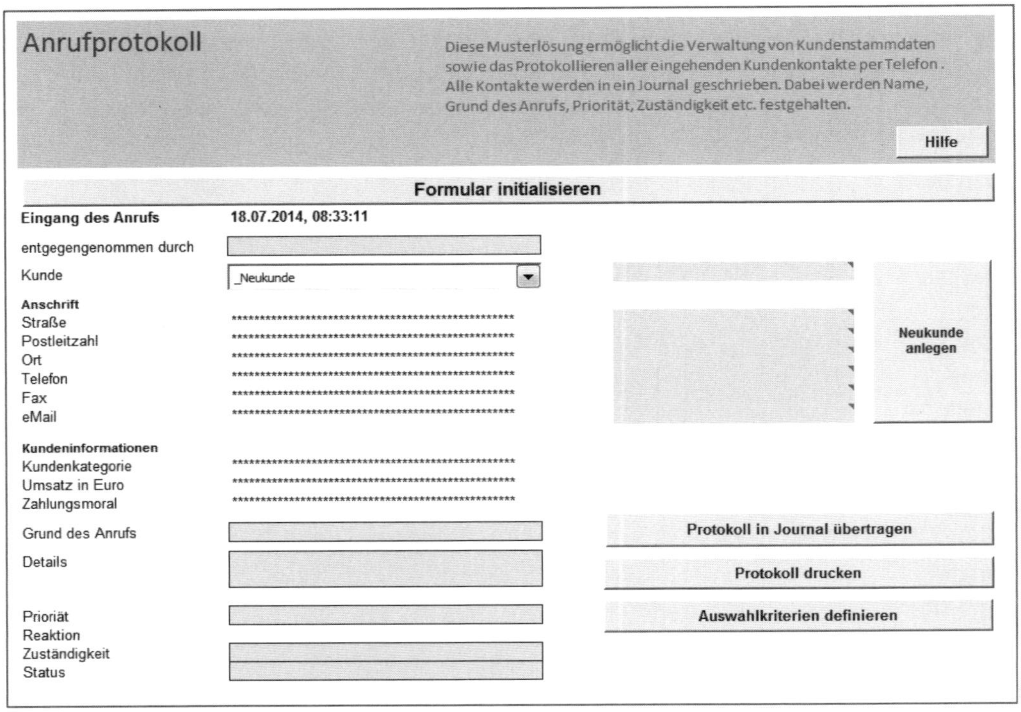

Prozesse automatisieren mit VBA

Abb. 20: Die Schaltflächen lassen es schon erahnen: Hier wird mit Makros gearbeitet

Die Eingaben in das Formular aus Abb. 20 sollen makrogesteuert in ein Journal übertragen werden. Um die Datenübergabe zu vereinfachen, werden die Kundendaten, die übernommen werden sollen, in der Tabelle nebeneinander geschrieben. Das hat den Vorteil, dass Sie die Eingaben dann exakt in der gewünschten Reihenfolge übertragen können. Vergleichen Sie dazu Tabelle 1 und 2.

Zelle	Daten	Formel
G3	Datum und Uhrzeit des Anrufeingangs	=B3
H3	Ansprechpartner	=B5
I3	Kunden-Nr.	=D3
J3	Kundenname	=SVERWEIS($D$3;Kundenstamm;2;FALSCH)
K3	Grund des Anrufs	=B22
L3	Details	=B24
M3	Priorität	=B26
N3	Reaktion	=B27
O3	Zuständigkeit	=B28
P3	Status	=B29

Tab. 1: Vorbereitende Formel für das Makro ProtokollÜbertragen

Zelle	Daten	Formel
G10	Kunde	=D7
H10	Straße	=D10
I10	PLZ	=D11
J10	Ort	=D12
K10	Telefon	=D13
L10	Fax	=D14
M10	eMail	=D15

Tab. 2: Vorbereitende Formel für das Makro NeukundeAnlegen

8.1 Daten übertragen

Einen markierten Bereich kann man mit `Selection.Copy` übertragen. Einfügen kann man Informationen mit Hilfe von `Paste`. Die Schwierigkeit ist allerdings, dass die Anwendung selbstständig die nächste leere Zeile erkennen muss, damit alle Daten untereinander erscheinen. Dazu muss Excel ausgehend von einer Ausgangszelle überprüfen, welche der folgenden Zelle leer und somit für die Aufnahme der Informationen geeignet ist. Das wird in der fertigen Anwendung mit Hilfe des folgenden Codes erreicht:

```
If Range("A4") <> "" Then
    Range("A3").End(xlDown).Select
    ActiveCell.Offset(1, 0).Select
Else
    Range("A4").Select
End If
```

HINWEIS

Relevanz

Das Übertragen von Formulardaten in eine Sammelliste ist eine Aufgabe, die man in Excel sehr häufig makrogesteuert ausführen muss.

Der Code für das vollständige Makro lautet:

```
Sub ProtokollÜbertragen()

    Sheets("Anruferfassung").Select
    Range("G3:P3").Select
    Selection.Copy
    Sheets("Journal").Select
    If Range("A4") <> "" Then
        Range("A3").End(xlDown).Select
        ActiveCell.Offset(1, 0).Select
```

```
        Else
            Range("A4").Select
        End If
        Selection.PasteSpecial Paste:=xlValues, Operation:=xlNone, SkipBlanks:= _
            False, Transpose:=False
        Selection.PasteSpecial Paste:=xlFormats, Operation:=xlNone, SkipBlanks:= _
            False, Transpose:=False
            Sheets("Anruferfassung").Select
            Range("B3").Select
End Sub
```

Das Anlegen von Neukunden erfolgt nach dem gleichen Prinzip:

```
Sub NeukundeAnlegen()
     Sheets("Anruferfassung").Select
    Range("G10:m10").Select
    Selection.Copy
    Sheets("Kundendatenbank").Select
    If Range("B4") <> "" Then
        Range("B3").End(xlDown).Select
        ActiveCell.Offset(1, 0).Select
    Else
        Range("B4").Select
    End If
    Selection.PasteSpecial Paste:=xlValues, Operation:=xlNone, SkipBlanks:= _
        False, Transpose:=False
    Selection.PasteSpecial Paste:=xlFormats, Operation:=xlNone, SkipBlanks:= _
        False, Transpose:=False
         Sheets("Anruferfassung").Select
         Range("B3").Select
End Sub
```

8.2 Formulareingabe vorbereiten

Durch einen Klick auf die Schaltfläche **Formular initialisieren** bereiten Sie das Formular für neue Eingaben vor. Das Tagesdatum und die aktuelle Uhrzeit werden automatisch angelegt. Alle vorhandenen Einträge aus den Eingabe- und Auswahlzellen verschwinden. Wichtig: Jedes Mal, bevor Sie einen Neukunden anlegen bzw. einen Kundenanruf protokollieren möchten, ist ein Klick auf **Formular initialisieren** notwendig. Nachfolgend der zugehörige Makrocode:

```
Sub Initialisieren()
Range("B3").Value = Date & ", _ " & Time
Range("B5,B22,B24,B26,B28,B29,D7,D10:D15").Select
   Range("D10").Activate
   Selection.ClearContents
```

```
    Range("D3").Select
    ActiveCell.FormulaR1C1 = "1"
    Range("B5").Select
End Sub
```

> **HINWEIS**
>
> **Bedienungsanleitung**
>
> Weitere Details zum Tool entnehmen Sie bitte der Bedienungsanleitung. Diese erreichen Sie übrigens durch einen Klick auf die Schaltfläche **Hilfe**, die mit dem gleichnamigen Makro verbunden ist:
>
> ```
> Sub Hilfe()
> Sheets("Bedienungsanleitung").Select
> End Sub
> ```

9 Zusammenfassung

Um Zugriff auf den Makrorekorder zu haben und bequem mit Makros zu arbeiten, benötigen Sie das Register **Entwicklertools**.

Über die Schaltfläche **Makrocode aufzeichnen** können Sie Makros erstellen.

In der VBA-Entwicklungsumgebung von Excel können Sie den Makrocode einsehen.

Besonders bequem erreichen Sie die VBA-Entwicklungsumgebung mit Hilfe der Tastenkombination **Alt + F11**.

Ein Makro wird mit dem Code **Sub** eingeleitet und schließt mit **End Sub**.

Die **If...then...Else-** Anweisung und die **Select Case** Anweisung setzt man bei Verzweigungen ein.

Zum bequemen Aufruf von Makros verbinden Sie diese mit Schaltflächen.

Wichtige Objekte in Excel sind:

- Zelle (Range)
- Tabelle (Sheets)
- Arbeitsmappe (Workbook)

Die Musterlösung **Anrufprotokoll.xlsm** stellt eine CRM-Lösung zur Verfügung. Dort werden verschiedene Makros eingesetzt.

VIII. Szenario-Manager

Wer die Wahl hat, hat die Qual.

Sprichwort

Der Excel-Szenario-Manager macht es möglich, komplexe Zukunftsszenarien zu entwerfen und miteinander zu vergleichen. Was wäre, wenn wir neue Filialen eröffnen würden und gleichzeitig unsere Produktpalette erweitern?

Was wäre, wenn wir unseren Werbeetat aufstocken würden und gleichzeitig einen Online-Shop eröffnen? Wie entwickelt sich unser Gewinn, wenn wir unsere Absatzmengen erhöhen und sich gleichzeitig der Stückdeckungsbeitrag bestimmter Produkte verändert?

Inhalt

1 Vorüberlegungen zum Modellaufbau 281
2 Praxisbeispiel: Umsatzentwicklung unter Berücksichtigung von Kaufverhalten und Wettbewerbseinfluss 284
3 Zusammenfassung 291

In Excel können Sie eine Art Planspiel zu diesen und ähnlichen Fragestellungen mithilfe des Szenario-Managers durchführen. Dabei geht es schwerpunktmäßig darum, dass Sie sich durch das Vergleichen verschiedener Szenarien an eine Lösung für ein bestimmtes Problem herantasten. Wie Sie die Funktion einsetzen, erfahren Sie hier.

Die Beispieldateien zu diesem Beitrag finden Sie unter dem Haufe-Index **7446153**.

1 Vorüberlegungen zum Modellaufbau

Der Szenario-Manager der Tabellenkalkulation Excel ermöglicht es, unabhängig davon, ob die wirtschaftliche Lage eines Unternehmens gut oder schlecht ist, komplexe Zukunftsszenarien für Unternehmen zu entwickeln und miteinander zu vergleichen. Auf diese Weise haben Sie die Möglichkeit, Rahmenbedingungen besser abzuschätzen und deren Konsequenzen zu bewerten. Dadurch kann das Instrumentarium zu Entscheidungsfindungen und Problemlösungen beitragen, nimmt Ihnen aber die eigentliche Entscheidung nicht ab.

> **HINWEIS**
>
> **Transfer in die Tabellenkalkulation**
>
> Übertragen auf eine Excel-Tabelle bedeutet ein Szenario, dass das Modell mit einem Satz von veränderlichen Werten durchgespielt wird. Für diese Variablen werden Zellen definiert.

Bevor Sie sich an die Arbeit mit dem Szenario-Manager machen, müssen Sie sich darüber im Klaren sein, wozu genau Sie den Szenario-Manager einsetzen wollen. Mit anderen Worten: Sie müssen einen deutlichen Ansatzpunkt vor Augen haben. Hierzu nachfolgend 3 Beispiele.

Renditebetrachtungen einer Investition

Möglicherweise steht die Investition einer größeren Anlage oder eine kostspielige Instandsetzung einer Maschine an. Wirtschaftlichkeitsberechnungen deuten grundsätzlich auf die Vorteilhaftigkeit der Maßnahme hin. Unter den gegebenen Umständen kann mit einer Rendite von rund 10 % gerechnet werden. Sie sind skeptisch und wollen herausfinden, welche Auswirkungen Umsatzeinbrüche auf die Vorteilhaftigkeit der Anschaffung haben. In diesem Fall entspricht die Rendite dem Ansatzpunkt Ihrer Betrachtungen. Nun müssen Sie überlegen, welche Faktoren den Ansatzpunkt, die Rendite der Investition, beeinflussen.

Das können z. B. Kosten oder Umsatzfaktoren sein. Damit hätten Sie bereits die Schräubchen, an denen Sie in Ihren Szenarien drehen müssen. Sie bauen für diese Situation ein Tabellenmodell auf und entscheiden, welche Szenarien Sie bei Ihren Betrachtungen zugrunde legen wollen. In Szenario A arbeiten Sie zum Beispiel mit den Werten, die Sie auch in den Wirtschaftlichkeitsberechnungen verwendet haben. Szenario B berücksichtigt steigende Kosten, Szenario C sinkende Umsätze. Szenario D schließlich geht davon aus, dass die Kosten steigen und gleichzeitig die Umsätze sinken. Nachdem die Vorarbeiten geleistet wurden, können Sie den Szenario-Manager einsetzen.

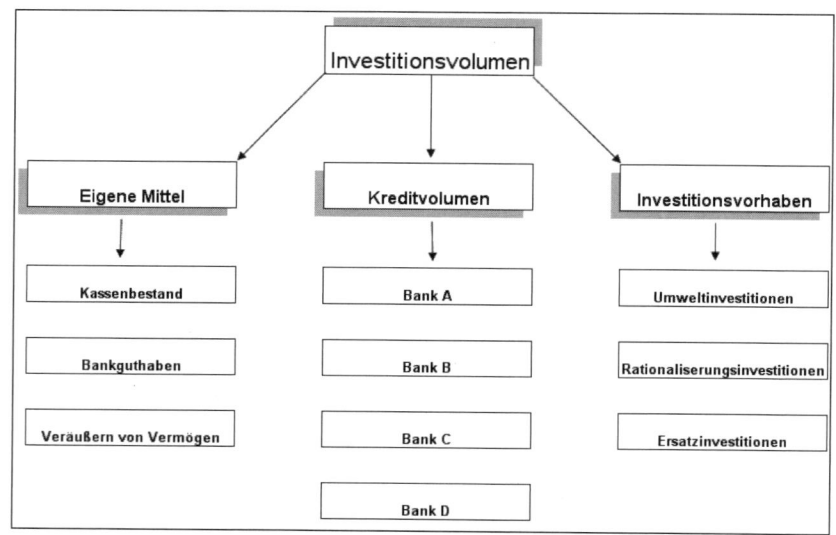

Einflussfaktoren auf ein Investitionsvolumen

Die Absatzsituation in Ihrer Branche ist stabil. Sie könnten es sich leisten zu investieren und benötigen ein Investitionsvolumen von beispielsweise 250.000 EUR. Ihr Kreditrahmen ist jedoch begrenzt. Ansatzpunkt für den Einsatz des Szenario-Managers ist hier das Investitionsvolumen. Einfluss auf das Investitionsvolumen haben die eigenen zur Verfügung stehenden Mittel, die Kredite der Bank und die letztendlich durchzuführenden Maßnahmen. Hier gibt es 3 Einflussfaktoren im Rahmen der Investitionstätigkeit, mit deren Hilfe Sie unterschiedliche Szenarien aufbauen können:

In Szenario A stocken Sie z. B. die zur Verfügung stehenden Mittel auf, indem Sie Sachanlagen oder immaterielle Wirtschaftsgüter, die Sie nicht unbedingt benötigen, veräußern. In Szenario B arbeiten Sie mit optimistischen Prognosen, was den Kreditrahmen der Banken anbelangt. In Szenario C addieren Sie die Betrachtungen von A und B. In Szenario D reduzieren Sie beispielsweise die Investitionsvorhaben. Denkbar sind noch weitere Kombinationen, die sich mithilfe des Szenario-Managers analysieren lassen. Eine schematische Darstellung der Ausgangsbasis zeigt Abbildung 1.

Abb. 1: Einflussfaktoren auf ein Investitionsvolumen

Auswirkung von rückläufiger Nachfrage auf den Gesamtumsatz

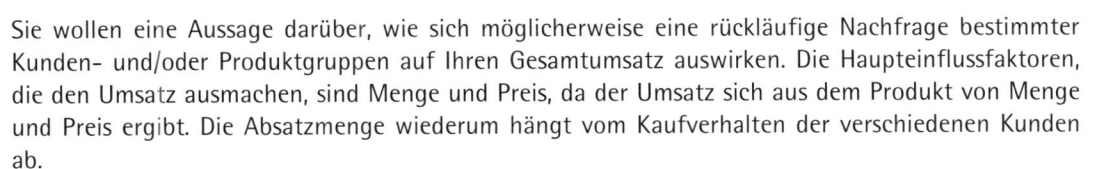

Sie wollen eine Aussage darüber, wie sich möglicherweise eine rückläufige Nachfrage bestimmter Kunden- und/oder Produktgruppen auf Ihren Gesamtumsatz auswirken. Die Haupteinflussfaktoren, die den Umsatz ausmachen, sind Menge und Preis, da der Umsatz sich aus dem Produkt von Menge und Preis ergibt. Die Absatzmenge wiederum hängt vom Kaufverhalten der verschiedenen Kunden ab.

In der Regel haben Unternehmen unterschiedliche Kundengruppen: Großkunden, Kleinkunden, Handwerker, Privatleute, Institutionen. Eine nachlassende Nachfrage hängt stark von der Kundengruppe ab. Außerdem gilt es, als Nebeneinflussfaktor den Wettbewerb im Auge zu behalten. Die Konkurrenz kann Ihnen in wirtschaftlich schlechten Zeiten das Leben schwer machen. Aber auch die Konkurrenz hat mit einer schlechten Wirtschaftlage zu kämpfen und ist möglicherweise vor einer Insolvenz nicht sicher. So kann das Aus von Wettbewerbern bedeuten, dass sich ein Teil der Nachfrage auf Ihr Unternehmen verlagert.

Diese Aspekte können Sie im Szenario-Manager vereinen. Auf der einen Seite erstellen Sie Szenarien, die das Kaufverhalten der Kunden berücksichtigen, auf der anderen Seite wird der Einfluss des Wettbewerbs ins Kalkül gezogen. Last but not least werden verschiedene Situationen miteinander kombiniert (s. Abb. 2).

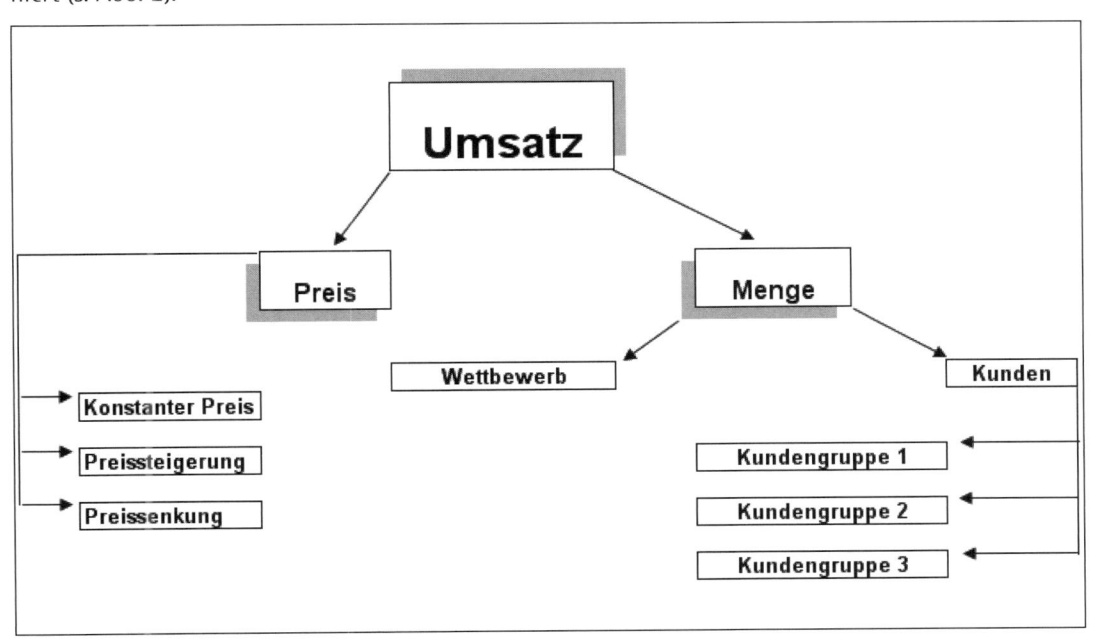

Abb. 2: Grafische Darstellung der Einflussfaktoren auf den Umsatz

Aus den 3 Bespielen ergibt sich eine grundsätzliche Vorgehensweise bei der Arbeit mit Szenarien:

- Zieldefinition/Ansatzpunkt wählen
- Haupteinflussfaktoren bestimmen
- ggf. Nebeneinflussfaktoren festlegen
- Variablen definieren
- Tabellenmodell aufbauen
- Szenarien festlegen
- Szenario-Manager einsetzen

Wir können festhalten: Der Einsatz des Szenario-Managers ist nur ein Teil des Gesamtpakets. Um zu sinnvollen Ergebnissen zu kommen, ist die Vorarbeit sehr wichtig.

> **HINWEIS**
>
> **Kapazitäten des Szenario-Managers**
>
> Der Szenario-Manager arbeitet mit bis zu 32 veränderbaren Zellen.

2 Praxisbeispiel: Umsatzentwicklung unter Berücksichtigung von Kaufverhalten und Wettbewerbseinfluss

Im Rahmen eines Praxisbeispiels wollen wir Ihnen zeigen, wie Sie sowohl das Kaufverhalten als auch den Einfluss des Wettbewerbs bei einer Analyse der Umsatzentwicklung eines 3-Produkt-Unternehmens berücksichtigen.

2.1 Die Vorbereitungsarbeiten

Der Ansatzpunkt ist der zu erwartende Umsatz. Haupteinflussfaktoren auf den Umsatz sind Menge und Preis. Damit das Modell übersichtlich bleibt, soll in unserem Beispiel der Preis nicht verändert werden.

Besonderen Einfluss auf die voraussichtliche Absatzmenge hat das Kaufverhalten der Kunden. Dieses Verhalten ist für die 3 Produktgruppen unterschiedlich. In der Tabelle wird mit 3 Kundengruppen gearbeitet. Der Einfachheit halber soll das Kaufverhalten der Gruppen gleich sein. Sie haben jedoch jederzeit die Möglichkeit, das Tabellenmodell zu erweitern und für jede Kundengruppe ein individuelles Kaufverhalten zu planen. Außerdem soll der Einfluss des Wettbewerbs auf die Nachfrage berücksichtigt werden.

Es wird entsprechend mit folgenden Variablen gearbeitet:

- Kaufverhalten der Kunden
- Einfluss des Wettbewerbs

Umsatzsteigerungen bzw. -rückgänge werden als prozentuale Werte eingegeben. Das bedeutet, bei einer Eingabe von 10 %, dass die Standardmenge um 10 % zunimmt. Umsatzrückgänge müssen entsprechend mit einem negativen Vorzeichen berücksichtigt werden (-10%).

Da die Betrachtungen jeweils für 3 Produkte erfolgen, müssen 6 veränderbare Zellen erfasst werden. Es sollen folgende Szenarien erstellt werden:

- Unveränderte Rahmenbedingungen: Die Absatzsituation ändert sich gegenüber dem Vorjahr nicht.
- Positive Rahmenbedingungen: Die Absatzsituation ist günstig. Der Umsatz steigt.
- Negative Rahmenbedingungen: Die Absatzsituation ist ungünstig. Der Umsatz sinkt.

Das zugehörige Tabellenmodell einschließlich Zahlenmaterial zeigt Abbildung 3. Die fett gedruckten Zahlen werden durch Formeln ermittelt. Alle übrigen Daten werden erfasst. Die grau hinterlegten Daten entsprechen den veränderbaren Zellen, auf deren Basis der Gesamtumsatz variiert.

Szenario-Manager

Die gesamte Absatzmenge ergibt sich aus der Addition der Mengen der einzelnen Kundengruppen. Die errechnete Menge berücksichtigt potenzielle Umsatzsteigerungen und Umsatzrückgänge auf der Basis des Käuferverhaltes und des Einflusses des Wettbewerbs.

	A	B	C	D	E	F	G	H	I	J
1		Einsatz des Szenariomanagers am Beispiel einer Umsatzprognose								
4		Preis	Kunden-gruppe 1	Kunden-gruppe 2	Kunden-gruppe 3	Gesamt-menge	Umsatzrückgang / Steigerung aufgrund von Kundenverhalten	Umsatzrückgang / Steigerung aufgrund von Wettbewerbseinfluss	Errechnete Menge	Umsatz
5	Artikel 1	20,00 €	8.000,00	15.000,00	15.000,00	38.000,00	0%	0%	38.000,00	760.000,00 €
6	Artikel 2	22,00 €	25.000,00	10.000,00	30.000,00	65.000,00	0%	0%	65.000,00	1.430.000,00 €
7	Artikel 3	8,00 €	10.000,00	6.000,00	15.000,00	31.000,00	0%	0%	31.000,00	248.000,00 €
8										
9									Gesamtumsatz	2.438.000,00 €

Abb. 3: Das Tabellengerüst zu Ermittlung der voraussichtlichen Umsatzdaten

Die zu vergleichende Zielgröße entspricht dem Gesamtumsatz. Dieser wiederum ergibt sich aus den Umsätzen der einzelnen Artikel. Die zur Tabelle gehörenden Formeln zeigt Abbildung 4.

	A	B	C	D	E	F	G	H	I	J
1		Einsatz des Szenariomanagers am Beispiel einer Umsatzprognose								
4		Preis	Kunden-gruppe 1	Kunden-gruppe 2	Kunden-gruppe 3	Gesamt-menge	Umsatzrückgang / Steigerung aufgrund von Kundenverhalten	Umsatzrückgang / Steigerung aufgrund von Wettbewerbseinfluss	Errechnete Menge	Umsatz
5	Artikel 1	20	8000	15000	15000	=SUMME(C5:E5)	0	0	=F5*G5+F5*H5+F5	=I5*B5
6	Artikel 2	22	25000	10000	30000	=SUMME(C6:E6)	0	0	=F6*G6+F6*H6+F6	=I6*B6
7	Artikel 3	8	10000	6000	15000	=SUMME(C7:E7)	0	0	=F7*G7+F7*H7+F7	=I7*B7
8										
9									Gesamtumsatz	=SUMME(J5:J8)

Abb. 4: Die Formelansicht: Es wird lediglich mit den Grundrechenarten gearbeitet

Wenn Sie das Tabellengerüst einschließlich der Formeln erstellt haben, sind die Grundlagen für den Einsatz des Szenario-Managers geschaffen.

Namen für mehr Übersicht

Nicht zwingend nötig, aber empfehlenswert ist es, den veränderbaren Zellen einen aussagekräftigen Namen zu geben. Die Arbeit mit Namen anstelle von abstrakten Zellbezügen hat den Vorteil, dass die Namen sowohl im Eingabedialog als auch in der späteren Berichterstattung verwendet werden. Auf diese Weise werden die Eingaben transparenter, die Berichte übersichtlicher und besser lesbar.

Um die Namen zu vergeben, markieren Sie die Zelle, der Sie einen Namen zuweisen möchten, und geben diesen in das **Namenfeld** in der Bearbeitungszeile ein. Bestätigen Sie den Namen durch einen Klick auf die Schaltfläche **Enter**. Alternativ arbeiten Sie mit der Befehlsfolge **Formeln → Namen definieren**.

In der Beispielanwendung wird mit folgenden Namen gearbeitet:

Zelle	Name
G5	U_Änderung_K1
G6	U_Änderung_K2
G7	U_Änderung_K3
H5	U_Änderung_W1
H6	U_Änderung_W2
H7	U_Änderung_W3
J9	Gesamtumsatz

Tab. 1: Namen definieren

2.2 So arbeiten Sie mit dem Szenario-Manager

Nachdem Sie alle Vorbereitungen getroffen haben, rufen Sie den Szenario-Manager auf und führen folgende Arbeitsschritte durch:

Szenarien definieren

1 Markieren Sie den Zellbereich **G5:H7**. Dieser entspricht den Zellen, die variable Werte enthalten. Aktivieren Sie das Register **Daten**. Klicken Sie unter **Datentools** auf den Pfeil der Schaltfläche **Was-Wäre-Wenn-Analysen** und im sich öffnenden Menü auf den Eintrag **Szenario-Manager**.

2 Sie erreichen das Fenster **Szenario-Manager** (s. Abb. 5). Über die Schaltfläche **Hinzufügen** gelangen Sie in das Dialogfeld **Szenario hinzufügen**.

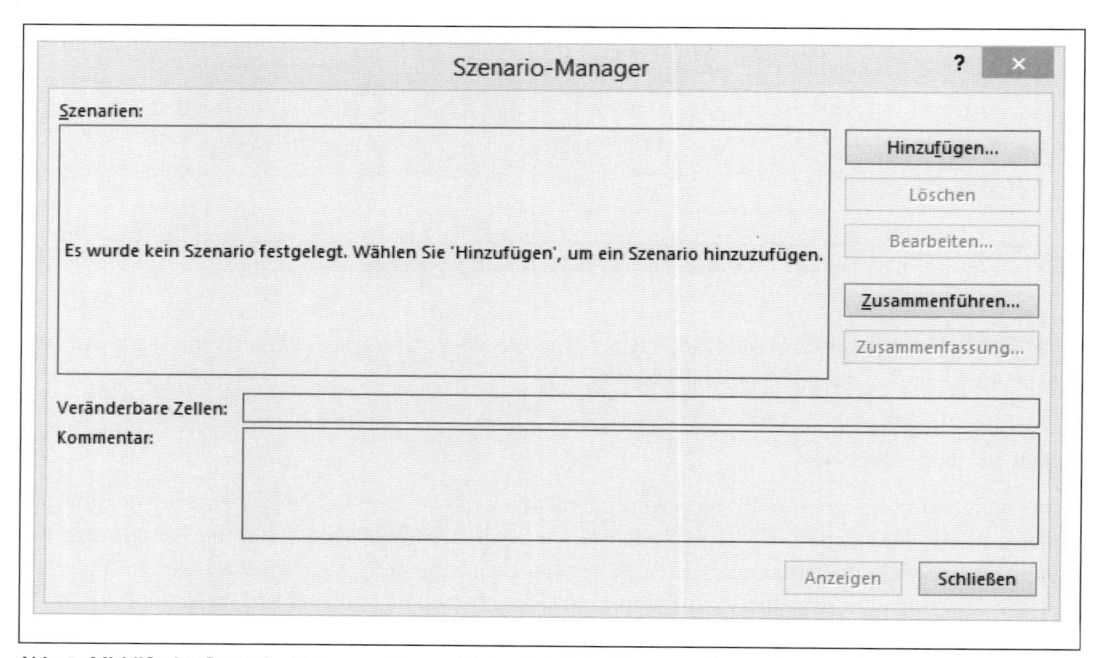

Abb. 5: Mithilfe des Szenario-Managers steuern Sie die Arbeit im Zusammenhang mit unterschiedlichen Szenarien

3 Tragen Sie im Fenster **Szenario hinzufügen** in das Feld **Szenarioname** einen Namen - für das Beispiel den Begriff „Realistische Prognose" - für das Szenario ein. Excel übernimmt in das Feld **Veränderbare Zellen** die Zelle bzw. den Zellbereich, der aktuell im Tabellenarbeitsblatt markiert ist. Wenn Sie die veränderbaren Zellen – wie im ersten Schritt beschrieben – bereits im Vorfeld markiert haben, müssen Sie an dieser Stelle keine Angaben machen (s. Abb. 6).

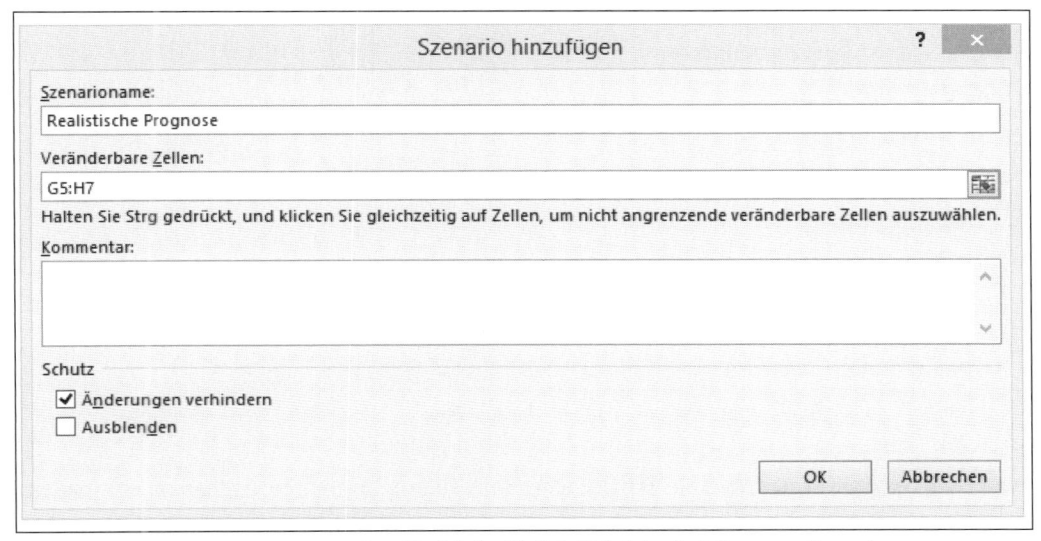

Abb. 6: Der Szenario-Manager unterstützt Sie Schritt für Schritt bei der Erstellung von Szenarien

4 Bei Bedarf besteht noch die Möglichkeit, einen Kommentar zum Szenario anzulegen. Automatisch erscheinen hier der Benutzername und das Erstelldatum des Szenarios. Wenn Sie einen Kommentar erfassen möchten, müssen Sie lediglich in das entsprechende Textfeld klicken und dort die gewünschte Anmerkung eintragen. Für das Beispiel wollen wir an dieser Stelle darauf verzichten.

5 Entscheiden Sie sich unter **Schutz** für die gewünschte Variante und haken Sie ggf. das gewünschte Kontrollkästchen ab. Mit **Änderungen verhindern** erreichen Sie, dass das Szenario im Zusammenhang mit dem Blattschutz nicht geändert werden kann. Dabei haben Sie die Möglichkeit, für jede der angelegten Varianten unterschiedlich vorzugehen. Das heißt, Sie können die realistische Variante schützen, während Sie die günstigste Prognose freigeben.

> **PRAXIS - TIPP**
>
> **Kein Einblick für Unbefugte**
>
> Wenn Sie das Kontrollkästchen **Ausblenden** aktivieren, wird das aktuelle Szenario in der Liste im ersten Dialogfeld nicht aufgeführt. Dies gilt allerdings nur für den Fall, dass die Datei insgesamt geschützt ist. Auf diese Weise bleibt die Variante für Unbefugte unsichtbar.

6 Verlassen Sie den Dialog über die Schaltfläche **OK**. Auf diese Weise gelangen Sie automatisch in das Dialogfeld **Szenariowerte** (s. Abb. 7). Dort werden die gewünschten Werte für die veränderbaren Zellen eingetragen. Sie können dort ebenfalls die Ausgangswerte aus der zuvor angelegten Tabelle übernehmen. Sind im Dialogfeld **Szenariowerte** nicht alle veränderbaren Zellen zu sehen, machen Sie diese über die Bildlaufleiste sichtbar.

7 Tragen Sie die Prognosewerte in die einzelnen Felder des Fensters **Szenariowerte** ein. Da Sie die variablen Zellen benannt haben, erscheinen deren Namen anstelle der Zellbezüge in diesem Dialog. Die Beispieldaten entnehmen Sie bitte Tabelle 2.

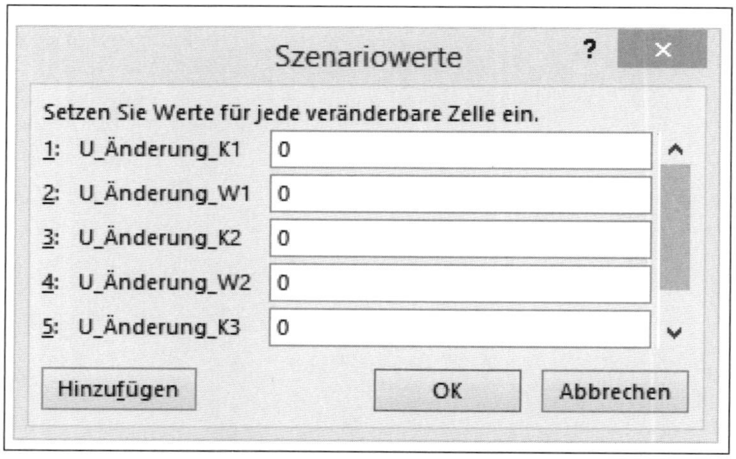

Abb. 7: Das Fenster Szenariowerte zeigt maximal 5 veränderbare Zellen

8 Verlassen Sie das Fenster über die Schaltfläche **Hinzufügen**, um weitere Szenarien zu erfassen.

9 Tragen Sie im Feld **Szenarioname** den Begriff „Positive Rahmenbedingungen" ein. Diese Prognose zeichnet sich durch Umsatzsteigerungen aus. Prozentangaben werden in Dezimalwerte umgewandelt. Das heißt, für 5 % geben Sie den Wert **0,05** ein.

10 Gehen Sie beim Erfassen des Zahlenmaterials vor, wie beim Szenario „Realistische Prognose" beschrieben.

11 Das Szenario „Negative Rahmenbedingungen" erfassen Sie analog. Dieses Dialogfeld verlassen Sie über die Schaltfläche **OK**. Wenn Sie nämlich das dritte Szenario erfasst haben, haben Sie für das aktuelle Beispiel alle Szenarien erfasst.

Die einzelnen Werte für die unterschiedlichen Szenarien entnehmen Sie bitte Tabelle 2.

Variablen	Zelle	Szenario 1	Szenario 2	Szenario 3
		Realistische Prognose	Positive Rahmenbedingungen	Negative Rahmenbedingungen
Artikel 1 / Kunden	G5	0%	5%	-2%
Artikel 2 / Kunden	G6	0%	6%	-3%
Artikel 3 / Kunden	G7	0%	7%	-4%
Artikel 1 / Wettbewerb	H5	0%	8%	-5%
Artikel 2 / Wettbewerb	H6	0%	9%	-6%
Artikel 3 / Wettbewerb	H7	0%	10%	-7%

Tab. 2: Die Beispieldaten und Szenariowerte

Szenario-Manager

Sie kehren zurück in das nunmehr "gefüllte" Fenster **Szenario-Manager** (s. Abb. 8). Dort sehen Sie die Namen der im Vorfeld erstellten Szenarien. Hier haben Sie u. a. die Möglichkeit, die Szenarien zu bearbeiten und zu löschen.

Abb. 8: Hier werden alle Szenarien aufgeführt

PRAXIS - TIPP

Vorschau

An dieser Stelle können Sie einen ersten Blick auf die einzelnen Szenarien werfen. Dazu wählen Sie das gewünschte Szenario aus und klicken auf die Schaltfläche **Anzeigen** (s. Abb. 9).

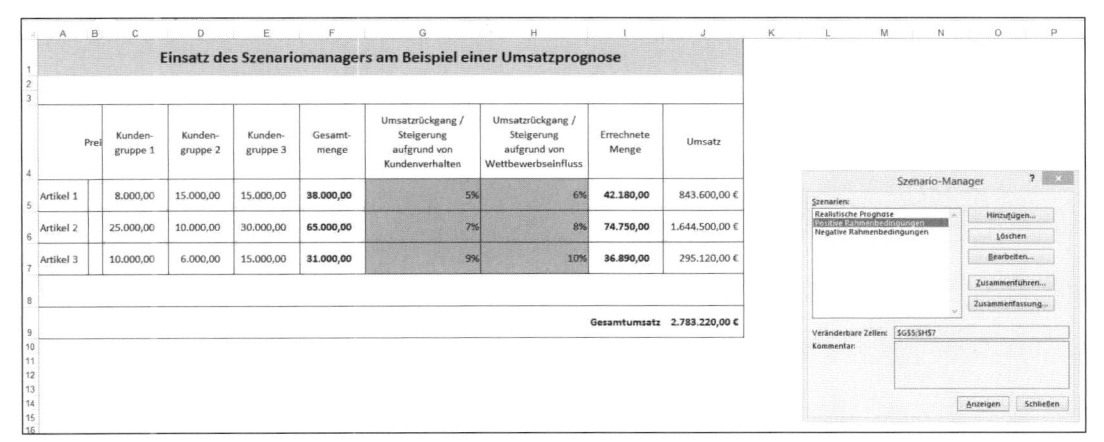

Abb. 9: Vorschau auf das Szenario Positive Rahmenbedingungen

2.3 Der Szenario-Bericht

Damit Sie die verschiedenen Parameter und die daraus resultierenden Ergebnisse – im Beispielfall die Umsätze der einzelnen Artikel bzw. den Gesamtumsatz – vergleichen können, erstellen Sie einen Bericht.

Szenario-Bericht erstellen

1 Klicken Sie im Dialog **Szenario-Manager** auf **Zusammenfassung**. Sie gelangen in das Fenster **Szenariobericht** (s. Abb. 10).

> **HINWEIS**
>
> **Einschränkung**
>
> In einem Zusammenfassungsbericht werden „nur" die ersten 251 Szenarien angezeigt. Ansonsten gibt es Beschränkung durch Ihren verfügbaren Arbeitsspeicher.

2 Unter **Berichtstyp** wählen Sie **Szenariobericht**. Excel schlägt als Ergebniszelle **J9** vor. Das ist die Zelle, in der sich der Gesamtumsatz befindet, um den es letztendlich geht. Akzeptieren Sie den Vorschlag und verlassen Sie das Dialogfeld über **OK**.

Abb. 10: Der Dialog Szenariobericht

3 Sie erhalten automatisch einen Übersichtsbericht über die aktuellen Werte und die eingetragenen Szenarien in einem eigenen Tabellenarbeitsblatt (s. Abb. 11). Der Gesamtumsatz variiert für das aktuelle Beispiel zwischen 2,2 und 2,8 Mio. EUR.

Szenariobericht	Aktuelle Werte:	Realistische Prognose	Positive Rahmenbedingungen	Negative Rahmenbedingungen
Veränderbare Zellen:				
U_Änderung_K1	-2%	0%	5%	-2%
U_Änderung_W1	-3%	0%	6%	-3%
U_Änderung_K2	-4%	0%	7%	-4%
U_Änderung_W2	-5%	0%	8%	-5%
U_Änderung_K3	-6%	0%	9%	-6%
U_Änderung_W3	-7%	0%	10%	-7%
Ergebniszellen:				
Gesamtumsatz	2.239.060,00 €	2.438.000,00 €	2.783.220,00 €	2.239.060,00 €

Hinweis: Die Aktuelle Wertespalte repräsentiert die Werte der veränderbaren Zellen zum Zeitpunkt, als der Szenariobericht erstellt wurde. Veränderbare Zellen für Szenarien sind in grau hervorgehoben.

Abb. 11: Der Übersichtsbericht

> **HINWEIS**
>
> **Arbeit mit Namen**
>
> Im Szenario-Bericht wird deutlich, wie vorteilhaft die Arbeit mit Bereichsnamen ist. Hätten Sie keine Namen eingesetzt, stünden hier abstrakte Zellbezüge.

Das Praxisbeispiel finden Sie unter der Bezeichnung **Beispielszenario.xlsx** auf Ihrer Buch-CD. Sie haben die Möglichkeit, das Datenmodell zu verändern oder die Anzahl der variablen Zellen zu erhöhen. Wenn Sie die Arbeitsschritte nachvollziehen möchten, verwenden Sie bitte die Arbeitsmappe **Textszenario.xlsx,** die Sie ebenfalls auf der CD finden.

> **HINWEIS**
>
> **Vorsicht bei voreingestellten Werten**
>
> Unter **Aktuelle Werte** werden die Eingaben gezeigt, die zuletzt im Szenario-Manager ausgewählt wurden. Haben Sie auf eine Anzeige verzichtet, erscheinen die ursprünglichen Werte.

2.4 Szenarien löschen und bearbeiten

Szenarien können Sie jederzeit löschen und bearbeiten. Beachten Sie in diesem Zusammenhang, dass der Löschvorgang ohne Sicherheitsabfrage erfolgt und dass sich Löschbefehle im Zusammenhang mit Szenarien nicht rückgängig machen lassen:

- Um ein Szenario zu löschen, wählen Sie im Menü **Daten → Was-Wäre-Wenn-Analysen → Szenario-Manager.**
- Markieren Sie im folgenden Dialog den Namen des Szenarios, das Sie entfernen möchten, und klicken Sie anschließend auf die Schaltfläche **Löschen.**

Szenarien lassen sich selbstverständlich nachträglich bearbeiten. Wenn Sie nach Änderung eines Szenarios dessen Namen beibehalten, werden die Werte im ursprünglichen Szenario durch die neuen Werte für die veränderbaren Zellen ersetzt:

- Um ein Szenario zu bearbeiten, wählen Sie **Daten → Was-Wäre-Wenn-Analysen → Szenario-Manager**. Klicken Sie auf den Namen des zu bearbeitenden Szenarios und anschließend auf die Schaltfläche **Bearbeiten.**
- Führen Sie die gewünschten Änderungen durch und tragen Sie im Dialogfeld **Szenariowerte** die neuen Werte für die veränderbaren Zellen ein. Durch einen Klick auf die Schaltfläche **OK** übernehmen Sie die Änderungen.

3 Zusammenfassung

Um zu sinnvollen Ergebnissen zu kommen, ist die Vorarbeit beim Einsatz des Szenario-Managers sehr wichtig.

Grundsätzliche Vorgehensweise bei der Arbeit mit Szenarien:

- Zieldefinition/Ansatzpunkt wählen
- Haupteinflussfaktoren bestimmen
- Ggf. Nebeneinflussfaktoren festlegen
- Variablen definieren
- Tabellenmodell aufbauen
- Szenarien festlegen
- Szenario-Manager einsetzen

Nicht zwingend nötig, aber empfehlenswert ist es, den veränderbaren Zellen einen aussagekräftigen Namen zu geben.

Den Szenario-Manager erreichen Sie über die **Daten** → **Was-Wäre-Wenn-Analysen** → **Szenario-Manager.**

Für jedes Szenario wird ein Name vergeben. Anschließend werden die variablen Werte erfasst.

Der Szenario-Bericht verschafft Ihnen einen Überblick über die verschiedenen Modellrechnungen.

Szenarien können Sie jederzeit löschen und bearbeiten.

IX. Unternehmensführung

**Ein Geschäft zu eröffnen ist leicht;
schwer ist es, es geöffnet zu halten.**

CHINESISCHES SPRICHWORT

Ein Unternehmen ist nur dann auf Dauer wirklich erfolgreich, wenn die Unternehmensleitung das komplette Umfeld stets im Blick hat. Bei dieser Aufgabe unterstützt Sie das Tabellenkalkulationsprogramm Excel in vielfacher Hinsicht, in erster Linie beim Verdichten und Analysieren von sensiblen Geschäftsdaten.

Inhalt	
Businessplan: So überzeugen Sie Geldgeber von Ihrer Geschäftsidee	294
Einnahmen-Überschuss-Rechnung	295
Wie hoch ist die Produktivität in Ihrem Unternehmen?	296
Stundenverrechnungssatz für Ihr Unternehmen	297
Kontinuierlicher Verbesserungsprozess im Unternehmen	298

Weitere Mustervorlagen auf der CD (Auswahl)	
Auftragskalkulation	HI 3605438
Factoring - Finanzierungsalternative für kleine und mittlere Unternehmen	HI 1796154
Frühwarnsystem: So beugen Sie negativen Überraschungen vor	HI 2159157
„Gläsernes" Unternehmensregister durch EHUG: So bekommen Sie einen klaren Blick auf Ihre Konkurrenz	HI 1747091
Kein Erfolg ohne ein Ziel: Unternehmensziele festlegen und überwachen	HI 2540125
Unternehmensplanung mit Excel	HI 1823915
Unternehmensfinanzierung: Nutzen Sie das Working Capital zur Steigerung Ihrer Liquidität	HI 2335283
Unternehmensbewertung: So ermitteln Sie den Wert eines Unternehmens	HI 1622369
So ermitteln Sie Ihre Tops und Flops	HI 2017813

Businessplan:
So überzeugen Sie Geldgeber von Ihrer Geschäftsidee

Ein Businessplan ist das Konzept für alle geschäftlichen Aspekte eines neuen Projekts. Es wird darin nicht nur der Geschäftszweck des Unternehmens beschrieben, sondern es werden darüber hinaus auch Wege aufgezeigt, wie die Geschäftsidee in die Tat umgesetzt werden soll.

Der Businessplan kann sowohl für ein komplett neu geplantes Unternehmen als auch nur für ein Projekt oder Teilprojekt erstellt werden. Bei der Gewinnung von Investoren für ein solches Vorhaben ist ein vernünftig ausgearbeiteter Geschäftsplan das A und O.

Diese Mustervorlage ist sowohl für diejenigen Anwender gedacht, die einen Businessplan zur Präsentation ihrer Geschäftsidee vor externen Adressaten benötigen, als auch für Anwender, die im Businessplan eine Regieanweisung sehen, mit deren Hilfe sie Maßnahmen ergreifen und das neue Unternehmen bzw. Projekt steuern können.

Abb. 1: Starten Sie durch mit einem professionellen Businessplan

> **HINWEIS**
>
> Sie finden diese Mustervorlage auf der CD unter dem Haufe-Index **2258974**.
>
> Geben Sie einfach diesen Index in die Suchmaske ein und starten Sie die Excel-Datei.

Einnahmen-Überschuss-Rechnung

Diese Musterlösung sammelt Einnahmen sowie Ausgaben und verdichtet die Daten für Ihre Umsatzsteuer-Voranmeldung. Gleichzeitig erhalten Sie Auskunft darüber, ob Sie Steuern an das Finanzamt zahlen müssen oder sich über eine Erstattung freuen dürfen. Ihr Zahlenmaterial müssen Sie dann nur noch in das elektronische Elster-Formular des Fiskus eintippen und online an das zuständige Finanzamt übermitteln.

Die gebuchten Informationen werden in diesem Tool zeitlich nach Monaten und Quartalen geordnet. Die Gliederung der Daten erfolgt nach Konten sowie Ausgaben und Einnahmen. Damit können Sie die Angaben sowohl für eine monatliche als auch quartalsmäßige Umsatzsteuervoranmeldung nutzen.

Das Formular zur elektronischen Übermittlung Ihrer Umsatzsteuer-Voranmeldung finden Sie im Internet unter **www.elster.de**.

Einnahmen-Überschuss-Rechnung   HaUFE.

Einnahmen-Überschuss-Rechnung

Susanne Kowalski, Hamminkeln

Viele Selbstständige und Kleinunternehmer erstellen ihre Einnahmen-Überschuss-Rechnung immer noch von Hand oder schaffen alternativ eine komplette Buchführungssoftware an. Eine Alternative ist diese Einnahmen-Überschuss-Rechnung, mit deren Hilfe Sie Einnahmen und Ausgaben sammeln und saldieren. Sie stellt Ihnen darüber hinaus die notwendigen Angaben für Ihre Umsatzsteuer-Voranmeldung zusammen.

- » Hilfe
- » Eingaben
- » 1.Quartal
- » 2.Quartal
- » 3.Quartal
- » 4.Quartal
- » Regelmäßige Buchungen
- » Kontenplan
- » Übersicht

Abb. 1: Startseite der Mustervorlage für eine Einnahmen-Überschuss-Rechnung

> **HINWEIS**
>
> Sie finden diese Mustervorlage auf der CD unter dem Haufe-Index **1026987**. Geben Sie einfach diesen Index in die Suchmaske ein und starten Sie die Excel-Datei.

Wie hoch ist die Produktivität in Ihrem Unternehmen?

Viel Arbeit heißt nicht zwangsläufig viel Gewinn. Denn nur wenn möglichst viele Arbeitsstunden an die Kunden weiterberechnet werden können, lohnt sich das Unternehmen. Ansonsten sieht es auf dem Firmenkonto – trotz oder gerade wegen der vielen Überstunden – nicht rosig aus.

Oft hat die Unternehmensleitung keinen Überblick über die tatsächliche Produktivität, insbesondere wenn mehrere Abteilungen beschäftigt sind. Mit dem hier vorgestellten Tool verschaffen Sie sich den benötigten Überblick und können so rechtzeitig handeln.

Abb. 1: Verschaffen Sie sich einen Überblick über die Produktivität Ihres Unternehmens

HINWEIS

Sie finden die Mustervorlage und den begleitenden Beitrag auf Ihrer CD oder Onlineversion unter den Haufe-Indices **1315646** und **3744317**. Geben Sie bitte den entsprechenden Index in die Suchmaske ein.

Stundenverrechnungssatz für Ihr Unternehmen

Die Kenntnis über den individuell zu verrechnenden Stundensatz ist nach wie vor ein sehr aktuelles Thema, das leider in vielen Betrieben nicht besonders ernst genommen wird. Unter anderem aus diesem Grund kommt es immer wieder zu einem ruinösen Preis-Wettbewerb, weil nicht genau bekannt ist, ab welchem Angebotspreis das „Verlustgeschäft" beginnt. Um dies zu ermitteln, müssen die benötigten Stundenverrechnungssätze bekannt sein.

Achten Sie beim Lohnverkauf darauf, dass dieser Kostensatz sowohl den Lohneinkauf inklusive aller Lohnnebenkosten sowie die übrigen allgemeinen Geschäftskosten einschließlich des von Ihnen angesetzten kalkulatorischen Gewinns enthält. Zur Ermittlung Ihrer Stammdaten können Sie das Tool „Stundenverrechnungssatz" für Ihr Unternehmen einsetzen.

Stundenverrechnungssätze   HAUFE.

Stundenverrechnungssätze (Verkauf)   » Startseite

Basisdaten für Gemeinkosten, kalkulatorische Kosten und Materialerlös

Produktive Gesamt-Jahresstunden:	15.949,3 STD		
Gemeinkosten, Gesamtsumme:	135.532,00 €	= Gemeinkosten pro produktiver Stunde:	8,50 €
Kalkulatorische Kosten, Gesamtsumme:	119.508,00 €	= Kalkulatorische Kosten pro produktiver Stunde:	7,49 €
Materialeinkauf (netto pro Jahr):	540.500,00 €		
Materialzuschlag (durchschnittlich in %):	17,50%	= Materialerlös/produktiver Stunde:	5,93 €

	Kostensatz (pro produktiver Stunde)	Unternehmer	Arbeiter (vollbeschäftigt)	Zuschlag	Angestellte (produktiv)	Beschäftigte (geringfügig)	Azubis	Leiharbeiter
	Mittellohn (Durchschnitt):		13,00 €					
	Lohneinkauf (gesamt):	34,12 €	27,13 €	108,69%	29,04 €	24,24 €	17,88 €	21,75 €
zzgl.	Gemeinkosten:	8,50 €	8,50 €	65,37%	8,50 €	8,50 €	8,50 €	8,50 €
zzgl.	Kalkulatorische Kosten:	7,49 €	7,49 €	57,64%	7,49 €	7,49 €	7,49 €	7,49 €
ergibt	Stundenverrechnungssatz ohne Materialertrag	50,11 €	43,12 €	231,69%	45,03 €	40,23 €	33,87 €	37,74 €
abzgl.	Materialerlös:	5,93 €	5,93 €	45,62%	5,93 €	5,93 €	5,93 €	5,93 €
ergibt	Stundenverrechnungssatz inklusive Materialertrag	44,18 €	37,19 €	186,07%	39,10 €	34,30 €	27,94 €	31,81 €

Abb. 1: Mehr Gewinn vom Umsatz – die genaue Kenntnis Ihrer Stundensätze hilft Ihnen dabei

> **HINWEIS**
>
> Sie finden diese Mustervorlage auf der CD unter dem Haufe-Index **1033855**.
> Geben Sie einfach diesen Index in die Suchmaske ein und starten Sie die Excel-Datei.

Kontinuierlicher Verbesserungsprozess im Unternehmen

Es gibt wohl kaum ein Unternehmen, bei dem es in allen Abteilungen und vor allem abteilungsübergreifend hundertprozentig rund läuft. Naheliegend ist es also, Maßnahmen zur Optimierung zu ergreifen. Aber meist ist dies leichter gesagt, als in der Praxis tatsächlich getan.

Unterschiedliche Interessen von Führungskräften und Mitarbeitern, persönliche Fähigkeiten, soziale Kompetenzen, teilweise überzogene Erwartungshaltungen und vor allem die stetig zunehmende Hektik im Tagesgeschäft verhindern nicht selten, dass notwendige Optimierungsmaßnahmen auch wirklich durchgezogen werden.

Dieses Tool und der begleitende Beitrag zeigen Ihnen die Hintergründe, Grundvoraussetzungen und mögliche Fallstricke auf. Zudem erhalten Sie wertvolle Tipps und Tricks für eine gelungene Umsetzung eines kontinuierlichen Verbesserungsprozesses (KVP) in Ihrem Unternehmen.

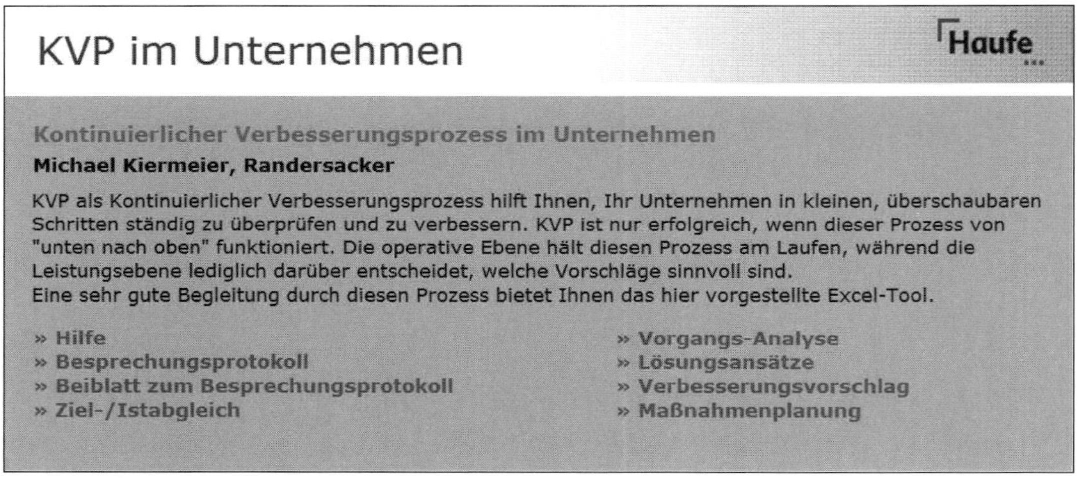

KVP im Unternehmen — Haufe

Kontinuierlicher Verbesserungsprozess im Unternehmen

Michael Kiermeier, Randersacker

KVP als Kontinuierlicher Verbesserungsprozess hilft Ihnen, Ihr Unternehmen in kleinen, überschaubaren Schritten ständig zu überprüfen und zu verbessern. KVP ist nur erfolgreich, wenn dieser Prozess von "unten nach oben" funktioniert. Die operative Ebene hält diesen Prozess am Laufen, während die Leistungsebene lediglich darüber entscheidet, welche Vorschläge sinnvoll sind.
Eine sehr gute Begleitung durch diesen Prozess bietet Ihnen das hier vorgestellte Excel-Tool.

- » Hilfe
- » Besprechungsprotokoll
- » Beiblatt zum Besprechungsprotokoll
- » Ziel-/Istabgleich
- » Vorgangs-Analyse
- » Lösungsansätze
- » Verbesserungsvorschlag
- » Maßnahmenplanung

Abb. 1: Startseite des Tools „KVP im Unternehmen"

HINWEIS

Sie finden den Beitrag und die Mustervorlage unter den Haufe-Indices **3608994** und **3608995** auf Ihrer CD oder Onlineversion. Geben Sie einfach den gewünschten Index in die Suchmaske ein.

X. Finanzen & Controlling

> Wer zu spät an die Kosten denkt, ruiniert sein Unternehmen.
> Wer immer zu früh an die Kosten denkt, tötet die Kreativität.
>
> PHILIP ROSENTHAL
> Deutscher Unternehmer und Politiker
> geb. 23.10.1916

Wie viel Umsatz wird mein Unternehmen im kommenden Planungszeitraum erwirtschaften? Wie viel Gewinn wird übrig bleiben? Reicht er aus, um die laufenden Verbindlichkeiten zu befriedigen? Diese und ähnliche Fragen beschäftigen jedes Jahr aufs Neue viele Unternehmen.

Bei der Beantwortung dieser Fragen helfen die Mustervorlagen in diesem Kapitel.

Inhalt

Liquiditätsplaner mit Plan-Ist-Vergleich	300
BWA-Analyse als Frühwarnsystem: So kontrollieren Sie monatlich Erlöse und Kosten	301
Preiskalkulation: So ermitteln Sie knallhart die Preise für Ihre Produkte	302

Weitere Mustervorlagen auf der CD oder Onlineversion (Auswahl)

Profi-Darlehensrechner	HI 1240909
Budgetplanung mit integriertem monatlichen Soll-Ist-Vergleich	HI 2116178
Offene-Posten-Liste: Alle Eingangs- und Ausgangsrechnungen auf einen Blick	HI 1691830
Break-Even: So ermitteln Sie die laufende Rentabilität	HI 1825729
Nachkalkulation: So checken Sie den Erfolg Ihrer Aufträge	HI 2367724

Liquiditätsplaner mit Plan-Ist-Vergleich

Die Auftragsbücher sind voll, die Liste der offenen Forderungen ist lang. Die Vertriebsabteilung hat ganze Arbeit geleistet. Eigentlich ein Grund, zufrieden zu sein. Doch trotz dieser positiven Faktoren sind Unternehmen möglicherweise nicht in der Lage, ihren Zahlungsverpflichtungen nachzukommen. Solange die Außenstände nicht ihrem Konto gutgeschrieben werden, kann es unter Umständen zu finanziellen Engpässen kommen, die es ihnen unmöglich machen, ihre Rechnungen fristgerecht zu begleichen.

Um eine solche Situation gerade in der sich abzeichnenden Rezession zu vermeiden, müssen Sie vorbeugen und eine eventuell bevorstehende Illiquidität oder Unterliquidität rechtzeitig erkennen und nach Möglichkeit verhindern.

Da die Vorausschau jedoch häufig nicht wie angenommen eintrifft, stimmt die Planung oft schon nach kurzer Zeit nicht mehr. Das Tool **Liquiditätsplaner mit Plan-Ist-Vergleich** schafft dieses Problem aus der Welt.

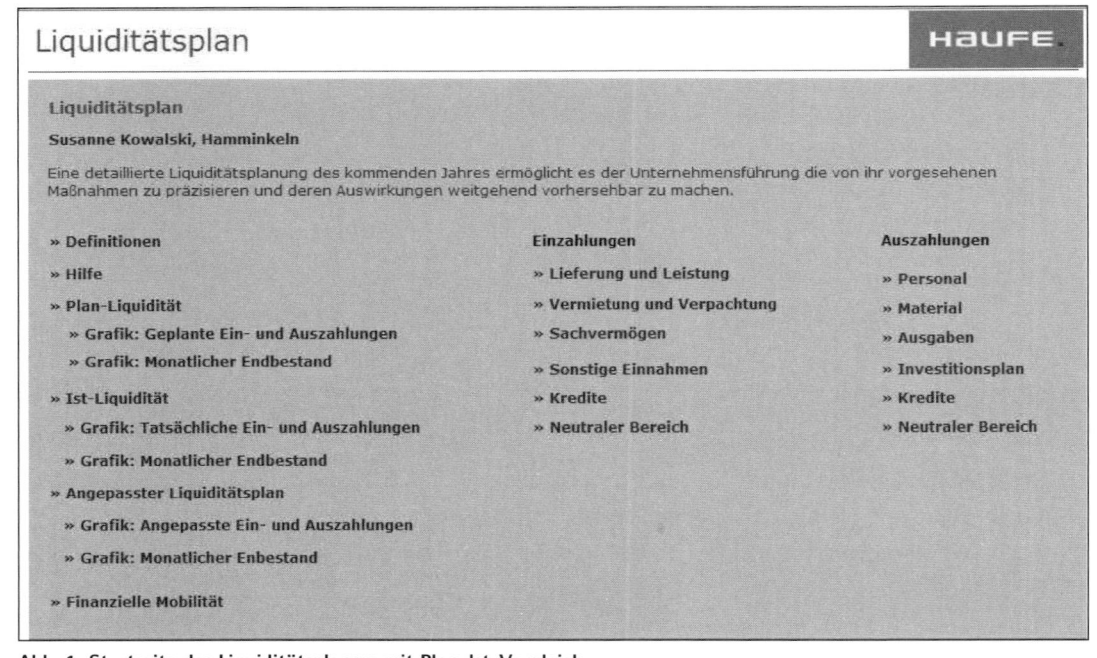

Abb. 1: Startseite des Liquiditätsplaners mit Plan-Ist-Vergleich

> **HINWEIS**
>
> Sie finden diese Mustervorlage auf der CD unter dem Haufe-Index **2069199**.
> Geben Sie einfach diesen Index in die Suchmaske ein und starten Sie die Excel-Datei.

BWA-Analyse als Frühwarnsystem:
So kontrollieren Sie monatlich Erlöse und Kosten

Die betriebswirtschaftliche Auswertung (BWA)) spiegelt Ihre Unternehmensdaten in komprimierter Form wider. Mit ihrer Hilfe können Sie kurzfristig die Erlös- und Kostensituation Ihres Betriebes ersehen. Um die BWA richtig lesen und interpretieren zu können, sind einige grundlegende Kenntnisse notwendig, die wir Ihnen im Rahmen dieses Tools und Beitrags vermitteln. Darüber hinaus ist die BWA ein wesentliches, kurzfristiges Instrument für Ihr laufendes Controlling, das auch von den Kreditinstituten im Rahmen Ihres Ratings verstärkt gefordert wird.

Dieses Excel-Tool unterstützt Sie bei der Analyse der monatlichen BWA-Daten durch eine Relationenübersicht, in der Sie auf einen Blick erkennen können, ob es Positionen gibt, die sich bezüglich des Gesamtergebnisses positiv oder negativ entwickeln, sowie durch ein interaktives Diagramm, bei dem Sie sich per Mausklick jede beliebige Kombination von Datenreihen bzw. -entwicklungen anschauen können.

BWA - Relationen 1. HJ

Relationen der Kosten zur Gesamtleistung - 1. HALBJAHR

Bezeichnung	JANUAR		FEBRUAR		MÄRZ	
Umsatzerlöse	95.767 €		102.345 €		104.559 €	
Best.Verdg. FE/UE	0 €		0 €		0 €	
Akt. Eigenleistungen	0 €		0 €		0 €	
Gesamtleistung	**95.767 €**	**100**	**102.345 €**	**100**	**104.559 €**	**100**
Mat./Wareneinkauf	6.202 €	6,5	9.535 €	9,3	11.545 €	11,0
Rohertrag	**89.565 €**		**92.810 €**		**93.014 €**	
So. betr. Erlöse	0 €		0 €		0 €	
Betriebl. Rohertrag	**89.565 €**		**92.810 €**		**93.014 €**	
Kostenarten:						
Personalkosten	55.456 €	57,9	57.654 €	56,3	58.765 €	56,2
Raumkosten	6.324 €	6,6	5.834 €	5,7	5.423 €	5,2
Betriebl. Steuern	0 €		0 €		0 €	
Versich./Beiträge	4.343 €	4,5	3.323 €	3,2	2.123 €	2,0
Besondere Kosten	1.376 €	1,4	1.817 €	1,8	1.912 €	1,8
Kfz-Kosten (o. St.)	5.437 €	5,7	5.255 €	5,1	4.323 €	4,1
Werbe-/Reisekosten	957 €	1,0	288 €	0,3	669 €	0,6
Kosten Warenabgabe	730 €	0,8	1.225 €	1,2	1.002 €	1,0
Abschreibungen	2.500 €	2,6	2.500 €	2,4	4.300 €	4,1
Reparatur/Instandh.	2.846 €	3,0	3.113 €	3,0	3.469 €	3,3
Sonstige Kosten	9.485 €	9,9	12.323 €	12,0	6.523 €	6,2
Gesamtkosten	89.454 €	93,4	93.332 €	91,2	88.509 €	84,6
Betriebsergebnis	**111 €**		**-522 €**		**4.505 €**	

Abb. 1: In der Relationenübersicht erkennen Sie schnell negative Entwicklungen.

HINWEIS

Sie finden diese Mustervorlage auf der CD unter dem Haufe-Index **1480767**. Geben Sie einfach diesen Index in die Suchmaske ein und starten Sie die Excel-Datei.

Preiskalkulation:
So ermitteln Sie knallhart die Preise für Ihre Produkte

Je nachdem, ob Sie Waren zukaufen, um diese weiter zu vertreiben, oder ob Sie selber Produkte herstellen und diese verkaufen, muss ein ganz bestimmtes Kalkulationsschema angewandt werden. Schließlich hat ein Warenhandelsunternehmen einen anderen Ansatz als ein Industriebetrieb.

Der Aufbau eines Kalkulationsschemas ist betriebsindividuell sehr unterschiedlich und im Wesentlichen von Produktionsverfahren und Produktionsstruktur abhängig. Dennoch gibt es für die Kalkulation besonders im Industriebetrieb und im Handelsunternehmen einheitliche Grundstrukturen.

Im Rahmen dieses Tools stellen wir Ihnen folgende Varianten der Zuschlagskalkulation vor:

- Handelswarenkalkulation
- Industriekalkulation für eigene Produkte

Kalkulation Eigenprodukte

Artikelkalkulation für:

| Artikelnummer | 124565 |
| Kundengruppe/Vertriebsweg | Filialen |

Pos.	Bezeichnung	Zuschlagssatz	Kosten	Anteil am BVP
1	Rohmaterial		24.551,00 €	18,07%
2	Hilfsstoffe		5.786,00 €	4,26%
3	Fremdbauteile/Vorprodukte		4.587,00 €	3,38%
4	Fremdleistungen für Eigenerzeugnisse			
5	Verpackungsmaterial		789,00 €	0,58%
	MATERIAL-/WARENEINSATZ		**35.713,00 €**	**26,29%**
1	Fertigungskosten Prod.-Bereich 1		3.971,00 €	2,92%
2	Fertigungskosten Prod.-Bereich 2		7.812,00 €	5,75%
3	Fertigungskosten Prod.-Bereich 3		5.789,00 €	4,26%
4	Fertigungskosten Prod.-Bereich 4			
5	Fertigungskosten Prod.-Bereich 5			
	FERTIGUNGSKOSTEN		**17.572,00 €**	**12,93%**
	HERSTELLKOSTEN I		**53.285,00 €**	**39,22%**
1	Materiallagemeinkosten Rohmaterial	25,00%	6.137,75 €	4,52%
2	Materiallagemeinkosten Hilfsstoffe	10,00%	578,60 €	0,43%
3	Materialgemeinkosten Fremdbauteile/Vorproduke	10,00%	458,70 €	0,34%
4	Materialkgemeinkosten Fremdleistungen	10,00%	- €	
5	Materialgemeinkosten Verpackungsmaterial	10,00%	78,90 €	0,06%
	MATERIALGEMEINKOSTEN		**7.253,95 €**	**5,34%**
1	Fertigungsgemeinkosten Bereich 1	35,00%	1.389,85 €	1,02%
2	Fertigungsgemeinkosten Bereich 2	12,00%	937,44 €	0,69%
3	Fertigungsgemeinkosten Bereich 3	12,00%	694,68 €	0,51%
4	Fertigungsgemeinkosten Bereich 4	10,00%	- €	
5	Fertigungsgemeinkosten Bereich 5	10,00%	- €	
	FERTIGUNGSGEMEINKOSTEN		**3.021,97 €**	**2,22%**
	HERSTELLKOSTEN II		**63.560,92 €**	**46,78%**

Abb. 2: Kalkulieren Sie knallhart die Preise für Ihre Industrie- und Handelswaren mit dieser Mustervorlage

HINWEIS

Sie finden diese Mustervorlage auf der CD unter dem Haufe-Index **1335224**. Geben Sie einfach diesen Index in die Suchmaske ein und starten Sie die Excel-Datei.

XI. Marketing & Vertrieb

**Vergisst du den Kunden,
so hat er dich bereits vergessen.**

HEINZ M. GOLDMANN
Unternehmensberater
geb. 11.8.1919

Wissen Sie alles über Ihre Kunden von heute? Kennen Sie die Wünsche Ihrer Kunden von morgen? Und vor allem - haben Sie die finanziellen Mittel, um diese Wünsche erfüllen zu können?

In diesem Kapitel stellen wir Ihnen vor, wo Sie Excel bei der Suche nach Ihren Kunden unterstützen kann – und wie Sie gleichzeitig die dafür notwendigen Innovationen finanzieren können.

Inhalt

Marketingplaner	304
Angebotsvergleich: So berechnen Sie das günstigste Angebot	305
ABC-Analyse: Bewerten Sie die Struktur Ihrer Kunden	306

Weitere Mustervorlagen auf der CD (Auswahl)

Auftragskontrolle	HI 1064128
Benchmarking: Lerne von den Besten	HI 1064268
Forderungsverwaltung	HI 1485539
Produktbewertung	HI 1413276
Rabatt, Couponing oder Skonti: So kalkulieren Sie knallhart verschiedene Rabattsysteme	HI 1219960
Telefoninkasso zur Sicherung der Liquidität	HI 1453012
Verkaufskennzahlen: Kontrollieren Sie den Erfolg Ihres Marketings und Vertriebs	HI 935168
Werbemaßnahmenplanung/Mediaplan	HI 931827
Werbemittelanalyse: So gewinnen Sie trotz knappem Werbebudget viele Neukunden	HI 1331738

Marketingplaner

Planung bedeutet vorausschauendes systematisches Durchdenken und Formulieren von Zielen und Aktivitäten. Ein durchdachter Marketingplan und seine Umsetzung unterstützt Unternehmen dabei, Ziele umzusetzen wie:

- Maximale Ausschöpfung der Marktpotenziale
- Gesundes Wachstum
- Erringen von Wettbewerbsvorteilen
- Größere Unabhängigkeit von einzelnen Kunden, Teil-/Märkten und Regionen

Das Tool **Marketingplaner** setzt bei der Zieldefinition Ihres Unternehmens an. Nur wer sich über seine Ziele im Klaren ist, kann konkrete Maßnahmen ergreifen.

Dieses Planungstool hilft Ihnen bei der Wahl der Werbemittel und ihrer Zuordnung zu unterschiedlichen Kundengruppen. Darüber hinaus verschafft das Planungsinstrument Ihnen eine Übersicht über alle Marketingaktivitäten und die damit verbundenen Kosten. Sowohl Maßnahmen als auch Kosten werden in Monatsübersichten gesammelt und in einer Jahresübersicht verdichtet.

Marketingplaner   HAUFE.

Marketingplaner

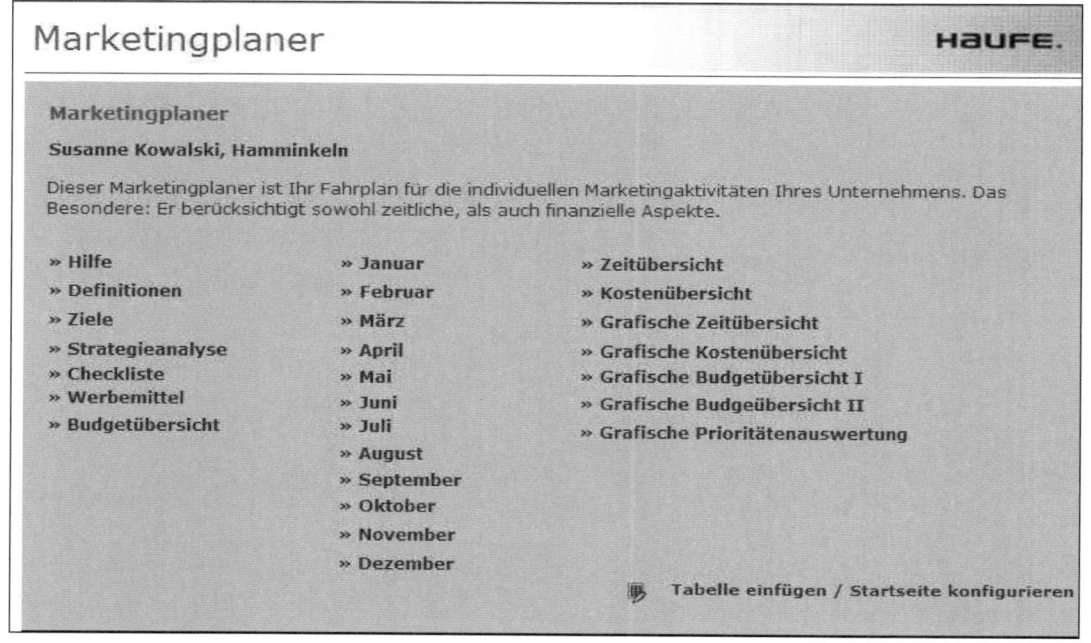

Susanne Kowalski, Hamminkeln

Dieser Marketingplaner ist Ihr Fahrplan für die individuellen Marketingaktivitäten Ihres Unternehmens. Das Besondere: Er berücksichtigt sowohl zeitliche, als auch finanzielle Aspekte.

» Hilfe	» Januar	» Zeitübersicht
» Definitionen	» Februar	» Kostenübersicht
» Ziele	» März	» Grafische Zeitübersicht
» Strategieanalyse	» April	» Grafische Kostenübersicht
» Checkliste	» Mai	» Grafische Budgetübersicht I
» Werbemittel	» Juni	» Grafische Budgeübersicht II
» Budgetübersicht	» Juli	» Grafische Prioritätenauswertung
	» August	
	» September	
	» Oktober	
	» November	
	» Dezember	

Tabelle einfügen / Startseite konfigurieren

Abb. 1: Startseite des Marketingplaners mit einer Übersicht über Kosten und Termine

HINWEIS

Sie finden diese Mustervorlage auf der CD unter dem Haufe-Index **1453001**.

Geben Sie einfach diesen Index in die Suchmaske ein und starten Sie die Excel-Datei.

Angebotsvergleich: So berechnen Sie das günstigste Angebot

Um das Unternehmensergebnis um einen Euro zu verbessern, muss dieser Euro entweder im Einkauf eingespart oder durch zusätzlichen Umsatz in mehrfacher Höhe verdient werden. Dieser Grundsatz hat heute eine größere Bedeutung als noch vor einigen Jahren, denn noch nie war es so einfach, im Einkauf Geld zu sparen, wie heute.

Gleichzeitig ist es jedoch noch nie so schwer gewesen, den Überblick über das Angebot der Lieferanten zu behalten. Traditionelle Lieferbeziehungen verändern sich und werden ausgetauscht. Nicht zuletzt das Internet hat für eine wesentlich höhere Markttransparenz gesorgt und zeigt vielfältige Lieferquellen auf. Die Preise sinken, die Nebenkosten steigen. Denn neue Lieferquellen bedeuten längere Wege und höhere Frachtkosten.

Auch Ihre Lieferanten werden versuchen, einen möglichst niedrigen Preis pro Stück auszuweisen und Nebenkosten wie Verpackung und Fracht oder höhere Finanzierungskosten aber zu verstecken. Das müssen Sie aufdecken, um im Einkauf den Euro sparen zu können, den der Verkauf nicht mehr verdienen muss. Diese Musterlösung **Angebotsvergleich** hilft Ihnen dabei.

Harte Fakten

Fakten je Lieferant

Angebotsvergleich für Teil	Sonnenpumpen GmbH, Warendorf					
	470011	Solarpaneel (400 * 500) XXL				
	Lieferant 1		Lieferant 2		Lieferant 3	
Name	Metens KG		Kritter GmbH & Co. KG		Wetterau	
Ort	Wilhelmshaven		Erfurt		Kamen	
Preisrabatte additiv?	Ja		Nein		Nein	
Preis / Preiseinheit	150,00	1	1.500,00	10	175,00	1
Einzelpreis	**150,00**		**150,00**		**175,00**	
Preisrabatt 1	2	%		%		%
Preisrabatt 2		%		%		%
Preisrabatt 3	2,00	€ / Einheit	1,50	€ / Einheit		€ / Einheit
Preisrabatt 4		€ / Einheit		€ / Einheit		€ / Einheit
Preisrabatt berechnet	**5,00**	**€ / Einheit**	**1,50**	**€ / Einheit**	**0,00**	**€ / Einheit**
Mengenrabatt 1		%	1	%		%
ab Bestellmenge		Einheiten	200	Einheiten		Einheiten
Mengenrabatt 2		€ / Einheit		€ / Einheit		€ / Einheit
ab Bestellmenge		Einheiten		Einheiten		Einheiten
Mengenrabatt berechnet	**0,00**	**€ / Einheit**	**1,50**	**€ / Einheit**	**0,00**	**€ / Einheit**
Gesamtrabatt	**5,00**	**€ / Einheit**	**3,00**	**€ / Einheit**	**0,00**	**€ / Einheit**
Qualitätsfaktor: 0,0 (schlecht) -	1,1		1,1		0,9	
Korrektur Qualität	**-14,50**	**€ / Einheit**	**-14,70**	**€ / Einheit**	**17,50**	**€ / Einheit**
Bonus 1		%		%		%
ab Menge		Einheiten / Jahr		Einheiten / Jahr		Einheiten / Jahr
Bonus 2		%		%		%
ab Wert		€ / Jahr		€ / Jahr		€ / Jahr
Bonus 3 manuell		%		%		%
Bonus berechnet	**0,00**	**€ / Einheit**	**0,00**	**€ / Einheit**	**0,00**	**€ / Einheit**
Nettopreis	**130,50**	**€ / Einheit**	**132,30**	**€ / Einheit**	**192,50**	**€ / Einheit**

Abb. 1: Vergleichen Sie die Angebote Ihrer Lieferanten

> **HINWEIS**
>
> Sie finden diese Mustervorlage auf der CD unter dem Haufe-Index **1918155**. Geben Sie einfach diesen Index in die Suchmaske ein und starten Sie die Excel-Datei.

ABC-Analyse:
Bewerten Sie die Struktur Ihrer Kunden

Die meisten Mitarbeiter im Verkauf glauben, ihre wichtigsten Kunden zu kennen. Doch die Mitarbeiter der Buchhaltung oder des Controllings sehen das oft anders. Während die einen den Umsatz als ein entscheidendes Kriterium sehen, favorisieren die anderen die Gewinnspanne oder die Zahlungsmoral.

Wir zeigen Ihnen in diesem Beitrag, wie jeder auf seine Art mithilfe der ABC-Analyse wichtige von unwichtigen Kunden unterscheiden kann. Dabei stellen wir Ihnen anhand praxisorientierter Bespiele völlig unterschiedliche Arbeitstechniken vor, die den Anwender jede auf ihre Weise zu der gewünschten Schwerpunktbildung führen.

Unter anderem werden dazu verschiedene Datenbankfunktionen, die Matrixfunktion HÄUFIGKEIT und die Analyse-Funktion HISTOGRAMM eingesetzt. Darüber hinaus erfahren Sie, wie Sie die Klasseneinteilung für die Kategorisierung des Datenmaterials voll automatisch durchführen oder bei Bedarf mit Hilfe von Drehfeldern variieren können.

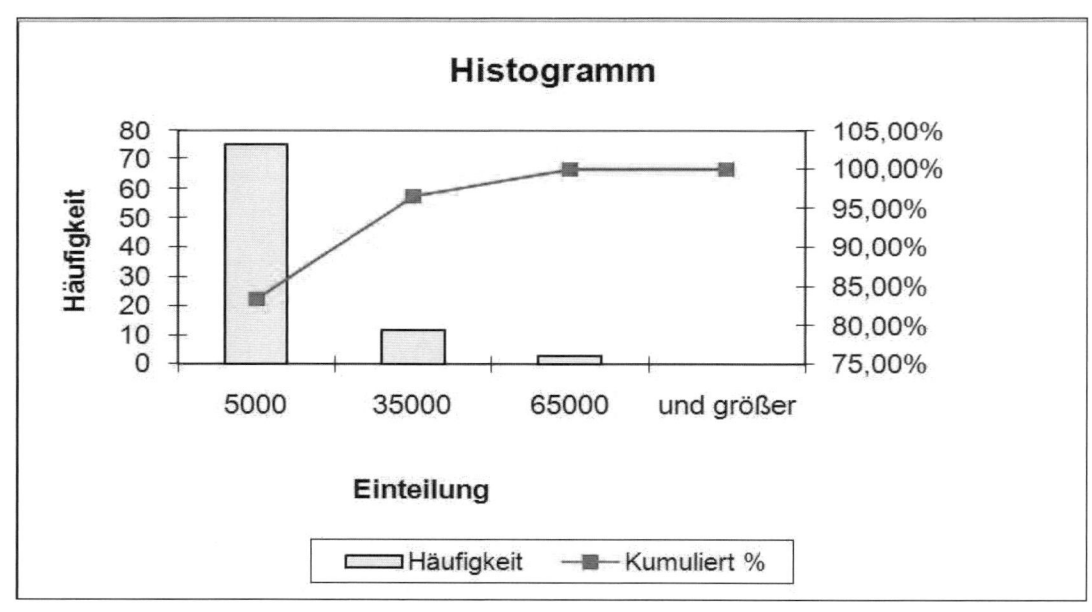

Abb. 1: Eine ABC-Analyse hilft Ihnen dabei, die guten Kunden von den schlechten Kunden zu unterscheiden

HINWEIS

Sie finden diese Mustervorlage auf der CD unter dem Haufe-Index **913153**. Geben Sie einfach diesen Index in die Suchmaske ein und starten Sie die Excel-Datei.

XII. Personalwesen

**Kapital lässt sich beschaffen, Fabriken kann man bauen,
Menschen muss man gewinnen.**

HANS CHRISTOPH VON ROHR (geb. 1938),
Topmanager, bis 1995 Vorstandsvorsitzender Klöckner Werke AG

Mitarbeiter sind die wichtigste Ressource eines Unternehmens! Der demografische Wandel und der damit einhergehende Fachkräftemangel wird diese Erkenntnis mehr und mehr in den Mittelpunkt rücken.

Excel im Unternehmen bietet Ihnen daher in diesem Kapitel wertvolle Arbeitshilfen für eine erfolgreiche Personalarbeit.

Inhalt	
Urlaubsplaner	308
Arbeitszeitplanung und -erfassung	309
Reisekostenabrechnung	310
Bewerbungsmanagement: So finden Sie den richtigen Mitarbeiter für Ihr Unternehmen	311

Weitere Mustervorlagen auf der CD oder Onlineversion (Auswahl)	
Dienstplaner	HI 875089
Honorarabrechnung für Betriebe und freie Mitarbeiter	HI 1826745
Personalplanung und -auswahl	HI 1561177
Vokabeltrainer: Lernen Sie spielend leicht acht Fremdsprachen mit Excel	HI 1622400
Universalkalender mit einer Gültigkeit bis zum Jahr 2050	HI 2540476
Personalkostenplanung: Analysieren Sie mit Szenarien Ihre zukünftigen Personalkosten	HI 2193347
Leistungslohn für Teams: So motivieren und entlohnen Sie mehrere Mitarbeiter	HI 1918146
Betriebliches Vorschlagswesen	HI 1480762

Urlaubsplaner

Alle Jahre wieder ist es so weit: Die Urlaubsplanung muss für das neue Jahr erstellt werden. Das Tool **Urlaubsplaner** unterstützt Sie dabei, nicht den Überblick zu verlieren.

Damit können Sie nicht nur Urlaubstage für Ihre Mitarbeiter eintragen und überwachen, sondern auch sonstige Abwesenheiten wie Seminare, Gleittage und krankheitsbedingte Ausfälle verwalten.

Sie sind somit jederzeit über die Abwesenheitszeiten Ihrer Mitarbeiter informiert und vermeiden betriebsbedingte Engpässe von vornherein. Der Urlaubsplaner löst diese Aufgabe mithilfe von Funktionen, Filtern und Diagrammen.

Darüber hinaus bietet Ihnen der Urlaubsplaner folgende Features:

- Die Berechnung der Feiertage erfolgt in Abhängigkeit vom jeweiligen Bundesland.
- Sie können damit bis zu 100 Mitarbeiter verwalten.
- Neben den Urlaubstagen können Sie bis zu sechs verschiedene Abwesenheitsarten wie Krankheit, Seminar oder Dienstreise mit einer eigenen Farbgebung variabel gestalten.
- Die Auswertung erfolgt sehr komfortabel wahlweise für alle Mitarbeiter oder für einen einzelnen Mitarbeiter mithilfe von übersichtlichen Diagrammen.

Abb. 1: Neben den Urlaubstagen können Sie mit diesem Tool bis zu 6 verschiedene Abwesenheitsarten erfassen

> **HINWEIS**
>
> Sie finden diese Mustervorlage auf der CD unter dem Haufe-Index **875088**.
>
> Geben Sie einfach diesen Index in die Suchmaske ein und starten Sie die Excel-Datei.

Arbeitszeitplanung und -erfassung

Die Zeiten der Stechuhr sind vorbei. Das moderne Unternehmen definiert die Arbeitszeit nicht mehr als die Zeit, in der ein Mitarbeiter seine Arbeitskraft zur Verfügung stellt, sondern als den Zeitraum, den dieser zur Erledigung seiner Aufgaben benötigt.

Ergebnisorientierung statt Verfügbarkeit heißt die Devise, die Stempelkarte wird durch das persönliche Zeitkonto abgelöst. Diese Flexibilisierung der Arbeitszeit erfordert neben Umstrukturierungsprozessen auch individuelle Werkzeuge für Zeiterfassung und Zeitauswertung und was wäre geeigneter für eine solche Aufgabe als das Office-Kalkulationstool Excel.

Diese Mustervorlage zeigt, wie Sie mit Excel ein ganz persönliches Zeitkonten-Modell für die Zeiterfassung und Arbeitszeitauswertung anlegen.

Abb. 1: Erfassen Sie die Arbeitszeiten Ihrer Mitarbeiter

> **HINWEIS**
>
> Sie finden diese Mustervorlage auf der CD unter dem Haufe-Index **856464**.
> Geben Sie einfach diesen Index in die Suchmaske ein und starten Sie die Excel-Datei.

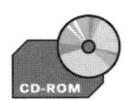

Reisekostenabrechnung

Mit Hilfe dieses Reisekostenabrechnungssystems haben Sie die Möglichkeit eine Inlandsreise abzurechnen. Die Musterlösung erkennt anhand Ihrer Angaben, ob es sich um eine ein- oder mehrtägige Reise handelt. Bei eintägigen Reisen ermittelt das Tool automatisch die Abwesenheitszeit. Sie finden die Informationen rechts neben Ihren Eingaben. Auf Basis dieser Berechnungen werden Ihre Verpflegungspauschalen – ebenfalls automatisch – ermittelt.

In der Tabelle **Reisekostenabrechnung** laufen alle Informationen zusammen. Durch einen Klick auf die Schaltfläche **Hier klicken, um die Abrechnung auszudrucken** erzeugen Sie 2 Exemplare Ihrer Reisekostenabrechnung – eine Ausfertigung für die Abrechnungsstelle und eine für Sie. Fehlt nur noch Ihre Unterschrift.

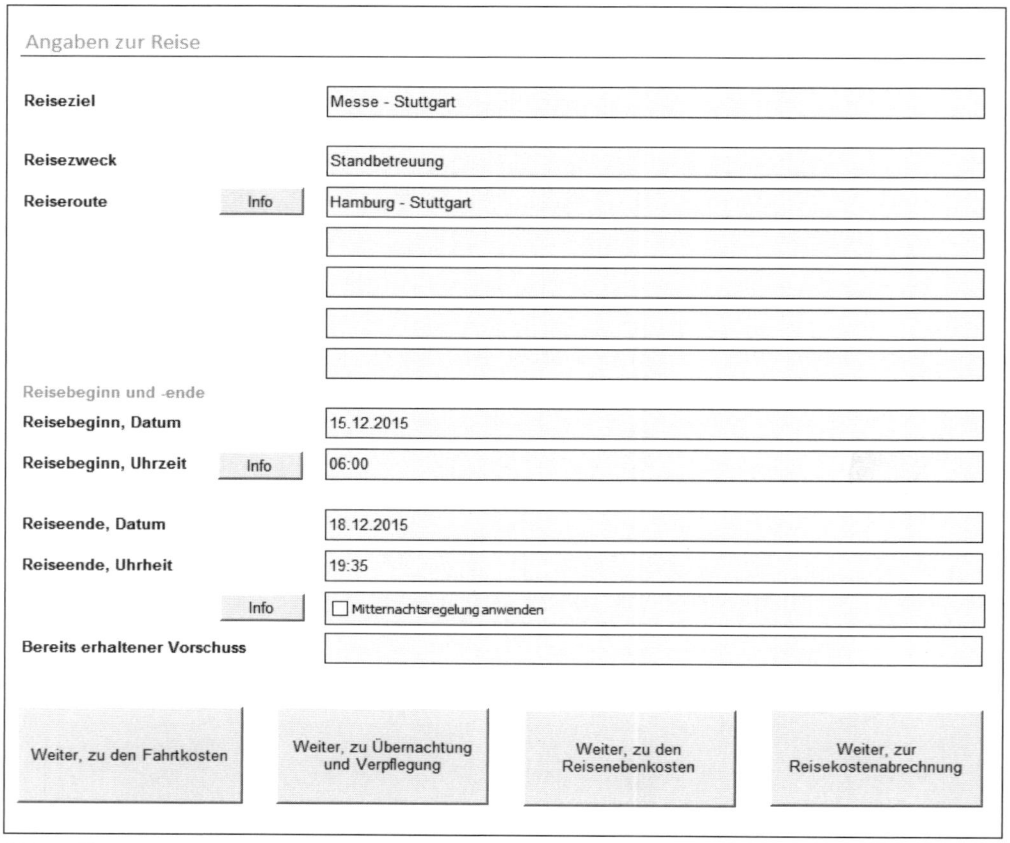

Abb. 1: Hier tragen Sie Informationen zu Ihrer Reise ein

> **HINWEIS**
>
> Sie finden diese Mustervorlage auf der CD unter dem Haufe-Index **5505061**.
>
> Geben Sie einfach diesen Index in die Suchmaske ein und starten Sie die Excel-Datei.

Bewerbungsmanagement: So finden Sie den richtigen Mitarbeiter für Ihr Unternehmen

Fachkräftemangel, Überalterung der Gesellschaft, fehlender Nachwuchs bei ansteigender Konjunktur sind Schlagworte unserer Zeit. Egal, ob neue Arbeitsplätze geschaffen oder bestehende Arbeitsplätze frei werden, in der Praxis ist es oft gar nicht so einfach, den richtigen Mitarbeiter mit den notwendigen Qualifikationen zum gewünschten Einstellungstermin zu finden.

In der Praxis bedeutet dies in der Regel, aus einer großen Anzahl von Bewerbern die Person herauszufiltern, die für die zu besetzende Stelle am geeignetsten erscheint. Unsere Musterlösung unterstützt Sie dabei in allen Phasen der Mitarbeitersuche von der Personalplanung über die Personalsuche und Personalauswahl bis hin zur Übernahme nach der Probezeit.

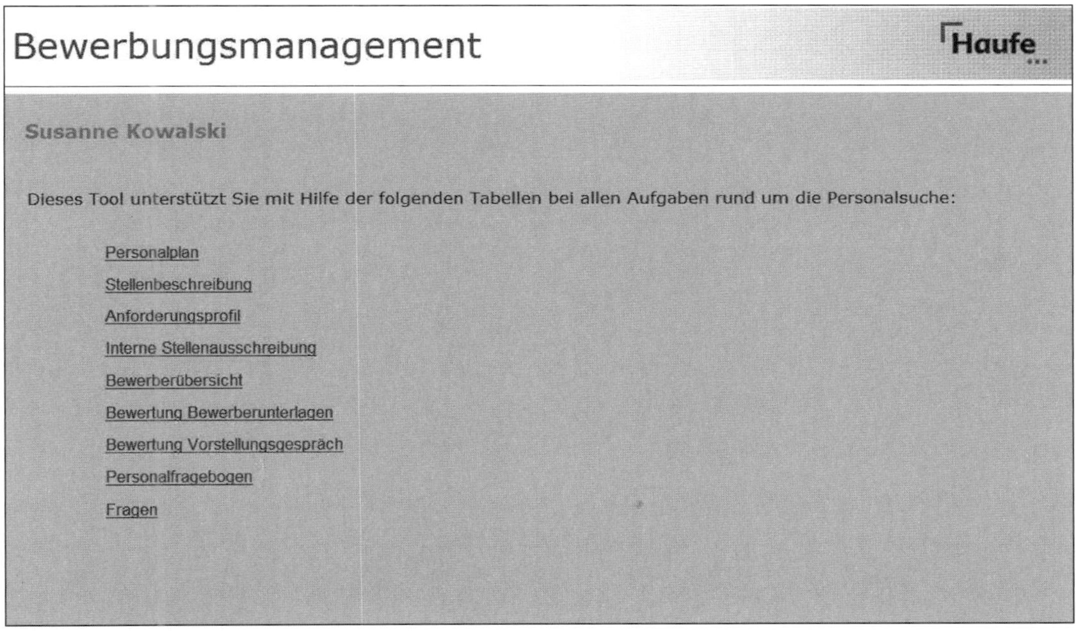

Bewerbungsmanagement   Haufe

Susanne Kowalski

Dieses Tool unterstützt Sie mit Hilfe der folgenden Tabellen bei allen Aufgaben rund um die Personalsuche:

- Personalplan
- Stellenbeschreibung
- Anforderungsprofil
- Interne Stellenausschreibung
- Bewerberübersicht
- Bewertung Bewerberunterlagen
- Bewertung Vorstellungsgespräch
- Personalfragebogen
- Fragen

Abb. 1: Dieses Tool unterstützt Sie bei der Suche nach dem richtigen Mitarbeiter – von der Stellenbeschreibung bis zum Personalfragebogen

> **HINWEIS**
>
> Sie finden diese Mustervorlage auf der CD unter dem Haufe-Index **2684784**.
> Geben Sie einfach diesen Index in die Suchmaske ein und starten Sie die Excel-Datei.

Notizen